智·慧·商·业
创新型人才培养系列教材

# ERP
# 原理与应用
## ——基于金蝶云星空

胡凌 张立军／主编

杨东海 付贵 莫莉莎 李金清／副主编

人民邮电出版社

北 京

图书在版编目（CIP）数据

ERP原理与应用 ：基于金蝶云星空 / 胡凌，张立军
主编. — 北京 ：人民邮电出版社，2024.11
智慧商业创新型人才培养系列教材
ISBN 978-7-115-63819-9

Ⅰ．①E… Ⅱ．①胡… ②张… Ⅲ．①企业管理－计算
机管理系统－教材 Ⅳ．①F272.7

中国国家版本馆CIP数据核字（2024）第079402号

 内 容 提 要

　　本书以金蝶云星空管理软件为工具，将 ERP 系统的原理知识与应用实践分为基础篇和进阶篇
两部分进行详细介绍。基础篇包含 9 个项目，除了项目 1 为 ERP 整体情况介绍以外，项目 2 至项
目 9 介绍了企业内部供应链运营的主要过程，学习者需要循序渐进地学习基础篇的内容。进阶篇包
含 3 个项目（共 6 个任务），每个任务是独立业务单元，学习者可以选择感兴趣的任务学习，拓展
专项能力。

　　本书适合作为应用型本科院校、高等职业院校 ERP 应用课程的教材，也可供企业从业人员学
习参考。

◆ 主　　编　胡　凌　张立军
　　副 主 编　杨东海　付　贵　莫莉莎　李金清
　　责任编辑　崔　伟
　　责任印制　王　郁　彭志环
◆ 人民邮电出版社出版发行　　北京市丰台区成寿寺路 11 号
　　邮编　100164　电子邮件　315@ptpress.com.cn
　　网址　https://www.ptpress.com.cn
　　北京隆昌伟业印刷有限公司印刷
◆ 开本：787×1092　1/16
　　印张：18　　　　　　　　　　2024 年 11 月第 1 版
　　字数：513 千字　　　　　　　2024 年 11 月北京第 1 次印刷

定价：69.80 元
读者服务热线：（010）81055256　印装质量热线：（010）81055316
反盗版热线：（010）81055315
广告经营许可证：京东市监广登字 20170147 号

# 前言

## 1. 写作背景

企业资源计划（Enterprise Resource Planning，ERP）系统是 20 世纪 60—70 年代诞生的，至今已有 60 多年的发展历程。ERP 系统具有管理和 IT 的双重基因，是管理信息系统中具有代表性的系统之一。教育界也较早将 ERP 系统纳入教学领域，许多院校在财经、管理等相关专业开设了 ERP 系列课程。目前，随着管理问题的日益复杂、信息技术的不断发展，ERP 行业正在向云化、智能化方向发展，其功能边界也不断拓展，教学体系和教学内容也需要跟随行业发展趋势不断更新。本书正是在这一背景下编写的。

## 2. 教学思考

最近十余年，各种教学体系、方法、流派、技术层出不穷，教学改革不断深化。作为一线教师，我们既备受鼓舞，又感到疑惑彷徨。每次学习到一个新的教学方法，我们都会因为方法的创新而感到欣欣并受到鼓舞，但是每当应用之时，又常常因为不知道方法如何选择和落地而感到苦恼。编写本书的时候，我们也花了较多时间思考和研讨这个问题。最终，我们还是认为不能偏离让学生学会有价值的课本知识这个基本目标，这也是有效教学追求的目标。这个目标可以拆解为以下几个基本要求。

（1）要输出有价值的内容。虽然价值判断因人而异，但是站在职业人才培养的全局来看，教学内容是否反映经济发展阶段、行业发展趋势、技术发展水平，是否反映当前岗位和未来 5~10 年岗位技能需求，仍然是教学者首先必须考虑的问题。新瓶装旧酒，最多只能满足感官刺激，难以带来实质性帮助。当然，在引入新知识、新技能的时候，还需要深度理解知识的道与术的关系，处理好教学内容的变与不变的关系，这也是一个需要仔细分析的问题。

（2）要符合学生认知和能力的要求。因材施教的基本原则告诉我们，教学要符合学生现有知识体系和学习能力的要求，要尽量在学生能力边界附近进行拓展。循序渐进、由易到难的教学方式仍然适合大多数教学领域。

（3）教学方法和教学形式要符合教学内容的要求。在学习了众多教学理论方法后，我们发现每种教学方法和手段都有优点，也有缺点。完美的教学方法和理论目前不存在，将来恐怕也不会存在，因为从哲学层面来看，完美就意味着发展的结束。因此在教学实践中，我们更应该关注的是如何选择相对适合的方法应用于一个学科、一门课程的教学，而不是明知其不可为而为之；更应该将适用的原理分析清楚，并在实践中加以检验和完善。

### 3．本书主要编写思路

规范以上基本要求后，我们对本书教学内容和教学方法进行了深入的梳理和分析，确定了主要教学内容和教学方法。

（1）教学对象与培养目标

本书的适用教学对象：应用型本科和高等职业院校在校学生、初步接触 ERP 的社会学习者。

本书的培养目标：培养深入理解企业运营过程，能够熟练使用 ERP 系统进行企业业务处理、信息分析、运营监控的高级技能管理人才。

学习者学情分析：在校学生大多数都没有企业工作经验，而社会学习者的企业工作经验也只是部分岗位的工作经验，对企业整体经营管理过程缺乏足够的认知。因此，本书定位于 ERP 的入门教材。第一，要让学习者掌握 ERP 的基本功能及相关知识；第二，帮助其了解企业基本经营过程，让其初步建立企业全局管理观念与知识框架。

（2）教学内容

ERP 系统功能复杂、体系庞大，在课时限制下，如何取舍教学内容是一直困扰专业教师的问题。本书选择讲解 ERP 系统中供应链、生产管理两个模块的内容。这两个模块是 ERP 发展较早、使用较广的核心模块，也能够较为全面地反映企业主要经营过程，有助于学生建立企业的全局管理观，符合入门教材的定位。

本书选择商用 ERP 系统金蝶云星空 V7.5 教学，其教学难度和学习难度高于教学模拟软件，教师需要花费较多精力重构课程体系，并考虑教学适应性转化等问题，学生也面临较大的学习挑战。不过最终我们还是做出这样的选择，主要原因有三：第一，ERP 云化、智能化发展是一个大趋势；第二，金蝶是国内 ERP 行业的领导厂商之一，金蝶云星空系统是其面向小型企业和中型企业推出的主力云 ERP 系统，其难度适合入门学习者；第三，所学即所用，学习者学习内容和企业应用无缝衔接，金蝶软件广泛的客户基础也能够促进学生就业。实际上，精通了一套商用 ERP 系统，再学习其他 ERP 系统，会很容易上手，虽然不同 ERP 系统的操作有所不同，但是其管理思想和方法具有共性。

（3）主要课程体系和教学方法

目前，我国教育改革如火如荼，国家在职业教育领域给予了大力的支持，明确了职业教育是一种类型教育，说明人才培养途径是可以多样化的，职业教育需要探索新的人才培养模式。在人才培养方式上，职业人才培养和学术人才培养确实有很大区别，对此我们也有一些自己的思考。

学术人才需要更强的理论抽象能力，因为理论创新常常先于实践应用，需要更广阔的探索空间，应该较少受到现实问题的羁绊，可以用"顶天"来形容。因此，学术人才培养应该围绕鼓励理论创新展开，教学体系需要注重内容体系的完整性、理论功底的扎实性、分析问题的思辨性、学术论证的严谨性。学术人才主要解决的问题是根本性问题、全局性问题和普适性问题。

职业人才需要更强的实际问题解决能力，需要将现有理论合理应用于现实问题的解决，可以用"立地"来形容。因此，职业人才的培养应该更注重理论应用能力，也就是实践能力的培养，教学体系并不盲目追求完整性，教学内容要以实用、够用为目标。职业教育也需要培养创新能力，但主要是培养应用创新能力，需要站在产业前沿进行创新，而不是理论前沿进行创新，两者有时是一致的，但更多时候是有区别的。职业人才解决的问题更多是应用性问题、局部性问题和个性化问题。

基于以上思考，本书在设计上针对职业教育的诉求进行了初步探索，在课程体系搭建、教学方法应用、教学内容组织、教材表现形式等方面进行重构。

① 在课程体系搭建上，主要采用基于工作过程导向的课程开发方法。ERP 系统本来就是强流程型系统，天然体现了企业工作过程，因此基于工作过程的构建方法是比较适合 ERP 教学的。我们将企业运营过程分解成多个相对独立又具有逻辑联系的教学项目，形成了项目化课程结构。

② 在教学方法应用上，借鉴了费曼学习法的思想。每个教学项目中，都力争将抽象的管理问题还原为实际管理情景，以问题引导学生探索；以软件实操建立学生对管理问题的感性认知，提供可量化的验证性实验，方便学生实操练习、验证结果；对于操作错误，引导学生自己查错和纠错，及时形成学习的正反馈；在感性认知的基础上再补充专业知识，让学生知其然更知其所以然，力争做到知行合一；对于学有余力的学生，提供拓展资源以供其深化学习。

③ 在教学内容组织上，本着实用、够用的原则，去粗取精，进行内容选取。强调理实一体化，力求建立管理理论和系统应用之间的有效映射关系，帮助学生将管理原理应用于信息化管理实践，切实解决企业应用问题。

本书分为基础篇和进阶篇 2 篇。基础篇主要是帮助学习者建立 ERP 的全局管理观，项目 1 为 ERP 整体情况介绍，项目 2～项目 9 依据企业内部供应链的主要过程设计相关任务，需要学习者循序渐进地学习。而进阶篇则设计了 3 个深度专题（6 个任务），各任务是独立的业务单元，学习者可以选择感兴趣的任务学习，拓展专项能力。基础篇和进阶篇也符合由易到难的认知过程。基础篇编写时尽量删繁就简，突出主线，以够用为原则，让初学者尽快看到学习成效。进阶篇则适度强调专业性要求，对关键细节讲解更加深入，引导学习者自主探索。

### 4．如何使用本书

为了方便教学，也为了方便学生自学，本书配套了丰富的立体化教学资源，提供了配套的 PPT、教学账套、操作视频等。本书为广东省精品资源共享课配套教材，已在课程平台上建设了精品在线课程，学习者可以自行注册学习、获取相关资源。用书教师也可登录人邮教育社区（www.ryjiaoyu.com）下载教学资源。

学习本书需要自行安装金蝶云星空 V7.5 系统。如果需要使用本书配套账套，需要安装 SQL Server 2017（或以上版本）数据库。

### 5．编写分工

本书的编写人员多是双师型教师，有丰富的 ERP 行业从业经验，也从事相关课程教学多年，目前都是深圳信息职业技术学院的专业教师。

胡凌：主编，负责全书的组织设计、整体架构搭建和内容标准确定，以及项目 10～项目 12 内容的编写。

张立军：主编，负责基础篇操作案例设计，以及项目 4 和项目 8 内容的编写。

杨东海：副主编，负责项目 2、项目 3 和项目 5 内容的编写。

付贵：副主编，负责进阶篇操作案例设计，以及项目 6 和项目 7 内容的编写。

莫莉莎：副主编，负责项目 1 内容的编写。

李金清：副主编，负责项目 9 内容的编写。

### 6．致谢

感谢深圳信息职业技术学院各位老师和同学的帮助，感谢金蝶精一信息科技服务有限公司傅仕伟、张锦涛、李雄等企业专家的大力支持，感谢家人和朋友的支持。

### 7．不足与提升

在知识准备上，本书并未追求理论体系的完备，而是重点强调理论转化为实践的能力培养。实际上，我们在查阅资料的过程中也发现，由于行业快速发展，以及软件厂商的差异化发展，行业术语标准化并不完善，权威定义很难确定，一些定义也难以适应行业新形势。加之个人水平有限，疏漏在所难免。考虑到 ERP 软件的复杂性，对于教学内容和教学难度的确定，我们也只是进行了初步探索，仅为一家之言。敬请广大读者和教师同人提出批评和指正意见，帮助我们持续改进，以便在后续版本中补充完善。

胡凌

2024 年 3 月

# 目录
## CONTENTS

基础篇

# ERP 的初步认知

## 项目概述

ERP 是管理信息系统的代表性系统之一。本项目重点展示了 ERP 的主要发展阶段和功能特点，通过 ERP 的发展历程展示了 ERP 如何通过自身的不断发展，来满足企业管理复杂化、精细化、智能化的需要，提升企业管理水平。本项目还介绍了 ERP 产业发展现状，以及企业应用 ERP 的基本过程和主要风险。

## 项目重点

- ERP 发展历程与主要驱动因素
- 企业应用 ERP 的基本过程

## 任务 1-1　了解 ERP 发展历程

### ✳ 活动 1-1-1：MRP 发展阶段

#### 活动导入

**管理情景**

1913 年福特推出全球第一条流水生产线以来，工业企业生产效率大幅度提高，以汽车制造为例，传统手工组装，生产一辆车大约要 700 小时，售价大约 4500 美元。而福特应用流水线生产，将 T 型车组装工序缩减为 80 多道，生产时间压缩到 12 小时，首批 T 型车每辆只卖850 美元，其后更不断刷新生产效率和成本纪录。新技术应用带来企业规模的扩大，在很多生产领域，小作坊式企业被规模型企业替代，行业集中度逐步提升。福特汽车曾经占据美国汽车业 50% 以上市场份额，T 型车累计销售 1 500 万辆。而进入 20 世纪 50 年代，世界经济百废待兴，市场需求旺盛，很多工业品造多少就能卖多少，各工业门类都蓬勃发展，现代工业更成为经济主要发展动力。虽然生产制造技术大幅度提升，但是生产管理技术的提升却并不显著，生产规模扩大和管理技术落后的矛盾日益突出。一些传统的凭经验管理的模式难以适应现代生产的要求，尤其在大规模生产模式下，如何确保材料及时供应、生产计划合理安排，避免产供销脱节，保质保量及时生产出产品，成为各生产企业关注的重点，企业迫切需要管理理论和技术的创新。

【问题】20 世纪 50 年代，这些行业龙头企业面临的主要管理问题是什么？

#### 活动总结

**理论知识归纳**

**1. 科学管理的诞生**

20 世纪以前的生产管理实践，经验和习惯起主要作用，没有成型的管理方法。20 世纪初，制造业经历了手工作坊向现代大规模生产进化，泰勒倡导"科学管理"，主张用科学化、标准化的管理方法代替旧的经验管理，以达到较高的工作效率。具体措施包括：制定科学的工艺规程和操作方法，使工具、机器、材料、作业环境、操作时间标准化；对工人进行选择、培训、专业分工和晋升；实行具有激励性的计件工资报酬制度。这些措施给当时的企业生产效率带来了大幅度的提高，从而开创了现代企业管理的新时代。

紧随泰勒之后，甘特首创用图表进行计划和控制，形成了今天广泛用于编制进度计划的甘特图。福特在泰勒的单工序动作研究的基础上，充分考虑了大量生产的优点，规定了各个工序的标准时间定额，使整个生产过程在时间上协调起来，创建了第一条流水生产线——福特汽车生产线，使成本明显降低。此外，福特还在产品系列化、零件规格化、工厂专业化、机器工具专业化、作业专门化等方面进行了大量的标准化工作。这些理论与实践逐步发展成为管理科学的一门细分学科——工业工程，包括工作研究、工厂布置、物流规划和生产计划与控制等方面内容。工业工程的实施和应用，大大地提高了制造业的生产率，降低了成本。直至今天，工业工程仍在制造业的管理中发挥着重要的作用。

20 世纪 40 年代，现代计算机出现和逐步普及，为科学管理的发展插上了翅膀：信息技术为管理的研究和实践提供了数据化基础；经济管理的定性概念发展为定量分析，采用数理决策方法，并在各项管理中广泛采用电子计算机进行控制；研究重点由过去的概念分析转向实践，增加了研究成果的价值。随着计算机逐步应用于管理的各个领域，因主要服务于管理目标而开发的管理信息系统（Management Information System，MIS）也应运而生，逐步成为广泛应用的管理技术，也成为管理学的二级学科之一。管理信息系统管理的范围很广，包含税务、公安、消防等政务系统，也有日程管理、资料管理等个人信息管理系统，还包括客户管理、办公自动化、考勤等企业信息管理系统。因此，管理信息系统相关的软件众多，类型庞杂。ERP 就是管理信息系统中的一种，是企业信息管理的典型系统之一。

### 2．ERP 发展历程

ERP 是由美国 Gartner Group（高德纳咨询公司）在 1993 年首先提出的概念。

虽然 ERP 的正式概念是 20 世纪 90 年代才提出的，但是其思想起源却要早很多，行业一致认为 20 世纪 60 年代 MRP 理论的正式提出，就标志着 ERP 理论的诞生。至今，ERP 理论已经经历了以下 4 个发展阶段。

- ◆ 20 世纪 60 年代：MRP 发展阶段。
- ◆ 20 世纪 80 年代：MRP Ⅱ 发展阶段。
- ◆ 20 世纪 90 年代：ERP 发展阶段。
- ◆ 21 世纪 10 年代至今：EBC 发展阶段。

### 3．再订货点法的应用

正如管理情景所述，20 世纪的大部分时间，工业都是经济发展的核心支柱产业。生产企业为了维持均衡的生产，必须备有相应的原材料和产成品库存，作为保障生产持续、应对异常变化的一种手段。但是，物料的库存要占用流动资金，带来管理成本。于是，如何协调生产与库存的关系、合理规划物料库存水平，确保生产正常执行，并降低库存水平，成为生产企业关注的核心问题。这虽然不是一个新问题，但是很长时间以来，管理者只能凭经验管理，缺乏科学管理技术和方法。

1946 年美国研制出世界第一台计算机，计算机为科学管理理论的深入应用提供了技术基础。20 世纪 40 年代，管理学界就提出了再订货点法的原理。到了 20 世纪 50 年代后期，再订货点法、ABC 分类等库存管理理论，随着计算机的逐步普及开始在美国一些企业投入使用。这些方法普遍比较简单，即使在早期计算机运算能力不足的情况下，也能够被行业使用，给企业带来了不错的经济效益。这个时期 MRP 理论还未诞生，被称为前 MRP 时期，但是该时期为 IT（信息技术）在管理中的深入应用奠定了基础，形成了产业界和理论界的共识。

该时期最典型的管理技术就是再订货点法，其主要思想是：给各种物料设置一个最大库存量和安全库存量，库存管理的基本目标是当库存水平低于安全库存就补货至最大库存。由于订货需要一定时间周期，如果需求消耗稳定，就可以推算出再订货点，当库存水平下降到再订货点就下达补货指令，这样当库存水平达到安全库存附近时，恰好订购物料到货，这样就保证了库存连续。再订货点的推算公式如下，原理如图 1-1 所示。

**再订货点=单位时段的需求量×订货提前期+安全库存量**

再订货点法的优点是算法简单，易于使用，反映了物料消耗和供给的基本量化关系；缺点是模型假设物料消耗相对稳定，物料订货到交货时间也相对固定，但是假设较为理想化。因此该模型适合一些需求比较稳定的行业。例如早期的社区零售店，其客户群体固定，市场需求也比较稳定，就可以采用这种方法确定库存水平和订货时机。但是随着产业发展，客户需求不断变化，生产过程日益复杂，无论是产成品还是所需原材料，在数量上和时间上的消耗更多表现为不稳定和间歇性，这使得再订货点法的应用效果大打折扣。特别是在离散制造行业（如汽车、机电设备行业），由于产品结构较为复杂，涉及数以千计的零部件和原材料，生产和库存管理的问题更加复杂。产业需要新的管理方法，物料需求计划（Material Requirements Planning，MRP）应运而生。

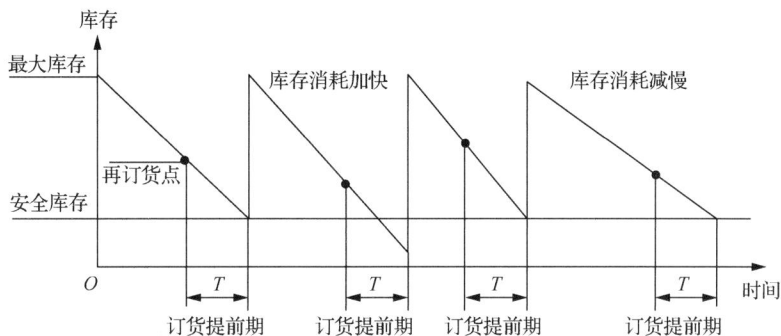

图 1-1　再订货点法原理

### 4．MRP 的诞生

1965 年，美国 IBM 的约瑟夫·奥列基（Joseph Orlicky）在其发表的一篇论文中，首先提出物料需求计划（MRP）的思想。关于 MRP，目前并没有权威的定义，最早由美国生产与库存管理协会（American Production and Inventory Control Society，APICS）给予了定义，并对 MRP 进行了大力的推广，本书就以 APICS 给出的定义进行讲解。

物料需求计划系统就是利用主生产计划（Master Production Schedule，MPS）、物料清单（Bill of Material，BOM）、存货（Inventory）及未交订单（Open Order）等各种资料经由计算而得出各种相关物料的需求状况，同时提出各种新订单的补充建议，以及修正各种已开出订单的一种实用技术。

MRP 的管理思想主要是：把生产企业涉及的所有产品、零部件、原材料等统一视为物料，再根据物料需求来源不同，把物料分为独立需求物料和相关需求物料。其中独立需求是指其需求量和需求时间由企业外部的需求（如客户订单、市场预测、促销展示等）决定的那部分物料需求，主要是产成品需求；而相关需求是指根据物料之间的结构组成关系，由独立需求的物料派生的需求，如半成品、零部件、原材料等需求。例如：客户订购 10 台自行车是独立需求，而每台自行车需要 2 个车轮、1 个车架，所以共需要 20 个车轮和 10 个车架，就是相关需求。MRP 算法先根据外部独立需求情况确定产成品的生产计划，也就是制订主生产计划；再根据产品结构、库存数据等信息计算确定半成品、原材料的需求，尽量用最少的材料完成生产所需，用尽量短的时间完成产品的生产和交付，从而使得库存维持在尽可能低的水平，加速企业的资金周转，提升效率。

MRP 理论一经提出就得到理论界和产业界的认可。IBM 根据这一理论首先开发出了名为 COPICS 的软件，主要解决相关需求的计算，用于生产进度计划编制。这标志着 ERP 软件行业正式诞生。美国生产与库存管理协会也积极推广 MRP 的行业应用，成立了推广组织，编写了大量培训教材，为 MRP 在业界的推广和应用做出了很大贡献。在 20 世纪 60—70 年代，MRP 在工业界逐步应用起来。

### 5．闭环 MRP

在 20 世纪 70 年代后期，人们又拓展了 MRP 理论，提出了闭环 MRP（Closed-loop MRP），该阶段是 MRP 发展时期的一个子阶段。其理论贡献主要是在原有 MRP 方法上增加了能力需求计划（Capacity Requirement Planning，CRP）。能力需求计划能够帮助企业评估"能否使用现有产能完成目标产量"的问题，并帮助计划人员更方便地调整计划满足产能限制的要求，从而实现"计划—执行—反馈"的闭环过程，平衡市场需求波动和生产能力均衡之间的矛盾，使得生产计划更加可行。

到闭环 MRP 阶段，MRP 方法中的三大制胜法宝就基本成型了，这三大制胜法宝是：①独立需求与相关需求的划分，确定了物料需求计算时先考虑独立需求再核算相关需求的基本逻辑；②时间分割，将时间划分为时段，将所有需求量都放置在时段坐标上，明确了所有任务的具体交付时段；③能力平衡，根据生产能力约束条件，调整生产计划以适应生产计划均衡性的要求，同时尽量保持低库存和快速交付。该方法由美国生产与库存管理协会进行总结，并提出了以下结构模型，如图 1-2 所示。

MRP 是生产管理理论和实践的一次重大飞跃。MRP 以强化物料管理和库存控制为中心，体现了为顾客服务、按需供给的宗旨，计划统一且可行，并且借助计算机系统实现了对生产的闭环控制，体现了经济性和集约化，相较于再订货点法有较大的改进。MRP 与再订货点法的区别如表 1-1 所示。

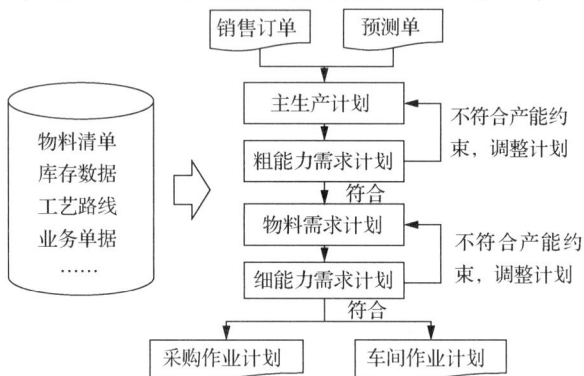

图 1-2 MRP 结构模型

表 1-1 MRP 与再订货点法的区别

| 项目 | 消耗 | 依据 | 区分需求来源 | 库存 | 供给 | 优先级 |
|---|---|---|---|---|---|---|
| 再订货点法 | 均衡 | 需求历史资料 | 不考虑 | 有余 | 定时 | 不考虑 |
| MRP | 不均衡 | 产品结构 | 考虑 | 减少 | 需要时 | 考虑 |

MRP 理论的提出正好伴随计算机的出现和初步应用，MRP 软件系统开始被研发并投入使用。ERP 软件系统的出现，为企业提供了物料需求计算的有效工具，产生了巨大的效益。不过，受限于当时的 IT，MRP 采用早期的关系数据库技术和程序开发技术，需要使用中大型计算机作为硬件平台，以及早期的一些非图形化的操作系统，以单机应用为主，使用成本高昂，计算效率较低。因此，ERP 软件主要还是一些中大型企业使用。MRP 是 ERP 发展的初级阶段，也是 ERP 的核心模块之一。MRP 的详细内容将在本书的项目 5 中详细讲解。

当然，MRP 仍有不足之处，主要表现在它的管理重心仍然局限于生产中的物料、设备和产能等资源的计划与控制，对企业其他领域涉及较少。随着管理深化，又逐步发展出 MRP Ⅱ 理论。

# ✱ 活动 1-1-2：MRP Ⅱ 发展阶段

## 📖 活动导入

### 管理情景

20 世纪 70 年代，由于战争和政局动荡，中东石油供给大幅减少，引发了第一次和第二次石油危机，以美国为代表的全球主要经济体进入了经济停滞而通货膨胀严重的滞胀经济阶段。20 世纪 80 年代初，美国为对抗"滞胀"，时任总统里根推行了被后人称为"里根经济学"的经济改革政策，主要包括削减政府预算以减少社会福利开支，控制货币供给量以降低通货膨胀严重程度，减少个人所得税和企业所得税以刺激投资，放宽企业管理规章条例以减少生产成本等。该政策带来了短期经济的阵痛，直至 20 世纪 80 年代中期，美国经济才逐步恢复增长。在这十多年的经济滞胀期和恢复期，企业面对的环境早就不是"二战"刚结束时只愁生产不愁销售的幸福时期，实际面对的是市场需求不足、竞争加剧的局面。企业经营困难，就必须在拓展市场的同时，更关注管理绩效的提升，向内部挖掘潜力，降本增效，赚取足够利润才能生存。因此，企业对管理技术的要求也逐步提高。生产企业不仅要关注物料供应、库存控制、产能计划等问题，让产品及时生产出来，还要关注生产产品是否能适应市场、及时销售，以及如何控制生产成本，降本增效，如何掌控企业现金流，及时完成财务核算，帮助管理者从利润和效益的角度来指导企业各个环节的运营。

【问题】20 世纪 70—80 年代，企业面临的主要问题有哪些？

## 活动总结

### 理论知识归纳

#### 1．MRP Ⅱ 的出现

正如管理情景所述，20 世纪 70 年代末和 80 年代初，由于面临激烈的竞争，企业对管理技术提升的迫切要求促进了 MRP 的进一步发展，制造资源计划系统应运而生。

制造资源计划（Manufacturing Resources Planning，MRP Ⅱ）是在 MRP 的基础上，扩大管理范围和信息共享程度，涵盖销售、生产、采购、财务、工程等业务领域，初步全面集成物流、资金流、信息流，涵盖生产企业全过程管理，形成的较为完整的管理体系和软件系统。MRP Ⅱ 的概念也是由美国生产与库存管理协会提出的。

相比 MRP，MRP Ⅱ 的主要改进体现在以下几个方面。首先，强化财务管理功能。MRP Ⅱ 提供了较为完善的财务管理功能，不仅帮助企业做好业务发生后的财务记账和核算工作，还应用成本管理功能，强化对生产成本的管控，指导成本控制的方向，更好实现降本增效的管理目标。其次，拓展销售和采购管理等功能，强化对上下游企业的管理。销售端完善对客户的管理，更好掌握市场信息；采购端强化供应商的优选和评价，降低采购成本，提升交货能力，管控采购质量；生产端进一步强化产供销的整体协调能力，这些措施对企业内部供应链水平的改进、产品交付和服务能力的提升都有很大作用。最后，完善系统各功能模块的技术水平，提高系统信息集成度，强化管理的系统性、计划的一贯性和可行性。MRP Ⅱ 强化了内部数据的共享性、各模块的集成度，在技术层面保障了管理的系统性，这成了 ERP 系统的一个特点并延续至今。MRP Ⅱ 还提供一些业务模拟分析功能和多样化的报表，辅助管理者提前预估业务难点和风险，适应企业日益精细化的管理要求。

#### 2．MRP Ⅱ 的主要功能模块

在 MRP 阶段，系统已经具备了 MPS、MRP、CRP、车间作业管理、生产数据管理、库存管理等功能。

而在 MRP Ⅱ 阶段，系统主要增加了采购管理、销售管理、委外管理、质量管理、总账、应收款/应付款管理、存货核算、成本管理等模块。这些模块基本涉及了生产企业的内部供应链进销存、计划与生产、财务与成本等功能，已经形成了较为完整的销售、采购、生产、财务结算、成本控制的业务闭环。

通过这些改进，MRP Ⅱ 阶段已经初步形成了生产型企业较为完整的内部管理架构和体系，实现了生产型企业的物流、信息流与资金流较为完整的集成。这也是为什么 MRP Ⅱ 名称为制造资源计划，其体系已经涵盖了一个生产企业的大多数管理领域，MRP Ⅱ 也成为制造业所公认的管理标准体系，至今为止，都仍然是 ERP 系统中生产、财务、供应链等模块的参照标准。MRP Ⅱ 阶段 ERP 软件常见功能如图 1-3 所示。

20 世纪 80 年代，个人计算机（PC）开始普及，其使用成本降低，计算能力大幅度提升，也逐渐应用于企业管理。MRP Ⅱ 系统也适应这一变化，支持 PC 的应用，使用更先进的 SQL 数据库和程序开发技术，支持以太网等局域网通信技术，并支持联网应用。MRP Ⅱ 系统的使用成本大幅度降低，使更多企业能够用得起 MRP Ⅱ 系统。

| 生产<br>物流 | 采购管理 | 主生产计划 | 能力需求计划 | 车间作业管理 | 销售管理 |
| --- | --- | --- | --- | --- | --- |
| | 委外管理 | 物料需求计划 | 生产数据管理 | 库存管理 | 质量管理 |

| 财务 | 应付款管理 | 总账管理 | 成本管理 | 存货核算 | 应收款管理 |
| --- | --- | --- | --- | --- | --- |

图 1-3　MRPⅡ阶段 ERP 软件常见功能

## ❋ 活动 1-1-3：ERP 发展阶段

### 📖 活动导入

#### 管理情景

20 世纪 90 年代以来，世界进入新一轮全球化浪潮。1990 年欧洲共同体和加拿大分别正式提出成立世界贸易组织的议案，1995 年在关税及贸易总协定组织（General Agreement on Tariffs and Trade，GATT）的基础上正式成立世界贸易组织（World Trade Organization，WTO）。随着更多成员加入 WTO，全球贸易蓬勃发展，经济一体化加深。企业面临全新的竞争格局，以世界 500 强为代表的跨国企业规模越来越大，经营范围和领域不断扩展，跨行业、跨国家经营成为主流，企业供应链范围扩展至区域甚至全球，一些国际性知名品牌涌现，连锁经营、特许经营、产业联盟、OEM/ODM（原厂委托制造/原厂委托设计）、信息经济等新商业模式和新管理模式层出不穷。而 1993 年 9 月，时任美国总统克林顿宣布了"国家信息基础结构的行动计划"，俗称"信息高速公路"计划。该计划带来了互联网兴起，促进了 IT 产业的大繁荣，更为这些企业发展插上了新的翅膀。无论是 IT 产业自身的发展，还是 IT 产业和其他产业的融合发展，都给企业带来众多商业机会，当然也带来全新的管理挑战。如何具备跨国管理能力、跨行业管理能力，如何在全球供应链布局中获得更大竞争优势，如何应用技术尤其是 IT 提升企业运营管理能力，这些问题都是企业管理者关注的新问题。

【问题】20 世纪 90 年代以来，行业龙头企业又面临了哪些新的挑战？

### 📖 活动总结

#### 理论知识归纳

#### 1．ERP 的出现

如管理情景所述，20 世纪 90 年代以来，企业经营面临的新挑战，对管理技术提升提出了更高要求。软件厂商也在不断优化 MRPⅡ系统，逐步形成了 ERP 系统。ERP 的概念是由美国 IT 咨询公司 Gartner Group 于 20 世纪 90 年代初提出的，Gartner 公司是美国知名的 IT 领域的咨询公司，对行业发展有深刻的洞见，其观察到了行业的变化，前瞻性地总结和提出了 ERP 的概念。由于 ERP 的概念反映了行业新趋势，所以一经提出立即得到广泛的认同。

Gartner 公司对 ERP 的定义：根据计算机技术的发展和供应链管理，推论各类制造业在信息时代管理信息系统的发展趋势和变革。ERP 目前也没有完全权威的定义，Gartner 公司的定义比较早期，也比较抽象。本书给出另外一个较为详细的定义供参考：ERP 是以市场和客户需求为导向，以实行企业内外资源优化配置，消除经营过程中一切无效的劳动和资源浪费，实现信息流、物流、资金流、价值流和业务流的有机集成和提高客户满意度为目标，以计划与控制为主线，以网络和信息技术为平台，集客户、市场、销售、采购、计划、生产、财务、质量、服务、信息集成和业务流程重组等功能于一体的现代企业管理思想和方法。

## 2．ERP 主要功能

ERP 是 MRP Ⅱ 的进一步发展，主要涉及以下方面。

① 扩大企业信息集成范围。Gartner 公司提出了要打破企业的"四壁"，把信息集成的范围扩大到企业的上下游，管理整个供应链，实现供应链制造。它明确了两个集成方向：内部集成（Internal Integration），实现产品研发、核心业务和数据采集的集成；外部集成（External Integration），实现企业与供应链上所有合作伙伴的集成，支持企业全球供应链管理和上下游协作运营的需要。

② 适应更多样的企业形态和业务形态。Gartner 公司提出 ERP 要能适应离散加工、流程加工、混合式生产、商业分销、物流配送等不同行业、不同经营模式企业的信息化管理要求。MRP Ⅱ 系统主要还是服务于生产企业，虽然当时，也有部分非生产企业可以使用 MRP Ⅱ 系统进行一些财务管理，但是毕竟不是主流。而在 ERP 发展阶段，ERP 系统逐步向非生产企业，主要是涉及货物流通的行业拓展。ERP 系统丰富的功能让更多非生产企业都可以找到自己能够采用的部分功能。而一些多业态经营的大型企业集团，更愿意采用 ERP 系统作为其核心管理平台。

③ 更丰富的系统功能。为了适应企业更复杂的管理要求，一些新的业务功能被开发出来，比如集团财务、销售与运营规划、精益生产、客户关系管理、供应商协同管理、人力资源管理等新功能。而一些 MRP Ⅱ 阶段已有的功能也得到升级加强，比如发展高级计划与排程（Advanced Planning and Scheduling，APS）改进 MRP，开发多语言、多币种、多财务制度管理等功能，以适应企业跨国管理要求。这些功能让 ERP 对企业管理多样性的适应能力进一步加强。

④ 更强大的计算机技术做支撑。随着 IT 产业尤其是互联网产业的蓬勃发展，各种新的 IT 逐步被 ERP 行业吸收并采用。互联网、新一代数据库、图形界面技术、多层架构、中间件技术、移动通信技术等新兴技术的应用，使得 ERP 系统的跨平台性、稳定性、易用性、可拓展性等技术能力都得到了极大加强，并降低了 ERP 系统的部署和使用成本，更有利于 ERP 系统的普及。

当然，不同软件厂商开发的 ERP 系统功能会有差异，本书以金蝶云星空系统为例，展示 ERP 系统常见的功能，其功能架构如图 1-4 所示。相比 MRP Ⅱ 而言，ERP 在协同管理、集团管理等方面都有较大的发展，更加适应企业内部精细化管理、外部广泛连接的发展要求。

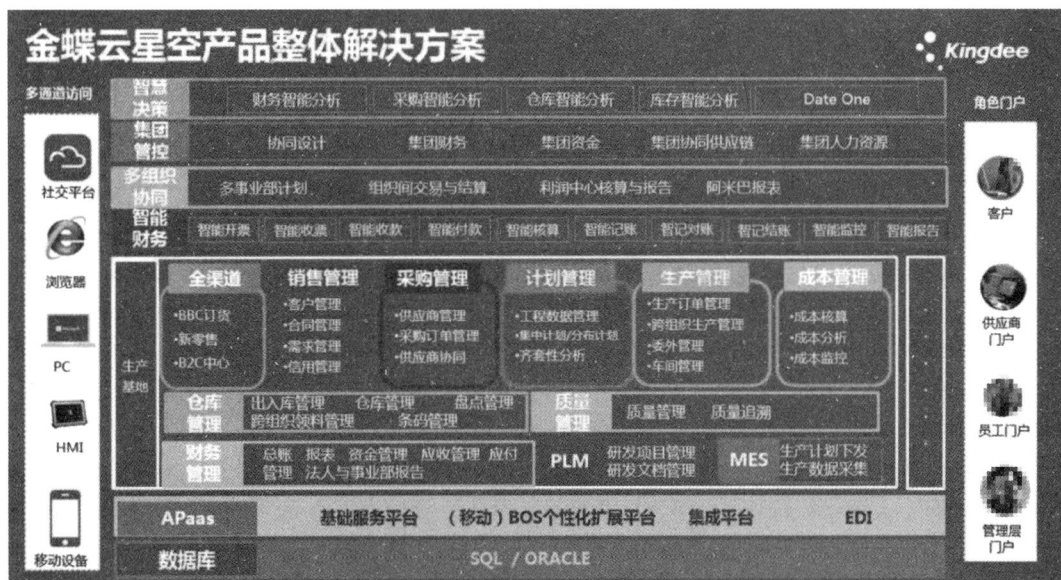

图 1-4　金蝶云星空系统功能架构

## 3．ERP 系统的使用效果

ERP 系统诞生于美国，在 20 世纪 90 年代末在美国得到了广泛推广和使用。美国生产与库存管理协会在 21 世纪初进行了一个使用效果的调查和统计：分析使用一个 MRP Ⅱ/ERP 系统，平均可以为企业带来多少经济效益。

◆ 库存下降 30%～50%。这是人们说得最多的效益。因为它可使一般用户的库存投资减少 1.4～1.5 倍，库存周转率提高 50%。

◆ 延期交货减少 80%。当库存减少并稳定的时候，用户服务的水平提高，准时交货率平均提高 55%，误期率平均降低 35%，这就大大提高了销售部门的信誉。

◆ 采购提前期缩短 50%。采购人员有了及时、准确的生产计划信息，就能集中精力进行价值分析、选择货源、研究谈判策略、了解生产问题，缩短了采购时间和节省了采购费用。

◆ 停工待料减少 60%。由于零件需求的透明度提高，计划也做了改进，能够做到及时与准确，零件也能更准时地到达，因此，生产线上的停工待料现象将会大大减少。

◆ 制造成本降低 12%。库存费用下降、劳力节约、采购费用节省等一系列人、财、物的效应，必然会引起生产成本的降低。

◆ 管理水平提高，管理人员减少 10%，生产能力提升 10%～15%。

20 世纪 80 年代后期，MRP Ⅱ 就开始传入我国。在 21 世纪前十年，ERP 得到了广泛的应用，虽然目前国内没有行业机构进行类似的较为全面的调查和统计，但是从很多国内成功实施 ERP 的企业个案来看，ERP 给企业带来了较为明显的管理改善。

知识拓展

ERP Ⅱ发展阶段

## ❋ 活动 1-1-4：EBC 发展阶段

### 📖 活动导入

#### 管理情景

进入 21 世纪以来，新技术、新商业模式层出不穷。数字经济时代，混合业态、商业模式、智能制造、产业协同、万物互联、生态建设等高阶需求涌现，企业间和业务边界逐渐模糊，要求企业随时在线，完成内部业务处理和经营管理，以及与外部事务的连接、协同，这将引起许多新的变化。

① 需求个性化。随着数字信息化时代的到来，客户已经不单单是企业价值链中的"参与者"，更是与企业共同创造价值的"共创者"。这种变化让企业必须把客户响应力放在核心能力的首位，这样才能在这个时代生存下去。简单来说，企业必须跟随客户的需求而快速变化——千人千面的客户自然造就了对不同企业个性化服务的需求，传统且成本极高的 ERP 系统已经不能应对企业日益复杂的个性化需求。

② 协作复杂化。传统的 ERP 系统是自上而下的，基于企业管理层级体系和各业务职能而开发，契合了过去典型的科层制企业。这种烟囱式架构导致企业内部僵化，这种僵化最直接的体现便是企业各部门之间合作困难。在需求敏捷的数字化时代，各板块乃至人人之间是需要充分合作的，协作关系的复杂性远远大于过去。相较于传统 ERP，EBC 的高度柔性、模块化以及敏捷度能让这种复杂的协作关系流畅地运转下去。

③ 制造数字化。相较于过去通过企业分解自身战略得出计划型生产，新时代对生产制造的要求更加倾向于由数据驱动智能化制造。数据从哪里来？数据来自企业，小到每一个员工生产线上的操作，大到企业所面对的全部客户群体。这种数字化制造使得企业所有的生产都真正符合客户需求。

④ 成本透明化。成本管理一直是企业管理不可缺少的重要环节，降本增效一词的反复出现证明了企业永远重视对自身成本的管理。在过去技术相对落后的年代，成本管理一直处在低效的状态，其原因有很多，但必定含有成本计算困难这一点。这种困难既体现在数据的不准确，也体

现在难以细化到每个部门、每个项目、每个人。而在 EBC 时代以数据为中心的模式中，成本的透明化是必然的，因为每一笔开销都反映在了数据中。这种透明化使得成本管理变得简单，管理者能够轻松了解每一个细微处的支出，从而对成本做出高效和敏捷的调整。

【问题】21 世纪以来，企业又面临了哪些新的挑战？

## 📖 活动总结

### 理论知识归纳

#### 1．EBC 发展阶段

Gartner 公司于 2019 年提出了企业业务能力（Enterprise Business Capability，EBC）概念。Gartner 公司对 EBC 的定义是：EBC 是企业将资源、能力、信息、流程和环境结合起来为客户提供价值服务的工作方式，描述了企业做什么以及企业在应对战略挑战和机遇时需要采取哪些不同措施。本书将 EBC 定义为 "ERP 的第四阶段"，从其定义来看，EBC 最核心的是能力（Capability），也就是强调了管理的本源，即解决现实管理问题的能力，而不是将其视为一种工具。这是后 ERP 时代的一种理念，它强调将 ERP 服务于管理目标的实现。传统 ERP 的价值主张是 "我有什么你用什么"，EBC 的价值主张是 "你要什么我给什么"，由 "推动式" 转变为 "拉动式"。对比 EBC 和 ERP，我们可以看出其中的差异，如表 1-2 所示。

表 1-2　EBC 与 ERP 的区别

| 分类 | ERP | EBC |
| --- | --- | --- |
| 概念 | 侧重 "资源和计划"<br>关注 "过程"<br>信息化<br>业务驱动<br>IT 是业务辅助工具 | 关注 "业务能力"<br>关注 "过程、结果和价值"<br>数字化<br>数据驱动<br>业务与 IT 相融合 |
| 应用 | 侧重 "内部经营管理"<br>侧重 "功能"<br>一体化<br>规模大<br>以信息化系统为中心的应用扩展 | 关注 "整个产业链生态"<br>关注 "卓越的用户体验"<br>松耦合、集成性<br>敏捷性强<br>以数据为中心的原生五大平台 |

#### 2．EBC 的五大能力和五大数字化平台

EBC 主张帮助企业提升业务能力，具体来说，可以细分为五大方面：链接和服务客户的能力、链接和赋能伙伴的能力、链接和管理万物的能力、链接和赋能员工的能力、数据驱动业务的能力。这五大能力支撑企业进行数字化商业模式创新和数字化运营优化，实现韧性成长。与此对应，EBC 建议构建五大数字化平台来支撑能力的提升：面向客户的体验平台、面向员工的信息化平台、面向伙伴的生态平台、面向万物的物联网平台和数据与智能分析平台。

知识拓展

EBC 的五大数字化平台

#### 3．如何从 ERP 向 EBC 转型

数字化时代，因为市场的变化，所有企业都面临着转型的问题。这里的转型不是简单关于 ERP 的问题，企业需要建立新的核心能力，如风险控制的能力、颠覆式创新的能力、敏捷响应客户的能力等，使自己能在新时代生存下去。很明显，这些要求远远超出了 ERP 的能力范围。因此企业需要了解如何将自身拥有的 ERP 管理系统转化为自身的一种业务经营能力（Capability）。那么如何从 ERP 转变为 EBC 呢？对于这种能力的建立，Gartner 公司提出了一个简洁的公式。

业务能力=思维模式×数字化技术×企业实践

从上述公式我们可以看到，企业业务能力来自三个关键维度：思维模式（Mindsets）、数字化技术（Technology）以及企业实践（Practice）。每一个维度都会产生倍增效应，只有重视并抓好每个维度能力的建设，才能真正创造属于企业自身的 EBC。

**EBC 关键维度之一：思维模式。**

思维模式对转型十分重要，指导着转型的方向。一旦偏离了方向，即使数字化技术、企业实践两个维度更强，转型也只会偏离目标更远。

与之前以 ERP 为核心的信息化建设相比，EBC 不再是企业信息化蓝图的单点突破，而是利用数字化工具和平台对企业管理运营等领域的全方位提升。"不谋万世者，不足谋一时，不谋全局者，不足谋一域"，只有从企业战略全局出发，从企业的长远发展出发，才能真正把企业数字化转变为企业核心竞争力。

西方企业的先进管理经验值得学习，但是拿来主义只会让我国企业创新和转型陷入困境，我国企业要有自己的转型思维模式。对我国企业来说，数字化转型一定要充分发挥中国传统文化的作用，走出一条具有中国特色的转型之路。与中国传统文化相结合，与中国企业管理特色相结合，与当前中国所处的时代背景相结合，以客户为中心，以为客户创造价值为核心，可以作为企业数字化转型核心思维模式的总纲领。

**EBC 关键维度之二：数字化技术。**

数字化技术主要包括人工智能、区块链、云计算、大数据、物联网以及 5G，这六项技术推动着 ERP 向 EBC 转变，实现商业价值。

以客户为中心是企业未来经营转变的方向。过去受很多环境因素制约，包括缺乏数字化技术的支撑，企业很难直接接触客户，也缺少完全依据客户个性化需求提供服务的能力。因此，"以客户为中心"更多地体现在口号上。随着新技术的出现，为客户提供价值的能力开始发生根本性的变化。企业可以借助数字化技术去连接更多的客户，洞察客户真问题；通过数字化技术提升自身产品和服务能力，解决客户真问题，服务好客户，赢得客户信任。

**EBC 关键维度之三：企业实践。**

企业从 ERP 到 EBC 的数字化转型过程中，思维模式和数字化技术是两个倍增因子，但终究要落到企业在多个层面的实践来迭代修正。企业实践包括运营转型实践、产品与服务转型实践、商业模式转型实践和文化转型实践，如图 1-5 所示。

图 1-5　EBC 转型的企业实践路径

最后，还是强调三个维度：思维模式、数字化技术和企业实践。每一个维度都产生倍增效应才能产生良好的效果。相反，任何一个维度的缺失，都会造成满盘皆输。

### 4．ERP 发展历程总结

从 20 世纪 60 年代 MRP 诞生以来到现在的 EBC，ERP 产业已经历了 60 多年的发展，经历了 4 次大的迭代发展阶段。从 ERP 发展历程来看，为了追求更卓越的管理实践，ERP 在管理领域拓展和功能技术升级这两个方面不断发展和演进，表现出了很强的生命力，如图 1-6 所示。

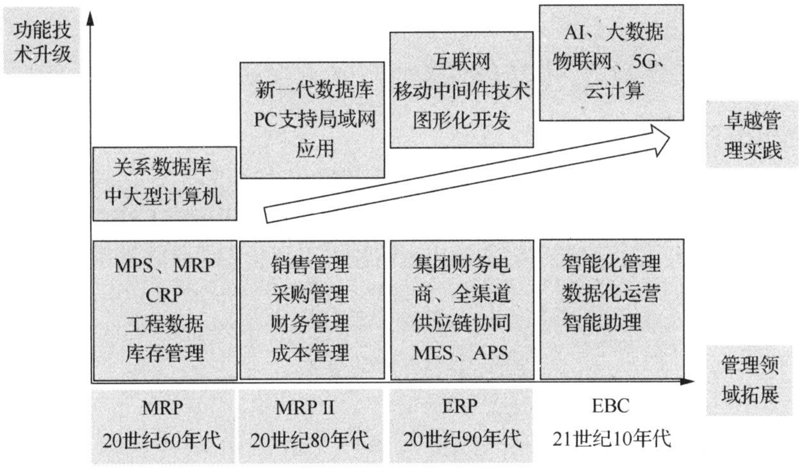

图 1-6　ERP 发展演进

① 管理领域拓展。经济的发展和企业的管理升级驱动 ERP 的管理领域不断拓展，这是 ERP 发展的主推动力。ERP 服务于企业管理，经济发展使得商业业态不断丰富、经营模式多元化，激烈的竞争逼迫企业必须完善自我，企业规模日益扩大，经营范围不断拓展，管理要求日益提高。这也促成了 ERP 发展和演进，从早期管理生产企业内部生产计划、产能需求的 MRP，到支持供应链协同、电商和全渠道管理的 ERP，再到智能化运营的 EBC，充分体现了 ERP 适应和引领企业管理需求的自我革新和发展过程。

② 功能技术升级。ERP 作为 IT 系统，会及时将 IT 行业新的技术集成进入 ERP 系统，以增强其技术性能。从早期单机应用的 MRP，到互联网化的 ERP，到 AI 驱动的 EBC，都体现了 ERP 技术水平的进阶提升。同时 ERP 也会将新的管理技术引入软件，为己所用。从早期提供能力需求计划的 MRP 阶段发展到可以实现高级计划与排程的 ERP 阶段，从财务记账和核算的 MRP II 阶段到支持智能财务的 EBC 阶段，ERP 原有功能不断完善，给企业提供了更好的管理实践和体验。

因此，经济的发展和管理的变革是一个长期的过程，只要 ERP 能够跟上时代的变化不断进化，其发展之路远未终结。

# 任务 1-2　ERP 的发展现状和应用

## 活动 1-2-1：ERP 产业发展现状

### 活动导入

**管理情景**

从 MRP 诞生至今，ERP 软件产业已经有 60 多年发展历史。ERP 的应用领域不断拓展，功能不断增强，技术日益先进，已经形成了较大的产业规模。全球 ERP 软件的专业厂商也有数百家之多，其中不乏常青树企业，例如全球知名 ERP 厂商 SAP 诞生于 1972 年，至今仍然是行业的龙头企业。从 ERP 发展历程来看，只要 ERP 能够跟随经济和产业的发展不断迭代更新，其仍然有很大的可持续发展空间。

【问题】① ERP 行业为什么诞生几十年，仍然能够持续发展？② ERP 行业有哪些岗位和就业机会？

## 活动总结

### 理论知识归纳

#### 1. 国际 ERP 产业发展情况

世界范围内，ERP 在各行各业已经有较高的普及率。世界 500 强企业中有 80%的企业都将 ERP 软件作为日常业务处理工具和管理决策工具。2014—2023 年全球 ERP 软件市场规模如图 1-7 所示。虽然近年来受全球经济增长放缓影响出现阶段性下滑，但是经过调整，2023 年全球 ERP 软件市场规模创下新高。

图 1-7　2014—2023 年全球 ERP 软件市场规模

欧美地区也诞生了一批 ERP 行业的领军企业，既有老牌的 ERP 巨头，如 SAP、Oracle、Infor，也有一些新生力量，如 Workday 等。

知识拓展

国际知名 ERP 厂商

#### 2. 我国 ERP 崛起之路

我国企业信息化的起步要晚于世界主要发达国家，ERP 产业发展历程也较短。1992 年，SAP 的 R3 ERP 率先进入我国市场，紧接着 Oracle 等企业也纷纷进入中国。随后国内企业开始跟进，金蝶率先推出了 K 系列产品，用友也推出了 U 系列产品，ERP 在我国迅速发展起来。

国外 ERP 软件大多数都是从以 MRP 为核心的生产计划管理功能发展起来，而我国 ERP 软件发展路径略有不同，金蝶和用友等龙头企业早期是从财务软件起家，抓住了中国财会制度和西方具有差异的这个发展契机，采取差异化发展策略站稳了脚跟。在财务软件的基础上添加其他功能模块，逐步形成较为完整的 ERP 软件体系，是一种财务拓展型的 ERP。2008 年和 2023 年中国 ERP 市场的竞争格局如图 1-8 所示，从中可以看出，在中国市场上，国产 ERP 厂商已经占据 70%以上的市场份额，2023 年相较于 2008 年已取得了长足的进步。经过三十多年的持续发展，我国 ERP 厂商已经具备了较强的市场竞争力，在高、中、低端各条产品线上，都研发了具有较强竞争力的产品。

党的二十大提出："坚持把发展经济的着力点放在实体经济上，推进新型工业化，加快建设制造强国、质量强国、航天强国、交通强国、网络强国、数字中国。实施产业基础再造工程和重大技术装备攻关工程，支持专精特新企业发展，推动制造业高端化、智能化、绿色化发展。"制造强国、质量强国、数字中国的建设，离不开先进的制造技术和管理技术的应用。工业软件是支撑制造强国发展的大国重器，在 ERP 工业软件的细分领域，我国已经基本具备了和国际龙头企业全面竞争的实力。

2008年中国ERP市场竞争格局

2023年中国ERP市场竞争格局

资料来源：前瞻研究院

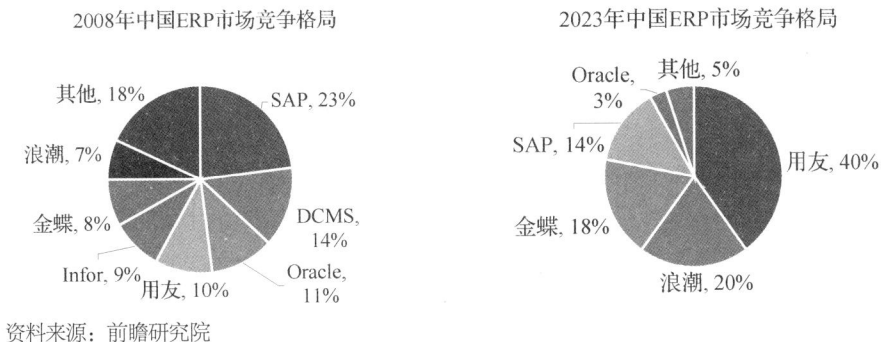

图 1-8　2008 年和 2023 年中国 ERP 市场竞争格局

### 3．ERP 软件的分类

ERP 软件厂商众多，产品线丰富，ERP 软件也有多种分类方式。下面介绍几种常见的分类方式。

（1）按照 ERP 软件规模和复杂程度划分

大体可以将 ERP 软件划分为大型、中型、小型三个层级。不同层级的 ERP 软件，其系统功能复杂度有较大差异，满足不同规模企业的需要。每个级别都有其代表性供应商和软件，而且由于市场竞争的多元化，同一个厂商还常常会同时提供不同层级的产品来满足不同规模企业的需求。

① 大型 ERP 软件。这些 ERP 软件一般经过了几十年的发展，产品相对更加成熟可靠，功能全面，一般也是各软件厂商的旗舰产品。这类产品主要适用于大型企业集团，能满足大规模跨国经营的需求，以及不同地区市场的管理差异。其业务功能往往非常复杂，其产品设计中融入了较多世界先进的、科学的、成熟的管理思想和方法，并且经过了较多企业管理实践的验证。从技术角度来看，其产品适应性强，可以支持多种软硬件环境，支持大规模部署和使用，其配置能力也很强，也提供二次开发技术平台。由于集团级企业规模较大、业态多样、需求复杂、管理水平具备行业领先性，因此大型 ERP 软件的实施过程也相对较长，在标准化使用的基础上还常需要进行二次开发满足其需要，综合使用成本高。该类软件价格也比较昂贵，项目金额常在千万元以上。主要代表软件有 SAP HANA、Oracle EBS、金蝶 EAS、金蝶云苍穹、用友 NC 等软件。

② 中型 ERP 软件。中型 ERP 软件功能没有大型 ERP 软件那么复杂，功能复杂度适中，没有大型 ERP 软件功能那么全面，但是在某些功能模块上有突出特点，或者在产品本地化上有优势，更适合一些有特殊需求的企业使用。企业使用和学习这类软件的难度也较小。中型 ERP 软件一般也有一定的配置能力和二次开发接口，便于通过二次开发进行应用拓展和个性化需求满足。软件价格也会略低，项目金额常常在几十万元到数百万元不等，比较适合中型企业或者小型企业集团使用。主要代表软件有金蝶云星空、用友 U8/U9、鼎捷软件、Sage ERP 等。

③ 小型 ERP 软件。小型 ERP 软件功能较少，一般只提供 ERP 系统的常见功能，例如，财务会计、进销存管理模块等。各功能模块的通用性较强，企业应用较为容易，上手简单，学习难度较低。企业使用小型 ERP 软件一般不需要购买 ERP 的实施服务，只需要支付软件费用。小型 ERP 软件的销售模式更接近通用软件销售模式，价格便宜，常常在万元左右，因此非常适合小微企业、创业型公司使用。主要代表软件有金蝶 KIS、用友通、SAP B1 等。

（2）按照行业分类

ERP 本来就是服务于各种行业企业的，因此根据其服务行业的不同，ERP 软件可以进一步划分为不同的行业类型。这种划分既可以按照行业大类划分，例如，商贸 ERP、制造 ERP、金融

ERP 等，也可以按照企业行业的细分门类划分，例如化工 ERP、连锁企业 ERP 等。类型众多，不胜枚举。这种划分的差异性主要由行业的差异度决定，一般只有行业差异度大的划分才是有意义的。例如：金融 ERP 就和传统的 ERP 有较大的不同，由于金融行业基本不涉及货物的实物流转，因此金融 ERP 一般没有生产、供应链管理的功能模块，而会具备资金清算、保单管理等功能。而汽车 ERP 和电子 ERP，都是离散制造行业，其使用的 ERP 软件通用性较强。

对这种差异，ERP 厂商主要有两种应对方法：一般产品功能比较全面的 ERP 厂商会在通用的 ERP 软件基础上，通过制定一些行业解决方案来适应行业特性要求；而一些特色鲜明的 ERP 厂商则会针对某个行业的特殊要求开发有针对性的专用 ERP 产品。

#### 4. ERP 产业生态构成

很多人理解的 ERP 行业仅包括 ERP 软件供应商，实际上 ERP 行业包括 ERP 软件供应商和 ERP 实施服务商两个子行业，站在生态圈的角度，还包含使用 ERP 软件的各种企业以及最终使用人。从 ERP 项目的角度来看，ERP 软件供应商和 ERP 实施服务商是项目的乙方，而使用 ERP 软件的企业是项目的甲方。

ERP 软件供应商即 ERP 软件厂商，就是开发 ERP 软件，并为企业正常使用 ERP 软件提供咨询、销售、实施、维护等全套服务的企业。前文已经介绍了多个 ERP 厂商，在此不赘述。

ERP 实施服务商是能够提供除了 ERP 软件开发以外的咨询、销售、实施、维护工作的企业。ERP 实施服务商主要有两种类型：一类是各软件厂商发展的销售和实施服务伙伴，其主要由各 ERP 供应商发展和扶植，可以视为 ERP 厂商销售和客户服务网络的延展，其主要业务收入就来源于 ERP 的销售、实施服务收入，国内代表厂商是汉得；另一类是咨询公司或者 IT 服务公司，其业务范围更广，主要为企业提供管理咨询、IT 规划等咨询服务，ERP 实施服务仅是其服务的一部分，代表厂商是埃森哲等。

ERP 最终的使用企业和使用人，是付费购买 ERP 软件和服务的主要对象。由于 ERP 涉及众多行业和企业，这些企业常常还有业务关系，ERP 也常常成为连接这些企业业务的纽带。ERP 帮助企业进行行业业务协同和交易，是未来发展的趋势，也更有利于 ERP 的普及和协同效率的提升，更容易构建完整的产业生态。例如用友提出的 BIP，就是以 ERP 来构建产业生态。

因此，ERP 软件供应商、实施服务商和最终用户构成了 ERP 软件产业的完整生态系统，如图 1-9 所示。

图 1-9 ERP 软件产业生态系统

## ✳ 活动 1-2-2：企业应用 ERP 的基本过程

### 活动导入

#### 管理情景

北京旷视科技有限公司（下文简称"旷视"）成立于 2011 年，仅用了几年时间，成为我国人脸识别领域的知名企业。快速发展也带来了挑战，在 2020 年金蝶集团的中小微企业智慧成长计划发布会上，旷视首席运营官徐云程女士在分享旷视的数字化历程中表示，近 2 年，企业面临三个问题。

第一个问题是关于企业的规模快速成长带来的管理挑战。旷视在短短 8 年时间里，从一个 3 个人的创业团队变成了一个 2 000 多人的中型规模企业，从一个简单的软件型公司，变成集软件、硬件、服务等于一体的全栈式解决方案供应商。整个公司的战略、商务模式、人员规模，都使得管理的复杂程度呈几何级增加。第二个问题是旷视目前多种信息系统的融合难题。在发展过程中，旷视上线了各种各样的信息系统。如果单独查看企业的各业务环节，系统功能都不缺，但是因为这些系统是不同历史阶段上线的，所以相互之间的兼容性差。同时，因为管理组织和管理者的信息需求有差异，把众多信息化项目作为一个整体系统来看时，就能够发现存在不少数据断点或者系统融合问题。第三个问题是成长性的企业发展问题。成长为一个中型的企业并不难，但是当希望成为一个巨型企业时，就会碰到精细化管理的问题，而做到精细化管理最需要的是数据支撑。当时，我自己有一个非常美好的愿景，作为一个工作忙碌的人，还要经常出差，如果从我的移动端，任何时候都可以看到一个管理驾驶舱，人、财、物、事，都能用数字化的方式清晰呈现，让我能够预先判断，做好准备，这将是多么美好的事情。所以，在 2018 年年底的时候，我所在的旷视团队决定开启数字化转型之旅，选择了和金蝶合作。

对于旷视的管理挑战，金蝶项目组在实地调研后发现了一些问题，比如：审批流长，造成交付资源浪费；采购也缺少系统性的管理，造成协同浪费；业务单据规范化管理缺失，造成财务部门需要付出大量时间来整理单据的人力浪费等。针对这些问题，金蝶项目组提出了针对性的解决方案。

第一，解决项目管理和项目制成本核算问题，旷视内部叫明算计划。首先对项目经营情况、执行情况、收益情况进行一体化统一管理来解决项目管理问题；其次通过构建规范的项目财务管理机制，并将具体控制环节嵌入项目的全生命周期，解决财务管控问题；最后通过打造业财融合的标准化项目数据主线，统一数据的生产、变更、应用及展示流程，为高层战略决策提供辅助依据来解决数据规范问题。第二，解决旷视的采购信息壁垒问题。完善采购制度，建立合格供应商清单，规范并完整拉通采购流程，实现透明化、数字化采购。旷视发展快速，近两年人数也呈几何级增长。全员应用的费用报销系统从员工体验，到预算控制，以及差旅平台集成易用性都是刚需中的刚需。金蝶云·苍穹平台的人人费用、人人差旅系统为旷视的数字化费控提供了强有力的支撑。金蝶云·苍穹的费控平台与多家商旅平台连通，提供便捷的机票酒店预订的同时，还能形成业财税在中后台的完整拉通，发票云 OCR 的自动识别填报，极大增加了操作人员的满意度，也极大降低了财税审计的风险。

徐云程最后表示，旷视与金蝶在 ERP 方面有着多年合作基础，金蝶非常懂中小企业，更懂成长型企业，从金蝶产品的设计可以看出其中凝练了很多成长型企业的最佳实践。此外，旷视也非常认同金蝶团队"以客户为中心"的"基因"，以及打造生态的理念。旷视将继续与金蝶携手，共同为中国中小微企业的数字化转型助力。

（资料来源：微信公众号"金蝶云服务"《探究独角兽旷视科技的数字化之路》）

【问题】①旷视选型 ERP 的主要诉求是什么？②金蝶云·苍穹平台主要解决了哪些问题？

## 📖 活动总结

### 理论知识归纳

#### 1. 企业使用 ERP 的基本过程

ERP 是大型管理软件，ERP 软件的复杂程度和企业管理的复杂程度决定了应用 ERP 是一个相对复杂的过程。企业应用 ERP 大体划分为三个过程。

（1）ERP 选型阶段

ERP 选型的主要工作就是寻找适合本企业管理需求的 ERP 软件供应商以及实施服务商。企业选择 ERP 主要面临三个难题：一是企业自身管理需求的复杂性，二是 ERP 软件的多样性以及功能的复杂性，三是项目预算的限制。由于要同时考虑这三个问题，ERP 的选型是一个复杂的工作，企业核心决策人员需要经过多方筛选和比较，才有可能选择到适合的软件供应商。如果企业管理需求比较复杂，还需要购买 ERP 实施服务。实施服务既有可能是软件供应商直接提供，也有可能是第三方实施服务商提供，而实施服务水平高低对 ERP 项目的成败有关键影响，因此实施服务商的水平也需要重点考察。ERP 选型的关键是找到匹配企业管理需求的 ERP 软件和实施服务商，要避免"贪大求全"的思想，只有适合的才是最好的。ERP 选型以选型企业（甲方）和 ERP 软件供应商和实施服务商（乙方）签订最终的 ERP 软件采购和实施服务合同为结束标志。

（2）ERP 实施阶段

ERP 实施就是将 ERP 软件在企业内正式使用的一个运营过程，该过程是复杂系统投入应用的必不可少的步骤，是项目的关键环节之一。ERP 软件是建立在行业龙头企业先进管理经验基础之上的一个通用型套装软件，虽然其先进管理流程对绝大多数中小型企业有提升作用，但是这种共性管理经验很难匹配每一个目标客户。尤其是大型企业客户，在历史演变中已经形成了自己独特的管理思维和文化，再让企业削足适履去满足 ERP 软件的固有流程是一个不可想象的过程，这个时候 ERP 实施服务的价值开始体现。ERP 实施服务类似于房屋装修过程，虽然已经有了功能强大的 ERP 系统（各种装修材料），但是仍然需要根据管理诉求（设计图纸），完成各功能模块的合理设置和组装，甚至是个性化定制。如果需要定制，还需要进行软件的二次开发，才能满足企业个性化需求。

ERP 实施过程的时间长度主要由项目复杂度决定。一些复杂度低的项目，例如单一财务模块的实施，甲方企业如果有相关经验，甚至可以不购买实施服务而自行完成实施工作，几周或几个月即可完成。但是复杂度高的项目，例如集团生产供应链实施，就需要更多业务分析与规划工作，也需要很多优化调整工作，项目时间可能是半年甚至几年。无论采用何种实施方法和策略，最终目标是要让企业正常运行新购的 ERP 系统，实现既定的管理目标。

（3）ERP 使用和提升阶段

ERP 上线验收完成后，ERP 进入了日常使用、运维和提升阶段。在该阶段，企业进入较长的稳定使用期。该阶段主要工作是确保系统的正常运行，对于系统异常情况，例如数据库损坏、客户端操作异常等问题进行处理，也就是进入常说的 IT 运维阶段，该阶段主要由 ERP 技术服务人员进行处理。不过，由于企业管理常常会随市场变化而调整，企业在使用 ERP 的过程中也会提出一些新的管理需求。一些简单的需求变更，可以通过参数调整、系统升级等方式解决；变化较大的需求，需要进行汇集整理，可能会产生新的 ERP 实施需求，再进一步深化应用。大多数 ERP 系统都支持这种不断调整和优化的应用模式，随需而变，支持企业的不断成长和壮大。当企业规模扩大到一定程度时，原有 ERP 系统难以适应这种变化，企业还会更换更复杂的 ERP 系统来实现更高的管理要求。

知识拓展

ERP 项目的主要风险

**2. ERP 软件的使用成本**

不同于通用应用软件统一报价的销售模式，ERP 软件由于功能模块较多、应用过程复杂，其报价方式有所不同。企业进行 ERP 选型时，要了解其报价模式，以掌握总体使用成本。ERP 软件的总体使用成本包含以下几项。

① 软件购买费用。ERP 软件购买费用是采购软件要付出的基本费用。ERP 软件模块众多，企业可以根据需要选配。ERP 软件销售价格一般由模块价格和购买站点数决定。例如：财务标准模块 3 000 元/站点，企业需要购买 5 个站点，那么购买价格就是 3 000×5=15 000（元）。

因此企业规模越大，使用人员越多，其购买价格越高。要注意，不同 ERP 软件对站点数的定义可能不同，有些由并发用户决定，有些由注册用户决定，购买时需要仔细了解软件授权的控制规则。

ERP 软件正在向云服务转型，很多厂商也提供 SaaS 服务模式，也就是软件租赁模式，采用该模式时，企业不是买断软件授权，而是按使用期租赁软件。该模式的计价方法与买断软件类似，主要的不同是，云服务租赁模式的购买单价会更便宜，也省去了硬件投资等费用，能够减少企业 ERP 上线初期一次性投资的成本和风险，但是需要在后续使用期每年缴纳相应费用。

② 软件实施服务费用。ERP 软件应用实施常常比较复杂，如果甲方企业没有独立完成项目的能力，就需要购买乙方提供的实施服务。实施服务一般是按工作量收费，实施服务商要评估项目复杂度，决定实施服务工作量，一般以人天数来计算，再根据每人天报价来计算实施服务费用。例如某项目预估 30 个工作人天数，每人天价格 3 000 元，那么总费用为 90 000 元。

③ 软件技术服务费用。这是后期使用 ERP 软件时缴纳的费用，该费用既可以采用服务包的支付模式，例如每年缴纳固定费用，也可以按服务项目和服务次数支付，企业根据自身需要灵活选择。

④ 其他费用。ERP 系统的使用还会产生一些其他费用，例如，ERP 私有云部署的硬件费用或者公有云部署时的云平台使用费，内部储备相关人才的人力成本费用等。这些费用支出随项目的不同有较大差异，企业应用 ERP 时也应该一并纳入评估。

### 3．ERP 人才需求

ERP 行业需要多样化的人才，我们将 ERP 相关人才的需求划分为以下 5 种类型。

（1）ERP 产品研发人员

ERP 产品研发人员是 ERP 产品的缔造者，是 ERP 行业的高端人才，也是 ERP 供应商的核心人才，其又分为两类：ERP 设计人员和 ERP 开发人员。

ERP 设计人员，也常被称为 ERP 产品经理，其主要工作是了解客户管理需求，并将客户管理需求有效转化为产品设计原型，并协助开发人员完成产品开发。由于 ERP 涉及管理诸多领域，ERP 设计人员一般按照业务领域（ERP 软件功能模块）分工，其需要对所主管的业务领域有深刻的认知，善于了解客户对该领域的管理诉求，并熟练掌握产品设计工具，完成产品设计，能够与研发人员进行有效沟通和协作，确保产品按期发版。ERP 产品功能是否好用、是否适用，主要由 ERP 设计人员决定。ERP 设计人员也是管理和 IT 的复合型人才，其对管理领域有较强的专业能力，一般都由有多年行业领域从业经验的人担任，例如，集团财务产品经理一般都要有大型企业集团财务管理经验。

ERP 开发人员主要工作是根据 ERP 设计人员设计的产品原型，合理选择和使用软件开发技术，编写程序，按要求研发出所需产品，达到设计要求。由于 ERP 是大型软件，其所用技术较为复杂，需要较为庞大的研发团队，很多知名 ERP 厂商的开发人员从数百人到数千人不等。ERP 开发人员也常常进一步分为架构师、后端开发人员、前端开发人员等，具体分工会因为项目技术和研发要求有所不同。ERP 软件的稳定性、计算性能等技术性能主要由开发人员的水平决定。ERP 开发人员需要具备较强的软件开发能力，也需要有一定的管理业务理解能力，越往高层走，其能力复合型要求越高，当然其管理专业知识不需要达到产品经理那样的高度。开发人员一般由有 IT 背景的人员担任。

（2）ERP 软件销售人员

ERP 软件销售人员的主要工作就是促进 ERP 产品的销售和推广，让企业购买 ERP 软件。由于 ERP 软件是大型管理软件，价格不菲，企业采购 ERP 软件的过程一般比较复杂，需要进行综合的分析和评估，因此 ERP 软件的销售过程不同于常规商品的销售，其销售过程具有典型的顾问式销售特点。ERP 软件销售人员不仅需要具备很强的营销能力、沟通技巧，还需要对企业的管理业务有深刻了解，其营销的主要对象是企业的高层管理人员和老板，需要说服对方购买产品，就需要对相关管理业务有深刻的洞察，能提出专业的管理优化建议；同时也要对自己所销售的 ERP 软件的基本功能和优缺点非常熟悉，能够针对客户痛点提出有针对性的解决方案，能够熟练操作软件进行产品演示，需要具备 IT 常用软件的使用技巧和能力，对于一些大型 ERP 项目，常常还需要具备一定的 IT 规划能力。所以，ERP 软件销售人员属于高端复合型人才。该类人才主要就职于 ERP 供应商或 ERP 实施服务商。ERP 软件销售人员由于专业性较强，除了直接培养以外，常常从 ERP 实施顾问和技术服务人员中转岗培养。

（3）ERP 软件实施人员

ERP 软件实施人员，也常称为 ERP 实施顾问，其主要工作是指导企业将选购的 ERP 软件应用于管理实践，提升企业整体运营效率。ERP 软件实施需要甲乙双方通力配合，综合考虑企业现有管理水平、未来的管理目标、软件的功能和技术特点，探索管理和技术的平衡点，寻找合理的应用模式，培训企业的终端用户，确保项目如期上线和系统正式运行，最终达到提升企业信息化水平和管理水平的目标。

ERP 软件实施人员需要具备管理咨询的能力，既要精通企业管理业务，又要熟悉软件功能以及一些常见 IT 工具的使用，能够熟练使用 ERP 系统和其他 IT 工具解决企业实际管理问题。此外，对于无法满足的需求，还要能够撰写需求文档，协调开发人员通过软件二次开发来满足需求。更为重要的是，ERP 软件实施人员需要具备很强的项目管理和沟通协调能力，该能力是 ERP 实施项目能够如期完成的关键因素之一。除了实施工作以外，ERP 软件实施人员也常常会参与 ERP 软件的销售工作，作为售前支持的角色，提供专业解决方案，促进 ERP 软件销售目标达成。由于 ERP 软件涉及管理领域较多，一个人难以精通所有领域，ERP 软件实施人员也常常按照业务领域（ERP 软件功能模块）分工，比如生产制造实施人员就主要精通计划、生产、委外、供应链等功能模块。大型跨领域的 ERP 项目实施，常常需要专业互补的多名实施人员协同工作。实施人员一般需要考取 ERP 厂商颁发的顾问证书，并且需要具备较长的企业实践经验，是比较典型的复合型人才。

（4）ERP 软件技术服务人员

ERP 软件技术服务人员的主要工作是解决企业使用 ERP 时面临的一些技术性问题，确保企业能够正常使用 ERP 系统，例如：进行故障修复，IT 环境准备，软件安装升级，系统操作指导等工作。这类人才需要具备较强的 IT 背景，主要由各院校计算机相关专业培养，需要精通数据库、操作系统、硬件平台的相关技术，以及具备 ERP 软件使用的相关 IT 能力。这类人员不需要是管理专家，但是需要了解 ERP 软件的基本功能，能够指导 ERP 使用者正确使用软件。该类人才一般需要具备 ERP 系统管理类证书，既可以就职于 ERP 厂商和实施服务商这样的乙方企业，也可以就职于启用了 ERP 系统的甲方企业，负责甲方企业内部 ERP 系统的运营维护。

（5）ERP 软件使用人员

ERP 软件使用人员，是企业中使用 ERP 系统进行业务处理和业务管理的人员，就是 ERP 软件的终端用户。他们都是企业各运营管理岗位的员工，主要工作是完成企业安排的日常管理工作，一般都具备其管理岗位的业务管理能力，需要能够熟练使用 ERP 系统完成某业务环节的日常业务处理，还要能够利用 ERP 系统分析并优化该业务环节。无论多么先进的 ERP 系统，最终都是由人使用，ERP 软件能否充分发挥其效能，主要由使用人员的使用水平决定。因此，对终端用户的培训是 ERP 项目的关键性步骤之一。ERP 软件使用人员是 ERP 的初级人才，也是人群数量最多的人员。其所学内容也是高级人才必须掌握的基本技能，是行业入门知识。

ERP 软件使用人员需要掌握其工作相关系统模块的使用方法，还要能够深刻理解 ERP 系统数据和信息，做出正确的管理决策。由于 ERP 模块众多，初学者可以结合其工作职责选择相关模块学习，以后再根据工作需要逐步拓展能力范围。ERP 厂商一般也会提供各模块的单项认证证书，证明其具备相关模块的知识和应用能力。例如，财会人员就常常会考取 ERP 财务模块证书，作为其工作能力的辅助证明。

本书主要定位于 ERP 软件使用人员的培养。培养目标是：培养深入理解企业运营过程，能够熟练使用企业信息化工具（ERP），进行企业业务处理、信息分析、运营监控的高级技能管理人才。在内容范围上，本书使用金蝶云星空系统作为学习平台，主要讲解供应链、生产管理这两个 ERP 的核心模块，主要针对初学者编写，并结合初学者学习特点进行内容的合理取舍。本书既适合在校学生的入门学习，也适合企业在职人员的入门学习。

# 期初准备与初始化

## 项目概述

使用 ERP 系统前需要进行大量的系统初始化准备工作，一般需要进行用户设置、系统参数设置，并且准备好企业运营管理需要使用的大量基础数据，完成系统初始化工作后，才能进入日常使用阶段。本项目将演示 ERP 系统如何进行期初准备和初始化。

## 项目重点

- ERP 系统初始化过程
- ERP 数据管理思想
- 各类常见基础资料的合理使用方式

# 任务 2-1  系统环境准备

## 活动 2-1-1：系统初始化和数据中心创建

### 活动导入

#### 管理情景

户外用品有限公司决定全面应用金蝶云星空系统作为企业信息化管理平台，整合企业的各个管理环节。ERP 系统实施工作随即展开，ERP 系统应用从系统初始化开始。IT 部门在服务器安装好了金蝶云星空系统服务端。公司 CIO（首席信息官）张工很高兴，说："我们开始使用系统吧！"胡工笑着解释道："还不行，我们还需要建立数据中心。""数据中心是什么？是数据集中存储的地方吗？"张工疑惑地问道。胡工答道："是的，你是搞技术的，简单理解，数据中心就是存放在数据库软件（例如 MS SQL Server）中的一个数据库实体。没有数据中心，就没有存储数据的空间，ERP 软件就没法用。""那就快建立数据中心吧。"张工急不可待地说。

【问题】为什么要建立数据中心？

#### 前导知识

**1．ERP 系统初始化的概念**

有别于常见应用软件安装即可使用，ERP 系统必须经过一个较为复杂的初始化过程才能进入正常使用阶段。ERP 系统是大数据应用系统，使用 ERP 系统的企业，必须将管理各业务环节标准化、数字化，才能确保系统的正确使用。

ERP 系统初始化就是一个将企业管理过程数字化的起始步骤，对管理各环节业务数据进行收集整理，并将其录入系统，为 ERP 系统正式上线使用打下坚实基础。

ERP 系统初始化大体分为 ERP 环境准备、基础资料准备、期初数据录入、结束初始化等多个环节，如图 2-1 所示。而且考虑到内在的管理原理、系统设计原理和数据依存关系，初始化过程需要按照一定的顺序进行。不同 ERP 系统在初始化过程的细节上会略有不同。本活动以金蝶云星空系统为例，说明初始化流程。

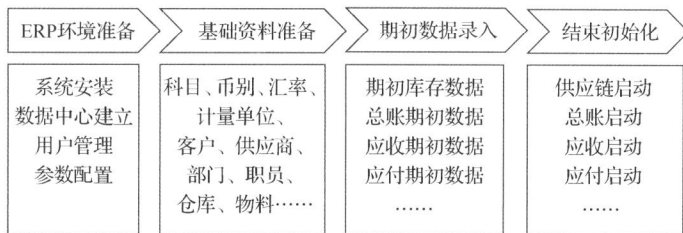

| ERP环境准备 | 基础资料准备 | 期初数据录入 | 结束初始化 |
| --- | --- | --- | --- |
| 系统安装<br>数据中心建立<br>用户管理<br>参数配置 | 科目、币别、汇率、<br>计量单位、<br>客户、供应商、<br>部门、职员、<br>仓库、物料…… | 期初库存数据<br>总账期初数据<br>应收期初数据<br>应付期初数据<br>…… | 供应链启动<br>总账启动<br>应收启动<br>应付启动<br>…… |

图 2-1  ERP 系统初始化常见环节

**2．ERP 系统上线策略与初始化**

ERP 系统具有众多子模块、子系统。而企业进行 ERP 系统选型又会根据自身需要购买不同的功能模块，因此系统初始化首要目标是确定系统上线策略，主要就是各子系统上线的顺序。影响系统上线策略的因素很多，以下列出常见考虑因素。

① 企业各业务板块信息化应用的紧急程度。例如，有些生产企业对生产管理优化需求迫切，就会将生产管理模块纳入首期上线任务。

② 企业管理能力提升的难度和可行性。例如，有些生产企业认为手工管理时，库存数据准

确度差，运营管理能力不足、规范性差，希望在供应链模块上线稳定运行后，即运营规范与数据准确后，再上线生产管理模块，那企业就会将该模块上线任务后移。

③ 各子系统之间的依赖关系。这主要由 ERP 系统的业务逻辑关系和系统设计方式决定。一般情况下，大多数 ERP 系统都会选择上线供应链模块后再上线财务系统（或者同步），因为财务数据来源于供应链业务过程，这样能够得到更准确的财务数据，行业也常称其为"业财一体化"。当然，随着 ERP 技术发展，ERP 系统各子系统的独立性越来越强，耦合程度越来越低，模块之间的依赖关系在减弱，企业应用的灵活度自然上升。

综上所述，制定系统上线策略考虑的因素较多，而且可能存在互相矛盾的情况，该问题是需要慎重斟酌的事情，一般需要企业管理者（甲方）和软件提供商（乙方）进行深入探讨才能确定，这也是 ERP 项目实施工作的重要内容之一。

在确定了上线业务模块后，才能确定初始化工作的范围。例如，只上线财务模块，就需要准备会计科目、期初科目余额等数据，而无须准备仓库等数据。本书主要学习供应链、生产管理模块，相关初始化的工作也主要针对这两个模块来准备。

---

📖**重要提示**

由于 ERP 初始化工作量较大，是一个耗时较多的环节。从学习的角度来看，准备环节过长，容易影响学习者的学习热情。本书考虑学习实际情况，提供了配套的练习账套（数据中心），该账套已经配置好了大量基础资料，学习者无须将很多时间花费在基础数据的输入上。如果使用配套账套学习，学习者对本项目活动 2-1-1 至活动 2-2-1 的部分无须操作，只需打开已经配置好的基础资料查看和学习，对活动 2-2-2 至活动 2-3-1 的部分才需要进行实操练习。

如果学习者希望从头深入了解每个初始化环节的工作，可以参考本书相关数据中心搭建指南，进行操作练习。

---

## 👆活动执行

### 活动解析

企业使用金蝶云星空系统，如果采用私有云部署，首先需要在企业的服务器上安装配置好系统，再在服务端建立数据中心。如果采用公有云的服务购买方式，这一过程主要由服务商完成，企业无须关注。

≈≈≈**业务数据**≈≈≈

企业采用私有云部署，在企业内部服务器上安装配置好系统，再在服务端建立数据中心。

### 活动过程

① 系统安装。
② 数据中心创建。

### 活动步骤

#### 1．系统安装

金蝶云星空系统主要是 B/S 架构的系统，只需要在服务器安装好程序，在 PC 客户端仅需要浏览器即可访问，只有一些特殊应用需要安装客户端程序，如单据套打设置、万能报表设置等。

#### 2．数据中心创建

在服务端的【金蝶云星空管理中心】中的【数据中心管理】功能中建立数据中心。如果使用本书配套数据中心，可以直接恢复该数据中心，为每个班级建立一个独立数据中心用以练习。

---

📖**操作一点通**

数据中心是数据集中存放之地，相关增删改需要慎重，以免造成数据损坏。课堂教学建议由老师统一完成；自主学习者，需要熟悉相关操作后再慎重执行。建立的数据中心建议做好定期备份的工作。

---

## 📖 活动总结

### 理论知识归纳

在 ERP 行业，有一个比较流行的概念"账套"。账套没有非常准确的定义，我们认为，账套是指一个独立、完整的存储企业全部经营数据的集合。从管理角度看，它包括一整套独立、完整的系统控制参数、用户权限、基础资料、业务数据等。从技术角度看，它对应数据库管理程序中的独立的一个数据库实体，其中存放了 ERP 系统的数据表结构、视图、存储过程，以及业务数据。

不同的 ERP 系统对账套的设置会略有差异。一些早期的 ERP 系统，或者针对中小型企业用户设计的 ERP 系统，一个账套只能放置一个公司的经营数据，企业如果有多个公司，需要设置多个账套。

金蝶云星空系统支持多组织的管理，可以在一个账套中存放多个公司的经营数据，而且多个公司之间可以非常方便地进行业务协同，这种功能可以更好地支持集团级公司的应用。一些新的云 ERP 系统，例如用友 U9 cloud 等也都采用这种模式。为了和传统模式区别，在金蝶云星空系统中，将"账套"命名为"数据中心"。数据中心的本质和账套并没有区别，都是企业经营数据存放的载体，因此本书不严格区分两者，在不同地方会混用两个概念。

金蝶云星空系统 V7.5 版本分为标准版和企业版两种。标准版不能使用多组织管理的功能，这时数据中心只管理单一企业数据。而企业版可以使用多组织管理。本书需要使用多组织管理功能，因此学习者必须安装企业版，才能完成后续操作。

## ✳ 活动 2-1-2：组织机构搭建和用户设置

## 🔍 活动导入

### 管理情景

配置好了服务器的数据中心，张工对胡工说："数据中心搭建好了，现在可以开始使用 ERP 系统了吧？"胡工说："数据中心建立好了，基本上可以开始使用了。不过有个关键问题还需要先确认，你们企业有分公司吗？需要独立核算吗？"张工答道："有啊，这和系统使用有关系吗？"胡工说："有密切的关系，如果企业有多个公司，或者即使只有一个公司，但是企业希望对内部部门进行单独的业务考核，那么就需要在金蝶云星空系统中启用多组织管理的功能，并且要设置好相关组织机构，这样才能管理好不同公司和内部独立核算部门之间的业务协同工作。而且这个工作必须要在系统初始化开始就确定下来，后续大量工作都需要在组织机构配置好的基础上展开。"

【问题】一般什么情况下需要启动多组织管理功能？

### 前导知识

组织管理理论是管理学的重要理论之一。组织管理是指通过建立组织结构、规定职务或职位、明确责权关系等，以有效实现组织目标的过程。ERP 系统也必须为实现组织管理服务。

不过要注意金蝶云星空系统中的组织和企业管理组织架构并不完全相同，不是企业各组织单元的简单映射。在系统中，进行"组织"的划分，主要是为了分清业务边界和核算边界，这是系统判定业务数据相关的责权利归属哪个组织的依据，也是后续各组织进行独立财务核算和考核的基础。

系统组织划分时主要考虑以下因素。

① 判断组织单元是否为独立法人。根据公司法的要求，独立法人企业都需要进行独立的业务管理、独立财务结算以及报税。如果某组织单元是集团内部独立法人，一般都要将其设置为组织机构。

② 如果是非法人组织需要进行内部的管理考核或者内部独立核算，也可以设置为组织机构。公司法对非法人组织并没有独立的管理和财务核算要求，但是很多企业基于管理的要求，也会进行独立的业务管理、财务核算和内部考核，这样也需要在管理中清楚地划分该组织机构的业务边界和核算边界，那么就需要将其设置为组织机构。例如，一些企业内部采用项目部管理机制，需要对各项目部（非法人）进行独立核算，那么项目部就需要设置为组织机构。

达不到以上要求的组织单元，则可以作为组织机构下设的部门存在。

## 活动执行

### 活动解析

户外用品有限公司拥有多家分公司和分支机构，根据业务需要初步确定其多组织架构，如图 2-2 所示。

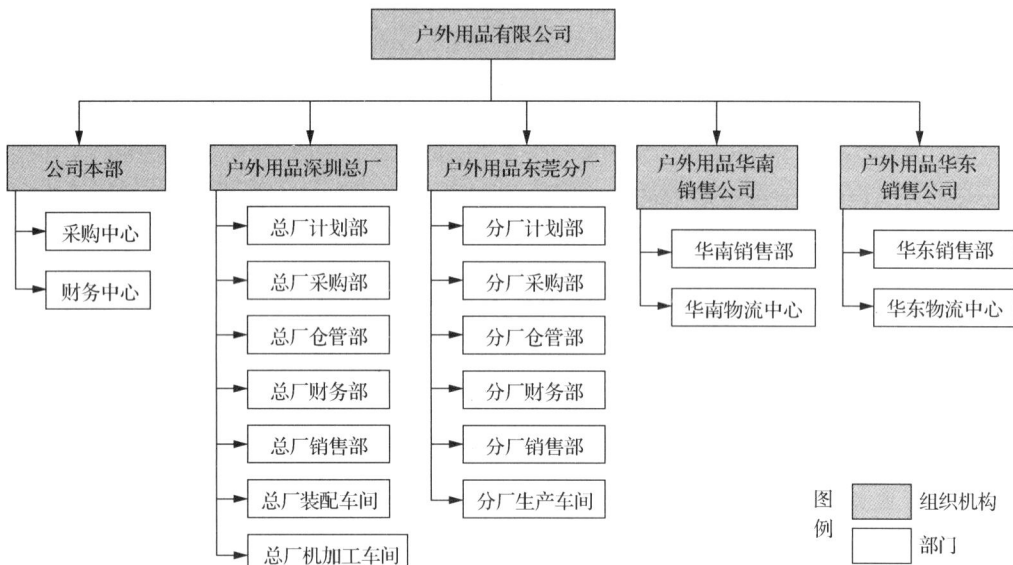

图 2-2　户外用品有限公司组织架构

≈≈≈业务数据≈≈≈

本案例的多组织业务体系说明如下。

① 户外用品有限公司是唯一的法人组织。

② 户外用品深圳总厂、户外用品东莞分厂、户外用品华南销售公司和户外用品华东销售公司均需要进行内部考核，所以将它们全部设为利润中心，所属法人为户外用品有限公司。

③ 户外用品深圳总厂、户外用品东莞分厂、户外用品华南销售公司和户外用品华东销售公司均具备业务职能，所以都是业务组织。

④ 户外用品有限公司也需要行使部分业务组织职能（如集中采购业务和财务结算），为了更好地体现组织间交易业务，增加公司本部并将其设置为利润中心和业务组织。

## 活动过程

① 创建组织机构。
② 设置组织隶属关系。
③ 建立组织业务关系。

## 活动步骤

### 1. 创建组织机构

组织机构需要系统管理员创建，组织机构对系统使用有较大影响。为了统一业务环境，本活动配套数据中心已经创建好相关组织机构，使用本书配套数据中心学习时，无须重复设置。户外用品有限公司组织设置明细如表 2-1 所示。

表 2-1 户外用品有限公司组织设置明细

| 编码 | 名称 | 形态 | 组织分类 | | 组织属性所属法人 |
| --- | --- | --- | --- | --- | --- |
| | | | 核算组织 | 业务组织 | |
| S***.100 | 户外用品有限公司 S*** | 公司 | 法人 | 无 | 无 |
| S***.1001 | 公司本部 S*** | 事业部 | 利润中心 | 采购职能、库存职能、结算职能、资产职能、资金职能、收付职能 | 户外用品有限公司 S*** |
| S***.1002 | 户外用品深圳总厂 S*** | 工厂 | 利润中心 | 销售职能、采购职能、库存职能、工厂职能、质检职能、结算职能、资产职能、资金职能、收付职能 | 户外用品有限公司 S*** |
| S***.1003 | 户外用品东莞分厂 S*** | 工厂 | 利润中心 | 销售职能、采购职能、库存职能、工厂职能、质检职能、结算职能、资产职能、资金职能、收付职能 | 户外用品有限公司 S*** |
| S***.1004 | 户外用品华南销售公司 S*** | 分公司 | 利润中心 | 销售职能、采购职能、库存职能、结算职能、资产职能、资金职能、收付职能、营销职能 | 户外用品有限公司 S*** |
| S***.1005 | 户外用品华东销售公司 S*** | 分公司 | 利润中心 | 销售职能、采购职能、库存职能、结算职能、资产职能、资金职能、收付职能、营销职能 | 户外用品有限公司 S*** |

📖 说明

① 在建设数据中心时，为每一个班级建立了一个数据中心。班级所有同学在该班级的数据中心中登录完成操作练习。

② 为了每位同学能够独立完成练习，数据互不影响，为每个同学建立组织机构实现业务数据隔离。本活动的户外用品有限公司有 6 个组织机构，在配套的数据中心中，为每个同学建立了以上 6 个组织机构。为了避免重复和方便识别，在编码和名称中加入标识号"S***"，其中"S"代表学生"Student"，"***"代表学生在班级的 3 位数排序号，例如张三在班级排序号为 11 号，那么 S011 为该同学的标识号，也是该同学的登录用户名。带有该标识号的组织机构为该同学业务操作空间。学习者请参考这个规则确定自己的标识号，选择对应组织机构完成后续业务操作。后续的用户设置、基础资料、单据制作中均有类似的规则，请参照执行，后面不赘述。

### 2. 设置组织隶属关系

用户可以通过执行【系统管理】—【组织机构】—【组织关系】—【组织隶属关系】命令完成这一步操作。本活动中没有组织隶属关系需要建立，所以这一步可以忽略。

### 3．建立组织业务关系

组织业务关系也需要系统管理员创建。设置组织业务关系主要方便在常规业务执行时，自动设置业务协同组织，方便单据制作。本活动配套数据中心已经创建好了组织业务关系，学习者无须设置。户外用品有限公司组织业务关系如表 2-2 所示。

表 2-2　户外用品有限公司组织业务关系

| 业务关系类型 | 委托方 | 受托方 |
|---|---|---|
| 委托采购 | 户外用品深圳总厂 S*** | 公司本部 S*** |
| | 户外用品东莞分厂 S*** | 公司本部 S*** |
| 委托销售 | 户外用品深圳总厂 S*** | 户外用品华南销售公司 S*** |
| | 户外用品深圳总厂 S*** | 户外用品华东销售公司 S*** |
| | 户外用品东莞分厂 S*** | 户外用品华南销售公司 S*** |
| | 户外用品东莞分厂 S*** | 户外用品华东销售公司 S*** |
| 库存调拨 | 户外用品东莞分厂 S*** | 户外用品深圳总厂 S*** |
| | 户外用品深圳总厂 S*** | 户外用品华南销售公司 S*** |

组织业务关系可以反映集团内各组织在关键业务上的分工关系。以本活动设置为例，在委托销售上，深圳总厂和东莞分厂制造的商品除了自己销售以外，也可以委托华南销售公司和华东销售公司对外销售，这说明两个工厂主要负责生产，而销售公司主要负责成品销售，两者形成内部组织间的委托销售-受托销售的协作关系。

## 活动总结

### 理论知识归纳

#### 1．金蝶云星空组织分类

在介绍本活动的多组织架构之前，需要先了解金蝶云星空系统多组织数据模型的相关概念。
① 数据中心：用户、权限、基础数据的统一维护平台。
② 核算组织：财务上独立核算的组织（法人或利润中心），用来管理企业的财务记账与财务报表，可以理解为业务组织的上级组织，是虚拟的财务组织。
③ 业务组织：业务上独立运作的组织，用来管理企业的经营业务活动与数据，是核算组织财务记账的业务来源。

#### 2．组织隶属关系详解

组织隶属关系用来定义组织的上下级汇报关系，以及上下级业务的从属关系，从而形成组织架构。图 2-2 所示的组织架构是基于行政管理的角度进行的组织划分。

当然，企业间实际组织关系较为复杂，常常会采用不同的维度设置组织汇报关系。金蝶云星空系统支持按不同的组织职能（如销售职能、采购职能、库存职能等）来建立组织架构，实现不同业务视角下的组织汇报关系。例如：户外用品有限公司的组织架构中，华南销售公司和华东销售公司以及公司总部是平行部门。但是，在销售管理上，两个销售公司都要向公司总部汇报，其业绩合并到公司总部，那么可以在销售职能上，将华东、华南销售公司设置为公司总部的下级公司。

组织隶属关系主要用来汇总统计业务数据，根据组织职能的划分，下级业务组织发生的业务数据（符合组织职能）会汇总到其上级组织中，方便上级组织的管理与分析，在业务单据列表与业务报表上都可以得到应用。

### 3．组织业务关系详解

组织业务关系用来定义组织之间的业务协同关系，从而保证一项由多组织相互配合完成的业务可以顺利地在组织间形成相应的业务单据。比如一项销售任务，要经过销售订单、出货通知单、销售出库单、应收单、收款单等多个业务环节，而这些环节往往由不同的业务组织来完成。

例如，假设甲方负责销售管理，乙方负责供应出货，丙方负责与客户的应收款结算。那么这三个组织间就形成了两种类型的业务关系。

① 甲方跟乙方是受托销售-委托销售的关系，乙方作为库存组织委托甲销售组织对客户出售产品。

② 甲方跟丙方是应收委托-应收受托的关系，甲方作为销售组织委托丙结算组织对客户进行应收款结算。

在后续录入销售业务单据时，就要根据业务关系明确主业务组织是谁，相关的协同业务组织又是谁。

> 📖**操作一点通**
>
> 本书考虑学习难度的递进关系，基础篇的教学内容主要在单一组织内完成，较少涉及跨组织业务；在进阶篇中，将重点讲解跨组织业务，以及跨组织结算问题。

## 操作知识归纳

多组织的设置贯穿于系统应用的各个环节，各业务都需要区分其发生的业务组织。错误的业务组织选择或者设置，常会影响单据制作和查找。以下列出了几个典型的需要选择组织机构的业务环节。

① 登录数据中心后，需要选择当前组织，后续各项业务操作和数据查询将默认以选择的组织来设置或者查询数据，如图 2-3 所示。

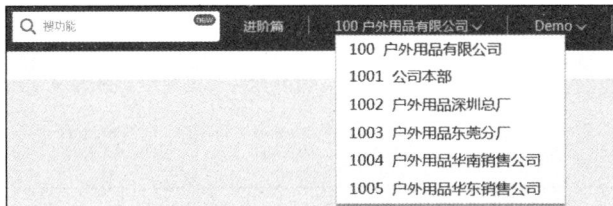

图 2-3 登录后默认组织机构切换

② 在维护受控类的基础资料时，需要区分创建组织和使用组织，如图 2-4 所示。

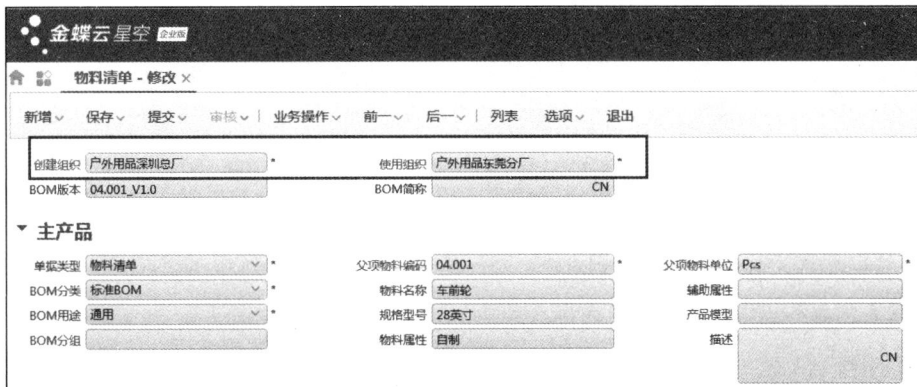

图 2-4 基础资料的组织关系设置属性

③ 在维护业务单据时，需要区分主业务组织和协同业务组织，如图 2-5 所示。

图 2-5　业务单据中组织业务关系

④ 使用单据列表或报表中的过滤功能查询业务单据或报表统计数据时，需要按组织进行数据筛选，如图 2-6 所示。

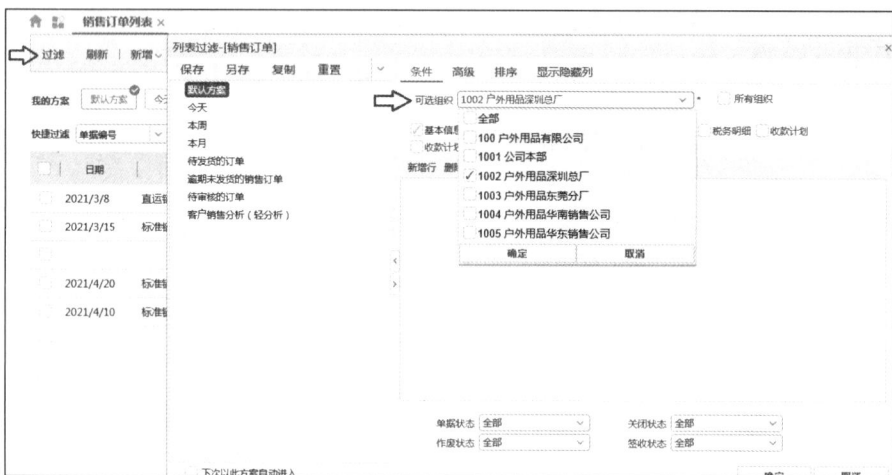

图 2-6　查询单据和报表时组织机构范围设置

## ✷ 活动 2-1-3：用户设置和登录

### 🔍 活动导入

#### 管理情景

组织机构搭建完成，张工就立刻高兴地对胡工说："我们马上通知大家开始使用系统吧！"胡工却说："不要急，要想企业这么多员工都使用系统，首先要给大家分配账号，没有用户分类和权限设置，很容易造成数据混乱！而且后面初始化工作任务繁重，还需要大家一起参与，合理进行用户分类和权限划分是必须要做的工作！"

【问题】企业应该如何管理用户和设置权限？

#### 前导知识

ERP 系统是典型的多用户系统，根据企业责权利的划分，以及商业数据保密的要求，不同岗位不同人员都有权限划分的需要，因此大多数 ERP 系统都提供了较为全面而复杂的用户管理和权限设置功能。

在正式使用 ERP 系统前，一般都有 ERP 系统实施的过程，在这一过程中，需要确定企业的业务蓝图。所谓业务蓝图就是企业各种常规业务模式和协作关系的规范化文件。在梳理业务蓝图的同时，也会明确各岗位的业务处理要求和责权利关系，这些会成为用户权限划分的依据，以制作出用户/岗位的权限分配表。最后由 ERP 系统管理员在系统中按要求完成相关配置。配置完成后，才能让企业不同用户登录系统，开始系统操作。当然，在后续使用时，还会根据需要进行权限的调整和优化。

## ✎ 活动执行

### 活动解析

用户权限设置是一个比较复杂的过程。权限源于企业对岗位责权利的划分，商用 ERP 系统为了适应企业多样化的权限管理要求，普遍提供了复杂的权限设置功能，因此用户管理和权限设置的工作，一般由既了解管理需求又精通系统功能的 ERP 系统管理员来负责。考虑到学习难度，本活动主要演示对普通用户的权限设置方式，不涉及太多的技术细节，需要进一步了解的学习者可以参考金蝶云星空系统管理相关课程学习。

**≈≈≈业务数据≈≈≈**

本活动在数据中心中为每个学习者设置了在其管理的业务组织下最大的业务操作权限，也就是在其管理的业务组织下，具有几乎全部数据和单据的增、删、改、查权限，如表 2-3 所示。当然，学习者对超出其管理范围的其他组织没有任何业务操作权限。

表 2-3　学员权限设置

| 学员 | 管理组织 | 角色 | 权限 |
|------|----------|------|------|
| S*** | 户外用品有限公司 S***<br>公司本部 S***<br>户外用品深圳总厂 S***<br>户外用品东莞分厂 S***<br>户外用品华南销售公司 S***<br>户外用品华东销售公司 S*** | 全功能角色 | 管理组织内（含 S*** 的所有组织）具备所有业务的操作权限 |

### 活动过程

① 创建角色和角色授权。
② 创建用户并赋予角色。
③ 使用创建用户登录系统。

### 活动步骤

#### 1. 创建角色和角色授权

角色创建、角色授权等操作都需要使用系统管理员账号登录后才能完成。执行【系统管理】—【系统管理】—【角色管理】—【创建角色】命令，创建角色，再对该角色进行授权。

本书配套账套已经为学员建立了"全功能角色"，学习者无须创建。

#### 2. 创建用户并赋予角色

执行【系统管理】—【系统管理】—【用户管理】—【查询用户】命令，单击【新增】按钮进入用户-新增页面。在新增用户的时候赋予其角色，并设置其可以操作的组织机构。

本活动配套账套已经为每个学员创建了学员账号"S***"("***"为学员在班级的排序号，学习者无须创建)，并赋予角色。

📖**操作一点通**

"金蝶云星空账号"是私有云部署时使用的账号。该模式下，企业购买了软件的长期使用权，一般在企业自有服务器安装金蝶云星空系统，建立数据中心，其登录账号由企业系统管理员自行制定分配，账号设置和分配有较大灵活度。

"金蝶·云账号"是公有云部署模式时使用的账号，企业一般只向软件服务商付费租赁软件的一段时间使用权，并按需租赁账号，账号需要身份验证，只有完成认证的账号才能使用，灵活性较低。

学习本活动时，建议以私有云部署方式安装金蝶云星空系统，并使用教材配套账套恢复数据中心，该数据中心已预置一些账号。登录时请使用"金蝶云星空账号"登录。

### 3. 使用创建用户登录系统

打开浏览器，访问地址为 http://<服务器 IP 或主机名>/K3Cloud/html5/。该地址可能因安装方式略有不同，请详询课程指导老师。选择学员所在班级对应的数据中心，选择【命名用户身份】，这种方式就是输入账号、密码登录。使用系统分配的学员账号"S***"(初始密码为 123456)，登录系统。这种登录方式是访问采用 HTML5 技术开发的页面，如图 2-7 所示。登录后，页面如图 2-8 所示。

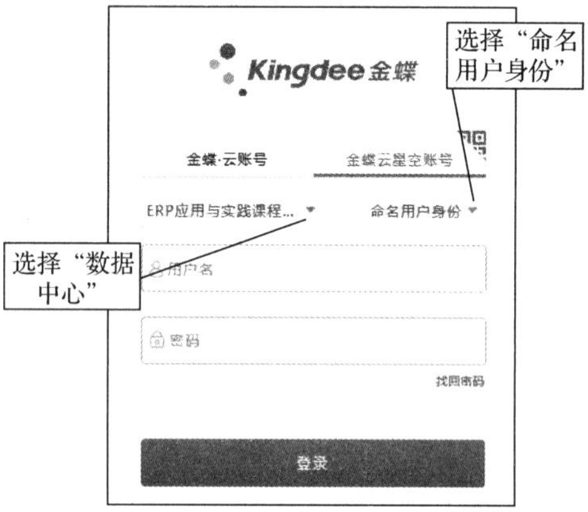

图 2-7 金蝶云星空登录页面

图 2-8 金蝶云星空登录后页面

登录成功后，单击用户名旁边下拉箭头，展开菜单，选择【修改密码】，按提示修改当前登录用户的密码，以避免被其他人误登录造成数据混乱。并且在【个人信息】中，在移动电话栏输入班级和姓名，方便学员身份识别。

## 活动总结

### 理论知识归纳

这里简单说明一下金蝶云星空系统中，用户权限划分的基本概念。权限划分主要解决什么类型的人或人群在什么位置能干什么事情的问题，如图2-9所示。

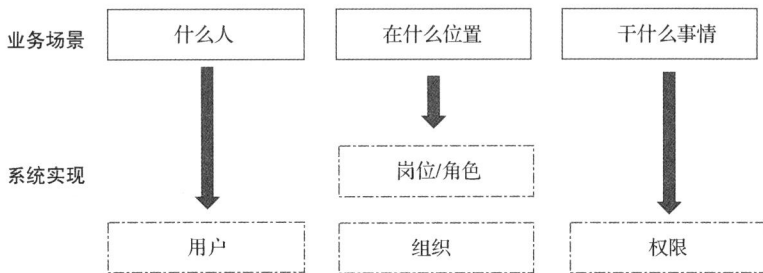

图2-9 金蝶云星空用户权限设置原理

① 角色。角色是指某些有相同工作职责的人所在的集合。角色一般和工作岗位职责有密切关系。例如：出纳岗，就有资金收支管理的权限。对角色授权，能够实现批量授权，只要具备该角色的用户，都会具有相似的业务权限，这也是 ERP 系统常用的权限管理方式。有些 ERP 系统通过用户组授权，效果和角色授权类似。

② 组织。组织决定了用户权限可以使用的范围，这样可以适应多组织管理对权限范围划分的需要。例如分公司出纳只能管理分公司现金收支业务，而不能管理总公司现金收支业务。

③ 权限。权限是指具体业务操作能力。例如仓管员能够对采购入库单进行增、删、改、查操作，而采购员只能查看采购入库单数据，这就是权限的不同。金蝶云星空系统对权限还有进一步的划分，这里就不展开讲解了。

# 任务 2-2 基础资料准备

## ✱ 活动 2-2-1：基础资料控制策略设置

### 活动导入

#### 管理情景

"ERP 初始化要准备很多基础资料，我们要从哪个资料开始啊？"张工问胡工。胡工回答："我们还不能开始具体资料的准备，在此之前，还需要确定基础资料的控制策略。""什么是基础资料控制策略？"张工继续提问。胡工答道："准确的基础资料是 ERP 成功应用的必要条件，要保证数据准确，就要建立一套从数据产生、传递、使用到废止的全过程管理机制，这在多组织多部门使用数据时，显得尤其重要。比如，总公司新选型了一种商品计划投入市场，而分公司市场部也发现了该商品的商机，如果没有控制机制，总公司和分公司同时在系统录入该商品，系统就会产生 2 个商品编码，违背了'一物一码'的基本原则，会造成供应链各个环节上库存计量、收发货的混乱。因此在 ERP 系统中，基础资料的管控就是一件需要重点关注的基础工作。"张工回答：

"我理解了，那我们赶紧来设置吧！"

【问题】为什么要对基础资料建立管控规则？

## 前导知识

ERP 是一个数据密集型应用系统，企业各个部门的基础数据、业务数据、分析数据等都在 ERP 系统中集成，"来源一致，标准统一，合理授权，共享使用"是 ERP 系统数据使用的基本原则。

"来源一致"，强调数据来源的一致，避免出现"数出多门"的现象。这既要在技术上确保数据源头的一致，又要在管理上体现数据管理的权责分明。

"标准统一"，强调建立统一的数据标准。企业标准化管理的基础就是数据标准化，标准化数据就如同企业内部沟通的统一语言，是企业内部高效管理、减少管理损耗、提升效率、高效决策的基础。ERP 的数据标准制定既要考虑分类标准的合理制定，例如物料编码规则、客户分类规则等，又要考虑计量标准的尺度，即基础资料的相同属性必须遵循相同的计量统计口径和标准，合理确定数据的统计精度和管理粒度。例如，定义销售提前期，其统计单位是天还是小时，这反映了管理的细化程度；如果考虑实际物流交付的波动性，其合理余量应该留多少，这些需要企业管理人员仔细斟酌考虑。

"合理授权"，强调数据使用的责权分明和安全性。企业要明确数据的提供人、操作人、决策人对数据使用的责权利，确保既满足业务管理的需要，又避免数据滥用和信息泄露，保护企业利益。

"共享使用"，强调数据的使用价值和协同价值。数据的真正价值往往是在使用和共享上体现的，也在共享使用过程中进一步增值。例如，延迟交货情况是物流部门记录的，其他运营相关部门也可以利用该数据进行分析，改进管理。ERP 系统创建之初就倡导数据共享，尽量避免"信息孤岛"的出现，不仅提倡内部数据共享，而且倡导对外开放和集成。

ERP 系统中的基础资料管控规则就是数据使用基本原则的具体体现，通过建立一系列的管理规则，来保障数据的来源一致、标准统一、合理授权、共享使用。例如，谁能够创建资料，并保证资料的准确性，资料能够分发给哪些组织，谁具有最终数据的查看权力等。这些管控规则最终具象化为系统相关功能，例如，基础资料管控规则、资料的跨组织管理、权限管理等。

## 活动执行

### 活动解析

企业的组织机构搭建完成后，系统管理人员开始调研企业内部需要使用的基础资料，分析它们的共享策略、创建组织和共享范围等信息。

≈≈≈业务数据≈≈≈

本活动为了教学需要，对部分基础资料的控制类型做出了调整：【客户】、【供应商】、【车间公式】和【税务规则】这几种基础资料的【策略类型】从系统默认的"分配型"改为"共享型"；【替代方案】、【岗位信息】、【资源】这几种基础资料的【策略类型】从默认的"分配型"改为"私有型"。同时对【物料】和【物料清单】的创建组织和共享范围做了明确规定，如表 2-4 所示。

表 2-4　基础资料控制策略信息

| 基础资料 | 创建组织 | 分配目标组织 |
|---|---|---|
| 物料 | 户外用品深圳总厂 S*** | 公司本部 S*** |
| | | 户外用品东莞分厂 S*** |
| | | 户外用品华南销售公司 S*** |
| | | 户外用品华东销售公司 S*** |
| 物料清单 | 户外用品深圳总厂 S*** | 户外用品东莞分厂 S*** |

## 活动过程

基础资料控制策略设置。

## 活动步骤

基础资料控制类型的设置，必须使用系统管理员账号进行，登录后单击左上角的主控台菜单图标，执行【系统管理】—【组织机构】—【基础资料控制】—【基础资料控制类型】命令，调整各种基础资料控制策略。

> 📖 **操作一点通**
>
> 一般情况下，某种基础资料控制策略的设置要在该基础资料的数据内容录入前就进行。基础资料控制策略是对系统使用方式有较大影响的参数，必须尽早确定下来。

本活动考虑初学者学习和操作的一致性，在配套数据中心已经统一完成了基础资料控制策略设置，这里无须学员进行调整。

## 📖 活动总结

### 理论知识归纳

ERP 数据常见分类和准备方式如下。

按照 ERP 数据更新频率和方式，可以将 ERP 系统数据分为 3 类。

① 静态数据（或称固定信息），是指开展业务活动之前就需要准备的基础数据，如物料、客户、供应商等数据。在系统运行时，静态数据更新较少，相对稳定。在初始化阶段，准备的大多数基础数据都是静态数据。

② 动态数据（或称流动信息），一般是指每笔业务发生时产生的事务处理信息，如销售订单、采购订单、库存等数据。动态数据会随着业务的发生不断变化，其数据准备要充分考虑时间因素，确定时间节点，而且一般都需要在规定时间内完成。其准备的难度较大，尤其是在初始化阶段，时间紧迫，需要做好充分准备才能准确获得时点数据。例如，初始化阶段要准备的期初库存数据就是动态数据，需要在启用期前某时点花费大量人力盘点才能获取，要做好工作安排和部署。

③ 中间数据（或称中间信息），是根据用户对管理工作的需要，由 ERP 系统根据静态数据和动态数据，经过运算加工形成的各种数据或报表。中间数据是后期加工形成的，由 ERP 软件提供的功能决定，一般报表和数据分析功能越丰富，能够挖掘出的中间数据越多。不过在系统初始化阶段，中间数据不是关注的重点，一般无须单独准备。

### 操作知识归纳

金蝶云星空系统基础资料控制类型如下。

在金蝶云星空系统中，基础资料如果按照共享策略的不同可以划分为两大类：不受控基础资料和受控基础资料，如表 2-5 所示。

表2-5　金蝶云星空系统基础资料控制类型

| 组织 | 权限 | 受控基础资料 | | | 不受控基础资料 |
| --- | --- | --- | --- | --- | --- |
| | | 共享型 | 分配型 | 私有型 | |
| 创建组织 | 修改 | √ | √ | √ | √ |
| | 使用 | √ | √ | √ | √ |
| 使用组织 | 修改 | × | 控制策略决定 | × | √ |
| | 使用 | √ | 分配后可使用 | × | √ |

续表

| 组织 | 权限 | 受控基础资料 | | | 不受控基础资料 |
| --- | --- | --- | --- | --- | --- |
| | | 共享型 | 分配型 | 私有型 | |
| 其他组织 | 修改 | × | × | × | √ |
| | 使用 | √ | 分配后可使用 | × | √ |

（1）不受控基础资料

不受控基础资料属于公共型基础资料，系统不做组织控制，在所有的组织中都可以修改和使用。这类基础资料往往具有通用性特征，不同组织的该类资料都是完全相同的，无须进行个性化设置，如货币币别、辅助资料等。货币币别是世界通用标准，没有个性化设置的必要。金蝶云星空系统对很多不受控基础资料，已经预制了很多常用数据，这样减少了初始化阶段的工作量。

（2）受控基础资料

受控基础资料需要做组织控制，可以细分为共享型、分配型和私有型 3 种。

① 共享型。可由任意一个组织创建生成，其他组织均可使用，但不可修改，只有创建组织才可以修改。比如银行的资料属于公共资源，企业内的所有组织都可能会和银行产生结算业务。

② 分配型。可指定一个组织创建生成，然后分配到指定的目标组织后，这些组织才能查看、使用。而是否可以修改其属性，则根据相应的控制策略（包括字段的控制方式及"不可修改"参数）决定。比如物料，一般情况下由总部定义，再分配给各个工厂使用，各个工厂根据需要修改某些物料属性。

③ 私有型。某个组织创建生成后，只有该组织自己可见。比如工作日历，每个组织都可能有自己的工作时间安排。

## ✳ 活动 2-2-2：基础资料设置

### 🔖 活动导入

#### 管理情景

"现在可以开始录入基础资料了吧？"张工问胡工。胡工回答："是的，我们可以开始进行基础资料准备了。你可以通知各个部门，根据我们的数据格式要求，准备好相关数据，然后录入系统。在输入数据之前，最好安排人员对基础资料进行检查核对，确保资料的准确。"张工回答："基础资料的标准数据表格之前已经下发了，很多数据已经填报好了，不过还没有复核数据，等复核后就可以输入系统了。"

【问题】提供数据填报格式的好处是什么？

#### 前导知识

Garbage in，Garbage out（简称 GIGO），指"垃圾数据进，垃圾数据出"。这条俗语是信息论中对数据质量影响系统产出质量的形象描述。ERP 作为复杂信息系统，也同样遵循这条理论。高质量的数据是 ERP 成功应用的基本要求。有一句行业俗语：ERP 项目实施成功靠的是三分技术、七分管理、十二分数据。基础数据的质量往往也是衡量企业基础管理水平的重要标尺。

为了提高数据质量，企业在准备数据时，会采用很多方法来辅助数据质量管理。管理情景中提出的提供数据填报格式就是常用方法之一，具有填报格式的表格化数据，有利于统一数据标准，规范数据填报人员的行为。另外，大多数 ERP 系统也都提供了批量数据导入功能。最终整理完成的数据可以通过导入功能批量输入系统，提升准备效率。除此以外，还可以增加数据校验规则和汇总数据对照等，以提高数据质量。ERP 系统也提供了很多辅助工具来提升管理效率，比如唯一性检查、多业务系统间对账、统计报表等。

# 活动执行

## 活动解析

ERP 基础资料种类较多，为了减少初学者前期准备时间，本书配套数据中心已经预制了多种基础资料。在此，学员只需要录入物料基础资料，熟悉基础资料的常用操作方法。对于其他基础资料，学习者可以进入其列表页面查询和了解，也可以参考附件，自己进行数据的录入和准备。

本活动中，物料属于分配型的基础资料。企业规定户外用品深圳总厂是物料的统一创建和维护组织，由该组织创建物料后再分配给其他需要使用的组织。

≈≈≈业务数据≈≈≈

基础篇物料数据如表 2-6 所示。

表 2-6 基础篇物料数据

| 编码 | 名称 | 基本 | | | | 计划属性 | |
|------|------|------|------|------|------|------|------|
| | | 规格型号 | 物料属性 | 存货类别 | 基本单位 | 计划策略 | 制造策略 |
| S***.01.001 | 车胎 | 28 英寸 | 外购 | 原材料 | Pcs | MRP | MTO |
| S***.01.002 | 车胎 | 24 英寸 | 外购 | 原材料 | Pcs | MRP | MTO |
| S***.01.003 | 钢丝 | d3mm | 外购 | 原材料 | 米 | MRP | MTO |
| S***.01.004 | 未电镀车圈 | 28#，未电镀 | 外购 | 原材料 | Pcs | MRP | MTO |
| S***.01.005 | 未电镀车圈 | 24#，未电镀 | 外购 | 原材料 | Pcs | MRP | MTO |
| S***.01.006 | 前轮轴承 | 小档 | 外购 | 原材料 | Pcs | MRP | MTO |
| S***.01.007 | 彩色卡板纸盒 | 20×40×80 | 外购 | 原材料 | Pcs | MRP | MTO |
| S***.02.001 | 辐条 | 14# | 自制 | 自制半成品 | Pcs | MRP | MTO |
| S***.02.002 | 辐条 | 12# | 自制 | 自制半成品 | Pcs | MRP | MTO |
| S***.03.001 | 电镀车圈 | 28 英寸，电镀 | 委外 | 委外半成品 | Pcs | MRP | MTO |
| S***.03.002 | 电镀车圈 | 24 英寸，电镀 | 委外 | 委外半成品 | Pcs | MRP | MTO |
| S***.04.001 | 车前轮 | 28 英寸 | 自制 | 产成品 | Pcs | MPS | MTO |
| S***.04.002 | 车前轮 | 24 英寸 | 自制 | 产成品 | Pcs | MPS | MTO |
| S***.04.003 | 高亮车灯套装 | 5LED | 自制 | 产成品 | Pcs | MPS | MTO |
| S***.05.001 | HUB 头盔 | X3 银灰 | 外购 | 产成品 | Pcs | MRP | MTO |
| S***.05.002 | HUB 头盔 | X3 玫红 | 外购 | 产成品 | Pcs | MRP | MTO |
| S***.05.003 | 高亮车前灯 | 黑银色防水 LED | 外购 | 产成品 | Pcs | MRP | MTO |
| S***.05.004 | 高亮车前灯 | 银灰色 LED | 外购 | 产成品 | Pcs | MRP | MTO |
| S***.05.005 | 高亮车尾灯 | 红色 LED | 外购 | 产成品 | Pcs | MRP | MTO |
| S***.05.006 | SIM 避震前叉 | 行程 80 | 外购 | 产成品 | Pcs | MRP | MTO |

注：为方便系统数据录入，这里将 20 mm×40 mm×80 mm 略写为 20×40×80，以下不再重复说明。

## 活动过程

① 新增物料基础资料。
② 物料基础资料的跨组织分配。

## 活动步骤

### 1.新增物料基础资料

在户外用品深圳总厂组织下,执行【基础管理】—【基础资料】—【主数据】—【物料列表】命令进入物料列表页面,再单击【新增】按钮进入物料-新增页面,再按照表 2-6 录入数据,每一个物料录入完成后,依次单击【保存】、【提交】、【审核】、【退出】按钮。

### 2.物料基础资料的跨组织分配

所有物料基础资料审核完成后回到物料列表,勾选所有的物料(可勾选第一列最上边的复选框,一次全部勾选),执行【业务操作】—【分配】命令,在请选择分配组织页面中勾选所有的组织,分配明细如表 2-7 所示,并勾选下方的【分配后自动审核】复选框,最后单击【确定】按钮完成分配过程。如果分配时忘了勾选【分配后自动审核】复选框,还可以在分配的目标组织中,使用【物料列表】查询出目标物料,再手动审核物料基础资料。注意,只有审核后的物料基础资料才能被后续业务正常使用。

表 2-7 物料基础资料组织分配明细

| 基础资料 | 创建组织 | 分配目标组织 |
| --- | --- | --- |
| 物料 | 户外用品深圳总厂 S*** | 公司本部 S*** |
| | | 户外用品东莞分厂 S*** |
| | | 户外用品华南销售公司 S*** |
| | | 户外用品华东销售公司 S*** |

> 📖提问
>
> 物料基础资料分配完成后,请用户切换不同的业务组织,执行【基础管理】—【基础资料】—【主数据】—【物料列表】命令,观察物料有没有显示在列表中,以及数据状态是什么样的。

> 📖操作一点通
>
> ① 一个物料基础资料分配给了多个组织,在【物料列表】中进行多组织查询时,就会显示多行数据。其中【创建组织】和【使用组织】一致的物料行可以理解为"正本",而两者不一致时的物料行可以理解为"副本",是由"正本"分配到指定组织产生的。注意,只有"正本"资料可以进行【分配】和【取消分配】操作,"副本"资料不能操作。另外【取消分配】时必须保证"副本"处于未审核的状态。取消分配是在目标组织中删除资料的过程。金蝶云星空系统中,资料删除的前提是该资料未被其他业务调用过(未使用过),如果被使用过,则不能删除。所有分配型基础资料都遵循这些操作规范,后文不再重复说明。
>
> ② 系统还提供了【分配查询】和【未分配查询】功能用以查询分配状态;【分配日志查询】可以用于发现分配过程出现的错误;对于需要经常执行的分配,可以设置【自动分配方案】,让系统定期进行自动分配和数据同步。

## 📖 活动总结

### 理论知识归纳

ERP 基础资料的属性如下。

属性是对象的性质与对象之间关系的统称。ERP 每一个基础资料对象都是由众多属性组成的,不同属性代表企业不同管理部门对该资料的管理要求,蕴含着管理理论和管理思想。在准备基础资料时，也需要多部门协同工作，确保管理业务所需属性的完整、准确，保障后续使用。而学习 ERP 基础资料，要将属性和管理业务、管理场景相结合，理解其管理思想。本书遵循这一思路编写，除了本任务讲解基础资料最基本的属性外，在后文结合业务场景时，再讲解相关管理问题，避免死记硬背式的学习。

金蝶云星空系统将属性按大的业务领域进行了分类，设置了分类标签，方便使用和查找，如图 2-10 所示。例如，物料基础资料中就有库存、销售、采购等多个维度的基础资料。

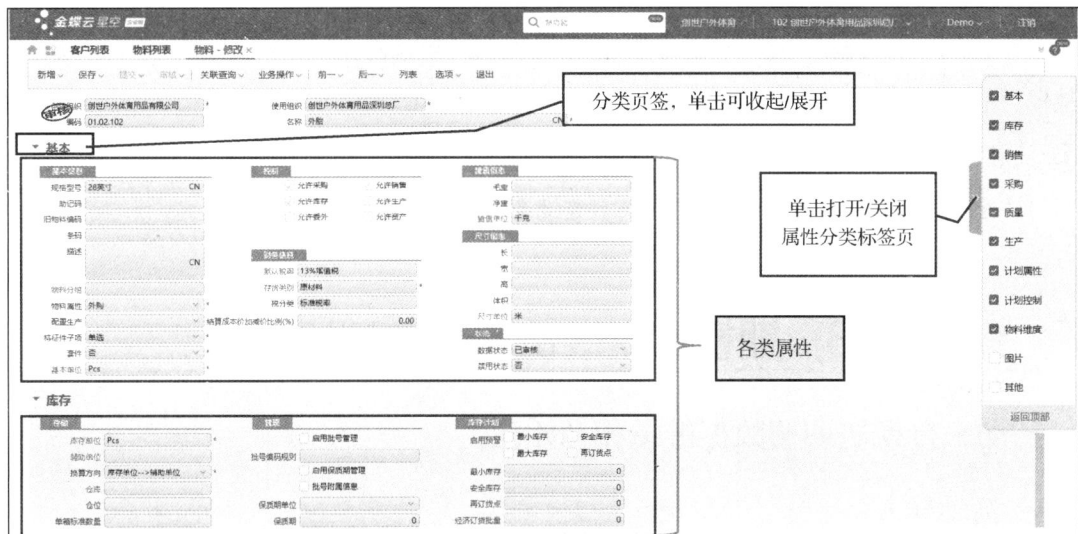

图 2-10 物料基础资料属性

### 📖操作一点通

在基础资料右侧，单击蓝色箭头，可以打开属性分类标签页，可以勾选需要的分类页签，这个功能可以帮助简化页面。初学者如果发现有些属性找不到时，也可以检查这里，确定相关页签是否被打开。

打开基础资料后，按"F1"键，可以调出金蝶云星空的帮助文档（需要联通互联网），可以快速查询基础资料的属性含义。

## 操作知识归纳

### 1．物料基础资料的物料属性

【物料属性】是物料的关键字段，通常指物料的来源、用途、使用范围等特性，在 V7.5 版本中包括外购、自制、委外、资产、费用、配置、特征、服务、一次性、模型、产品系列共 11 种。不同类型的物料，其供应链流程、处理方式有较大不同，对业务执行影响较大。这里介绍几种常用类型。

- ◆ 外购指由供应商提供、从外部购买的物料，也称为外购件、采购件。
- ◆ 自制指企业内部生产的物料，也称为自制件、加工件。
- ◆ 委外指需要委托外部加工供应商生产的物料，也称为委外加工件。
- ◆ 资产指采购的不是一般耗用或销售的物料，而是能够成为固定资产的物料，例如生产设备。
- ◆ 费用指采购的是一项需要花钱并计入企业内部费用的产品或服务，且购买的产品或服务最终会被企业内部消耗掉，例如购买办公用品。
- ◆ 服务一般是无形的，因此没有出入库业务，例如租车服务。和费用略有不同的是，服务项目一般既可以企业自己使用，也可以转售给第三方。

### 2. 物料基础资料的【控制】属性组

物料基础资料的【控制】属性组主要用于控制该业务是否能够执行某项特定的功能，截至当前版本有允许采购、允许销售、允许库存、允许生产、允许委外、允许资产 6 个参数，代表该物料具体能够开展哪种典型业务。

该组属性是配合物料属性使用的，可以称为物料属性的补充，方便实现更灵活的业务应用。例如 A 物料是自制物料，其默认【控制】属性会勾选【允许销售】、【允许生产】、【允许库存】，而不会勾选【允许采购】、【允许委外】。但如果企业遇到产能不足的情况，有时也会将 A 物料委托第三方加工，那么就可以补充勾选【允许委外】，这样 A 物料就既可以自行加工，也可以委外加工。

---

📖**注意**

在金蝶云星空系统中，物料能否执行特定业务，主要由【控制】属性组决定。

---

## 🔘(任务 2-3) 期初数据准备和结束初始化

### ✳ 活动：分模块期初数据准备和初始化

### 🔍 活动导入

#### 管理情景

经过一段时间的准备，企业已经基本完成了基础资料的准备工作。CIO 张工刚松了一口气，问胡工："我们的准备工作完成了吧？是否可以正式上线系统了？"胡工回答说："还没有呢，还有一项关键任务没有完成，我们要准备系统启用前的期初数据。""期初数据是什么？"张工疑惑问道。胡工回答："企业已经经营多年，现在切换到 ERP 系统，那么在系统启用前，就会存在一些关键时点数据要录入，例如：如果计划 1 月 1 日开始正式启用 ERP 系统，必须在系统启用前 1 天（即 12 月 31 日）将即时库存数据整理出来，这个库存数据就是典型的时点数据，也是后续库存变动的基准。并且这个数据需要尽可能准确，如果不准确，就会造成后续数据的混乱。根据我们的经验，前期的错误常常需要后期花数倍时间才能调整过来。"张工问："这个我理解了，那我们现在整理一个库存数据就可以了吧？"胡工说："那可不是，要准备哪些期初数据和我们前面讲的上线策略有关，简单来说，准备上线哪些模块，就需要准备这些模块的期初数据。例如，要启用总账模块，那么就要准备 12 月 31 日的总账结存数据，因为财务工作是具有延续性的，后续账目变动都是在历史账目基础上变动的。"张工："喔，这我明白了，那这个工作量还不小，我要赶紧通知各个部门准备了。"

【问题】①期初数据准备为什么重要？②期初数据具有什么特点？

#### 前导知识

期初数据是 ERP 各模块在系统启用前输入的一些历史结存数据。由于大多数管理业务都具有延续性，在 ERP 系统正式启用后，这些期初数据都是后续业务变动的基准数据。例如，应收款管理的期初数据，表示还有哪些客户的欠款尚未收回，这些都是后续收款的依据，必须准确记录。

根据管理业务的特点，不同模块初始化时，期初数据的内容也大不相同。例如，供应链模块需要期初库存数量，存货核算需要期初库存的单价和金额，总账需要期初会计科目余额数据。因此要在确定上线目标模块后，才能进行期初数据准备。

期初数据是典型的动态数据，会随时间和业务的变动而变动。期初数据，应该是系统启用前一天的相关数据统计，是重要的时点数据，若数据准备时点不匹配，即使统计了数据也没有意义。由于有严格的时间要求，因此数据准备需要强调时效性，企业需要做好人、财、物的安排，力求在规定时间前获得正确的数据。

# 活动执行

## 活动解析

本书考虑到初学者的实际情况，尽量减少期初数据输入和准备的难度。根据本课程教学目标，确定对总账、应收款管理、应付款管理、库存管理、存货核算进行初始化，尽量简化初始化数据的内容，确保后续学习能够继续。

≈≈≈业务数据≈≈≈

总账模块：假设企业期初科目余额为0。

应收账款模块：假设本企业无历史未收款项。

应付账款模块：假设本企业无历史未付款项。

库存管理模块：企业期初库存数据如表2-8所示。

表2-8 深圳总厂原材料仓期初库存

| 基本信息 | | | | |
|---|---|---|---|---|
| 库存组织 | | | 仓库 | |
| 户外用品深圳总厂S*** | | | 总厂原材料仓 | |
| 明细信息 | | | | |
| 物料编码 | 物料名称 | 规格型号 | 单位 | 期初数量 |
| S***.01.001 | 车胎 | 28英寸 | Pcs | 10 |
| S***.01.002 | 车胎 | 24英寸 | Pcs | 10 |
| S***.01.007 | 彩色卡板纸盒 | 20×40×80 | Pcs | 5 000 |

存货核算模块：企业期初库存商品价格和金额数据如表2-9所示。

表2-9 深圳总厂S***初始核算数据

| 核算体系 | 核算组织 | 会计政策 | 物料名称 | 规格型号 | 期初数量/Pcs | 期初单价/（元/Pcs） |
|---|---|---|---|---|---|---|
| 财务会计核算体系S*** | 户外用品有限公司S*** | 中国准则会计政策 | 车胎 | 28英寸 | 10 | 30 |
| | | | 车胎 | 24英寸 | 10 | 25 |
| | | | 彩色卡板纸盒 | 20×40×80 | 5 000 | 1 |
| | | | 车前轮 | 28英寸 | 20 | 60 |
| | | | 车前轮 | 24英寸 | 20 | 50 |

## 活动过程

① 总账模块初始化。

② 应收款管理模块初始化。

③ 应付款管理模块初始化。

④ 库存管理模块初始化。

⑤ 存货核算模块初始化。

## 活动步骤

### 1. 总账模块初始化

① 设置会计核算体系。执行【财务会计】—【总账】—【基础资料】—【会计核算体系】命令进入会计核算体系列表页面，新增一个会计核算体系。会计核算体系配置明细如表 2-10 所示。完成后依次单击【保存】、【提交】、【审核】、【退出】按钮。本活动配套账套已经配置好了会计核算体系参数，学习者无须重复设置，请跳过本步骤。

表 2-10  会计核算体系配置明细

| 编码 | 名称 | 核算组织 | 适用会计政策 | 下级组织 |
| --- | --- | --- | --- | --- |
| KJHSTX_S*** | 财务会计核算体系 S*** | 户外用品有限公司 S*** | 中国准则会计政策 | 公司本部 S*** |
| | | | | 户外用品深圳总厂 S*** |
| | | | | 户外用品东莞分厂 S*** |
| | | 户外用品华南销售公司 S*** | 中国准则会计政策 | 户外用品华南销售公司 S*** |
| | | 户外用品华东销售公司 S*** | 中国准则会计政策 | 户外用品华东销售公司 S*** |

② 新建账簿。执行【财务会计】—【总账】—【基础资料】—【账簿】命令，新增账簿。【创建组织】为"户外用品深圳总厂 S***"，【编码】为"S***ZZB"，【名称】为"S***主账簿"，【核算体系】为"财务会计核算体系_S***"，【核算组织】为"户外用品有限公司 S***"，【启用期间】为"2021.1"，【账簿类型】为"主账簿"，【科目表】选择"新会计准则科目表"，【财务应付确认方式】为"应付单确认"，【财务应收确认方式】为"应收单确认"。完成后依次单击【保存】、【提交】、【审核】按钮。

> 📖 操作一点通
>
> ① 金蝶云星空系统中，每个核算组织至少需要 1 个账簿（主账簿）来存放该组织发生业务后所记录的会计凭证等财务数据。而一个核算组织还可以设置多个账簿（除 1 个主账簿外，其他都是副账簿），不同账簿可以采用不同会计准则，生成不同的财务报表，以满足一些跨国企业需要同时按不同国家财税制度制作报表的业务需要。
>
> ② 本书未详细讲解财务模块内容，未制作会计凭证，只对"户外用品有限公司 S***"建立账簿，其他组织省略了账簿建立过程。有兴趣者可以自行创建。

③ 设置总账管理参数。执行【财务会计】—【总账】—【参数设置】—【总账管理参数】命令。这里采用默认参数设置，不做修改。

④ 录入科目初始数据。执行【财务会计】—【总账】—【初始化】—【科目初始数据录入】命令。由于期初科目余额都为 0，可以跳过本步骤。如果需要使用现金流量表，也可以执行【现金流量初始数据录入】命令输入相关数据，这里也跳过该步骤。

⑤ 结束初始化。执行【财务会计】—【总账】—【初始化】—【总账初始化】命令，勾选【S***主账簿】，单击【结束初始化】按钮完成该账簿的总账初始化工作，再单击【退出】按钮。

### 2. 应收款管理模块初始化

① 启用应收款管理。执行【财务会计】—【应收款管理】—【初始化】—【启用日期设置】命令，在弹出的页面中勾选所有组织，并将所有组织的【启用日期】都设置为"2021-01-01"，然后依次单击【启用】、【退出】按钮。

② 录入应收款初始数据。可通过【初始化】下层的【期初应收单】、【期初其他应收单】、【期

初收款单】、【期初收款退款单】命令录入相关的应收款初始数据。本活动中没有初始数据需要录入，这一步可以忽略。

③ 应收款管理结束初始化。执行【财务会计】—【应收款管理】—【初始化】—【应收款结束初始化】命令，在弹出的页面中勾选所有组织，单击【结束初始化】按钮完成应收款管理模块的初始化。

### 3.应付款管理模块初始化

① 启用应付款管理。执行【财务会计】—【应付款管理】—【初始化】—【启用日期设置】命令，在弹出的页面中勾选所有组织，并将所有组织的【启用日期】都设置为"2021-01-01"，然后依次单击【启用】、【退出】按钮。

② 录入应付款初始数据。可通过【初始化】下层的【期初应付单】、【期初其他应付单】、【期初付款单】、【期初付款退款单】命令录入相关的应付款初始数据。本活动中没有初始数据需要录入，这一步可以忽略。

③ 应付款管理结束初始化。执行【财务会计】—【应付款管理】—【初始化】—【应付款结束初始化】命令，在弹出的页面中勾选所有组织，单击【结束初始化】按钮完成应付款管理模块的初始化。

### 4.库存管理模块初始化

① 启用库存管理。执行【供应链】—【库存管理】—【初始化】—【启用库存管理】命令，在弹出的页面中勾选所有组织，并将所有组织的【库存启用日期】都设置为"2021-01-01"，然后依次单击【保存】、【退出】按钮。

② 录入初始库存。在户外用品深圳总厂组织下，执行【供应链】—【库存管理】—【初始化】—【初始库存】命令，进入初始库存-新增页面，再按照表2-8的内容录入深圳总厂原材料仓的期初库存数量，录入完成后依次单击【提交】、【审核】、【退出】按钮。

再用同样的方法录入深圳总厂产成品仓的期初库存，如表2-11所示。用户可以执行【供应链】—【库存管理】—【初始化】—【初始库存列表】命令，查询刚录入的库存数据。

表2-11 深圳总厂产成品仓期初库存

| 基本信息 | | | | |
|---|---|---|---|---|
| 库存组织 | | | 仓库 | |
| 户外用品深圳总厂 S*** | | | 总厂产成品仓 | |
| 明细信息 | | | | |
| 物料编码 | 物料名称 | 规格型号 | 单位 | 期初数量 |
| S***.04.001 | 车前轮 | 28 英寸 | Pcs | 20 |
| S***.04.002 | 车前轮 | 24 英寸 | Pcs | 20 |

> 📖操作一点通
>
> ① 库存初始化重点是准备并输入期初数据，该数据是后续库存变动的起点数据，需要尽量准确。期初数据是典型的时点数据，即系统启用那一时刻的库存数据。本活动是2021-01-01启用的，那么必须获取2020-12-31收发货结束时的仓库库存数据，一般通过盘点得到。
>
> ②【本年累计收入/发出数量】代表从启用年度的年初开始，到正式启动前，该物料的累计收入/发出数量。如果是当年的1月1日启用系统，这两个数据都是0，但是如果从其他日期开始，假如从2021年3月启用，那么累计收入/发出数量就是2021年1—2月该物料的收入总数和发出总数。如果期初能够输入该数据，那么系统启用后，就能够统计2021年全年该物料的

收发总数。如果缺失，系统就只能统计 2021 年 3—12 月的数据。由于该数据准备工作量较大，而且缺失并不影响后续库存准确性，很多企业初始化时会放弃该数据的准备。

③ 货主和保管者简介参见活动 11-1-2 的操作知识归纳。

③ 库存管理结束初始化。执行【供应链】—【库存管理】—【初始化】—【库存管理结束初始化】命令，在弹出的页面中勾选所有组织，单击【结束初始化】按钮完成库存管理模块的初始化。

### 5. 存货核算模块初始化

① 新增核算范围。执行【成本管理】—【存货核算】—【基础资料】—【核算范围】命令，单击【新增】按钮进入核算范围设置-新增页面，按照表 2-12、表 2-13 和表 2-14 的内容录入核算范围的数据，每张表录入完成后，依次单击【保存】、【提交】、【审核】、【退出】按钮。

本活动中，每一个学生都设立了三个核算范围，划分依据是货主，覆盖了户外用品有限公司 S*** 下的所有业务组织，计价方法采用的是加权平均法。如果使用本书配套的账套，以下三张表中的核算范围已经配置好了，无须重复设置，可以跳过本步骤。

表 2-12 核算范围 01 资料

| 基本 | | | | | | |
|---|---|---|---|---|---|---|
| 核算范围编码 | 核算范围名称 | 计价方法 | 核算体系名称 | 划分依据 | 核算组织名称 | 会计政策名称 |
| S***_HSFW01 | S***公司核算范围 01 | 加权平均法 | 财务会计核算体系 S*** | 货主 | 户外用品有限公司 S*** | 中国准则会计政策 |
| 核算范围 | | | | | | |
| 货主类型 | | 货主编码 | | 货主名称 | | |
| 业务组织 | | S***.1001 | | 公司本部 S*** | | |
| 业务组织 | | S***.1002 | | 户外用品深圳总厂 S*** | | |
| 业务组织 | | S***.1003 | | 户外用品东莞分厂 S*** | | |

表 2-13 核算范围 02 资料

| 基本 | | | | | | |
|---|---|---|---|---|---|---|
| 核算范围编码 | 核算范围名称 | 计价方法 | 核算体系名称 | 划分依据 | 核算组织名称 | 会计政策名称 |
| S***_HSFW02 | S***公司核算范围 02 | 加权平均法 | 财务会计核算体系 S*** | 货主 | 户外用品华南销售公司 S*** | 中国准则会计政策 |
| 核算范围 | | | | | | |
| 货主类型 | | 货主编码 | | 货主名称 | | |
| 业务组织 | | S***.1004 | | 户外用品华南销售公司 S*** | | |

表 2-14 核算范围 03 资料

| 基本 | | | | | | |
|---|---|---|---|---|---|---|
| 核算范围编码 | 核算范围名称 | 计价方法 | 核算体系名称 | 划分依据 | 核算组织名称 | 会计政策名称 |
| S***_HSFW03 | S***公司核算范围 03 | 加权平均法 | 财务会计核算体系 S*** | 货主 | 户外用品华东销售公司 S*** | 中国准则会计政策 |

| 核算范围 | | |
| --- | --- | --- |
| 货主类型 | 货主编码 | 货主名称 |
| 业务组织 | S***.1005 | 户外用品华东销售公司 S*** |

📖**操作一点通**

【核算范围】主要是用于对存货进行价值核算时，确定合理的核算边界。这个概念与存货核算的计价方法和划分依据有关。【会计政策编码】用于设置适用的会计政策，系统将不同国家会计政策的关键差异设置为了【会计政策】资料，可供选择。【计价方法】是存货核算的计算方法，目前我国会计准则允许使用的是加权平均法、移动平均法、先进先出法。【划分依据】是判断存货是否需要一起核算的标准，例如：选择"库存组织"，表示不同库存组织单独进行存货核算，即使是相同物料，其存货价值也可能存在差异。财务内容不是本书教学重点，这里不详细讲解。有兴趣者可以参考财务会计中的存货核算内容学习。

② 启用存货核算系统。执行【成本管理】—【存货核算】—【初始化】—【启用存货核算系统】命令，勾选所有行，将每一行的【启用会计年度】设为"2021"，【启用会计期间】设为"1"，再单击【启用】按钮。

③ 初始核算数据录入。切换到户外用品有限公司，执行【成本管理】—【存货核算】—【初始化】—【初始核算数据录入】命令，在弹出的页面中单击【新增】按钮，进入初始核算数据录入-新增页面，【核算体系】选择"财务会计核算体系 S***"，【核算组织】选择"户外用品有限公司 S***"，【会计政策】选择"中国准则会计政策"，然后单击【业务操作】—【获取库存期初数据】按钮，系统会显示深圳总厂的期初库存数量，再按照表 2-9 的内容录入各物料的期初单价，完成后依次单击【保存】、【退出】按钮。

④ 存货核算初始化。执行【成本管理】—【存货核算】—【初始化】—【存货核算初始化】命令，勾选所有行，单击【结束初始化】按钮。

📖**操作一点通**

① 根据会计准则，存货核算就是对库存物料的价值进行核算。因此企业有库存物料，就需要核算其准确价值。企业有期初库存，那么就需要在【初始核算数据录入】中输入期初库存的价格和金额信息，作为后续库存价值核算的起点数据。

② 存货核算的对象是库存物料，其数量需要和库存系统保持一致，执行【获取库存期初数据】命令可以从库存数据导入数据。

📖 **活动总结**

**理论知识归纳**

### 1. ERP 系统各模块初始化关系

虽然前文我们讲到 ERP 系统正在向着各子系统独立运作、松耦合的方式发展，ERP 系统也支持各子系统独立初始化，而且有些模块初始化时间也可以不一致，初始化方式也越来越灵活。但是，毕竟 ERP 系统各模块之间具有复杂的业务联系，初始化也具有一些内在逻辑关系。在使用 ERP 系统前，需要了解各系统的初始化要求，否则有可能造成工作顺序混乱。例如在金蝶云星空系统，存货核算初始化应该在库存管理初始化之后进行，因为它需要调用库存初始数量作为核算数量依据。不同 ERP 系统中，数据依赖关系也不完全一致，因此学习者需要结合具体 ERP 系统和具体业务需求去详细了解，本书无法全面覆盖。

### 2．期初数据错误的调整方法

结束初始化后，系统期初数据（期初库存、期初科目余额、期初应收应付账款等）将不能再修改。如果发现期初数据错误，可以通过两种方法进行调整。

① 反初始化修改。反初始化修改就是通过反初始化功能返回修改。由于期初数据是业务的起点数据，其错误会影响后续所有数据的计算，因此反初始化是有条件的。大多数 ERP 系统在反初始化时，都需要进行反初始化的可行性检查，一般都要求初始化后，系统不能录入启用期后的业务单据，一旦录入将不能反初始化。反初始化使用条件非常苛刻，使用可能性较低，只能在刚结束初始化且尚未录入后续业务数据时使用。

② 后续调账。后续调账是指在后期通过制作物流单据、会计凭证等对数量、金额进行调整。这是企业对期初数据错误调整的主要方式。不过要注意，由于正式启用系统后，企业要开展新的业务，其系统数据处于不断变化中，因此前期的错误常常需要后期花费更多的代价来弥补，例如需要录入多张单据，需要花更多时间进行盘点核对，常常要经历多期账目调整才能逐步修正数据，并且数据不准确可能会造成缺货或者积压等问题。因此，仍然建议使用 ERP 的企业尽量在初始化阶段提高数据准确率，而不要将问题风险后移。这也是 ERP 非常强调数据质量管理的原因之一。

### 操作知识归纳

结束初始化是 ERP 系统子系统完成前期准备工作，正式进入运行状态的关键动作。结束初始化后，系统进入正式运行状态，使用者才能在授权范围内使用系统的全部功能。

虽然金蝶云星空系统设计时充分考虑了初始化工作繁重、耗时较多的因素，可以在模块未结束初始化时进行大部分业务的处理，但还是有一些业务必须在结束初始化之后才能处理，这是由其业务逻辑决定的。例如，某组织的应收款管理系统未结束初始化，那么该组织的应收单将无法录入。

# 工程数据管理基础

## 📋 项目概述

　　工程数据是制造企业在生产管理过程中需要使用的和生产紧密相关的一些基础数据，比如物料清单、工作日历、工艺路线等。工程数据如何选择和使用主要由企业计划和生产管理方式决定。制造企业需要基于企业的管理要求、生产环境、装备条件、技术标准等因素，合理进行工程数据的规划、采集，形成工程数据的管理标准，并能够正确使用 ERP 系统进行工程数据的合理设置，以确保使用 ERP 进行企业生产管理时，能够合理制订生产计划，准确管理生产过程，得到满意的应用效果。因此，工程数据的准确度和合理性对后续计划管理、生产管理、供应链管理都有较大影响，需要企业认真准备，合理使用。

## 📋 项目重点

- 工作日历的配置
- 物料清单概念和使用方式

## 任务 3-1 工作日历

### ❀ 活动：工作日历配置

#### 活动导入

**管理情景**

刚完成了繁杂的基础资料准备工作，工程数据的准备工作又开始了。生产主管徐工问胡工："我们先从哪个地方开始呢？" ERP 实施顾问胡工说："那我们先从工作日历开始吧。"徐工说："计算机系统都有内置的日历，日历还需要设置吗？有什么用呢？"胡工答道："现代工业的高效率生产是以高效的计划管理为核心的，所有相关部门都应该按照计划的统一步调共同协作完成工作，而计划的基础就是对企业运营时间和状态的准确掌控，我们首先要确定的数据就是计划的时间基准——工作日历。"徐工说："我明白了，这个很简单，就是确定上班和放假时间。"胡工说："基本如此，不过还需要了解更细致一些，先回答以下几个问题。"

【问题】①企业是否统一安排休息日？如果不统一，哪些部门需要单独安排休息时间？②企业每日正常工作时长是多少？每日几个班制，是否轮班？

**前导知识**

**1. 时间管理是计划管理的基础**

计划管理的核心问题之一就是时间管理。在管理实践中，任何计划的目标如果不能确定执行时间，很容易延误，甚至无疾而终，这是现代化管理所不允许的。管理学中对目标管理提出 SMART 原则，其中的 T 也是指目标必须有明确的完成时间。在 ERP 系统中，也处处体现这一管理思想。ERP 系统中有很多体现时间管理的功能和参数，比如工作日历、班制、提前期、时区时界、开工完工日期等。

**2. 工作日历相关知识**

工作日历也称生产日历，主要用来说明企业各部门、车间或工作中心在一年中可以工作或生产的日期和时间，也就是一个企业的上班时间表。工作日历可以是普通的日历，也可以是自定义的日历。

金蝶云星空 ERP 系统，不仅可以为企业指定统一的日历，还可以为有特殊工作时间要求的部门指定单独的工作日历，也支持多组织管理的需要，以适应企业多样化工作时间安排的要求。

### ✍ 活动执行

**活动解析**

在 ERP 系统配置工作日历前，需要了解企业对时间管理的要求。可以从以下两个角度了解情况，确定合理的对策。

① 企业不同组织机构和部门对上班时间要求是否一致，对于有特殊要求的组织需要重点记录其要求。在设置系统工作日历时，除了统一设置外，还需要对有特殊时间要求的组织或部门单独设置工作日历，兼顾共性与个性要求。

② 企业排班的主要方式是什么，每个班次的标准工作时长是多少，有特殊要求的要记录，在后续班次、班制设置中要重点设置。

≈≈≈业务数据≈≈≈

胡工为了了解企业工作时间安排，询问了人力资源部经理李琴："贵公司的上班时间一般如何安排？"李琴回答道："企业整体是每周 7 天工作制，每天 8 小时，员工排班采用轮班制度，确保每个员工的周工作时间是 5 天，每天的工作时长也是 8 小时，遇到国家法定节假日，比如春节、国庆等，企业也会全体放假。工作时间符合国家劳动法的要求，除了特殊情况，一般不安排加班，如果加班，会按劳动法要求给予加班报酬。"胡工又向生产主管了解生产的时间安排情况，得到的回复和李琴讲的基本一致，没有特殊时间安排。于是胡工告诉李琴说："按照贵公司的情况，在系统中统一设置工作日历即可，不需要单独设置个性化工作日历，设置为每周 7 天工作模式，每天 8 小时就可以了。"

## 活动过程

① 新增工作日历模板。
② 套用工作日历模板生成各组织的工作日历。
③ 查询生成的工作日历。
④ 工作日历延长与批量更新。
⑤ 工作日历的多组织设置与调整。

## 活动步骤

### 1. 新增工作日历模板

在户外用品深圳总厂组织下，执行【生产制造】—【工程数据】—【工作日历】—【工作日历模板】命令，按照表 3-1 的内容新增"公司通用日历模板 S***"，录入完成后，依次单击【保存】、【提交】、【审核】按钮。

表 3-1　公司通用日历模板数据

| 常规 | | | | |
|---|---|---|---|---|
| 创建组织 | 日历类型 | 名称 | 生效日期 | 失效日期 |
| 户外用品深圳总厂 S*** | 工作日历 | 公司通用日历模板 S*** | 2021-1-1 | 9999-12-31 |
| 明细 | | | | |
| 规则类型 | 日期类型 | 是否生产 | 周 | 班制 |
| 周 | 工作日 | 勾选 | 周日 | 默认班制 |
| 周 | 工作日 | 勾选 | 周一 | 默认班制 |
| 周 | 工作日 | 勾选 | 周二 | 默认班制 |
| 周 | 工作日 | 勾选 | 周三 | 默认班制 |
| 周 | 工作日 | 勾选 | 周四 | 默认班制 |
| 周 | 工作日 | 勾选 | 周五 | 默认班制 |
| 周 | 工作日 | 勾选 | 周六 | 默认班制 |

📖操作一点通

设置工作日历需要调用多个基础数据，一般按照【班次】—【班制】—【工作日历模板】—【工作日历】的顺序进行设置。金蝶云星空系统中，【班次】和【班制】都是不受控基础资料，在数据中心中共享使用，而且系统内置了一些常用的班次和班制数据，可以满足常见需求。为了避免操作错误造成数据混乱，本活动就不再新增班次和班制的数据了。企业如果有个性化需求，也可以自定义。

### 2．套用工作日历模板生成各组织的工作日历

执行【生产制造】—【工程数据】—【工作日历】—【工作日历模板列表】命令，在列表中勾选本次设置的【公司通用日历模板 S***】，依次单击【业务操作】、【套用】按钮，在弹出的日历操作页面中，选择【创建新日历】，【开始日期】设为"2021/1/1"，【使用组织】选择"户外用品深圳总厂 S***"，单击【确定】按钮完成深圳总厂的工作日历创建。

重复上述步骤，继续套用该模板生成其他组织的工作日历。每一次在日历操作页面中更换不同的使用组织，直到完成所有组织工作日历的创建。每一位学生有 6 个相关组织，最终生成 6 个组织的工作日历。

### 3．查询生成的工作日历

执行【生产制造】—【工程数据】—【工作日历】—【工作日历列表】命令，单击【过滤】按钮，在弹出的列表过滤-工作日历页面中，勾选【所有组织】，单击【确定】按钮回到工作日历列表，系统会显示所有组织中已套用成功的工作日历信息。如果需要修改已生成的工作日历内容，可以直接单击打开目标工作日历，单击【反审核】按钮，通过翻页找到需要修改的某日期，修改当日的【日期类型】（切换工作日和非工作日），修改【班制】，选择【是否生产】等。完成修改后再次单击【审核】按钮即可。例如，遇到节假日调休时，就常常需要进行相关修改。

### 4．工作日历延长与批量更新

由于默认新增的工作日历只有 3 年时间，本书中大量业务发生在 2030 年，为了方便后续计划安排和执行，需要延长工作日历至 2030 年 12 月 31 日。操作方式：执行【生产制造】—【工程数据】—【工作日历】—【工作日历模板列表】命令，在列表中勾选本次设置的【公司通用日历模板 S***】，依次单击【业务操作】、【套用】按钮，在弹出的日历操作页面中，选择【延长关联日历】，【延长至】设为"2030/12/31"；下面的日历列表中会显示所有使用该模板创建的工作日历，默认会自动勾选；单击【确定】按钮完成所有相关日历的时间延长。

> 📖**操作一点通**
>
> 工作日历模板的【套用】功能，不仅能够生成工作日历（选择【创建新日历】），也可以用于延长工作日历（选择【延长关联日历】）。当日历模板改变后，还可以用于更新现有工作日历（选择【更新关联日历】），实现工作日历的快速生成和批量调整。

### 5．工作日历的多组织设置与调整

完成工作日历后，如果需要查看各组织工作日历配置情况，可以执行【生产制造】—【工程数据】—【工作日历】—【工作日历设置】命令，在左侧组织结构树中可以选择某组织，查看其是否已设置合适的工作日历。要注意：组织结构树中的日历配置采取下级优先的规则，也就是如果下级日历单独指定了工作日历，将会忽视其父项组织的工作日历；如果未单独指定，将继承上级组织的工作日历。如果需要调整，可以选中需要调整的组织节点，单击【修改】按钮，在右侧的【标准日历编码】中选择新的工作日历，并保存退出。

> 📖**操作一点通**
>
> 工作日历模板中每一个工作日的开始时间、结束时间和工作小时数是由班制决定的，而班制又是由不同的班次（相当于每天的工作时间段，如上午班、下午班、夜班等）组成的。所以如果要调整某个工作日的工作时间，先要找到它的班制以及组成该班制的班次，然后再调整该班制的班次构成（比如增加一个夜班班次）或者调整班次的开始时间（比如提前上班）、结束时间（比如延迟下班）等。
>
> 工作日历模板中的日期类型有【工作日】、【休息日】、【法定节假日】和【空】四个选项，用户可根据实际需要设置。

> 📖 **提问**
>
> 公司的 8 小时工作制在工作日历中是如何设置的？如果想要每天多加班 2 个小时，应该如何在日历中设置？

## 📖 活动总结

### 理论知识归纳

#### 1．MRP 的 3R 目标和三大法宝

奥列基先生最初指出 MRP 的目标是按反工艺路线的原理，在准确的时间（Right Time）、准确的地点（Right Place）获得准确的物料（Right Material），即 MRP 的 3R 目标。

针对 3R 目标，也形成了 MRP 的三大法宝：相关需求；时间分割；能力平衡。这三大法宝是 ERP 中 MRP 管理模块的关键技术和理论创新。本书后续内容将逐步解释这三大法宝的具体含义。

#### 2．时间分割（Time Phasing）

时间分割就是将连续的时间流划分成一些适当的时间单元，在不同的时间单元反映库存状态、生产进度等数据。人类发明的时间历法实际上就是一种时间分割技术，将时间划分为了年、月、日、时等。在 ERP 系统中进行时间分割，主要目的不是单纯地划分时间，而是要将时间和工作量建立联系，方便对不同时段下工作量的变化进行计算、执行、管理与跟踪。例如，3 月 5 日完成 A 产品生产 200 个，完工入库后，A 产品库存达到 500 个，3 月 6 日能够确保 400 个 A 产品发给客户，这就是 ERP 系统进行计划管理时希望达到的效果，所有计划任务都有明确的时间坐标，并且每个时段也能够方便进行工作量的统计分析，以及执行追踪和调整。时段与工作量分配如图 3-1 所示。因此，时间分割被称为 MRP 的三大法宝之一。

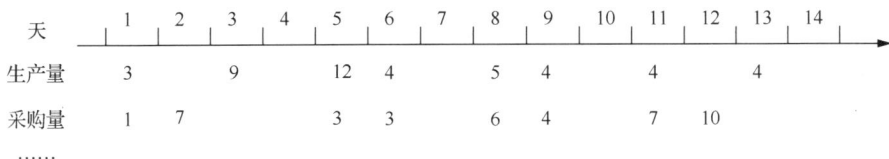

| 天 | 1 | 2 | 3 | 4 | 5 | 6 | 7 | 8 | 9 | 10 | 11 | 12 | 13 | 14 |
|---|---|---|---|---|---|---|---|---|---|---|---|---|---|---|
| 生产量 | 3 | | 9 | | 12 | 4 | | 5 | 4 | | 4 | | 4 | |
| 采购量 | 1 | 7 | | | 3 | 3 | | 6 | 4 | | 7 | 10 | | |
| …… | | | | | | | | | | | | | | |

图 3-1 时段与工作量分配

和时间历法的标准绝对统一不一样，ERP 系统中的时间分割的标准和细分程度可以灵活设置。ERP 计划的特点就是分时段计划，在时间轴上反映物料的实际需求。时间分割可以设置为月、周、日，也可以细化到小时、分钟等不同时段。我们用"粒度"这个术语来衡量分割细化的程度。

如何选择合适的时间粒度是企业需要重点考虑的问题，时间分割的细化程度主要由两个因素决定。

① 由管理颗粒度决定。管理颗粒度，简称管理粒度，是衡量管理精细程度的一个概念，它并没有严格的公式，主要还是一种管理理念。一般而言，管理越细化，管理颗粒度越小，对管理的精准度要求就越高，那么其时间分割就应该越细，时间粒度越小；反之则管理越粗放，时间粒度应该越大。一般来说，时间粒度和管理颗粒度相匹配是企业比较合理的选择。企业使用 ERP 系统进行计划管理时，并不能盲目追求精细化管理。例如：一个对生产完工统计只能做到日汇报的企业，在进行生产计划时将生产任务细化到每小时，其实并没有实际意义，这样制订的小时计划也无法得到有效的运行监测，其采集的数据可信度不高，也无法用于生产改进和优化。

② 由 ERP 系统的功能决定。不同 ERP 系统对时间分割的支持程度不同，一般而言，越是高

端复杂的 ERP 系统，其时间分割可以越细，当然其价格也往往更高。因此，时间分割粒度也是 ERP 系统选型时的重要考虑因素。

总而言之，ERP 系统的时间分割粒度要和企业管理颗粒度相适应，这样才能让 ERP 系统的计划管理功能发挥最大效用。

### 操作知识归纳

工作日历所需基础资料如下。

【班次】主要用于定义工厂每班的具体工作起止时间，一般是一天之内的某一个连续工作时段，例如，上午班为 8:00—12:00，共 4 小时。

【班制】主要用于定义工厂工作日全天的整体工作时间，一般是多个班次的组合。在金蝶云星空系统中通过选取已定义好的多个班次组合生成，体现了一个工作日内完整的工作和休息时段安排。例如，全天班制为上午班+下午班。

【工作日历模板】是企业常规工作日与休息日的抽象设置，用于快速生成工作日历列表。由于企业的大多数部门工作时间都有统一安排，例如：每周周一至周五工作，周六和周日休息。有了工作日历模板，就方便企业通过套用模板快速生成各组织的工作日历，提高设置效率。

【工作日历】是具体时段内的工作日和休息日安排。工作日历列表根据工作日历模板生成，其中有明确的工作日/休息日日期以及节假日安排，类似于学校的校历。工作日历中某一个具体工作日内的时间安排则符合选定的班制时间要求。

根据以上功能描述和数据调用关系，设置工作日历基本按照【班次】—【班制】—【工作日历模板】—【工作日历】的顺序进行。

班次、班制、工作日历都是排产和能力计算的基本数据，也是业务执行的参考数据，对生产计划、供应链执行等各个领域都有重要影响。例如：某企业每个班次有 4 小时，每日班制为 2 个班次，那么当日的可用工作时长为 8 小时，日工作时长可用于产能计算；每日 8:00—12:00，14:00—18:00 工作，那么一般不会在 12:00—14:00 安排生产任务；如果 10 月 1 日是节假日，那么也不会安排工作任务。将这些时间要求考虑在内，就可以得到更加准确而合理的工作安排，提高企业整体协作效率，避免出现需要协作时，一个部门上班，而另外一个部门休息的情况。

## 任务 3-2　物料清单

### ✱ 活动：物料清单设置

#### 活动导入

#### 管理情景

胡工给生产主管徐工安排了一项重要的任务——整理产品的物料清单，掌握产品的结构信息和用料情况，徐工很快拿来了一摞产品工艺图纸。胡工笑着说："这可不是物料清单。"胡工继续解释道："物料清单虽然来源于产品设计图纸，但是设计图纸并不能等同于物料清单，也不能直接被计算机识别和使用，需要经过转化和整理。"徐工满脸疑惑地问道："还要转化、整理？那如何转化、整理呢？"胡工说道："设置物料清单之前，你可以从以下两个重点问题着手。"

【问题】①能否从工艺文件中整理出产成品生产所需要的关键半成品和原材料，并能够将产品构成结构整理清楚？②生产所需要的物料数量是否有标准？将标准明确后记录下来。

## 前导知识

### 1. BOM 的概念和作用

BOM 是指产品所需零部件明细表及其结构。为了便于计算机识别，把用图形表达的产品工艺图纸转化成某种格式化的数据文件，这种格式化的数据文件就是 BOM，即 BOM 是定义产品结构的技术文件，因此它又称为产品结构树、产品结构表或 BOM 表。

BOM 结构特点：一个产成品的完整 BOM 呈现一种倒树形结构，如图 3-2 所示。

① 其根节点是企业最终生产目标产成品，也是生产企业最终要销售获利的商品。

② BOM 中间的分支节点是生产所需的关键半成品，也就是为了生产最终产成品必须提前生产的半成品部件。这些半成品部件，一般企业不会销售，或者只有少量作为维修零部件销售，一般不是企业盈利的主要来源。在 BOM 中能够体现出来的半成品应该都是关键半成品。说其关键，是因为企业生产过程一般很复杂，会

图 3-2　BOM 物料类型

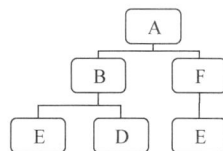

产生很多中间阶段的半成品部件，但并不是所有半成品部件都要在 BOM 中呈现，一般只有那些需要重点监控完工数量、需要重点质检、需要精确控制用料情况的半成品才需要在 BOM 中作为分支节点体现出来。半成品一旦设置为 BOM 的分支节点，后续生产时，就必须对该半成品进行生产备料和用料监控，并且必须要对其完工数量进行登记入库，实现半成品加工过程的闭环管理。例如：包饺子时，如果比较关注饺子皮和饺子馅的产出数量和质量，那么就可以纳入 BOM 管理，而如果不关注面团、肉馅、菜馅等其他半成品物料，就无须纳入 BOM 管理，放入工序管理即可。工序管理内容将在进阶篇讲解。BOM 层级的划分实际是一个比较复杂的过程，需要企业根据管理目标进行合理取舍，这也是设计部门的工艺图纸不能直接作为 BOM 使用的原因之一。

③ BOM 中的末端节点，也称为叶子节点，都是采购的原材料，是本企业无法生产、需要从外部采购的原料。由于不是本企业生产，因此本企业无须关注其产品加工方式和产品构成，也无须设置 BOM 数据。

综上所述，一个完整的产成品 BOM 体现了产品的构成关系，也是企业产供销过程对应的重要数据模型，对企业多个运营环节都有重大影响，是生产企业关键工程数据之一。因此企业在准备 BOM 数据时，要力争实现 100%准确，其微小错误都很容易造成产供销多个环节的差错，给企业正常生产运营带来重大影响。

BOM 的作用：在 ERP 系统中设置 BOM 不是为了更好地设计产品，而是为了达成管理目标。我们需要合理规划 BOM，将设计部门的设计图纸和文件转化为可用于生产管理的 BOM 文件，为合理安排产供销计划、精确准备生产所需物料、合理下达生产任务、及时掌握生产执行和完工入库情况、准确核算生产成本等管理目标的实现做准备。

### 2. BOM 的主要构成要素

正确的 BOM 应该至少反映以下 2 种关系。

① 物料的从属关系。物料从属关系表示需要加工物料和其下级零部件之间的关系，也常称为物料的父子关系。图 3-3 中，B 物料由 E 物料和 D 物料组成，就体现从属关系，B 为父项物料，E 和 D 为子项物料，或者称为子件。只有知道正确的物料从属关系，MPS/MRP 计算时才能知道生产目标产品时需要何种原料。从属关系也体现了

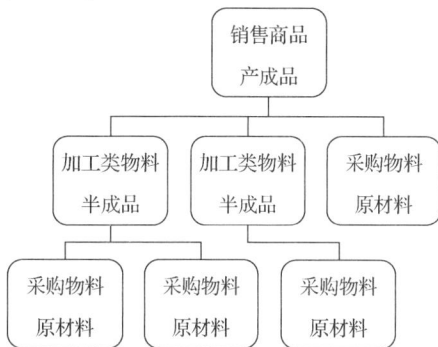

图 3-3　BOM 中的物料从属关系

基本生产过程和加工时间顺序，生产的实际顺序是从 BOM 倒树形结构的最下层逐步向上完成。例如，在图 3-3 中，计划和生产时需要安排先生产 B 物料和 F 物料，完工之后，才能开始 A 物料的生产加工。

② 物料的数量关系。数量关系表示如果要生产一定数量的父项物料时（一般是 1 个单位，一些特殊行业可能不为 1 个单位），其直接下级子项物料各自的需要数量，也称为标准用量或者用量定额。例如："1 台轿车需要 4 个车轮"就描述了 BOM 中父项物料和子项物料之间的数量关系。这个数量关系是制订用料计划和生产备料时的基本参考依据，也是 MPS/MRP 定量计算相关需求的主要数量依据。当然在实际生产过程中，由于加工技术等方面，并不能保证投入的原料能够完美利用，都被制造成为合格产品。因此，在 BOM 中，还需要记录子项物料的损耗率和父项物料的成品率，这样方便更准确地计算目标产量和材料合理用量。

为了反映这 2 种基本关系，BOM 数据中的主要构成要素有以下 4 个。

① BOM 层级信息。记录 BOM 物料之间的从属关系，并通过从属关系串接，形成多层级 BOM 结构。

② 物料基本信息，比如物料代码、物料名称、规格型号、辅助属性、是否生产类物料等。在 BOM 中根据物料基本信息来准确调用物料，并根据物料的一些特性进行业务识别和控制。

③ 标准用量信息，比如父项物料和子项物料的标准用量、计量单位、损耗率、成品率等。在后续制定 MPS/MRP 时，根据 BOM 中的标准用量来排产和备料。

④ BOM 控制信息，比如版本、有效日期、制单人，用来记录版本变化以及权限的控制。企业产品常常迭代更新，必须要有控制信息来保证 BOM 的变化有序、可控。

除了以上基本信息之外，BOM 中还常常记录一些联附产品、是否可替代、默认发料仓库、产线等信息。不同 ERP 软件在 BOM 设置细节上会略有不同，这些设置需要结合具体软件学习。有关 BOM 设置的详细内容可以参考本书活动 12-1-1。

### 3．BOM 的分层存储方式

大多数 ERP 系统并不是将一个产成品的 BOM 多层倒树形结构一次性记录下来，而是按照 BOM 中各个物料之间的从属关系（父子关系），将产品结构分解为多个单层 BOM，通过每个单层 BOM 的录入存入 ERP 系统，再通过 ERP 系统的相关功能，依据一定的规则，串接形成完整的 BOM 倒树形结构，这种方式被称为 BOM 分层存储方式。金蝶云星空系统、用友 U8 系统都采用类似的管理方式。

在 BOM 分解时要注意，决定 BOM 划分的核心原则并不是层数，其划分原则是：一个直接的父子关系划分为一张 BOM，分解出的每张 BOM 都是单层 BOM，每个单层 BOM 都单独表达一个父项物料及其直接子项物料的从属关系。图 3-4 中，A 产品需要拆分为 3 个单层 BOM，最后才能在 ERP 系统中组合成为完整的 BOM 倒树形结构。在不同的 BOM 中，父子关系会发生相应变化，在 BOM1 中，B 物料是 A 产品的子件，而在 BOM2 中，B 物料则是父项，E 物料和 D 物料是子项。

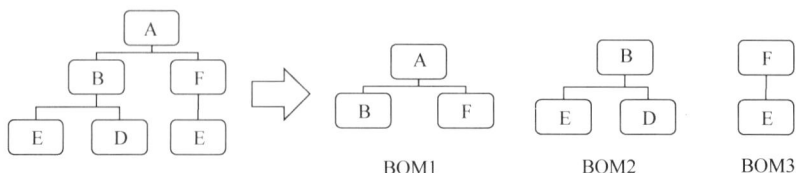

图 3-4　ERP 系统 BOM 分层存储

在 ERP 系统采用这种 BOM 构造技术有以下好处。

① ERP 系统无须设计一些非常复杂的数据结构来存储 BOM，只需要一种简单的单层 BOM 数据结构就可以存储任何复杂的 BOM，一般是一张同时包含父项和直接子项信息的 BOM。

② 对共用物料无须重复录入 BOM，减少 BOM 准备工作量。图 3-5 中，A 产品和 A1 产品是系列产品，只有部分零件有差异，所用的 B 物料完全相同，B 物料可以称为 A 产品和 A1 产品的共用物料，也常称为通用物料或通用件。B 的 BOM 只需要录入 1 个即可，无须重复准备和录入。这种共用物料在企业开发的产品中常常存在，因为在产品设计领域，采用共用物料能够使零部件标准化、通用化，有利于节约设计成本，提高产品稳定性。在制造时，共用物料的用量大，也更有利于批量生产或批量采购，降低成本。企业的共用物料越多，采用 BOM 分层存储模式，就越有利于减少 BOM 量，从而越有利于后期管理与维护。

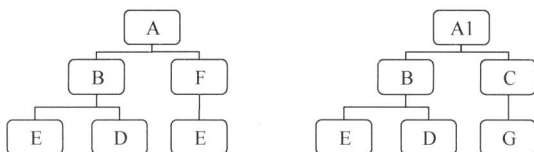

图 3-5 BOM 共用物料

提问：根据前面讲的 BOM 分层存储模式，图 3-5 中，A 产品和 A1 产品一共需要分解为几张单层 BOM？分别是哪几张？可在图 3-5 中画圈示意。

# 活动执行

## 活动解析

了解了 BOM 的基本概念后，企业组成了由研发部门、计划部门、生产部门和物流部门联合的项目小组，负责对 BOM 进行整理。项目小组仔细分析了产成品物料的生产工艺和过程，整理出了关键半成品和原材料，并梳理清楚了组成结构，将资料整理成了格式化的文档，准备在 ERP 系统中录入整理后的 BOM 数据。

≈≈≈业务数据≈≈≈

联合项目小组根据工艺文件绘制出 28 英寸车前轮的产品结构树，如图 3-6 所示。

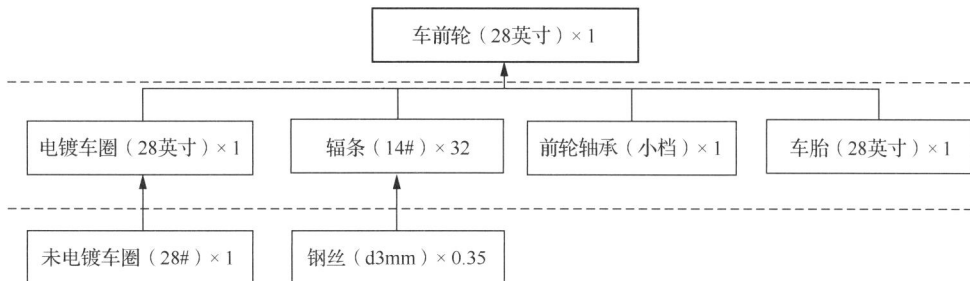

图 3-6 车前轮（28 英寸）的产品结构树

注：为了方便学习，本活动的 BOM 做了适当简化。

## 活动过程

① BOM 解析和录入。
② BOM 跨组织分配。

## 活动步骤

### 1．BOM 解析和录入

① BOM 层级解析。

按照一个直接的父子关系划分为一张 BOM 的拆分原则，将 28 英寸车前轮的完整 BOM 拆分为 3 个单层 BOM，如表 3-2、表 3-3 和表 3-4 所示。

② BOM 录入。

切换到户外用品深圳总厂 S***，执行【生产制造】—【工程数据】—【物料清单】—【物料清单】命令，录入表 3-2 中的数据，完成后依次单击【保存】、【提交】、【审核】按钮。

表 3-2  28 英寸车前轮 BOM

| 主产品 | | | | | |
|---|---|---|---|---|---|
| 单据类型 | BOM 分类 | BOM 用途 | 父项物料编码 | 物料名称 | 规格型号 |
| 物料清单 | 标准 BOM | 通用 | S***.04.001 | 车前轮 | 28 英寸 |

| 子项明细 | | | | | | | | | |
|---|---|---|---|---|---|---|---|---|---|
| 子项物料编码 | 子项物料名称 | 子项规格型号 | 子项类型 | 用量类型 | 用量:分子 | 用量:分母 | 生效日期 | 失效日期 | 发料方式 |
| S***.03.001 | 电镀车圈 | 28 英寸，电镀 | 标准件 | 变动 | 1 | 1 | 2021/1/1 | 9999/12/31 | 直接领料 |
| S***.02.001 | 辐条 | 14# | 标准件 | 变动 | 32 | 1 | 2021/1/1 | 9999/12/31 | 直接领料 |
| S***.01.006 | 前轮轴承 | 小档 | 标准件 | 变动 | 1 | 1 | 2021/1/1 | 9999/12/31 | 直接领料 |
| S***.01.001 | 车胎 | 28 英寸 | 标准件 | 变动 | 1 | 1 | 2021/1/1 | 9999/12/31 | 直接领料 |

录完第一张 BOM 后，在原页面单击【新增】按钮，录入表 3-3 中的数据，完成后依次单击【保存】、【提交】、【审核】按钮。

表 3-3  28 英寸电镀车圈 BOM

| 主产品 | | | | | |
|---|---|---|---|---|---|
| 单据类型 | BOM 分类 | BOM 用途 | 父项物料编码 | 物料名称 | 规格型号 |
| 物料清单 | 标准 BOM | 委外 | S***.03.001 | 电镀车圈 | 28 英寸，电镀 |

| 子项明细 | | | | | | | | | |
|---|---|---|---|---|---|---|---|---|---|
| 子项物料编码 | 子项物料名称 | 子项规格型号 | 子项类型 | 用量类型 | 用量:分子 | 用量:分母 | 生效日期 | 失效日期 | 发料方式 |
| S***.01.004 | 未电镀车圈 | 28#，未电镀 | 标准件 | 变动 | 1 | 1 | 2021/1/1 | 9999/12/31 | 直接领料 |

录完第二张 BOM 后不要退出，在原页面再次单击【新增】按钮，录入表 3-4 中的数据，完成后依次单击【保存】、【提交】、【审核】按钮。

表 3-4  14#辐条 BOM

| 主产品 | | | | | |
|---|---|---|---|---|---|
| 单据类型 | BOM 分类 | BOM 用途 | 父项物料编码 | 物料名称 | 规格型号 |
| 物料清单 | 标准 BOM | 通用 | S***.02.001 | 辐条 | 14# |

| 子项明细 | | | | | | | | | |
|---|---|---|---|---|---|---|---|---|---|
| 子项物料编码 | 子项物料名称 | 子项规格型号 | 子项类型 | 用量类型 | 用量:分子 | 用量:分母 | 生效日期 | 失效日期 | 发料方式 |
| S***.01.003 | 钢丝 | d3mm | 标准件 | 变动 | 0.35 | 1 | 2021/1/1 | 9999/12/31 | 直接领料 |

## 2. BOM 跨组织分配

① 在活动 2-2-1 中，公司系统管理员确定了 BOM 属于分配型的基础资料，创建组织是户外用品深圳总厂 S***，分配目标组织是户外用品东莞分厂 S***。

② 在户外用品深圳总厂 S***组织下，执行【生产制造】—【工程数据】—【物料清单】—【物料清单列表】命令，在列表中勾选所有新增的 BOM，执行【业务操作】—【分配】命令，进入物料清单-分配向导页面。

③ 该向导分为两个步骤，第一步是选择分配组织，在这一步中勾选【户外用品东莞分厂 S***】，单击【下一步】按钮进入第二步。第二步是分配前检查，系统会检查 BOM 中的物料是否已全部分配到户外用品东莞分厂 S***：如果有记录显示，则说明还有物料未分配，单击【分配关联检查项】按钮，把物料分配到目标组织；如果没有记录，则说明物料已全部同步分配到户外用品东莞分厂 S***，单击【执行分配】按钮，完成分配操作。

📖**操作一点通**

分配前检查，主要是对分配的资料所需的一些前提条件进行检查。例如：BOM 分配的前提之一是分配目标组织已经有了 BOM 中所需物料资料，并且物料资料已审核。也就是说，物料的合理分配是 BOM 分配的前提。如果不满足前提条件，这里会显示错误，需要修正后再进行 BOM 分配。

# 📖 活动总结

## 理论知识归纳

### 1. BOM 结构类型体现不同生产工艺的特点

BOM 和生产模式、生产工艺密切相关，由于企业生产类型多样，故 BOM 也有多种形态。ERP 软件是否支持多样性的 BOM 是软件选型的重要参考依据。图 3-7 所示为 BOM 的 3 种常见结构。

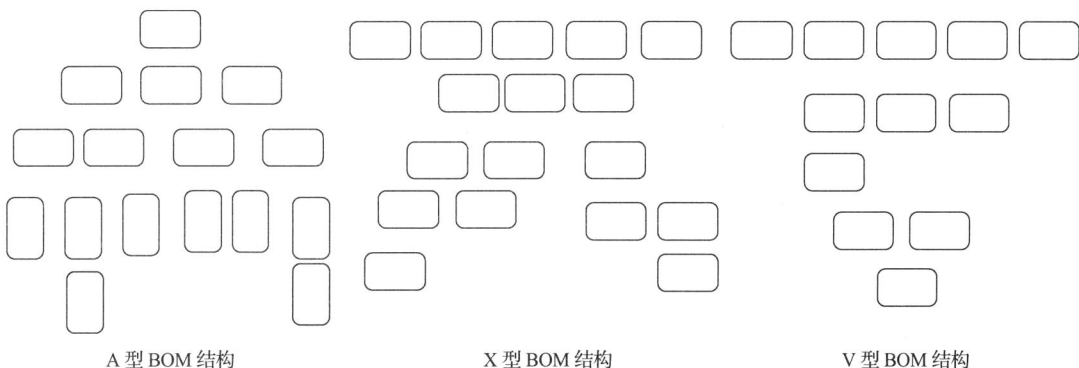

A 型 BOM 结构      X 型 BOM 结构      V 型 BOM 结构

图 3-7 BOM 的 3 种常见结构

A 型 BOM 结构是最常见的装配型产品的 BOM 结构，成品物料较少，原材料和半成品物料数量较多，如家电制造。A 型 BOM 结构是离散加工行业比较典型的 BOM，也是较为普遍的一种 BOM 结构。

X 型 BOM 结构在配置型装配生产的行业比较常见，其特点是原材料种类较多、半成品数量较少，而成品可以由半成品进行配置型组装产生，其成品的种类也比较多，主要体现为配置的不同。例如：计算机制造行业，同一款式的计算机可以在 CPU、内存、硬盘等关键零部件上进行选择配置，形成不同的成品组合，这样成品的数量就会比较多。

V 型产品结构常见于化工行业，是流程性工业比较典型的 BOM 结构。其特点是原材料种类较少，但是生产的成品种类较多，在生产过程中，除了制造出主要的目标产品外，还会同时产生一些联产品和附产品。例如：石油冶炼时，投入原油和一些催化剂，通过不同化学反应生产出汽油、柴油、重油等多种产成品。而且由于化学加工工艺的不同，原料和成品生产的投料产出比例难以精确确定，原料用量和产出之间存在一定波动性。

BOM 实际上反映了企业的生产模式和工艺特点，因此 BOM 是 ERP 选型的重要参考因素。不同厂商的 ERP 系统对不同生产行业的支持程度不同，甚至同一厂商的不同 ERP 系统的支持方式都有可能不一样。例如，金蝶 K/3 WISE 可以设置 A 型 BOM 结构，对 V 型 BOM 结构就无法支持，而金蝶云星空就可以支持 A 型、X 型和 V 型 BOM 结构。

本篇主要讲解 BOM 的常规应用。BOM 的一些高级应用方法，将在进阶篇讲解。

### 2. BOM 数据辅助检查

在金蝶云星空系统中，可以使用【低位码运算】功能来辅助检查 BOM 的准确性和合理性，以发现 BOM 的一些常见问题，该功能实际上是以下 3 个相对独立的子功能集合。

（1）低位码运算

低位码是标识物料在产品结构中所处层次，并确保 MPS/MRP 计算完整性的一种技术。该技术主要是用来保证在制定 MPS/MRP 时，系统使用 BOM 时，能够充分展开全部下级物料的一种计算技术。普通使用者无须关注其算法，只需要掌握以下使用规则即可。

➤ 新增 BOM 后，至少要进行 1 次低位码运算。

➤ BOM 修改后，也需要至少进行 1 次低位码计算。如果低位码计算后，BOM 一直没有更改，可以不用重复计算低位码。

➤ 由于现代计算机的能力强大，计算低位码时间一般都很短。因此也可以在每次 MPS/MRP 计算之前，先进行低位码运算，可以在【计划方案】中【其他参数】页签中勾选【运算前自动维护低位码】。这样系统在每次 MPS/MRP 计算前都会自动按照最新的 BOM 进行低位码运算，更新低位码数据。

（2）BOM 嵌套检查

在录入 BOM 时，如果错误地配置了物料的父子关系，有可能出现 BOM 嵌套现象，这种嵌套就是一种循环调用的情况。图 3-8 所示的 BOM 中，在计划管理时，系统会自上而下搜索并展开所有物料需求，A 物料有包含子项物料 B 和 C 的 BOM，而 C 有包含子项物料 A 的 BOM，而 A 在系统中已经有了 BOM，系统会继续向下查找物料，这样就形成了一种循环调用关系。BOM 嵌套会造成 MPS/MRP 计算死循环，对计划计算有非常大的不良影响，因此严禁出现。但是，由于 BOM 采用分层存储模式，这种错误在单层 BOM 中不会被发现，而在多层 BOM 连接起来时才会被发现，人工检查非常容易忽视这个问题。因此金蝶云星空系统在【低位码运算】功能中集成了 BOM 嵌套的辅助检查工具，只要勾选【分析完整环路】参数，那么在低位码运算时就会进行 BOM 嵌套检查，并给出结果提示。如果有错误提示，必须修正错误后，才能进行 MPS/MRP 计算。

📖**操作一点通**

BOM 嵌套是严重影响 MPS/MRP 的问题。金蝶云星空系统中，在一个数据中心（账套）中，一旦出现一个 BOM 嵌套，所有组织都无法进行 MPS/MRP 计算，必须修正后才能继续进行运算。因此出现错误提示时，要判断错误 BOM 的归属组织和归属用户，其错误不一定是学员操作造成的。错误 BOM 的归属用户清除嵌套问题后，其他学员才能继续 MPS/MRP 计算。

（3）BOM 完整性检查

根据 BOM 的原理，在一个完整的 BOM 倒树形结构中，其分支节点的物料必须是企业能够生产的物料，一般是自制件、委外加工件、组装件等生产类型的物料，而不能是直接采购的原料；但是倒树形结构的末端节点（也称为叶子节点）的物料，必须是企业对外采购的原材料。图 3-9 中，C 物料是需要生产的自制材料，那么它必须有下级物料，需要在 BOM 中体现出来。如果 ERP 系统中 C 物料没有一张正常可用的 BOM，那么 ERP 系统将不知道 C 物料的组成结构，也无法在 MPS/MRP 计算时计算其材料消耗量，也无法提前准备生产 C 物料所需原料，这就是 BOM 不完整的情况。BOM 完整性检查就是基于这一原理设计的，检查系统中所有制造类物料至少要有 1 张状态正常的 BOM（已审核，并且在有效期内，版本可用，使用组织具有该 BOM 的使用权），否则就会提示错误。

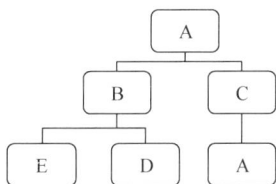

图 3-8　BOM 嵌套错误示例　　　　图 3-9　BOM 完整性缺失示例

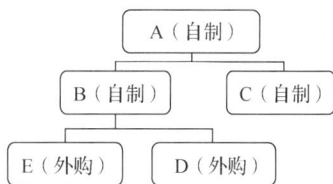

📖**操作一点通**

金蝶云星空系统中，进行 BOM 完整性检查时，会显示所有组织的问题物料。多人练习使用时，为避免其他学员数据对本人的影响，可以使用【引出】功能，导出 Excel 表，按照组织筛选，查找本组织是否存在数据完整性问题。

不过要注意，完整性检查有问题，并不代表无法进行后续 MPS/MRP 计算，其关键在于判断本次生产所需产品的 BOM 的完整性。对于无须生产的产品，即使 BOM 不完整，也并不影响本次计算结果。例如：如果今天只是计划包饺子，那么不知道包饺子的配方（BOM），并不会影响本次包饺子的计划安排。本活动中"高亮车灯套装"物料尚未录入 BOM，但是并不影响车前轮的生产。

### 3．BOM 的用量关系

在金蝶云星空系统中，父子用量关系记录在子项物料明细列表中，【用量：分子】代表子项用量，【用量：分母】代表父项用量，例如 A 产品由 C 物料加工而成，每 1 个 A 产品需要 5 个 C 物料，那么【用量：分子】为"5"，【用量：分母】为"1"。一般情况下，【用量：分母】多设置为"1"。有些特殊情况，例如油漆制造采用批量加工，每次加工 5 千克，那么【用量：分母】可以设置为"5"。本活动都是典型离散加工过程，【用量：分母】都设置为 1。

子项物料的用量类型包括变动、固定和阶梯 3 种类型。

① 变动是指子项物料的需求数量与父项物料的生产数量相关。参照前面例子，变动用量表示的关系就是每加工 1 个 A 产品需要 5 个 C 物料。这是最常见的用量关系，考虑初学者的情况，

本活动中所有 BOM 的【用量类型】都是变动型。

② 固定是指子项物料的需求数量与父项物料的生产数量无关，表达的关系是无论加工多少个父项物料都只需要固定数量的子项物料。这种情况下，该子项物料的使用量和加工数量无关。例如：有些化工行业需要使用催化剂，有些情况下无论加工多少数量都只需要固定数量的催化剂，就可以采用固定用量关系描述。

③ 阶梯是指子项物料的单位用量与损耗率随生产批量变化而变化，各生产批量对应的子项物料单位用量、损耗率等在【阶梯用量】页签中设置。这种用量关系常见于那些子项物料用量和父项物料用量不成固定比例关系的情况，例如：有些加工过程，生产批量越大，某种原料消耗的比例（不是用量）越小，就可以使用阶梯用量来模拟这种变化。

## 操作知识归纳

### 1．BOM 数据的查询方式

BOM 数据结构复杂，数量众多，需要合理使用查询方式才能有效获取想要的信息。BOM 在不同领域有不同的表现形式。执行【生产制造】—【工程数据】—【物料清单查询】命令，可以通过不同的查询功能，查询符合需求的 BOM 形式，核查 BOM 数据的准确度，解决不同管理问题。BOM 查询方式如表 3-5 所示。

表 3-5　BOM 查询方式

| BOM 查询方式 | 功能解释 | 使用建议 |
| --- | --- | --- |
| 物料清单正查 | 正查是对 BOM 从父项物料展开到子项物料的查询方式。可自定义展开层数，能够以树形方式查看完整的 BOM 结构；还可以考虑替代物料关系，以及物料辅助属性 | 在需要自上而下查看完整 BOM 结构，准确掌握物料上下级关系、估算各子项物料合理用量时，可以进行正查 |
| 物料清单反查 | 反查指从 BOM 的子项物料向上查看产品结构，查看一个物料都用在哪些产品上，把产品结构的底层与最终产品连接起来。反查时，也可以考虑物料替代关系，以及物料辅助属性 | 反查常用来评估某种材料缺少或者被更换时会影响哪些半成品和产成品的生产 |
| 物料清单汇总查询 | 汇总查询的展开是指根据零件号的次序，一次性列出用于最高层装配件的每个组件，同时也列出组件的数量。同一组件多次出现时，将其数量累加，不关心产品结构的层次关系 | 汇总查询常用于评估某产品所需全部原材料的总数量，方便进行总材料用量估算、订货，以及产品的材料成本估算 |
| 物料清单对比查询 | 因各种管理需要对产品结构进行对比分析，包括：订单的 BOM 与产品标准 BOM 间、同一产品不同版本间、不同产品间以及标准版本与客户订制版本间等的对比分析。BOM 对比查询既支持单层对比，也支持多层对比 | 对比查询常用来对同系列产品进行用料差异对比分析 |
| 物料清单同步检查 | BOM 从创建组织分配至目标组织后，因子项物料没有及时分配，创建组织 BOM 的新增子项未同步到目标组织，致使目标组织的 BOM 子项不完整。同步检查可以检查已分配 BOM 的子项同步分配情况，并进行物料分配及 BOM 同步操作 | 在跨组织进行 BOM 分配和物料分配时，若分配不正确，容易造成计划计算的错误。该查询方式专为检查这个问题而设计 |
| 物料清单成本查询 | 成本查询用于查询产成品的材料成本。按 BOM 层级，汇总各级采购料的单价金额，得出产成品、半成品的材料成本，给财务人员进行成本计算时做参考，方便企业对构成成本的重要部分材料费进行查询和管理 | 成本查询方便企业对产品的构成成本（主要是材料费）进行查询和管理，可以进行简单的成本分析和成本估算。更为准确的成本还是需要使用成本管理模块才能够得到 |
| 禁用子项查询 | 禁用子项查询用于分析当某种材料被停用或者准备停用时，有哪些 BOM 会受到影响，以及哪些正在生产、正在委外的业务会受到影响，并可以结合库存信息，评估该物料库存是否满足已安排的生产，以及销售任务的需要 | 当部分物料需要停用或者更换时，原物料的供需情况要重点分析，如果原物料供应不足，会造成已安排任务无法完成；供应过多，被停用后，就会成为呆滞料。本功能主要帮助计划人员提前预估风险，降低停工和物料呆滞风险 |

【物料清单正查】是常用 BOM 检查工具，这里对其详细介绍。该工具可以根据 BOM 间物料关系多层展开完整 BOM 倒树形结构，但是要注意，BOM 必须已经被审核才能多层展开，如图 3-10 所示。该工具能够帮助我们了解物料层级关系、标准用量、实际用量、损耗率等基本信息，有助于我们查找和检查 BOM 中存在的问题，因此建议初学者学会熟练应用。而 BOM 中的替代物料、跳层设置等高级用法在基础篇就不展开讲解了。

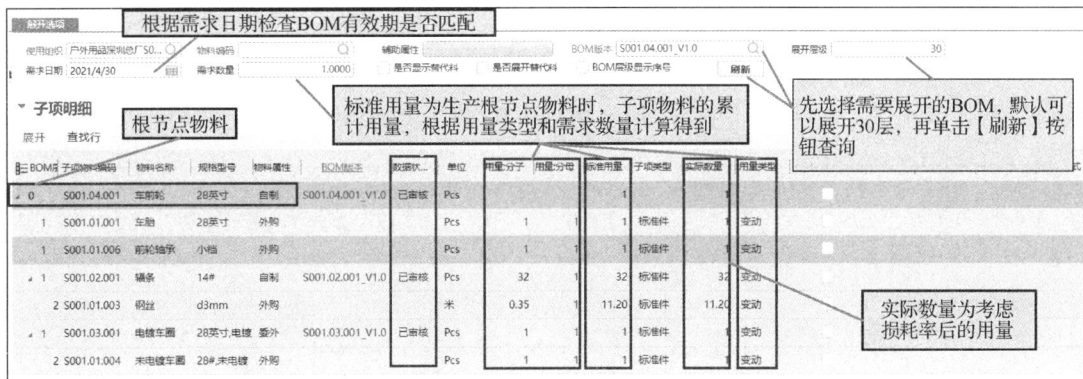

图 3-10　车前轮（28 英寸）BOM 正查多级展开

## 2. BOM 的用途

金蝶云星空系统中，【BOM 用途】有自制、委外、组装、报价、通用 5 种类型。

① 自制类型 BOM 用于自制生产，在生产订单和相关单据中被使用。

② 委外类型 BOM 在委外加工业务中被使用，在委外订单和相关单据中被使用。

③ 组装类型 BOM 在组装拆卸业务中被使用，在组装/拆卸单中才能被使用。

④ 报价类型的 BOM 用于销售时，根据产品结构模拟报价的业务场景。

⑤ 通用类型的 BOM 适用于以上 4 种业务场景。

企业可以针对同一个物料在不同业务场景中设置使用不同的 BOM 数据。例如：某物料既可以自制，也可以委外，两种场景下 BOM 结构有所不同，这种情况下就可以分别设置自制、委外两种类型 BOM。因此在实际使用时，要注意 BOM 类型和业务单据的匹配关系，否则会出现在某些业务下无法选择使用目标 BOM 的情况。

## 作业

### 1. 24 英寸车前轮 BOM 制作（必做）

在户外用品深圳总厂中录入 24 英寸车前轮的完整 BOM，其产品结构树如图 3-11 所示。根据教学案例的设计，24 英寸车前轮的 BOM 在后续章节中需要使用，请准确录入。录入完成后，还需要将新增的 3 个 BOM 分配到户外用品东莞分厂。

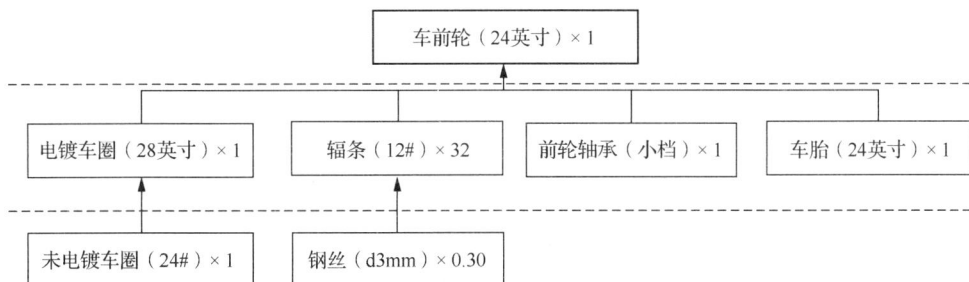

图 3-11　车前轮（24 英寸）的产品结构树

**2. 请在系统中合理使用 BOM 查询功能，查询数据，并回答以下问题。**

① 采购员接到供应商电话，说某种原料即将停产，采购主管需要评估该原料缺失对企业带来的风险，此时需要使用系统的哪些 BOM 查询功能？

<br>
_____

② 设计部门刚发布了一个新产品，已完成该产品 BOM 的制作。企业决定小批量试产，采购部开始为生产该产品的材料进行采购备货，那么采购员应该查询哪些 BOM 获得需要的数据？

<br>
_____

③ 企业采用产品设计统一管理，新产品试产成功后，将新产品批量生产任务交给子公司，将 BOM 和物料发布给子公司。子公司计划员在计划前应该如何检查 BOM 数据，以确保其准确性？

<br>
_____

# 主生产计划基础

## 项目概述

ERP 中的 P 是 Planning 的缩写，说明 ERP 是非常注重计划管理的，计划管理模块在 ERP 系统中有举足轻重的作用。如果把企业比作一个人，计划管理如同人的大脑。企业通过计划管理，精确控制产供销过程的执行，确保在协调一致的前提下实现高效运转，提高服务水平，同时降低成本，提高效益。

主生产计划（MPS）是 ERP 计划管理体系的重要环节之一，企业通过 MPS，可以根据外部市场的独立需求，结合内部的供给能力，初步安排产成品的生产计划，该计划是后续物料需求计划和能力需求计划的基础。本项目以面向订单生产（MTO）模式为例演示 MPS 编制方法。

## 项目重点

- ERP 计划管理体系和 MPS 的功能
- MPS 的方案设置
- MPS 计算与算法逻辑

## 任务 4-1 计划准备

### ✤ 活动 4-1-1：ERP 计划管理体系认知

#### 🔍 活动导入

**管理情景**

完成了工程数据的准备后，胡工告诉徐工："我们可以开始制订生产计划了。"徐工问道："那是不是还有很多资料需要整理？"胡工笑着说："你是不是得了'资料恐惧症'了？"徐工不好意思地点点头。胡工继续说："ERP 系统是一个强数据管理系统，前面我们确实花了很多的时间来整理基础数据，不过这些付出都是有回报的，主要的资料我们已经录入完成了。现在开始做计划管理，不用再准备很多数据资料了。虽然不用做太多体力劳动了，但是后面的工作更耗费脑力劳动，因为计划管理是非常注重方法和策略的工作，只有制订了符合企业管理要求的计划方案，合理使用系统参数和计划功能，才能让 ERP 系统运算出我们想要的计划结果，得到真正能够指导生产的合理计划。""那我们现在从哪里着手呢？"徐工询问。胡工说："我们可以先梳理以下问题，然后再制定策略。"

【**问题**】①企业手工制订生产计划时主要分为哪几个过程？②生产计划主要依据什么数据来制订？③制订计划时一般会安排未来多长时间的计划？多长时间会更新计划？

**前导知识**

#### 1. ERP 计划管理体系层级结构

ERP 计划管理体系一般划分为 5 个层级：经营规划、销售与运作规划（生产规划）、主生产计划、物料需求计划、生产作业控制，如图 4-1 所示。这是一个从宏观到微观的细化过程。本计划管理体系是生产企业的计划管理体系模型。商业企业由于没有生产环节，在微观计划层面会略有不同，其 ERP 有单独的计划管理方法，本书就不展开讲解了。

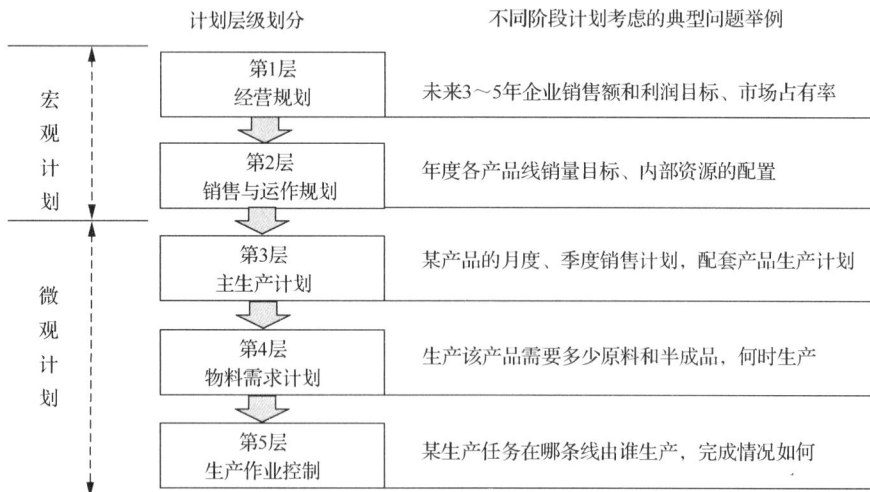

| 计划层级划分 | 不同阶段计划考虑的典型问题举例 |
| --- | --- |
| 第1层 经营规划 | 未来3~5年企业销售额和利润目标、市场占有率 |
| 第2层 销售与运作规划 | 年度各产品线销量目标、内部资源的配置 |
| 第3层 主生产计划 | 某产品的月度、季度销售计划，配套产品生产计划 |
| 第4层 物料需求计划 | 生产该产品需要多少原料和半成品，何时生产 |
| 第5层 生产作业控制 | 某生产任务在哪条线由谁生产，完成情况如何 |

（宏观计划：第1层、第2层；微观计划：第3层、第4层、第5层）

图 4-1 ERP 计划管理体系层级

（1）第1层——经营规划

企业的经营规划是企业计划的最高层次，经营规划是企业总目标的具体体现。企业的高层决策者根据市场调查和需求分析、国家有关政策、企业资源能力和历史状况、同行竞争对手的情况等有关信息，制订经营规划，即对策计划。

它包括在未来 3～5 年，本企业产品的品种及市场定位、产品研发计划、市场占有率、产品的年销售额、年利润额、生产率、总体产能规划等。

（2）第2层——销售与运作规划

销售与运作规划（Sales and Operation Planning，S&OP）阶段，主要是企业根据经营规划的目标，将宏观目标向微观目标逐步过渡，适度进行数量上、时间上、组织上的目标细化。

该阶段比较常见的工作有：将经营规划中用货币表达的业绩目标转换为企业产品系列的产量目标，确定不同产品线的市场规划和销售策略；如果有多组织，还要考虑不同组织部门的经营目标；人、财、物、设备等不同生产资源在不同组织部门间的整体分配。销售与运作规划的时间短于经营规划，一般在1～3年，在计划时段内还要考虑总体生产进度安排。

第1层经营规划和第2层销售与运作规划都是企业比较宏观的计划。

（3）第3层——主生产计划

主生产计划（Master Production Schedule，MPS）根据每段时间的计划销售和实际销售情况，确定该计划时段内，企业的最终产品（产成品）计划生产什么，什么时候生产。主生产计划完成后，企业可以通过粗能力需求计划对 MPS 排产结果进行优化调整，完成初步的产能平衡。

主生产计划是衔接宏观计划与微观计划的关键环节，是 ERP 中的一个重要的计划层次。主生产计划的典型工作是综合考虑销售和预测情况，规划产成品的加工量、加工时间等信息，确保该计划按期执行后，能够按时按量完成销售任务。MPS 的时间范围一般也小于销售与运作规划，其计划最小时间长度只要能够覆盖企业最长的生产备货周期即可，可以在此基础上适度延长，预留一定的时间。例如：生产周期为 1 个多月的企业，其 MPS 常常定为 1～3 个月，并定期滚动计算更新计划。

（4）第4层——物料需求计划

物料需求计划（Material Requirement Planning，MRP）根据最终产品（产成品）的需求计划，综合考虑产品组成结构、库存变动等信息，推导出构成产成品所需的零部件及原材料的需求数量和需求日期，最后形成原材料的采购计划和半成品的生产计划。这个计划将是第 5 层生产作业控制的执行依据。MRP 阶段制订了计划后，企业还可以通过细能力需求计划（CRP），详细分析产能情况，对 MRP 结果进行产能平衡，确保生产作业计划的可行。

MRP 的典型工作是知道产成品的需求数量后，推算全部所需零部件和原材料的需求计划，在计算时会综合考虑物料清单、批量调整、安全库存、当期库存和未来库存变动等影响计划排产的关键因素，力求得到一个计算准确、过程清晰、可执行的计划排产结果。该结果确认后，会作为后续供应链执行部门进行原材料采购、车间生产的重要依据。例如：确定了制造某种汽车的计划生产数量，那么就需要推算车壳、车轮等全部零部件的生产或者采购的数量和时间。MRP 的时间范围一般和 MPS 保持一致，定期滚动计算更新。

（5）第5层——生产作业控制

生产作业控制（Production Activity Control，PAC）也被称为车间作业控制，它是计划的底层，也是基础层。它的主要工作就是在 MPS/MRP 制订的生产计划下，在车间进行实际执行生产计划时，进行每个加工任务的计划、分配、执行、监控和动态反馈与调整，其执行结果会作为后期 MPS/MRP 计算和调整的依据。

生产作业控制的典型工作是当 MRP 确定要生产某个零部件后，确定生产这个零部件的加工过程、所需加工设备、所需操作人员、所需的材料领用，以及具体生产时段。在这个生产任务开始执行后，还要监控任务完成情况，当合格品的产出量没有达到预期时，还需要考虑任务变更与调整，确保 MRP 制定的总体目标的实现。下一次 MPS/MRP 排产时也会根据前次任务的执行结果来调整和更新计划。生产作业控制的计划周期一般会比 MPS/MRP 的周期更短，也会定期滚动更新。例如 MRP 时间周期为 1~2 月，生产作业控制的时间周期就会为 1~2 周。

### 2. ERP 计划模块的子功能划分

ERP 计划管理的标准功能模块一般包含主生产计划、粗能力需求计划（Rough-cut Capacity Planning，RCCP）、物料需求计划、细能力需求计划、生产作业控制几个部分，如图 4-2 所示。这几部分功能是比较典型的 ERP 计划模块子功能。

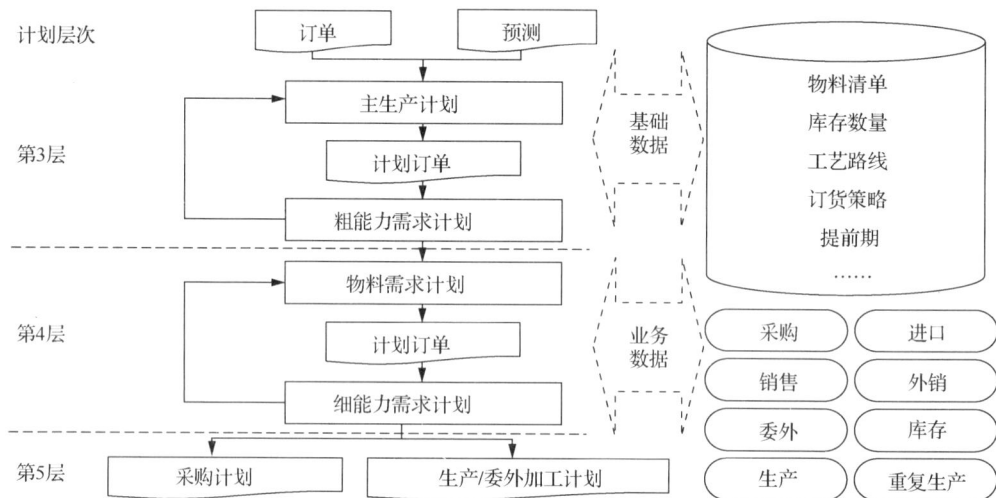

图 4-2　ERP 生产计划功能模块

不同 ERP 软件在计划模块上的功能划分会略有不同，有些 ERP 软件将 MPS 和 MRP 功能合并，不单独提供 MPS 功能；有些软件不区分粗能力与细能力功能；有些软件还会提供一些专项功能，满足企业专项应用需求。本书主要使用金蝶云星空作为教学软件，表 4-1 列出了该系统和 ERP 生产计划标准功能模块的对照情况。

表 4-1　ERP 生产计划标准功能和金蝶云星空功能对照

| ERP 生产计划标准功能 | 金蝶云星空的对应功能 |
| --- | --- |
| 主生产计划<br>物料需求计划 | 执行【生产制造】—【计划管理】命令可以实现 MPS 和 MRP 功能。通过配置不同计划方案参数实现 |
| 粗能力/细能力需求计划 | 暂无直接对应功能。能力需求计划的功能分散在不同功能中实现<br>① 执行【生产管理】—【生产订单排产】命令：可以实现一些 MPS/MRP 结果的产能优化，主要解决一些生产线生产模式下的生产任务排产问题<br>② 执行【车间管理】—【车间作业计划】命令：可以解决 PAC 的产能优化问题，重点解决工序排程问题<br>③ 执行【智慧车间 MES】命令可以集成第三方 APS 高级计划排程功能，解决复杂生产模式下的能力需求计划问题。采用有限能力计划模式，可以对 MPS/MRP/PAC 多个层级计划的产能问题进行整体分析与优化。需要购买第三方 APS 工具实现，优化效果由第三方 APS 工具决定 |
| 采购计划 | 执行【供应链】—【采购管理】命令实现采购业务的全程管理 |
| 生产加工计划<br>委外加工计划 | 执行【生产管理】—【车间管理】命令和执行【智慧车间 MES】命令可以实现生产在具体生产部门和生产设备上的执行、跟踪、反馈与调度<br>执行【生产管理】—【委外加工】命令可以实现委外加工业务的全程管理 |

### 3．企业生产类型

按照企业组织生产的特点，制造企业可以划分为 ETO、ATO、MTO 与 MTS 四种生产类型，也称其为制造策略。不同生产类型的企业，其计划管理模式有较大区别，这是在制订计划策略时必须重点分析的因素。

（1）面向订单设计（Engineer To Order，ETO）

面向订单设计是指企业在接到订单后，从产品设计开始，经过物料采购过程、生产过程，到最后完工将产品交付给客户的生产模式。这种生产模式是由客户订单管理并驱动的。采用这种生产模式的企业产品需要按照客户的特殊要求来设计，实现定制化生产和服务。ETO 的特点是：能满足客户需求，适应市场变化能力强；生产批量较小，甚至可能只生产一次，基本没有库存积压风险，但是设计工作和最终产品往往比较复杂，需要较多的客户沟通和反复修改；在生产执行过程中，工艺过程也常常是定制的，生产难以批量化，成本费用也较高；交货周期很长，也就是接到订单到最终交付客户的周期很长，如图 4-3 所示。例如，大型船舶制造企业一般都采用 ETO 模式。

（2）面向订单生产（Make To Order，MTO）

面向订单生产是指产品设计一般已经完成，或者只需做少量调整即可快速投产，但是企业还是需要接到客户订单后，才开始采购原料，组织生产，并交付给客户的生产模式。它也是由客户订单驱动的。从使用 ERP 来做计划管理的角度来看，MTO 和 ETO 模式的差异度不大，主要差异体现在设计过程，ETO 的设计一般在专用设计软件中完成，在 ERP 系统中记录较少。这种模式的特点是：可以满足客户一些简单的个性化要求，能够实现定制化生产，适应市场变化能力强；可以将原材料和产成品的库存风险降到最低；这种生产过程中，大多数加工工艺和部分材料可以通用，基本可以实现批量化生产，其生产成本一般比 ETO 模式要低很多；但是其交货周期还是比较长，只是比 ETO 省去了设计时间，如图 4-3 所示。例如：很多做来料加工的企业常采用 MTO 模式。

（3）面向订单装配（Assemble To Order，ATO）

面向订单装配是融合了面向订单生产和面向库存生产两种模式优点的一种生产模式。其生产组织分为两个阶段：在接到客户订单之前，企业会先根据销售预测，提前进行原材料采购和关键半成品的生产，生产出一定数量的半成品库存；在接到客户订单后，再根据客户订单进行最终产成品的制造，最后的制造环节一般都是快速组装过程，装配完成后就可以发货给客户。ATO 模式的特点：交货周期较短，其生产流程只比 MTS 多了一个产成品装配过程，装配往往又是一个比较快速的生产过程，因此交货周期比 MTO 模式短很多，如图 4-3 所示；它还能够满足客户简单的个性化需求，客户简单的个性化需求一般表现为商品配置的不同组合上，采用 ATO 模式，可以在最后装配环节根据客户个性化的配置选择，组装出客户需要的商品；而且由于装配工艺管理较为容易，前期半成品制造过程也容易实现批量化生产，因此总体成本和 MTS 接近。这种模式最大的缺点是生产组织管理较为困难，企业需要平衡好实际销售和预测产量之间的关系，要做好备货库存和实际需求之间的平衡，这对很多企业的计划管理能力提出了很高的要求；同时在加工工艺上，对企业生产的柔性化水平提出了一定要求，在总装环节，企业需要具备能够在同样生产设备上制造多种产成品的能力。采用 ATO 模式取得成功的典型企业就是戴尔，戴尔通过对 ATO 模式的深度应用，大幅降低了生产成本，又满足了客户的个性化需求，从而赢得市场。而现在 ATO 模式已经基本成为 PC 行业的标准生产管理模式。

（4）面向库存生产（Make To Stock，MTS）

面向库存生产是指产品在客户提出需求之前就已经生产出来了，客户一旦有购买需求，就可以立即从企业成品仓库中提货的生产模式。由于生产发生在销售之前，企业不能按照实际销量进行生产，必须提前进行销售预测，在预测的基础上生产，确保一定的成品仓库存量。因此 MTS 模式是由需求预测驱动的。虽然可以采用很多量化预测方法，但是预测毕竟还是具有主观性的判断，能否符合市场需求是存在较大不确定性的。这种模式的特点：由于有成品库存，交货速度快，客户对交货时效上的满意度非常高；生产批量大，工艺过程固定，生产组织难度较小；产品通用性强，可以最大限度降低制造成本，实现规模效应；但是一般无法满足客户个性化需求，对市场变化的适应能力弱，一旦出现市场需求变化，容易造成产成品积压或者缺货的情况。因此，MTS 模式对企业的综合能力要求较高，企业需要具备一定的品牌影响力、较强的产品设计能力，以及较强的市场营销和市场预测能力，这些能力对企业的生存和发展有很大影响。例如：常见食品饮料等快消品、大众消费品行业常常采用 MTS 模式。

近年来，随着 C2M（Customer-to-Manufacturer，用户直连制造）模式和智能制造技术的发展，企业生产管理水平和技术水平不断提升，这 4 种模式之间的边界也在变得模糊。从总体趋势来看，满足客户个性化需求的 MTO 模式越来越得到重视，而且由于技术进步，ETO 和 MTO 模式的缺点在逐步减弱，ATO 模式应用越来越多，企业定制化生产能力在逐步提升，定制化生产成本也呈现逐步下降的趋势。ERP 系统也在跟随变化，开发了很多新的功能适应这种变化，例如金蝶云星空 V7 以上的版本就提供了对 ATO 模式的支持。

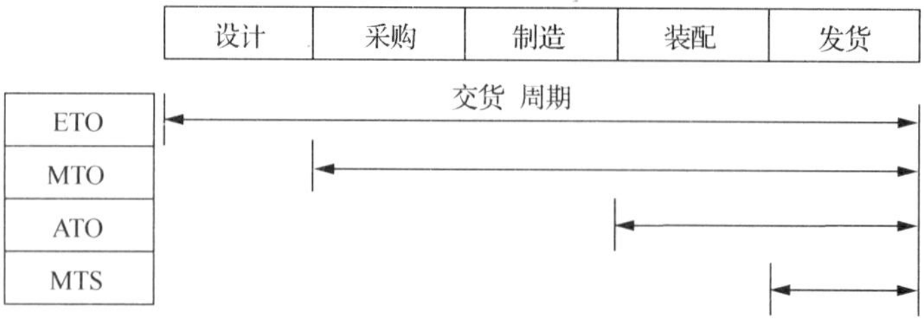

图 4-3　不同生产类型的交货周期

# 🖐️活动执行

## 活动解析

### ≈≈≈业务数据≈≈≈

根据胡工的建议，生产主管徐工组织员工对企业计划管理现状进行了梳理，初步了解到以下情况。企业以前手工制订计划大体分为以下几个步骤。①企业一般每年年末会召开一次年度经营会议，对来年的企业整体情况制定管理目标，主要包括销售目标（销售额、销售利润率，以及主打产品计划等）和运营目标（各部门预算和成本控制目标、设备更新和采购计划等）。根据年度经营目标，企业会将目标分解为月度目标，尤其是对销售目标的达成情况进行重点考核，作为销售部门的绩效考核依据。②企业给很多品牌企业做配套生产，也会代销其他品牌产品。生产的产品需要根据客户需求进行适度定制，大多数都是接到客户订单之后才进行生产，一般不配置成品库存。③企业的生产周期比较短，一般都在 2～3 个星期。在制订计划时，一般会制订未来 10 周的生产计划，并且每 2 周滚动更新计划一次。企业首先会根据销售情况安排产成品计划，并根据产能适当调整计划，让生产负荷更均衡；然后再安排原材料采购计划和半成品生产计划；安排好计划后，会将近 2 周的计划交给车间主管负责生产执行。具体执行时，车间主管可以结合生产条件和人员情况，将工作安排到具体的人员和工位。当生产情况变化时，车间主管可以对任务进行适当调整，确保能够按要求生产出所需产品。

## 活动步骤

根据该企业情况，回答以下问题。

① 该企业的计划方式主要包含的计划层级是（　　　）。

    A. 经营规划　　　　　　　　　　　B. 销售与运营规划

    C. 主生产计划　　　　　　　　　　D. 物料需求计划

    E. 生产作业控制

② 该企业的生产类型是（　　　　）。

  A. ETO     B. MTO     C. ATO     D. MTS

③ 该企业进行计划的主要数据依据是（　　　　）。

  A. 销售数据         B. 预测数据

  C. 同时考虑销售和预测数据    D. 以上都不是

# ✤ 活动 4-1-2：独立需求确认

## 📖 活动导入

### 管理情景

  根据对企业计划管理过程的梳理，可以得知，该企业主要以客户订单作为计划安排的依据，完全按照订单要求，进行原材料采购和产品生产。因此胡工告诉销售部，整理销售订单数据，整理好后录入 ERP 系统，为后续计划排产做好准备。

  【问题】①销售订单为什么重要？②企业能否不按照销售订单安排生产？

### 前导知识

#### 1. 独立需求和相关需求

  1965 年美国 IBM 公司奥列基博士首先提出在制造业中要区分两种类型的需求：独立需求（Independent Requirement）和相关需求（Dependent Requirement）。两种需求的逻辑关系和计算方式均有所不同。

  独立需求：是指其需求量和需求时间由企业外部的需求（如客户订单、市场预测、促销展示等）决定的那部分物料需求。其需求特点是独立于企业的主观控制能力之外，因而其数量与出现的概率是随机的、不确定的、模糊的。企业销售的产成品的需求就是典型的独立需求。图 4-4 中，桌子的客户订购就是独立需求。

  相关需求：是指能够依据物料之间的结构组成关系、库存情况等因素，由独立需求推导产生的需求。其需求特点是需求数量和需求时间与其他的变量存在较为确定的相互关系，可以通过一定的数学关系推算得出。企业主要的半成品、零部件、原材料等的需求都是典型的相关需求。图 4-4 中，制作桌子所需的桌腿、铆钉等材料就是相关需求。

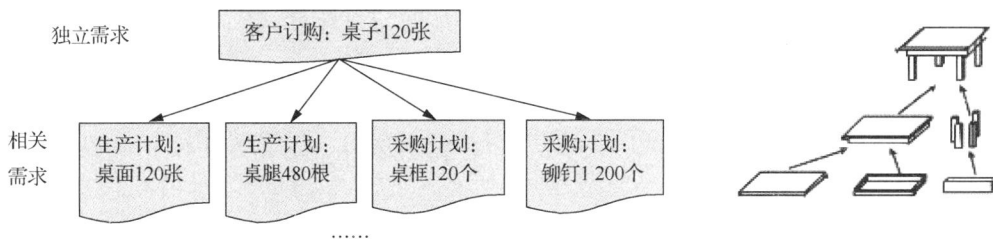

独立需求  客户订购：桌子120张

相关需求  生产计划：桌面120张 生产计划：桌腿480根 采购计划：桌框120个 采购计划：铆钉1 200个

……

图 4-4　独立需求和相关需求

  独立需求和相关需求理论是 MRP 的重要理论依据之一，也被称为 MRP 的三大法宝之一（参见任务 3-1）。这个理论的主要意义在于：帮助生产型企业明确物料需求计算的基本逻辑，即根据外部需求首先计算独立需求，再根据独立需求推算相关需求，制订出更为精确的需求计划，有效降低了库存；同时给出了较为明确的量化计算方法，为计算机应用于计划管理提供了理论基础。

#### 2. 不同生产类型的独立需求来源

  独立需求是来源于企业外部客户的需求，本质是来源于销售。但是在实际计划制订时，由于企业生产类型不同、生产组织方式不同，其独立需求的决策数据依据会有所差异。表 4-2 列出了不同的生产类型下独立需求的数据来源。

表 4-2　不同生产类型的独立需求数据来源

| 生产类型 | 计划依据 | 独立需求数据来源 |
|---|---|---|
| 面向订单设计 | 根据客户要求专门设计，设计成型后再安排生产。生产组织和面向订单生产类似 | 销售订单为主 |
| 面向订单生产 | 根据客户订货合同组织生产。一般等接到订单才储备原材料库存并安排生产 | 销售订单为主 |
| 面向订单装配 | 一般半成品标准化程度高，产品成系列，有多种配置，根据合同选择装配。半成品一般要按销售预测提前备库存，产品按销售订单进行装配 | 综合考虑销售订单和销售预测 |
| 面向库存生产 | 主要根据市场预测安排生产，产品完成后入库待销，当预测销量和实际销量偏离较大时，会出现库存积压或者缺货的风险 | 销售预测为主 |

在进行 MPS/MRP 安排时，需要考虑企业生产类型。根据以上分析，独立需求的数据来源主要有 2 种：销售订单和销售预测。销售订单代表真实发生的销售行为；而销售预测虽然也是基于历史销售数据做出的推断，但是预测毕竟是对未来的一种猜测，包含了人的主观判断因素，预测结果一般和实际销售存在差异，甚至有可能差异巨大。不同生产类型的独立需求数据来源有不同的侧重，MTO、ETO 模式以客户的销售订单为主，有订单才安排生产；MTS 模式则主要以销售预测为主；ATO 模式下半成品部件的排产以销售预测为主，而成品组装则以销售订单为主，结合了两种需求来源的特点。由于 ATO 模式的使用比较复杂，本书就不展开讲解了。

# ✍活动执行

## 活动解析

主生产计划主要是对独立需求物料（主要是产成品）进行计划安排，ERP 系统中代表独立需求的单据主要有销售订单和预测单。本活动主要模拟 MTO 模式，因此只录入销售订单数据。

≈≈≈业务数据≈≈≈

户外用品深圳总厂新签订了 2 张销售订单如下。

① 总厂销售部业务员万明于 2030 年 4 月 10 日和顺德天宇自行车厂签订订单，销售 28 英寸车前轮（物料编码 S\*\*\*.04.001）90 个，含税单价 60 元；销售 24 英寸车前轮（物料编码 S\*\*\*.04.002）120 个，含税单价 50 元。交货日期为 2030 年 4 月 30 日，送货上门，运费由客户承担。

② 总厂销售部业务员万明于 2030 年 4 月 20 日和吉林大众自行车有限公司签订订单，销售 28 英寸车前轮（物料编码 S\*\*\*.04.001）70 个，含税单价 60 元，交货日期为 2030 年 10 月 30 日，货物由客户自提。

## 活动过程

① 准确录入销售订单。
② 查询销售订单。

## 活动步骤

### 1. 准确录入销售订单

在户外用品深圳总厂 S\*\*\*组织下，执行【供应链】—【销售管理】—【订单处理】—【销售订单】命令，进入销售订单-新增页面，然后按照业务数据①中销售订单的内容填制单据，录入完成后依次单击【提交】、【审核】、【退出】按钮。

重复以上步骤，录入业务数据②中销售订单的内容，完成后依次单击【提交】、【审核】、【退出】按钮。

### 2. 查询销售订单

用户可以执行【供应链】—【销售管理】—【订单处理】—【销售订单列表】命令查询刚录入的销售订单，在销售订单列表中还可以进行增、删、改、查、审核等操作。

## 活动总结

### 操作知识归纳

#### 1. 销售订单的关键数据项以及对 MPS/MRP 的影响

销售订单是计划排产的起点，其数据的准确性直接影响 MPS/MRP 计算结果，需要准确录入。表 4-3 列出了一些销售订单的关键数据，并说明了其对计划排产的相关影响。

表 4-3　销售订单关键数据

| 数据项 | 是否影响计划 | 数据项作用 |
|---|---|---|
| 物料 | 是 | 系统根据物料代码准确识别需要销售的物料，并会查看该物料的控制属性，如果是生产类物料（允许生产、允许委外等），在 MPS/MRP 计算时，会按照该物料的 BOM 展开计算需求 |
| 要货日期 | 是 | 销售订单的要货日期是 MPS/MRP 排产的时间依据。ERP 中计划排产时主要以要货日期作为起点，倒排计划 |
| 销售数量/单位 | 是 | 销售数量和销售单位是 MPS/MRP 计算的数量依据。计价数量是销售业务中计算价格的数量基础，只作为计价依据，不影响 MPS/MRP 的数量计算 |
| 需求优先级/预留关系 | 是 | 需求优先级，表示订单的重要程度。对于高优先级的订单，在计划安排时，可以优先占用原材料、工作中心等资源<br>预留关系是用来管理订单和所需物料占用关系的技术，可以和需求优先级配合使用。销售订单预留类型是"强预留"或"弱预留"时可以设置需求优先级 |
| 日期 | 否 | 单据头中的日期，是订单签订日期，不影响计划安排，但是决定单据所属的会计期间 |
| 客户 | 否 | 不影响计划安排，但是它是签订销售订单的重要条款 |
| 单价/含税单价/税率等价格信息 | 否 | 不影响计划安排，但是它是重要价格条款，是收款结算依据 |

#### 2. 什么状态的销售订单/预测单可以纳入 MPS/MRP 计算

一般情况下，单据状态必须是"已审核未关闭"的销售订单才能被 MPS/MRP 纳入计划排产。已审核状态说明单据已经获得主管审批，不会再有变动；未关闭状态说明销售订单还未完成交付，已经完成交付而自动关闭的销售订单自然不再需要进行计划和生产工作，也不会纳入 MPS/MRP 排产。手动关闭则代表该销售订单已被提前终止，更不会纳入 MPS/MRP 计算。

计划工作需要确定独立需求来源作为输入数据，因此，对于已签约的销售订单一定要及时审核，并且不能盲目手动关闭，否则 MPS/MRP 不会将该单据纳入计算范围。出于稳健性考虑，大多数企业都会选择这种方式。预测单也有类似的控制要求。

如果企业想把计划状态的单据也纳入计算，就需要在计划方案的【计划运算范围】参数中为相应的单据勾选【计划状态单据参与运算】，这样这些单据即使是未审核的计划状态，也会被纳入计算。这种情况适合那些对处理时效要求较高，但管控可适度放松的企业。采用这种模式后，未审核的销售订单就会对计划产生影响，使企业的供应链承受更大的波动风险，因此较少企业采用。本活动主要采用第一种方式。

活动拓展

预测单

## 任务 4-2 MPS 编制

### ❋ 活动 4-2-1：MPS 相关计划参数设置

#### 活动导入

**管理情景**

已经完成了代表独立需求的销售订单的数据准备，徐工问胡工："现在可以开始制订生产计划了吧？"胡工回答："基本可以了，不过由于每个企业计划管理的方式是有差异的，我们需要根据企业的计划管理要求配置参数，配置好参数就可以进行计划排产了。"徐工又问道："MPS 和我们以往手工排定的季度、月度计划有什么不同？"胡工回答道："有很大的不同，MPS 一般不安排所有物料的需求计划，而只聚焦于核心物料的计划安排，主要是企业的产成品，对于其他物料要到 MRP 阶段才进行详细计划。另外使用 MPS 排产的时间相对灵活，可长可短，采用滚动计划模式，可以定期更新计划，也可以随时更新计划，企业可以根据需要灵活掌握，这和传统严格划分季度、月度、周计划的方式有较大不同。目前阶段我们主要进行 MPS，需要准备 MPS 排产所需要的一些数据和参数，可以从以下两个方面进行准备。"

【问题】①明确哪些物料需要在 MPS 中安排。②了解各物料的相关计划特性，比如提前期、批量等要素。

**前导知识**

#### 1. MPS 的定义

MPS 根据每段时间的计划销售和实际销售情况，确定该计划时段内，企业的最终产品（产成品）计划生产什么、什么时候生产、生产多少。

#### 2. MPS 物料和 MRP 物料的定义

MPS 主要目标是确定最终产品，也就是产成品生产什么、什么时候生产、生产多少的问题。也就是说，MPS 的计划对象主要是产成品，而不会对 BOM 中的所有物料进行计划。而 BOM 中的其他半成品和原材料，要在 MRP 中进行计划。BOM 中物料计划策略设置如图 4-5 所示。

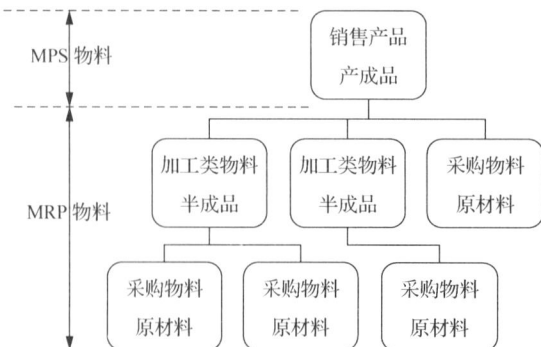

图 4-5 BOM 中物料计划策略设置

虽然人可以快速判断出哪些物料是企业的产成品，但是 ERP 系统并不知道哪些物料是产成品，这需要我们在基础资料中给予定义。

在金蝶云星空系统中，执行【基础管理】—【基础资料】—【物料列表】命令，通过物料【计划属性】页签—【计划策略】属性来设定。该属性有三个值，具体含义如表 4-4 所示。

表4-4　物料的计划策略属性

| 计划策略 | 含义 |
| --- | --- |
| MPS | 该物料会在 MPS 计算时被纳入。该物料也称为 MPS 物料 |
| MRP | 默认选项，指该物料会在 MRP 计算时被纳入。该物料也称为 MRP 物料 |
| 无 | 该物料不参与 MPS 和 MRP 计算，在计划排产时，不计算该物料的需求，企业需要人工控制其需求量 |

在实际应用中，也有些企业会将少量的关键半成品，或者采购期长的关键原材料设置为 MPS 物料，在 MPS 阶段就提前进行计划安排。这样可以较早对这些关键物料进行计划安排，有助于发现这些关键物料在生产产能、交货时效等方面的问题，提早采取对策。当然这样设置后，MPS 范围会出现扩大的现象，只要是 MPS 物料都会在 MPS 纳入计算。

### 3. 提前期的概念和计量原则

提前期（Lead Time，LT）是指某一工作的工作时间周期，即从工作开始到工作结束的时间。提前期是计划管理的重要时间概念，它是合理安排任何任务的起止时间的数据依据。在计划安排时，常常需要根据任务的完工日期和提前期，倒算开工日期，做好开工准备。因此提前期是时间计划的重要基础。

开始时间=完成日期-提前期

如何确定提前期的时间长度？提前期一般是由完成某一工作的正常工作时间长度决定的。所谓的正常工作时间长度，一般是指在正常工作环境和工作条件下，完成工作的合理时间长度。例如测量一个生产任务的提前期，我们不能用熟练度最高的技工的作业时间作为标准，而只能以中等熟练程度的技工的作业时间为标准，这才是该工作的合理工作时长。通常情况下，在提前期计量时，既要避免过于紧张，又要避免过于宽松，但是在实际应用时，企业可以首先测量该工作在正常工作环境下的常规完成时间，然后根据实际情况加上一定的弹性时间来确定合理提前期。例如：某供应商常规交货提前期为 2 天，但是偶尔有 1～2 天的交货延时，那么企业可以设置交货提前期为 3 天。从管理实践的角度来看，提前期的松紧程度体现了企业管理的精确程度。管理时效高、差错率低的企业，提前期较短，其供应链周转速度更快，库存也更少。例如：采用准时生产（Just In Time，JIT）模式就是追求工作的完成时间更短，完成率更高。

但是，管理问题常常是多因素决策问题，我们要站在整体管理的角度来分析提前期问题，有时候，局部追求高效率，并不能带来整体高效率。例如，开会前要准备饮用水、调试设备等，那么你只提前完成了准备饮用水这一个任务，并不能提早完成会议准备工作，这个时候就需要更全面地考虑问题，可以采用网络分析等方法来合理规划各任务的工作时间。这些是运筹优化问题，超出本书范围，就不展开讨论了。另外，提前期设置好后，也不是一成不变的，需要时常回顾和调整，以适应新变化。有时遇到异常情况时，例如，因为员工罢工，进口材料运输受阻，那么需要及时延长该物料的提前期，提早开始安排采购，才能确保材料按期到达。

## 活动执行

### 活动解析

本活动在制定 MPS/MRP 时，会考虑物料的提前期数据，因此需要先进行提前期设置。为了降低初学者理解难度，这里仅考虑固定提前期，不考虑变动提前期。另外还有很多其他因素会影响计划结果，将在后面 MRP 编制中再逐步讲解。

≈≈≈业务数据≈≈≈

① 根据深圳总厂采购部反馈的信息，供应商供货比较及时，采购物料的供应大多是 2 天到货，委外加工件供应时间为 4 天，如表4-5所示。

表4-5  物料的提前期数据

| 编码 | 名称 | 规格型号 | 固定提前期/天 | 变动提前期/天 | 变动提前期批量/Pcs |
|---|---|---|---|---|---|
| S***.01.001 | 车胎 | 28 英寸 | 2 | 0 | 1 |
| S***.01.002 | 车胎 | 24 英寸 | 2 | 0 | 1 |
| S***.01.003 | 钢丝 | d3mm | 2 | 0 | 1 |
| S***.01.004 | 未电镀车圈 | 28#，未电镀 | 2 | 0 | 1 |
| S***.01.005 | 未电镀车圈 | 24#，未电镀 | 2 | 0 | 1 |
| S***.01.006 | 前轮轴承 | 小档 | 2 | 0 | 1 |
| S***.02.001 | 辐条 | 14# | 1 | 0 | 1 |
| S***.02.002 | 辐条 | 12# | 1 | 0 | 1 |
| S***.03.001 | 电镀车圈 | 28 英寸，电镀 | 4 | 0 | 1 |
| S***.03.002 | 电镀车圈 | 24 英寸，电镀 | 4 | 0 | 1 |
| S***.04.001 | 车前轮 | 28 英寸 | 1 | 0 | 1 |
| S***.04.002 | 车前轮 | 24 英寸 | 1 | 0 | 1 |

注：变动提前期和变动提前期批量为默认值，无须修改。

② 企业常常会出现出入库业务的临时变动情况，需要能够灵活地调整现有库存的分配，以应对这种临时变化。企业将所有物料的【预留类型】设置为"弱预留"，这样可以更加灵活地进行出入库管理，避免库存被强行预留造成无法调整，从而影响出入库业务。

## 活动过程

① 修改物料的提前期相关属性。
② 修改物料的库存预留相关属性。
③ 检查成品物料是否设置为 MPS 物料。

## 活动步骤

### 1. 修改物料的提前期相关属性

在户外用品深圳总厂 S***组织下，执行【基础管理】—【基础资料】—【主数据】—【物料列表】命令，多行选中采购类的原材料（从 S***.01.001 车胎至 S***.01.006 前轮轴承），执行【业务操作】—【批改】命令，如图 4-6 所示。然后在弹出的批量修改-物料页面中，【修改字段名称】选择"固定提前期"，【修改字段内容】输入"2"，单击【确定】按钮完成固定提前期的修改。

图 4-6  物料批量修改

重复以上步骤，分别为自制件（S\*\*\*.02.001 和 S\*\*\*.02.002）及委外加工件（S\*\*\*.03.001 和 S\*\*\*.03.002）执行批量修改操作。完成表 4-5 中的物料提前期相关属性修改。本活动中【变动提前期】和【变动提前期批量】采用默认值，只修改【固定提前期】，如果不使用默认值，也可以采用以上步骤修改。

> **操作一点通**
>
> ① 物料的基础资料既可以逐一修改，也可以批量修改。不仅是物料基础资料，还有很多其他基础资料也可批量修改。
>
> ② 注意事项：【批改】功能只能对相同属性值的基础资料进行快速修改，不同属性值的基础资料需要分次操作。【批改】功能可以对已审核的基础资料进行属性值修改，减少了反审核—修改—再审核的操作步骤，提高操作效率。当然操作员还必须有相关基础资料的操作权限。【批改】功能并不能支持所有属性的批量修改，无法批改的属性还是要通过反审核操作修改。

修改完成后，用户可以在物料列表中单击蓝色的物料编码进入物料-修改页面，然后在【计划属性】页签中检查【固定提前期】、【变动提前期】等字段是否修改正确。

> **操作一点通**
>
> 不使用【批改】功能，用户也可以在物料-修改页面中，单独修改某一个物料的属性。但在修改前必须满足两个条件：第一是当前组织必须是物料的创建组织，这是因为要修改的固定提前期等字段在基础资料控制策略中属于"携带"类型，且在其他使用组织中不可修改；第二是必须先反审核该物料。修改完物料后，还要依次单击【提交】、【审核】按钮才能使修改生效。

**2．修改物料的库存预留相关属性**

在户外用品深圳总厂 S\*\*\*组织下，在【物料列表】中全选所有物料，执行【业务操作】—【批改】命令。然后在弹出的批量修改-物料页面中，【修改字段名称】选择"预留类型"，【修改字段内容】选择"弱预留"，单击【确定】按钮完成批量修改。

**3．检查成品物料是否设置为 MPS 物料**

在【物料列表】的过滤页面中，勾选【户外用品深圳总厂 S\*\*\*】，勾选【计划】。在明细列表中单击【增加行】按钮，设置明细查询条件为"计划-计划策略等于 MPS"，【数据状态】选择"全部"，【禁用状态】选择"无"，单击【确定】按钮查看查询结果。查看是否只有车前轮（28 英寸）、车前轮（24 英寸）、高亮车灯套装（5lED）3 种物料。如果不一致，请参考表 2-6 修改。

## 活动总结

### 理论知识归纳

**1．提前期的设置和计算**

根据业务应用场景不同，提前期分为采购提前期、检验提前期、生产提前期、发货提前期等。不同类型的提前期由各业务操作特点决定。例如：销售的发货提前期就是企业发货到客户收货的时段，这通常是由客户与发货点的距离和运输方式决定的。

ERP 系统也往往针对不同提前期的特点，在不同的数据资料中设置提前期。以金蝶云星空系统为例，采购提前期在【物料】基础资料中设置。而生产提前期既可以在【物料】中设置，也可以在【工艺路线】中设置，两者含义略有不同：在【物料】基础资料中设置，表示该物料整体的生产时间；而在【工艺路线】中设置，表示该物料每道加工工序所需的时间。

在计算提前期时，可以根据时间长度是否可变将提前期进一步分解为固定提前期、变动提前期和变动提前期批量。

◆ 固定提前期是指不会随着作业批量大小变动而变动且稳定耗用的作业时间。例如，产品设计、生产准备和设备调整等时间消耗，不会随加工批量的大小而变化。

◆ 变动提前期是指会随着作业批量大小变动而同步变动的作业时间。在实际应用中，为了便于计算，变动提前期一般分解为变动提前期批量和变动提前期这两个指标来联合使用。这里的变动提前期实际是指单一批量的作业时长，变动提前期批量为单批次作业量。这种表示方式更能够准确反映真实作业过程，例如面包工坊烤制面包，单次最多烤制 50 个（变动提前期批量），需要时间 15 分钟（变动提前期）。那么即使本次面包烤制任务只有 40 个，实际时间也需要 15 分钟。

任务的提前期=固定提前期+向上取整（作业总量/变动提前期批量）×变动提前期

例：A 产品生产的固定提前期为 2 天，每生产 100 个需要 1 天，现有顾客订购 1 020 个，需要提前多少天开工生产？

任务的提前期=2+向上取整（1 020/100）×1=13（天）

金蝶云星空系统中还可以设置【检验提前期】，是指到货检验需要花费的时间，一般是一个固定时间，其作用类似于固定提前期。需要进行检验的物料，需要设置【检验提前期】，计划排产时会预留相关时间。【累计提前期】的介绍参考活动 4-2-2 的活动拓展内容。

### 2. 预留关系

金蝶云星空系统中的预留管理功能是记录需求与供应之间的对应关系的一种技术。由于需求和供给处在不断变动的过程中，供应链管理时，常常需要了解物料的供给是否能够及时满足需求，以及供给如何分配给需求等问题。

例如：某物料 X 现有库存 1 000 个，A 客户已订购 400 个，B 客户订购 450 个，现在新接到 C 客户的 300 个订购需求，需要确定该订单是否能够接受，是否能够如期交货？该问题如果简单考虑，现有库存去掉已订购量，仅剩余 150 个，如果没有新的供给，C 客户的订购需求就无法满足。当然，现实问题非常复杂，还需要考虑交货时间先后、交货优先级，以及未来商品的订购、消耗等变动情况，影响因素很多。例如：如果 C 客户是 VIP 客户，需要优先供货，那么就要从其他客户已订购量中挪用部分库存给 C 客户，需要变更其预定关系。可以看出这些对应关系复杂而且容易变化，需要进行全面管控。

针对这一问题，金蝶云星空系统提供了预留管理功能，这也是该系统特色功能之一。该功能建立了供给和需求之间的映射管理以及全面动态管控的规则。系统中基本预留类型分为两种：强预留和弱预留。

① 预留类型为强预留时，被预留对象（单据/库存）不可被其他单据预留或领用。其效果类似于库存锁定，被锁定后的库存无法给其他业务挪用，一般适用于专用材料管理。

② 预留类型为弱预留时，被预留对象可以被其他单据领用或被优先级更高的需求单据预留。弱预留只会记录供需关系，不对出入库业务进行控制，一般适用于通用料管理。本活动将物料设置为弱预留关系，可以更方便进行出入库作业。

预留管理是金蝶云星空系统比较底层的管理技术，涉及几乎所有供应链业务和单据。其内容较多，本书不展开讲解，有兴趣者可参考相关专题内容深入学习。

## 作业

1. 某日化企业生产，每次换线开始生产一个新产品，需要花费 2 天清洗加工设备和输送管线，正式开始生产 A 产品时，生产能力为 30 千克/天。现在新接到 1 个生产 A 产品的任务，生产量为 280 千克，请问该任务总体生产时间为多少？如果计划当月 20 日交货（20 日前需要备货完成，不考虑休息日，连续生产），该任务最晚什么时候开工？请写出计算过程。

2. A产品是企业自研生产销售的产成品，图4-7是A产品的完整BOM，那么一般情况下，计划人员将哪些物料设置为 MPS 物料，哪些设置为 MRP 物料，哪些是采购类物料，哪些是生产类物料？

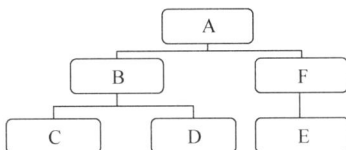

图4-7　A产品BOM

# ✹ 活动 4-2-2：MPS 计划方案设置

## 🕶 活动导入

### 管理情景

企业的生产计划管理过程是一个既具有共性，又具有个性的管理过程。所谓的共性，是指企业计划管理的主要目标是一致的，考虑的基本因素是相同的，例如进行计划时，一般都要了解需求量，同时要看库存量，才能确定计划生产量或采购量。所谓的个性，是指在具体计划细节上，在不同管理场景中，会有不同的要求。例如，都要查看库存，但是有些企业对物料有安全库存储量的要求，有些则没有。这种差异主要体现在一些关键控制点的要求不同。ERP 系统为了适应这种要求，会将不同的控制要求转换为计划的不同参数设置，让企业根据个性化要求进行参数配置，来解决计划管理共性和个性的兼顾问题。在详细调研企业生产计划管理要求的时候，可以先从共性角度出发，先粗后细，逐步深入了解企业计划管理要求。以下列出一些计划调研常需要了解的问题。

【问题】①企业计划是集中进行安排，还是由各个生产部门独立安排？②企业需求量确定的数据依据是什么？在计算缺货量/净需求量的时候，计算逻辑是什么？是否考虑批量、安全库存量、在途采购量、在制生产量等要求？可用库存主要看哪几个仓库的数据？③计划安排的时间确定依据是什么？任务之间有依赖关系吗？什么任务需要先完成？

### 前导知识

计划方案就是 MPS/MRP 各种计划参数的配置集合。其参数的丰富程度决定了 ERP 系统适应企业计划管理多样性的能力。

由于企业的产供销商业模式、制造产品、生产工艺、物料管控策略等多方面存在差异，因此其计划管理方法会体现出一定的差异化需求，但是这种差异化也不是无穷无尽的，可以归纳为范围有限的一些常见的模式和管理方法。ERP 系统将常见的模式和方法进行汇总整合，形成了丰富的计划管理参数，计划方案就是这些参数的集中体现。

企业可以在计划方案中采用不同的参数组合配置，适应 ETO、MTO、MTS、ATO 等多种生产模式。企业可以采用不同的计划管控模式、不同的供需单据匹配、不同的库存控制策略、不同的算法……每个计划方案就是该企业的生产模式和计划管理策略的集中体现。计划方案是学习者快速了解企业的生产模式和经营管理过程的一把钥匙。

金蝶云星空系统中已经预设了一些常见模式的计划方案，可以根据需求复制修改后使用。如果企业确实有超出预设功能的需求，金蝶云星空系统提供了开放式的二次开发平台，企业可以通过快速二次开发满足需求。

## 活动执行

### 活动解析

根据企业个性化需求，选择合适的参数，制订计划方案。

≈≈≈业务数据≈≈≈

户外用品深圳总厂主要采用 MTO 生产组织方式，接到销售订单才能安排生产。自制产成品的生产计划主要在深圳总厂内部进行，由计划部门集中安排。在安排生产计划时，计划部门首先会根据销售订单安排产成品生产计划，对于产成品，通常客户需要多少就制造多少。计划主要根据交货时间先后顺序安排。在制订产成品计划时，一般会考虑库存量、预计入库量、已分配量、物料加工损耗等因素。

### 活动步骤

在户外用品深圳总厂 S***组织下，执行【生产制造】—【计划管理】—【物料需求计划】—【计划方案】命令，单击【新增】按钮，录入新的 MPS 方案。方案设置按照表 4-6 所示填写。完成后依次单击【保存】、【提交】、【审核】按钮。

> 📖 **注意**
>
> 由于计划方案是复杂计划策略的集中体现，ERP 中的计划方案都有很多参数，表 4-6 只列举了需要修改的部分参数，其他未涉及的参数，请初学者不要擅自修改，保持默认设置。待后续深入学习后，理解了参数含义和用法，再灵活应用。

表 4-6　MPS 计划方案资料

| 表头 | | | |
|---|---|---|---|
| 创建组织 | 户外用品深圳总厂 S*** | 使用组织 | 户外用品深圳总厂 S*** |
| 方案编码 | ZCMPSS*** | 计划方式 | 集中计划 |
| 方案名称 | 总厂主生产计划 S*** | 计划展望期单位 | 日 |
| 计划展望期 | 70 | | |
| 组织参数 | | | |
| 组织范围 | | | |
| 需求组织 | 户外用品深圳总厂 S*** | 供应组织 | 户外用品深圳总厂 S*** |
| 运算参数 | | | |
| 运算参数控制 | | | |
| 强制覆盖运算参数 | 勾选 | | |
| 预留控制 | | | |
| 预留释放方式 | 全部释放预留关系（手工除外） | 仅释放参与计算单据的预留关系 | 勾选 |
| 投放参数 | | | |
| 生产任务单投放控制 | | | |
| 自制件默认生产部门 | 总厂装配车间 | | |

续表

| 采购申请单投放控制 | |
|---|---|
| 采购部门默认值 | 总厂采购部 |

| 仓库参数 | | | |
|---|---|---|---|
| 计划可用仓库信息—本次运算 MPS/MRP 可用仓 | | | |
| 总厂原材料仓 | 总厂半成品仓 | 总厂产成品仓 | 其他仓库 |
| 勾选 | 勾选 | 勾选 | 取消勾选 |

| 其他参数 | | |
|---|---|---|
| 运算前自动维护低位码 | 自动运算优先级 | 仅计算 MPS |
| 勾选 | 勾选 | 勾选 |

### 📖操作一点通

① 在新增的默认计划方案中,【运算范围】页签中已自动勾选了【需求来源:销售订单】下的大多数类型的"销售订单"。例如"寄售销售订单""现销订单"等类型,是不同单据类型的销售订单。使用该方案进行计划排产时,会根据勾选的销售订单进行 MPS/MRP 计算,也就是将这些类型的销售订单作为独立需求来源。默认参数中,没有勾选【预测单】类型,那么,即使录入了预测单,也不会纳入 MPS/MRP 计算。如果企业采用 MTS 模式,就需要手动勾选【预测单】的单据。

② 单据类型介绍参见活动 8-3-1 操作知识归纳。

## 📖 活动总结

### 理论知识归纳

#### 1. 金蝶云星空系统中计划方案的构成

计划方案由一组可配置参数构成,在系统中,计划方案的参数很多。为了便于使用,这些参数划分为多个类别,分别放置在不同的页签内,方便用户根据需要查找和个性化配置。MPS 方案参数页签功能如表 4-7 所示。这里先初步介绍各页签的主要作用,以及部分关键参数,后文会逐步补充介绍。

表 4-7　MPS 计划方案参数页签功能

| 参数页签 | 功能说明 |
|---|---|
| 表头 | 除了定义方案的名称、编码等基本信息外,主要定义一些决定计划模式和范围的关键参数,比如计划方式(集中计划/协同计划)、计划展望期等 |
| 组织参数 | 主要定义需求组织(也就是销售或预测等需求量的来源组织)和供给组织(也就是采购、生产、库存量的提供组织) |
| 运算范围 | 主要定义独立需求的来源。企业根据生产类型来选择,采用 ETO、MTO 模式的企业以销售订单为主,采用 MTS 模式的企业以预测单为主,采用 ATO 模式的企业同时考虑销售订单和预测单。在实际使用时,企业也会有其他类型的独立需求,例如独立下达的委外加工、受托加工等,如果企业有这些业务,也可以在此勾选作为独立需求的单据来源。金蝶云星空支持多种类型的单据,满足企业多样化需求 |
| 需求参数 | 主要定义供应链中哪些单据,以及单据的哪些类型可以作为可用需求量纳入计算。企业可以根据实际业务来细化选择,满足精细化的管理需要。例如:勾选了【生产订单(直接入库-普通生产)】类型的订单,那么该类型生产订单计划生产 A 物料 100 个就是需求量,计划时需要准备足够原材料 |
| 供给参数 | 主要定义供应链中哪些单据,以及单据的哪种类型可以作为可用供给量纳入计算。企业可以根据实际业务来细化选择,满足精细化的管理需要。例如:勾选了【采购订单(标准采购订单)】类型的订单,那么该类型采购订单已经下单购买了 B 物料 200 个就是供给量,该供给量会纳入计划运算 |

续表

| 参数页签 | 功能说明 |
|---|---|
| 运算参数 | 主要定义 MPS/MRP 的详细计算规则，是关键性参数，主要包括：净需求量和计划订单量的计算公式、预计量的调整范围、库存预留方式、考虑需求优先级的计算方式等 |
| 合并参数 | 主要定义 MPS/MRP 运算后的合并参数。使用合并功能，可以对相同需求的计划订单进行合并，以减少单据数量，提高后续业务处理效率 |
| 投放参数 | 主要定义 MPS/MRP 运算后投放为目标单据时所需的主要参数。MPS/MRP 运算完成后产生的计划订单投放会产生后续业务单据，例如采购申请单、生产任务单等。设置好投放参数，就方便在这些业务单据上自动填充相关业务信息 |
| 仓库参数 | 主要定义哪些仓库中的物料库存量可以作为可用库存参与 MPS/MRP 计算。能够在【本次计算 MPS/MRP 可用仓】列中打勾的仓库，其基础资料的【控制】属性组中必须勾选【允许 MRP 计划】这一属性 |
| 其他参数 | 本部分参数是对 MPS/MRP 运算的辅助功能进行定义，包括运算前自动维护低位码、自动计算优先级、仅计算 MPS、仅计算 MRP 等 |

### 2. 计划展望期的概念

计划展望期是指从计划开始时点到计划结束时点之间的时间跨度。在 MPS/MRP 计划运算时，计划展望期决定未来多长时间范围内的相关需求会纳入计划。在金蝶云星空的计划方案设置中可以直接设置计划展望期的长度。时间单位可以是日、周或者月。

计划展望期应该设置多长，并没有十分明确的规定。不过一般认为，计划展望期要长于企业产品的累计提前期（最长生产周期），也就是长于从原材料备货到成品生产完成的整个时间。当企业有多种产品需要生产，不同产品的累计提前期不同时，要以最长的产品累计提前期为准确定计划展望期。如果计划展望期短于累计提前期，有可能造成 MPS/MRP 安排的任务来不及在展望期内完成。

根据计划展望期，在计划排产时，会计算本次计划的起止时间范围。在金蝶云星空系统中，进行 MPS/MRP 计算时，计划开始日期默认取服务器的当前时间。企业可以根据需要调整计划结束日期。

计划结束日期=计划开始日期+计划展望期

计划展望期起止时间范围内的需求单据（销售订单和预测单）会被纳入 MPS/MRP 计算。过期的需求订单（订单交货日期小于计划开始日期）原则上不纳入本次 MPS/MRP 计算（配置了拖期参数的订单除外），如图 4-8 所示。而过于远期的订单（订单交货日期大于计划结束日期），也不纳入本次 MPS/MRP 计算，留待后期计划时再安排。

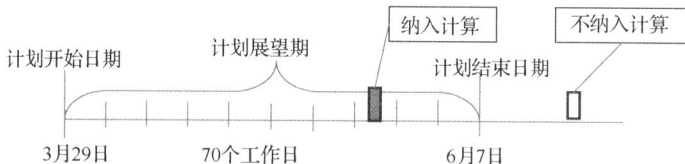

图 4-8　计划展望期

说明：本图未考虑休息日，如果考虑休息日，计划展望期结束日期会相应延后。

## ✳ 活动 4-2-3：MPS 计算

### 📖 活动导入

#### 管理情景

生产主管徐工询问胡工："使用 ERP 系统进行计划排产有什么作用？"胡

活动拓展

累计提前期

工回答道："计划的合理性和高效性是现代生产企业所追求的。虽然没有 ERP 系统也可以编制计划，但是手工制订计划的工作量巨大，对计划管理人员的要求高，也容易犯错误。一旦遇到计划错误或者需要调整的情况，修改工作难度大，工作繁重。而 ERP 系统的优势就是计算能力强，即使遇到紧急插单等情况，也可以进行计划重排，花费不了太长时间。计划人员从繁重的重复工作中解脱出来，可以将更多时间放在对 ERP 排产结果的理解上，可以更好地进行计划优化，通过多次计划修改和调整来得到一个更加合理的计划结果。"徐工高兴地说道："那就太好了，以往手工排产，我们最怕计划调整和插单了，重排计划就要加班。那我们现在就开始吧！"胡工又补充说："不过要注意，即使使用了 ERP 系统，计划人员仍然需要对计划的基本原理有深入的理解，虽然不需要进行手工计算了，但还是需要对计划数据的准确性、计算结果的合理性、运算参数的适用性等因素有判断和选择能力，如果没有这种能力，即使使用最先进的 ERP 系统，其计划运算结果也无法达到正常生产的要求。"

【问题】生产计划排产是否可以完全由 ERP 系统完成？为什么？

## 前导知识

### 1．MPS 计算主要使用的数据

MPS 是一个复杂计算过程，需要从系统的多个模块调用计划相关数据完成计算。不同 ERP 软件的数据获取方式略有不同，这里结合金蝶云星空系统，讲解常用的计划相关参数和数据，如表4-8 所示。

表4-8 金蝶云星空系统 MPS 调用数据

| MPS 调用数据 | 说明 |
| --- | --- |
| 【销售订单】/【预测单】需求单据 | 代表市场需求，是 MPS 独立需求的来源数据 |
| 【物料】基础资料 | 关于物料的具体特性都记录在【物料】基础资料中，其中很多和计划管理有密切联系，例如安全库存、计划策略、最小订货量/最小包装量、固定/变动提前期等。这些数据是计划计算重要参数 |
| 【物料清单】 | 通过【物料清单】获取物料的组成关系、用量、损耗率、成品率等信息 |
| 其他业务单据 | 计算时需要考虑预计入库量、已分配量等物料数量的变动情况。这些数据直接从系统中的采购类单据、生产类单据、销售类单据、计划类单据等业务单据中获取 |
| 库存数据 | 获取即时库存数据。根据计划方案中选择的仓库获取可用库存，系统会剔除不良品等状态不良的库存，得到实际可以使用的库存 |
| 【计划方案】 | 计划方案是计划策略的集中体现，是控制影响计划各参数发挥作用的关键资料，该参数体现了企业计划的核心逻辑，其他资料是否发挥作用都由计划方案进行控制<br>要注意计划方案中参数和其他资料的匹配问题，MPS/MRP 方案的很多配置参数都需要相应基础数据和业务单据配合使用。例如：计算参数中勾选了【安全库存】，那么基础资料【物料】中【安全库存数量】需要设置，若两者缺一，则会造成安全库存量无法在计划计算时被考虑到。初学者要注意这两者之间的关系，在后续使用中逐步熟悉 |
| 【制造策略】 | 和计划方案中的【运算公式】类似，用来设置净需求量和计划订单量的计算逻辑（可配置），不同物料可以配置不同的制造策略，来制订更加精细化的计划，是计划方案的补充 |
| 【工作日历】 | 计划安排的时间基准，提供各业务单元的工作日/休息日以及具体的上下班时间 |
| 【替代方案】 | 如果有替代物料使用时需要获取替代规则，否则无须使用 |

### 2．MPS 计算基本流程

金蝶云星空 MPS 计算过程如图 4-9 所示。

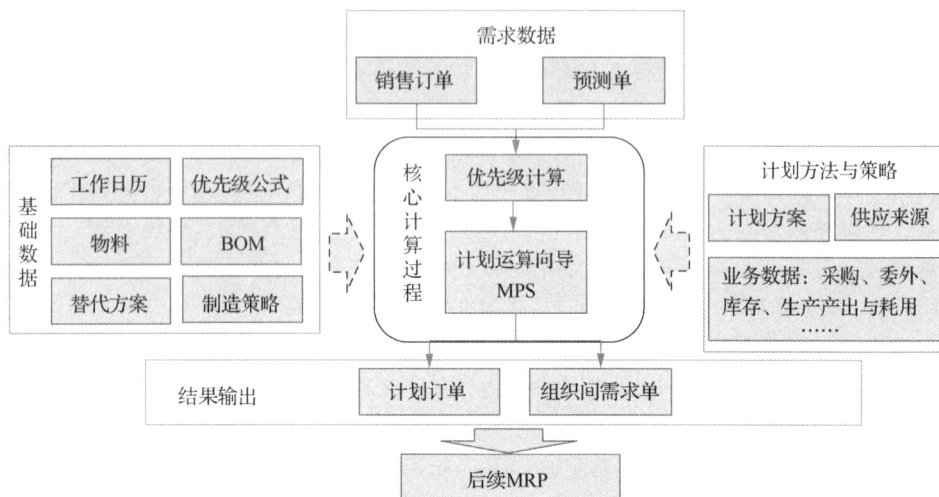

图 4-9　金蝶云星空 MPS 计算过程

在金蝶云星空系统中，MPS 和 MRP 采用相同的算法引擎，表 4-8 列出的数据也是 MRP 计算要调用的数据。详细的 MPS 算法逻辑请参考活动 4-2-4 的内容。

## 活动执行

### 活动解析

使用 ERP 系统的计划模块进行计算，大体分为 3 个过程。①计算前的预检查。计划计算需要调用很多数据和参数，ERP 系统一般都会提供一些辅助工具，协助计划员进行数据的预检查，对于错误数据或参数，需要修改正确后才能继续计算，基础数据和参数正确是计算结果正确的前提。②根据选择的计划方案进行计算。该过程按照计划方案设定的参数要求进行自动化计算，基本无须人工干预。③计算结果的分析。对于计算后的结果，计划员需要仔细分析，判断其合理性，也就是要判断如果按照该计划执行，在现实生产中是否能够制造出目标产品。如果结果不满意，计划员需要找出问题，调整参数，再次进行计算，直到得到满意结果。

≈≈≈业务数据≈≈≈

户外用品公司深圳总厂主要采用月度计划模式，每个月末会对未来大约 10 周的生产情况进行滚动计划，分别计算 MPS 和 MRP。深圳总厂在金蝶云星空系统的第一次 MPS 计算安排在了 2030 年 3 月底，计划对 5 月底（2030 年 5 月 31 日）前的所有业务进行全面计划，计划方案设定为 ZCMPSS***。计算完后，计划员要检查并判断其结果是否合理。

### 活动过程

① 计算前准备。
② MPS 计算。
③ MPS 计算结果查询。

### 活动步骤

#### 1. 计算前准备

在 MPS 计算之前，进行一次低位码运算。在户外用品深圳总厂 S***组织下，执行【生产制造】—【计划管理】—【基础资料】—【低位码运算】命令，然后在不同的页签下依次完成低位码运算、BOM 完整性检查和累计提前期计算等数据检查工作。详细操作参见活动 3-2-1 中 BOM

数据辅助检查的内容。如果之前已经做过相关数据检查，并且检查后相关数据也未修改过，那么无须重复检查，可以跳过本步骤。

### 2. MPS 计算

执行【生产制造】—【计划管理】—【物料需求计划】—【计划运算向导】命令，如图 4-10 所示，在数据准备阶段设定【计划方案】为"总厂主生产计划 S***"，【结束日期】调整为"2030-5-31"，单击【下一步】按钮进入开始计算阶段。选中【直接计算】后单击【开始计算】按钮，如图 4-11 所示。系统计算完以后，单击【完成】按钮退出。

---

📖**操作一点通**

因为金蝶云星空 MPS 计算无法对过去的时间进行计划，而印刷教材时间无法动态调整。因此，本活动业务时间设定在未来一个较远的时间（2030 年 3—6 月），这样可以避免服务器时间超过教材中销售订单的交期，而出现无法进行 MPS 计算的情况。

本活动中工作日历设置为每周 7 天工作制，总厂计划方案的计划展望期为 70 个工作日（即10 周），MPS 计算时，结束日期会以"计算当日日期+70 天"自动填充。各学员练习的时间各不相同，那么默认结束时间也相应不同。这时就需要手工调整结束日期，统一设置为 2030-5-31。因为本活动中销售订单交期为 2030-4-30。如果结束日期早于 2030-4-30，那么该销售订单就不在计划展望期内，不会被纳入本次计算，故 MPS 计算就无法产生任何结果。

为方便检查是否获取到目标需求单据，在图 4-10 所示界面中，可以单击界面中部的【选单】—【销售订单】或者【预测单】按钮来查看是否获取需要排产的需求单据。

---

📖**操作一点通**

在数据准备阶段（如图 4-10 所示），【计划方案】选定为"总厂主生产计划 S***"后，右边的【MPS 计划】会自动勾选，表明这次运算只会计算 MPS 物料的需求供给情况，MRP 物料不会纳入本次计算。如果选择方案后未自动勾选，请检查该计划方案中是否勾选了【仅计算 MPS】参数。

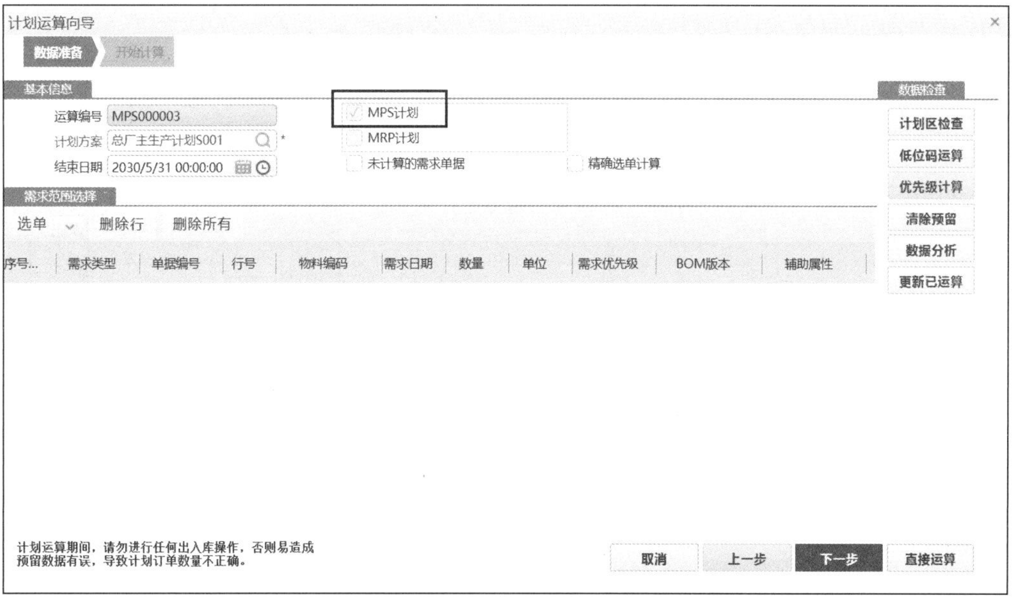

图 4-10　计划运算向导–数据准备

📖 操作一点通

在 MPS/MRP 计算时（如图 4-11 所示），系统还支持【调度运算】，也就是设定未来某个具体时间安排系统自动完成 MPS/MRP 计算。可以指定某个单一时间，也可以设定为周期。企业可以使用该功能实现自动化计划排产，还可以利用服务器闲置时间（企业非工作时间）执行。

图 4-11　计划运算向导-开始计算

### 3. MPS 计算结果查询

执行【生产制造】—【计划管理】—【物料需求计划】—【计划订单列表】命令，查询系统有没有生成 MPS 订单。MPS 计算结果如图 4-12 所示。

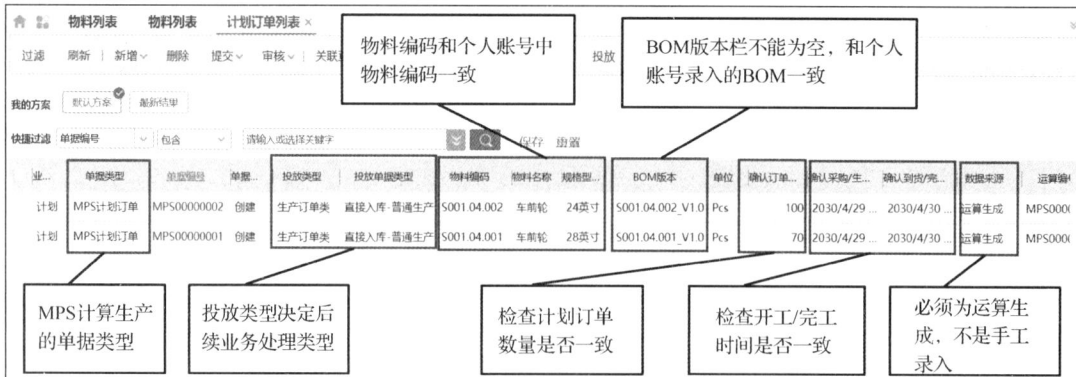

图 4-12　MPS 计算结果

📖 提问

请观察自己的计算结果是否与图 4-12 一致，并思考计划订单的数量为什么是这个结果，为什么和销售订单的需求数量不一致，开工/完工日期又是如何计算得到的。

## 📖 活动总结

### 理论知识归纳

#### 1. MPS/MRP 的全重排方法和净改变方法

在进行 MPS/MRP 计算时，按照计算范围的大小可以将计算方式分为全重排方法和净改变方法两种。

全重排方法（又称再生法）就是进行 MPS/MRP 计算时，将整个生产计划进行分解，考虑全部影响生产计划的要素，算出每一项计划数据。这是 ERP 计划模块的传统做法，其优点是计算全面彻底，综合考虑各种因素，能够得到最优化的计划排产结果；缺点是耗费计算资源较多，时间较长。

净改变方法就是对 MPS/MRP 中新改变的需求进行局部计划分解，对之前全重排产生的计划做尽可能少的改动。净改变方法的优点是计算快速，耗费计算资源少，对原有计划影响小；缺点是只考虑局部变化，计算结果有可能不是最优的计划排产结果。

企业在实际使用时，一般会以全重排方法为主进行滚动计划，定期计算。而在两次全重排之间发生了一些局部变化时，例如紧急插单，可以只采用净改变方法进行计算，进行局部调整。

在金蝶云星空系统中，在【计划运算向导】中勾选【精确选单计算】，然后在需求范围中单击【选单】按钮选择需要运算的单据，进行计划计算，这就是净改变方法的操作。如果不指定单据计算就是全重排方法的操作。例如遇到紧急插入少量销售订单，计划人员也不希望大幅更改原计划时，就可以单击【选单】按钮进行操作。不过随着计算机计算性能的不断增强，MPS/MRP 计算速度越来越快，两种方法差异日益缩小，企业更倾向于使用全重排方法。

#### 2. 金蝶云星空系统 MPS/MRP 运算的计划订单更新机制

在金蝶云星空系统中，每次进行 MPS/MRP 运算时，如果采用全重排方法，会将系统中所有未审核的计划订单全部删除再重建，计算时会根据当前最新业务数据情况，重新计算产生新的计划订单；而对于已经审核或者关闭的计划订单将不会更新。如果采用净改变方法，也是类似的处理方式。

因此初学者要注意：如果希望修改调整某计划订单内容，那么请务必不要审核该单据，这样在再次运算时，才能更新其内容；而如果希望其内容保持不变，那么必须审核该单据，这样才能确保在重算时不被删除。

每次进行 MPS/MRP 运算，系统都会自动产生一个新的运算编号（依次递增），计划订单在哪次计算中产生，可以查看计划订单中的【运算编号】来了解。如果执行【运算日志查询】、【物料供需明细表】、【MRP 运算结果明细表】等命令以查询对应报表时，也需要准确选择要查询的运算编号（一般选择本组织最大的运算编号，体现最新计算结果），否则有可能得到的查询结果不能反映最新计划订单的产生情况。

### 操作知识归纳

MPS 计算错误的常见原因如下。

（1）销售订单或预测单中的物料的【计划策略】未设置为 MPS

如果计算方案中勾选了【仅计算 MPS】，那么使用该方案计算时，只能计算 MPS 物料。如果独立需求单据（销售订单、预测单）中销售的物料没有设置为 MPS 物料，将导致运算无法产生对应的计划订单。运算日志的日志信息中一般会提示没有物料参与运算，如图 4-13 所示。出现该错误信息时，请检查【物料】基础资料中计划页签下的【计划策略】属性是否设置为"MPS"。

| ▼ 日志信息 | | | |
|---|---|---|---|
| 序号▲ | 日期 | 日志类别 | 内容 |
| 61 | 2021/3/29 21:39:11 | 系统运行信息 | 本次运算共有0个物料(不同计划维度算单独的物料)参与MRP运算！ |
| 62 | 2021/3/29 21:39:11 | 系统运行信息 | 净需求计算--结束 |

图 4-13 日志信息中提示没有可计算的物料

运算日志查询方式：在【计划运算向导】完成页面右下角单击【计算日志查询】按钮，如图 4-11 所示，查看本次计算结果。如果错过该查询，用户可执行【生产制造】—【计划管理】—【报表分析】—【运算日志查询】命令查询，系统为每一次的计划运算建立了运算日志档案。查询时，注意选择最新运算编号。该工具会按照系统算法计算顺序，列出计算时调用的关键信息。在日志信息页签中的详细信息栏下，系统调用到的相关数据会显示为蓝色链接，双击可以查看参与此次运算的单证的详细信息（查看详细单证时，查询用户没有权限查看的单证将不会显示）；一些运算异常情况也会给予提示，这些提示信息是分析计算异常原因的有效依据。

还要注意本次计划排产涉及的物料状态必须是已审核（计划生产的父项物料 BOM 中包含全部物料）。如果 BOM 需要使用的物料未审核，表示该物料未正式投入使用，MPS/MRP 当然也无法进行排产计算，未审核的物料不会得到排产结果；或者计算得到的计划订单中，该行物料无法显示物料编码、名称、规格等信息。

（2）销售订单或预测单未审核或关闭

如果 MPS 以销售订单作为独立需求来源单据，那么该单据必须审核后才能纳入计算（如果以预测为需求来源，预测单也需要审核）。前序业务单据审核后才能执行后续业务是 ERP 系统的普遍规则。同时还要注意该单据不能关闭（包含行关闭）或者作废，关闭代表该业务已经完成，作废代表该业务已放弃，不再执行，这两种状态的独立需求单据当然不能安排后续计划。本活动如果计算后无法得到任何计划订单，请检查销售订单或预测单是否审核。虽然金蝶云星空系统计划方案可以配置某些未审核单据参与运算，但是该方式存在一定风险，并不推荐初学者使用。

（3）出现计划展望期范围外的销售订单和预测单

只有在计划展望期范围内的销售订单或预测单，才会被 MPS 纳入计算，详见活动 4-2-2 中关于计划展望期的介绍。注意时间的获取标准不是单据头部的制单日期，而是单据明细物料的要货时间（销售订单）/预测日期（预测单）。销售订单/预测单日期填写错误，可能会造成 MPS 计算无法得到正确结果。在运算日志中，会出现未获取销售订单或预测单的情况，若出现这种情况，请检查销售订单或预测单的时间。销售订单和预测单纳入 MPS/MRP 运算时间范围如图 4-14 所示。

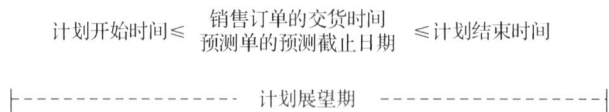

计划开始时间≤ 销售订单的交货时间 / 预测单的预测截止日期 ≤计划结束时间

|----------------- 计划展望期 -----------------|

图 4-14 销售订单和预测单纳入 MPS/MRP 运算时间范围

本活动中，计划运算的结束日期是 2030-5-31，由于吉林大众自行车有限公司的订单交货日期是 2030-10-30，超过了本次计算的结束日期，所以这张订单没有参与本次计算。而顺德天宇自行车厂签订订单交货日期为 2030-4-30，因此纳入本次计算排产。

（4）排产组织的工作日历未正确设置

排产计算时需要知道工作日历中工作日和休息日的安排，因此在 MPS/MRP 运算时，排产组织必须提前设置好（时间完备，已审核）计划结束时间前的工作日历，否则运算后将无法产生任何计划订单。如果工作日历没有审核，或者起止时间错误，在计算日志中会有异常信息提示。例如：排产组织的工作日历如果从 9 月 1 日才开始，但是排产日期为 5 月 31 日，那么就无法排产出结果。出现这种问题时，可以执行【生产制造】—【工程数据】—【工作日历】—【工作日历设置】命令检查，并在【工作日历列表】中修改。

（5）计划方案中组织参数未合理设置

计划方案设置时，【组织参数】中的【需求组织】和【供给组织】与计划方案的【使用组织】不匹配会造成计算错误，如图 4-15 所示。

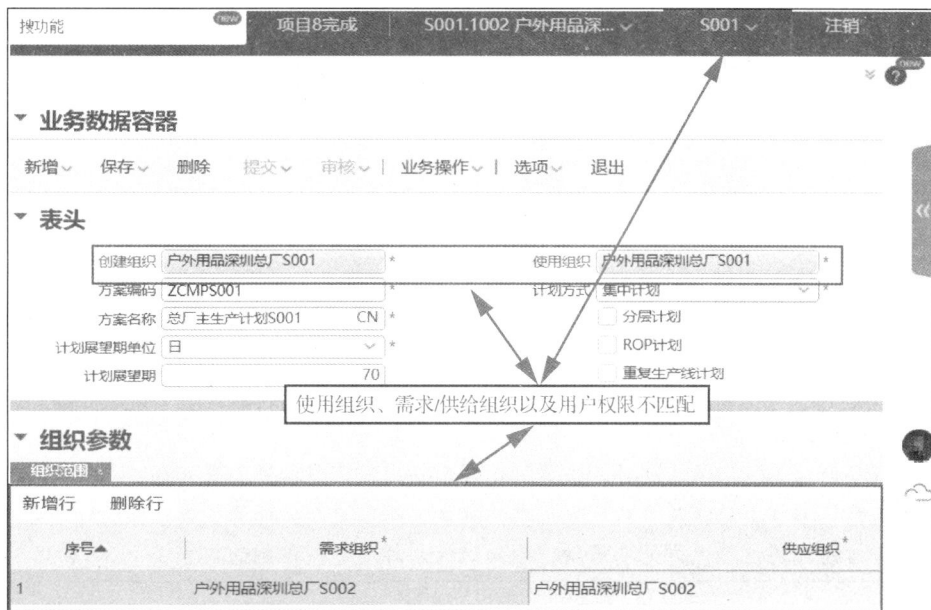

图 4-15　计划方案组织参数设置错误示例

本活动的应用场景是各用户使用自己的账号（S***）对自己管辖的组织（户外用品深圳总厂 S***）进行计划排产。图 4-15 中计划方案存在明显错误，S001 用户没有实现对自己所属组织"户外用品深圳总厂 S001"的排产目标。使用该方案进行 MPS 计算，实际是对"户外用品深圳总厂 S002"进行计划排产，产生的计划订单归属"户外用品深圳总厂 S002"组织，而 S001 账号没有该组织的数据查询权限，就无法看到计算的结果。如果在运算日志中看到已经产生计划订单，而又无法在【计划订单列表】中查到计划订单，需要检查是否存在这种问题。

金蝶云星空系统支持同时对多组织进行计划排产，不过操作员需要有对应组织的数据管理权限。本活动的配套账套中，各学员用户依据组织进行数据隔离，只能查看和账号匹配的几个相关组织中的数据。考虑到学习难度，本书就不讲解跨组织计划使用方式了。

（6）未完成 MRP 计划前投放 MPS 计划订单

投放动作在整个计划阶段完成后进行，企业从生产计划阶段转为生产执行阶段。尤其要注意在 MRP 计划完全确定前，不要投放 MPS 计划产生的计划订单，投放的 MPS 计划订单将会自动关闭，MRP 无法使用已关闭的 MPS 计划订单来计算物料需求，因此会影响后续 MRP 的计算，造成无法获得正确结果。

如果 MPS 计划订单在 MRP 运算出结果前就提前关闭投放了，那么可以通过删除投放产生的后续单据（生产订单、委外订单等）再重新计算 MPS 计划的方式，得到新的 MPS 计划订单。

另外，不要勾选计划方案中【投放参数】中的【运算完成直接投放计划订单】参数，该参数只适合计划方案成熟、采用自动化排产的企业使用，不适合初学者使用。

（7）MPS/MRP 计算前，未录入正确的本次需要排产物料的 BOM 数据并且审核

MPS/MRP 计算时，如果没有特殊指定，系统会对需要生产的物料在系统中查找一个最新版

本的 BOM。如果该物料没有 BOM 或者最新版本 BOM 未审核，那么就无法获得正确 BOM，导致计算出错，在运算日志中提示图 4-16 所示的信息。BOM 中缺失的物料不产生计划订单，或者即使产生了计划订单，生产类计划订单中的【BOM 版本】属性也会空缺。

此外，还要注意 BOM 的有效期设置，如果在计划计算的时刻，某 BOM 的全部或者部分数据并没有在生效时间内（BOM 失效日期<计算当日日期，或者开始时间>计算当日日期），那么计划将忽略失效的 BOM 部分，不进行计划排产，会造成计划结果中缺失部分数据的情况。

出现这种错误，请检查 BOM 数据并修改正确后，再重新执行【计划运算向导】命令，进行计划重排。计算前注意缺失 BOM 需要修改的计划订单必须是未审核的状态。

| 日志信息 | | | | |
| --- | --- | --- | --- | --- |
| 序号▲ | 日期 | 日志类别 | | 内容 |
| 18 | 2021/3/29 17:22:32 | 系统运行信息 | 获取需求数据--开始 | |
| 25 | 2021/3/29 17:22:33 | 系统运行信息 | 需求单据XSDD000001第2行录入BOM未审核或已禁用，不参与本次MRP计算 | |
| 26 | 2021/3/29 17:22:33 | 系统运行信息 | 需求单据XSDD000001第1行录入BOM未审核或已禁用，不参与本次MRP计算 | |

图 4-16　运算日志中 BOM 错误的相关提示

> 📖操作一点通
>
> 　　注意：任何对 BOM 的修改并不能直接反映到修改前已经排产的计划订单上。只有重新计算时，才能根据 BOM 的修改更新计划订单的结果，而且更新只能影响未审核的计划订单，不影响已经审核的计划订单。详见本活动理论知识计划订单更新机制的内容。

（8）计划方案参数和配套资料错误

MPS/MRP 排产运算可以生成计划订单，但是计划订单存在部分数据不正确，例如计划订单量、开工/完工日期等关键数据不正确。出现这种情况的原因较为复杂，大多数是因为计划方案参数，以及配套的基础资料、库存数据和 BOM 数据设置错误，需要进行详细功能排查。例如：如果计划方案的运算公式中勾选了【考虑现有库存】，但是【仓库参数】中错误勾选了其他仓库作为【本次运算的 MPS/MRP 可用仓】，或者勾选的仓库中库存数据不正确，就会影响净需求量和计划订单量的计算结果。这些相关影响因素众多，限于篇幅，在此就不逐一介绍了。

对于此类问题，可以执行【生产制造】—【计划管理】—【报表分析】—【物料供需汇总表/明细表】（或【MRP 运算结果明细表】）命令来查找原因。MRP 运算结果明细表较为清楚地体现了 MPS/MRP 的算法逻辑，结合核心算法的学习和理解，再来查找问题，就容易发现关键要点，进而解决问题。算法详细介绍参见活动 4-2-4。

## �֍ 活动 4-2-4：MPS 结果分析、调整与确认

### 📖 活动导入

#### 管理情景

　　MPS 计算是一个复杂过程，在手工计划时代，编制该计划是一个工作量很大的工作。而有了 ERP 系统，该计算工作由系统替代。但是并不是说 MPS 编制无须人工干预。实际上，计划涉及的要素众多，任何参数的设置错误都会造成计划结果不可行，影响实际生产，因此计划人员不仅要熟练掌握系统操作，还要能够检查分析运算结果，发现计划错漏或者不合理的地方，有针对性地进行调整，确保最终安排的计划能够被实际执行。

　　【问题】如何理解 MPS 计算过程和结果，判断其合理性？

## 前导知识

MPS/MRP 计算结果合理性的判断如下。

无论采用 MPS/MRP 还是其他计划方法，判断计划结果是否可行的原则仍然是统一的：在正常条件下（不考虑意外因素），该计划任务是否能够在预定时间和条件下正常执行。根据计划内容的不同，原则可以细化为以下判定规则。

① 采购型计划任务，判断采购订货计划的数量是否符合采购批量、最大最小采购数量要求，时间上是否满足采购提前期、供应商订货频率等要求。

② 生产型计划任务，判断生产任务执行前，所需材料是否齐套（齐套分析参见活动 7-1-1），判断产能是否满足要求（参见活动 5-2-2），判断任务的时间安排是否满足正常加工顺序，也就是说子项物料必须提前完成生产/采购，才能满足父项物料的生产需要。最终产品的生产需要满足最终销售交货的数量和时间要求。

相关影响因素实际上是 ERP 系统中计划控制属性和参数。检查相关属性和参数也是辅助结果判断的重要方法，尤其是发现计划运算结果异常时，更应该重点分析相关属性和参数设置的合理性。计划管理人员需要对 MPS/MRP 计算方法有深入了解，对各参数对系统的影响有深刻的理解，才能做出正确决策。关于 MPS 算法逻辑请参考本活动总结部分内容，MRP 算法参见活动 5-2-1 内容。

# 活动执行

## 活动解析

≈≈≈业务数据≈≈≈

本次 MPS 运算完成后，深圳总厂计划人员利用系统提供的报表分析工具对运算过程和结果做分析，主要判断计划订单量是否可行。检查无误后提交、审核了运算生成的 MPS 计划订单。本活动未详细讲解能力需求计划，这里不判断产能是否够用的问题。

## 活动过程

① 物料供需情况分析。

② MPS 计划结果调整和确认。

## 活动步骤

### 1．物料供需情况分析

执行【生产制造】—【计划管理】—【报表分析】—【物料供需汇总表】命令，在弹出的物料供需汇总表过滤页面中，【运算编码】的默认值一般为本组织最新运算编码（如果不是最新运算编码，可以重新选择运算编码，通过计划方案名称或者编码过滤查找最新运算编码，或者查看 MPS 生成的计划订单中的运算编号，作为查询条件），单击【确定】按钮进入物料供需汇总表页面，如图 4-17 所示。在表中系统给出了绿灯的信号提示，说明 2 种尺寸的车前轮的供需情况正常，本次计划没有需要调整的地方。

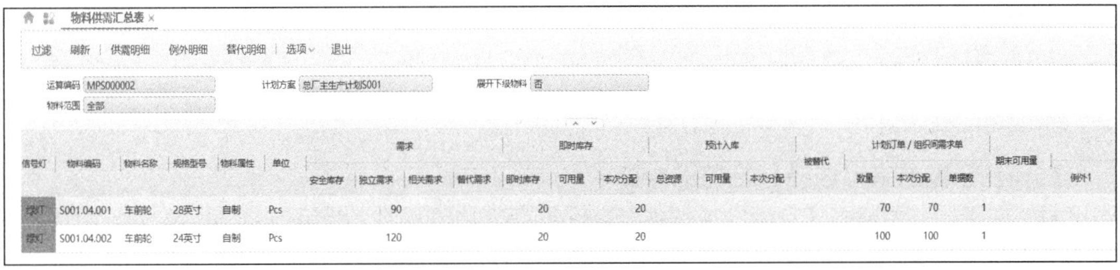


| 信号灯 | 物料编码 | 物料名称 | 规格型号 | 物料属性 | 单位 | 需求 | | | | 即时库存 | | | 预计入库 | | | 被替代 | 计划订单 / 组织间需求单 | | | 期末可用量 | 例外1 |
|---|---|---|---|---|---|---|---|---|---|---|---|---|---|---|---|---|---|---|---|---|---|
| | | | | | | 安全库存 | 独立需求 | 相关需求 | 替代需求 | 即时库存 | 可用量 | 本次分配 | 总资源 | 可用量 | 本次分配 | | 数量 | 本次分配 | 单据数 | | |
| 绿灯 | S001.04.001 | 车前轮 | 28英寸 | 自制 | Pcs | | 90 | | | 20 | | 20 | | | | | 70 | 70 | 1 | | |
| 绿灯 | S001.04.002 | 车前轮 | 24英寸 | 自制 | Pcs | | 120 | | | 20 | | 20 | | | | | 100 | 100 | 1 | | |

图 4-17 物料供需汇总表

如果想查询单个物料的供需详细情况，比如需求或供应的单据类型、编号、数量等信息，用户可以单击【供需明细】按钮查看，也可以执行【生产制造】—【计划管理】—【报表分析】—【物料供需明细表】命令查看，如图 4-18 所示。物料供需明细表和汇总表较为清楚地体现了 MPS 的算法逻辑。算法详细介绍参见本活动的理论知识归纳。

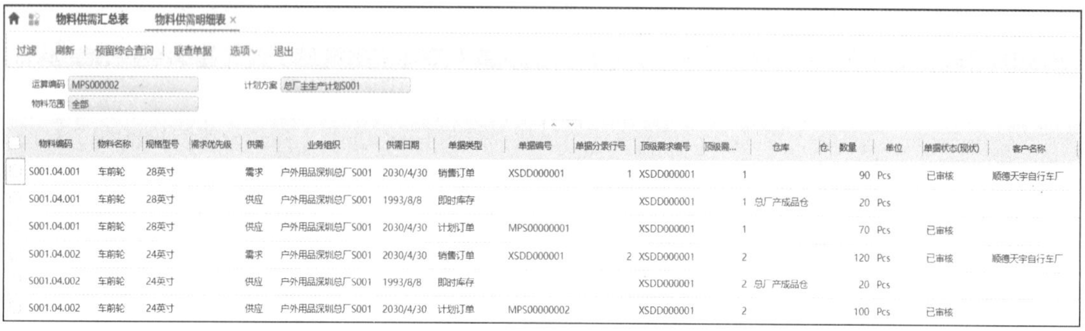
物料供需汇总表　物料供需明细表 ×

过滤　刷新　预留综合查询　联查单据　选项　退出

运算编码 MPS000002　计划方案 总厂主生产计划S001

物料范围 全部

| 物料编码 | 物料名称 | 规格型号 | 需求优先级 | 供需 | 业务组织 | 供需日期 | 单据类型 | 单据编号 | 单据分录行号 | 顶级需求编号 | 顶级需... | 仓库 | 仓... | 数量 | 单位 | 单据状态(现状) | 客户名称 |
|---|---|---|---|---|---|---|---|---|---|---|---|---|---|---|---|---|---|
| S001.04.001 | 车前轮 | 28英寸 | | 需求 | 户外用品深圳总厂S001 | 2030/4/30 | 销售订单 | XSDD000001 | 1 | XSDD000001 | 1 | | | 90 | Pcs | 已审核 | 顺德天宇自行车厂 |
| S001.04.001 | 车前轮 | 28英寸 | | 供应 | 户外用品深圳总厂S001 | 1993/8/8 | 即时库存 | | | XSDD000001 | 1 | 总厂产成品仓 | | 20 | Pcs | | |
| S001.04.001 | 车前轮 | 28英寸 | | 供应 | 户外用品深圳总厂S001 | 2030/4/30 | 计划订单 | MPS00000001 | | XSDD000001 | 1 | | | 70 | Pcs | 已审核 | |
| S001.04.002 | 车前轮 | 24英寸 | | 需求 | 户外用品深圳总厂S001 | 2030/4/30 | 销售订单 | XSDD000001 | 2 | XSDD000001 | 2 | | | 120 | Pcs | 已审核 | 顺德天宇自行车厂 |
| S001.04.002 | 车前轮 | 24英寸 | | 供应 | 户外用品深圳总厂S001 | 1993/8/8 | 即时库存 | | | XSDD000001 | 2 | 总厂产成品仓 | | 20 | Pcs | | |
| S001.04.002 | 车前轮 | 24英寸 | | 供应 | 户外用品深圳总厂S001 | 2030/4/30 | 计划订单 | MPS00000002 | | XSDD000001 | 2 | | | 100 | Pcs | 已审核 | |

图 4-18　物料供需明细表

还可以执行【生产制造】—【计划管理】—【报表分析】—【MRP 运算结果明细表】，选择本次计算的编号，单击【确定】按钮，查看每个物料的计算结果明细。该表格按照业务发生时间顺序排列，显示按照排产计划执行后的结果。

### 2．MPS 结果调整和确认

执行【生产制造】—【计划管理】—【物料需求计划】—【计划订单列表】命令，分析计算结果是否满足需求。如果不满足需求，分析原因，进行针对性调整，调整后重新执行【计划运算向导】命令，再次进行 MPS 计算，更新计算结果。

也可以采用手工调整方式，修改计划订单以满足计划需求。不过计划过程考虑因素众多，手工进行局部计划调整的结果是否合理，需要人工判断。因此手工调整方式只适合有经验的计划人员使用，不建议初学者使用。

如果计算结果满足需求，勾选所有的 MPS 计划订单，依次单击【提交】、【审核】按钮。审核后，表示 MPS 阶段完成，计划工作将进入 MRP 阶段。

**操作一点通**

① 采用先 MPS 后 MRP 的两阶段计划方式时，MPS 产生的计划订单将作为 MRP 计算的依据。在金蝶云星空系统中，必须审核 MPS 计划订单，才能进行后续 MRP 计算。因为从逻辑上，如果 MPS 计算结果还不能确认（审核），MRP 即使计算出结果，也可能会因为 MPS 的变化而无法执行。

② 本书提供了配套的 MPS 计算结果数据（MPS 计划订单列表），可供学习者进行结果比对。学习者重点检查物料、数量、生产或采购的开始和结束时间、BOM 版本、需求单据、投放类型和投放单据类型等信息。如果关键数据不一致，需要查找、分析原因。

## 活动总结

### 理论知识归纳

### 1．MPS 需求来源选择与毛需求计算

如前文所述，体现需求来源的单据主要有销售订单和预测单。使用何种类型单据作为需求来源，主要由企业生产类型决定。一般而言，ETO、MTO 模式主要以销售订单为主，MTS 模式以预测单为主，ATO 模式或者 MTS/MTO 混合模式要同时考虑销售订单与预测单。

在 MPS 的计算过程中，首先需要根据需求来源计算毛需求。所谓毛需求（Gross Requirement）是指物料的需求数据根据独立需求和相关需求的数量直接合计得出的需求量，尚未考虑库存已有数量和未来的预计到货量等信息。以下列出了毛需求常见的计算方法。

（1）仅考虑销售订单

MTO 模式下需要根据销售订单来排计划，将以销售订单作为独立需求来源进行排产，此时毛需求=销售量，如表 4-9 所示。

表 4-9　根据销售订单计算毛需求

| X产品 | 当期（2月2日） | 2月3日 | 2月4日 | 2月5日 | 2月6日 | 2月7日 | 2月8日 | 2月9日 | 2月10日 | 2月11日 | 2月12日 |
|---|---|---|---|---|---|---|---|---|---|---|---|
| 销售量 | | 12 | 8 | | 2 | 7 | 6 | | 13 | 5 | 12 |
| 毛需求 | | 12 | 8 | | 2 | 7 | 6 | | 13 | 5 | 12 |

（2）仅考虑预测单

MTS 模式下一般只根据企业内部生产规划（即销售预测）来安排生产，只要在预测单录入产品的预测量，再根据预测单执行计划即可得到产品或者相应物料的计划，此时毛需求=预测量，如表 4-10 所示。

表 4-10　根据预测单预测计算毛需求

| X产品 | 当期（2月2日） | 2月3日 | 2月4日 | 2月5日 | 2月6日 | 2月7日 | 2月8日 | 2月9日 | 2月10日 | 2月11日 | 2月12日 |
|---|---|---|---|---|---|---|---|---|---|---|---|
| 预测量 | | 5 | 5 | 5 | 5 | 5 | 5 | 5 | 5 | 5 | 5 |
| 毛需求 | | 5 | 5 | 5 | 5 | 5 | 5 | 5 | 5 | 5 | 5 |

（3）同时考虑销售订单和预测单，并采用划分需求时界和计划时界的方法计算毛需求

将计划展望期进行时区（Time Zone）与时界（Time Fence）划分，在不同时区采用不同策略是计划管理的一种常见方法。MPS 中可以通过需求时界和计划时界，将计划展望期划分为 3 段时间，如表 4-11 所示。

表 4-11　计划展望期的时区划分和毛需求计算

| 时区 | 毛需求计算 | 说明 |
|---|---|---|
| 需求时界以内 | 毛需求=销售量 | 离当前时间最近的时区，销售订单非常确定，一些采购或生产周期较长的物料计划订单已经下达，资金已经投入，材料已经消耗，其销售订单变更的难度非常大，成本高昂，企业一般不允许该时区内订单进行变更，也较少接收紧急插单。该时区也常常被称为"冻结时区"。在该时区，毛需求以销售量为准比较适合 |
| 需求时界和计划时界之间 | 毛需求=MAX(销售量,预测量) | 介于需求时界和计划时界之间的时区。该时区，企业可以考虑实际备料和生产情况，可以接受销售订单一定程度的变更、插单等情况发生。该时区也常常被称为"协商时区"。因此从稳健角度考虑，该时区毛需求取销售量和预测量的较大值 |
| 计划时界以外 | 毛需求=预测量 | 离当前时间最远的时区，销售订单的不确定性较大，一般原材料采购和半成品生产计划尚未下达，因此销售订单能够接受变更、插单等情况发生。因此，该时区毛需求以预测量为准 |

例如，X 产品的主生产计划需求时界为 3 天，计划时界为 8 天，毛需求计算结果如表 4-12 所示。

表 4-12　考虑需求时界和计划时界的毛需求计算

| X产品 | 当期（2月2日） | 2月3日 | 2月4日 | 2月5日 | 2月6日 | 2月7日 | 2月8日 | 2月9日 | 2月10日 | 2月11日 | 2月12日 |
|---|---|---|---|---|---|---|---|---|---|---|---|
| 销售量 | | 12 | 8 | | 2 | 7 | 6 | | 13 | 5 | 12 |
| 预测量 | | 5 | 5 | 5 | 5 | 5 | 5 | 5 | 5 | 5 | 5 |
| 毛需求 | | 12 | 8 | 0 | 5 | 7 | 6 | 5 | 13 | 5 | 5 |
| | | 需求时界以内 | | | 需求时界和计划时界之间 | | | | | 计划时界以外 | |

（4）同时考虑销售订单和预测单，采用销售预测冲销策略

销售预测冲销策略也是同时考虑销售订单和预测单的计算方法之一，但是其算法和考虑需求/计划时界的算法不同。该方法不仅可以考虑产成品的预测，也可以对半成品和原材料进行预测，并提前备货，因此这种方法更适合采用 ATO 模式的企业使用。该方法在销售订单和预测单之间进行取舍时，不会采用简单的大小比较来取舍，而会详细计算两者差异来安排计划。由于其计算过程较为复杂，限于篇幅，本书就不讲解了。

综上所述，需求来源选择和毛需求的计算方法如表 4-13 所示。

表 4-13　需求来源选择和毛需求计算方法

| 需求来源 | 毛需求计算方法 | 适用生产类型 |
|---|---|---|
| 仅考虑销售订单 | 毛需求=销售量 | MTO |
| 仅考虑预测单 | 毛需求=预测量 | MTS |
| 考虑销售订单和预测单 | 方法一：划分计划时界和需求时界<br>需求时界以内：毛需求=销售量<br>计划时界以外：毛需求=预测量<br>需求时界和计划时界之间：毛需求=MAX(销售量,预测量)<br>方法二：采用销售预测冲销策略 | ATO、MTS/MTO 混合模式 |

> 📖 **说明**
>
> 以上主要讲解了根据独立需求计算毛需求的计算方法。毛需求还可以根据相关需求计算，相关需求的内容会在 MRP 部分讲解，详见活动 5-2-1。
>
> 在金蝶云星空系统中，需求来源的选择主要在【计划方案】中的【运算范围】参数页签中配置，其中就有代表独立需求的典型单据——销售订单和预测单，每种单据还有多种细分单据类型可供选择。在实践应用中，独立需求不仅来源于销售订单和预测单，也可能来源于其他需求，例如手工追加的生产订单、委外订单等，也可以作为独立需求纳入计算。金蝶云星空系统也支持这些单据的选择配置。如果要采用需求/计划时界的方法，在【运算范围】中勾选【是否考虑需求时界和计划时界】参数，并在【物料】基础资料中，设置【需求时界】和【计划时界】属性。

### 2．净需求计算

（1）需求量相关概念

① 净需求（Net Requirement）。净需求是指为弥补需求或计划的缺口必须安排计划生产或采购的产品数量。它表示的含义是"缺多少"，是弥补供需缺口的最小备货量，体现"零库存管理"的思想。净需求是 MPS 计算的目标数据之一。若要计算净需求量，需要综合考虑现有库存、安全库存、预计入库量和已分配量等数据。

② 预计入库量（Scheduled Receipt）和已分配量（Quantity Allocated）。预计量是对未来库存变动的预估值，分为预计入库量和已分配量，体现动态库存的观点。预计入库量是指即将入库的库存，表示"未来供给"，主要体现一些物流入库业务已经开始，但是实际货物交付日期在计划日期之后的情况。已分配量是未来才能兑现的出库需求，表示"未来需求"，主要是在计划日期之前，已向库房发出提货请求，但尚未由库房发货的数量。

在 ERP 系统中，预计入库量和已分配量主要是从物流运作的各种业务单据中自动采集的。它们是根据已发生的部分业务对未来库存变动的推断，不是凭空的臆测，能够较为真实地体现物流

的变动对计划管理和库存管理的影响。例如：已经下达采购订单，但是采购的产品尚未到达，被称为"在途"类型的预计入库量；已经安排生产任务，尚未生产完工入库，被称为"在产"类型的预计入库量；已签订销售订单，尚未出货，被称为"已售"的已分配量。

涉及预计量的业务单据类型很多，在金蝶云星空系统中，可在【计划方案】中的【运算范围】、【需求参数】和【供给参数】中配置，只有被勾选的单据类型，才会在 MPS 中作为预计量的采集对象。例如，如果未勾选【采购订单】，那么即使有尚未入库的采购订单，也不会纳入预计量计算。另外，必须在【计划方案】的【运算参数】中勾选【考虑预计入库数量和已分配数量】参数，才能计算预计量。

③ 安全库存（Safety Stock）。安全库存是指为了防止不确定因素（如大量突发性订货、交货突然延期、临时用量增加、交货误期等）而预计的保险储备量（缓冲库存），也称为保险库存。安全库存的优点是能够一定程度地减少缺货情况的发生，付出的代价就是提高了库存水平，降低了库存周转率。因此，如何合理设置安全库存水平是供应链部门需要慎重考虑的问题。从库存管理理论来看，安全库存就是对需求波动性的一种缓冲机制。一般需求波动越剧烈，其安全库存水平越高；反之则会越低。对于安全库存的深入研究，请参考库存管理和统计学相关书籍。

图 4-19 中，在实际货物出入库时，安全库存是可用于发货的库存，可以应对需求的异常波动。但是在计划管理阶段，安全库存可以理解为不可用库存，因为在计划安排阶段，要假设在扣除安全库存的情况下，剩余库存能够满足使用需求，这样在临时使用需求量增加等异常情况发生时，才会有足够的安全库存用于发货，实现缓冲功能。因此，在制定 MPS 时，安全库存量可以理解为基于安全库存的一种需求，而不是供给，这会增加该物料的库存水平。金蝶云星空系统中，在【物料】基础资料中设置【安全库存】，其是一个固定值。

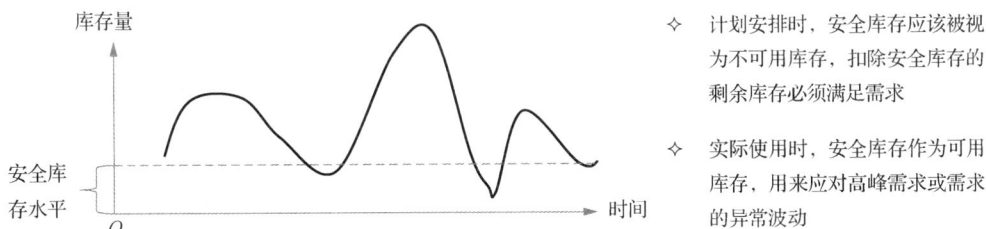

✧ 计划安排时，安全库存应该被视为不可用库存，扣除安全库存的剩余库存必须满足需求

✧ 实际使用时，安全库存作为可用库存，用来应对高峰需求或需求的异常波动

图 4-19　安全库存

④ 现有库存。现有库存就是计划时的可用库存量。但是要注意：计划管理时考虑的可用库存量和即时库存量还是有区别的，一般只有库存状态是良品，并且具有货权的物料才会被纳入MPS 计算。这个也很好理解，待修、待检等特殊状态的物料，其可用性有问题，自然不能纳入计算。

在金蝶云星空系统中进行 MPS/MRP 计算时，运算参数如果勾选了【考虑现有库存】，那么系统就会将当前库存纳入计划。这时系统会查询计划方案仓库参数的【本次运算 MPS/MRP 可用仓】数据列，被勾选的仓库中的库存数量才会作为可用库存纳入计算，如图 4-20 所示。另外，只有"可用"状态的库存量才能纳入计划计算。

| 组织 | 仓库编码 | 仓库名称 | 仓库属性 | 本次运算MPS/MRP可用仓 | 优先级 |
|---|---|---|---|---|---|
| 蓝海机械总公司0002 | 102 | 成品仓02 | 普通仓库 | ✓ | |
| 蓝海机械总公司0002 | 202 | 半成品仓02 | 普通仓库 | ✓ | |
| 蓝海机械总公司0002 | 302 | 原材料仓库02 | 普通仓库 | ✓ | |

图 4-20　MPS 方案仓库参数设置

（2）净需求计算

① 净需求计算公式如下。

$$净需求=毛需求-现有库存-预计入库量+已分配量+安全库存$$

◆ 净需求>0，表示需求大于供给，安排净需求。净需求量=净需求计算值。

◆ 净需求<0，表示需求小于供给，现有库存量够用，不产生净需求。净需求量=0。

MPS 净需求计算原理如图 4-21 所示。

图 4-21　MPS 净需求计算原理

以上计算公式未考虑损耗率和成品率。考虑损耗率和成品率的计算公式请参考活动 5-2-1。

② 净需求计算方法说明。

净需求计算公式的基本原理是需求和供给的比较，当总供给无法满足总需求时才产生净需求。净需求体现了库存控制的基本思想，就是用最小的供给量来满足客户需求，力求实现既满足需求又不积压库存。

在金蝶云星空系统中，在【运算参数】中可以配置【净需求数量】的计算公式。所有公式参数，都是可配置项，用户可以根据需要灵活配置公式。例如：如果不勾选【考虑预计入库数量和已分配数量】，那么就不会考虑所有预计量因素，即使系统中已经有代表预计量的单据存在，也不会抓取相关数据，也就不会影响净需求的计算结果。

### 3. 净需求的批量调整

净需求的计算结果是以最小的供给量来满足需求，但是如果按照该结果进行生产或采购时，常常会面临批量调整的问题。例如：外购件 X 物料净需求计算结果为 28 个，但是 X 物料最小销售包装为 100 个/包，采购时就不能按照 28 个采购，需要按照 100 个的整数倍进行采购。这种调整就称为批量调整。调整公式如下。

$$计划订单量=批量调整（净需求数量）$$

如果考虑生产的成品率问题，公式可调整为：

$$计划订单量=批量调整（净需求数量/成品率）$$

可以采用不同的批量调整方法，在 ERP 系统中，批量调整方式和订货策略有关。不同订货策略的批量调整方法略有差异。这里以最常用的批对批策略为例，说明批量调整对计算结果的影响。

批对批（Lot For Lot，LFL）订货策略是对 MPS 计算出的每一个计划单据单独进行调整处理，也就是常说的"一笔归一笔"。金蝶云星空中，采用批对批策略时可以通过配置最小订货量、最小包装量等参数进行批量调整。

最小订货量是物料订购或生产的最小批量，每次订货量不能低于此值，一般由订购商品的最小包装量、供应商要求的起订量、生产的最小批量等因素决定。

最小包装量是指物料订购或生产时在起订量的基础上每次的增量，增量部分必须是最小包装量的整数倍（也常被称为"批量增量"），一般由物料的最小包装单位或最少生产数量等因素决定。

最大订货量是物料订购或生产的单次最大批量，每次订货量不能大于此值，一般由供应商单次供应能力、企业内部储存能力、生产能力等因素决定。最大订货量一般不直接影响批量调整的结果，只是在计划订单量超过最大订货量时给出预警。

其具体计算公式如下。

计划订货量=最小订货量+向上取整[（净需求量-最小订货量）/最小包装量]×最小包装量

例如：A 物料最小订货量为 300，最小包装量为 100，9 月 3 日净需求量为 333，订货策略为批对批，则 A 物料批量调整后的计划订单量=300+向上取整[（333-300）/100]×100=400。

从计算结果可以看出，进行批量调整后的计划订单量一般大于等于净需求量，会造成库存的阶段性增加，这是在考虑操作便利性和合理性所付出的代价。但是其结果更符合现实执行条件，也有一定的平衡供需矛盾的作用。只要订货策略设置合理，还是可以将库存的增量控制在合理范围之内，获得更优的整体效果。除了批对批订货策略以外，还有其他订货策略，请参考本活动的活动拓展。

在金蝶云星空系统中，如果要考虑批量调整因素，需要管理员登录系统，执行【基础管理】—【公共设置】—【参数设置】—【参数设置】命令，勾选【启用最小包装量、最小最大订货量】参数。并且在【计划方案】的【运算参数】中，勾选【净需求考虑订货策略和批量调整】，这样计划计算时才会考虑批量调整的因素。

### 4. 期末库存的计算

确定了计划订单量后，就可以根据计划订单量计算本时段内的期末库存，也就是下一时段的期初库存，同时也是下一期的现有库存。

期末库存=期初库存+预计入库量+计划订单量-毛需求-已分配量

### 5. 确定计划任务的工作时间

计划排产时不仅要确定计划数量，还要确定任务的工作时间。MPS 一般采取"倒排"的逻辑安排计划，也就是根据交货或完工日期，考虑提前期倒推开工日期。

① 安排任务时间时，前序任务的完成时间一般与后序任务的开始时间或交付时间一致。在 MPS 计算时，主要根据销售订单或预测单安排计划，那么计划订单的完工日期就和销售订单或预测单的要货日期保持一致。表示该任务最晚必须在该时段内完成产品备货，才能按期交付。金蝶云星空系统就采用这种算法，例如：本活动中顺德天宇销售订单的要货日期为 2030 年 4 月 30 日，那么 MPS 计算得到的计划订单的完工日期也为 2030 年 4 月 30 日。

有些 ERP 系统要求计划任务完成时间比对应任务还要早 1 个工作时段，这种时间安排方法会在前后两个衔接任务之间预留更多的缓冲时间。如果采用这种计算方法。那么本活动排产的完工日期就会变为 2030 年 4 月 29 日（假设最小工作时段为 1 天）。

② 计划任务的开始时间根据任务完成时间以及任务的提前期倒推得到，公式如下：

计划开始时间=计划完成时间-提前期

提前期=固定提前期+向上取整[总量/变动提前期批量]×变动提前期

在金蝶云星空系统中，在【物料】基础资料中可以设置【固定提前期】、【变动提前期】和【变动提前期批量】这几个属性，如果设置不正确，会影响提前期计算结果。

### 6. 重复前述步骤，完成全部时段的 MPS 排产

在计划展望期范围内，按照计划日期的先后顺序，重复步骤 2 至步骤 5，逐期计算出计划展望期内所有时段的净需求、计划订单量、计划下达量、期末库存等数据，得到完整的 MPS 排产结果。

### 7. MPS 计算示例

本案例模拟计算产成品物料 X 在计划展望期（10 天）内的 MPS 排产。企业根据管理需要，确定计划时界为 3 天，需求时界为 8 天。X 物料采用批量加工方式，每次生产量必须是 10 的整数倍，才能最大化节省生产成本。其产品安全库存设定为 5 个。加工提前期固定为 1 天。根据以上条件，MPS 计算如表 4-14 所示。

表4-14　MPS 计算实例（一）

物料号：100000　　　　物料名称：X
提前期：1 天　　　　需求时界：8 天　　　　计划时界：3 天
现有库存量：8　　　　安全库存量：5　　　　最小批量：10　　　　最小包装量：10

| 项目 | 当期（2月2日） | 2月3日 | 2月4日 | 2月5日 | 2月6日 | 2月7日 | 2月8日 | 2月9日 | 2月10日 | 2月11日 | 2月12日 |
|---|---|---|---|---|---|---|---|---|---|---|---|
| 销售量 | | 12 | 8 | | 2 | 7 | 6 | | 13 | 5 | 12 |
| 预测量 | | 5 | 5 | 5 | 5 | 5 | 5 | 5 | 5 | 5 | 5 |
| 毛需求 | | 12 | 8 | | 5 | 7 | 6 | 5 | 13 | 5 | 5 |
| 预计入库量 | | 10 | | | | | 10 | | | | |
| 已分配量 | | | 5 | | 7 | | | | | | |
| 库存量 | 8 | 6 | 13 | 13 | 11 | 14 | 8 | 13 | 10 | 5 | 10 |
| 净需求 | | | 12 | | 4 | | | 2 | 5 | | 5 |
| 计划订单量 | | | 20 | | 10 | | | 10 | 10 | | 10 |
| 计划下达量 | | 20 | | 10 | | | 10 | 10 | | 10 | |

## 操作知识归纳

物料供需汇总表中的信息能够体现 MPS 的计算逻辑，帮助计划员进行计划可行性判断。双击汇总表中的每行数据，即可打开该行物料的【物料供需明细表】，可以更加细化查看该物料的每一笔物料需求。

金蝶云星空系统在汇总表中提供了非常有特色且实用的信号灯功能，能够更加直观地体现供需紧张与富余情况。

◆　绿灯：代表该物料的供需正常，计划运算产生的计划订单可以执行，无须调整。

◆　黄灯：代表该物料在计划运算过程中出现了异常，比如部分提前、整单取消、建议推迟交货日期等，物料供需汇总表的【例外信息】栏会显示具体内容。

◆　红灯：代表该物料在计划运算过程中出现了错误，比如过去的开始日期、过去的结束日期等，物料供需汇总表的【例外信息】栏会显示具体内容。

对于亮黄灯和红灯的物料，计划人员需要格外关注，仔细分析并查找原因，调整相关的计划订单以确保最终的计划能够被顺利执行。

用户如果想了解信号灯的设置条件，可以在物料供需汇总表中执行【选项】—【选项】命令，然后在【业务参数】页签中查询相关信息，也可以根据自己的需要重新设置信号灯类型，如图 4-22 所示。

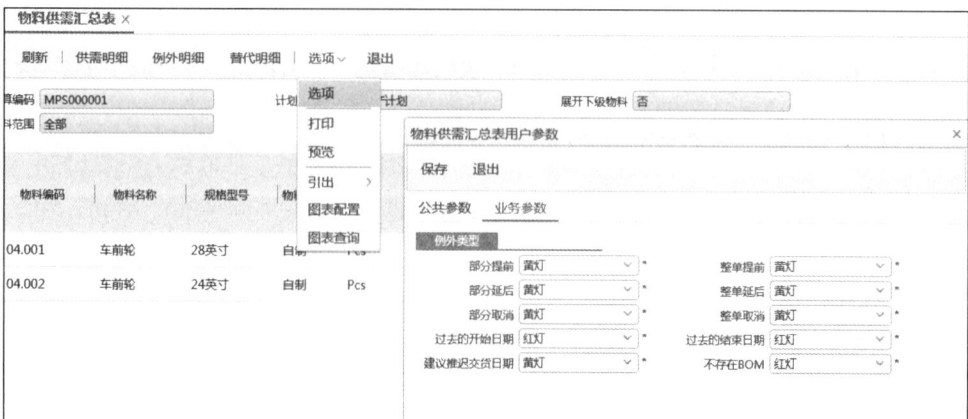

图 4-22　例外类型设置

## 作业

请完成 MPS 的计算和推导（见表 4-15）。

表 4-15 MPS 计算实例（二）

物料号：200000　　　　物料名称：Y

提前期：1 天　　　需求时界：2 天　　　计划时界：6 天

现有库存量：16　　　安全库存量：5　　　最小批量：20　　　最小包装量：10

| 项目 | 当期<br>（4月2日） | 4月3日 | 4月4日 | 4月5日 | 4月6日 | 4月7日 | 4月8日 | 4月9日 | 4月10日 |
|---|---|---|---|---|---|---|---|---|---|
| 销售量 | | 6 | 5 | 8 | 6 | 16 | 36 | 9 | 12 |
| 预测量 | | 10 | 10 | 10 | 10 | 10 | 10 | 10 | 10 |
| 毛需求 | | | | | | | | | |
| 预计入库量 | | | | | 20 | | | | |
| 已分配量 | | | 10 | | | | | | |
| 库存量 | 16 | | | | | | | | |
| 净需求 | | | | | | | | | |
| 计划订单量 | | | | | | | | | |
| 计划下达量 | | | | | | | | | |

根据已有的数据，计算 Y 物料未来 8 天的 MPS。

活动拓展

订货策略

# 物料需求计划基础

## 项目概述

　　物料需求计划主要用于安排产成品生产需要的所有原材料采购和半成品生产计划，其需求被称为相关需求。只有准确计算了相关需求，才能为产成品最终完工提供保障。本项目演示了物料需求计划的使用方法和计算过程，并讲解其计算原理。

## 项目重点

- MRP 原理和算法
- MRP 编制和结果分析

## 任务 5-1 MRP 编制

### ✿ 活动 5-1-1: MRP 认知

#### 🔖 活动导入

**管理情景**

MPS 主要是对独立需求物料（主要是产成品）进行计划安排，而要把产成品生产出来，还需要大量的半成品和原材料。对于大多数行业来说，半成品和原材料的种类要远多于产成品，其品种多、数量大、管理难度大。在计划时，还需要考虑这些材料的众多计划因素，例如采购批量、提前期。从实际生产执行的角度来看，产品的任何一个零部件的缺失，都会造成成品无法生产出来。因此 MRP 也非常重要，是计划管理中必不可少的环节。

【问题】①了解物料计划相关特性。②在系统中正确设置相关参数。

**前导知识**

#### 1. 物料需求计划（MRP）的概念

MRP 根据最终产品（产成品）的需求计划，综合考虑产品组成结构、库存变动等信息，推导出构成产成品所需的零部件及原材料的需求数量和需求日期，最后形成原材料的采购计划和半成品的生产计划。这是 MRP 的狭义定义。

MRP 是 MPS 需求的进一步展开。它根据 MPS、物料清单和库存可用量，计算出企业要生产的全部加工件和采购件的需求量，按照产品出厂的优先顺序，计算出全部加工件和采购件的需求时间，并提出建议性的计划订单。MPS 主要安排产成品计划，其计划不涉及生产所需的半成品和原材料，仅靠 MPS 安排生产显然是无法执行的。生产产品的结构通过 BOM 来体现，BOM 是多层次的，一个产品可能会包含成百上千种需要制造的零配件与外购材料，而且所有物料的提前期（加工时间、准备时间、采购时间等）各不相同，各零配件的投产顺序也有差别，要精确计算其材料的需用量、需用时间，还要确保生产的有效执行。这是一个非常困难的事情，这些都是 MRP 需要解决的问题。

由于 MRP 是生产计划管理的核心方法，因此，在很多文献和教材中，MRP 也成了 ERP 系统中计划管理模块的代表性功能，其概念出现了泛化，形成了广义定义。广义的 MRP 是指 ERP 发展的一个关键阶段，代表制造企业典型的计划模式，其涵盖主生产计划、物料需求计划、粗细能力需求计划。

#### 2. MRP 的功能

**MRP 对象**。MRP 对象主要是相关需求（非独立需求）的物料、生产产成品（MPS 物料）所需的全部半成品和原材料（MRP 物料）。

① MRP 原理：按照 BOM 层级自上而下逐层展开，计算出半成品的生产、委外计划以及原材料的采购计划。在 MRP 阶段主要根据 MPS，考虑产品 BOM、库存、提前期等因素，按照 BOM 展开计算所有需要使用的半成品和原材料的需求数量和需求时间。该计划经过细能力需求计划平衡产能后，投放，作为采购、委外、生产执行的依据，指导相关业务的执行完成。MRP 是计划管理的重要环节，是计划最终落实到执行层的关键环节，和采购、销售、生产任务管理等模块都有接口，驱动后续相关业务的有效执行。

② MRP 的信息处理。MRP 主要有 3 种重要信息来源：MPS、BOM 和库存状态。MRP 也常常要考虑工作日历、工艺路线、提前期、物料属性等数据。MRP 处理的问题与所需信息如表 5-1 所示。

表 5-1　MRP 处理的问题与所需信息

| 处理的问题 | 所需信息 |
|---|---|
| 生产什么、生产多少、何时完成 | 由 MPS 产生，作为 MRP 数据来源 |
| 要用到什么 | 准确的 BOM、及时的设计工程变更 |
| 已有什么<br>已订货量、到货时间<br>已分配量 | 准确的库存信息<br>已下达订单的数量、交付时间、工作日历等跟踪信息<br>已被预订的物料的相关信息和相关物流单据 |
| 还缺什么 | 根据 MRP 计算结果<br>需考虑批量规则、安全库存、成品率等要素 |
| 什么时间需要，即下达订单的开始完成日期 | 根据提前期等时间要素和 BOM 关系计算得出 |

③ MPS 和 MRP 的异同对比。MRP 和 MPS 既有相似之处，也有不同之处，两者的对比如表 5-2 所示。

表 5-2　MPS 和 MRP 的功能对比

| 项目 | MPS | MRP |
|---|---|---|
| 计划对象 | 主要是产成品 | 半成品和原材料 |
| 需求来源 | 销售订单、预测单或同时考虑 | MPS 排产结果 |
| 计算目标 | 确定产成品生产计划 | 确定所有半成品和原材料需求计划 |
| 毛需求计算 | 主要考虑独立需求 | 主要考虑相关需求 |
| 对应能力需求 | 粗能力需求计划 | 细能力需求计划 |
| 算法 | 算法基本相同，仅有少量差异 | |

## 活动总结

### 理论知识归纳

所谓 MRP 物料，就是在 MRP 阶段纳入计算的物料。一般情况下，企业会将生产所需的原材料和半成品都设置为 MRP 物料，这样在 MRP 阶段就可以精确计算其需求量和需求时间。金蝶云星空系统中 MRP 物料的设置方式：在【物料】基础资料中将【计划策略】设为"MRP"。

除了 MPS 和 MRP 物料外，金蝶云星空系统也可以将物料的【计划策略】设置为"无"，那么这种物料就不会被 MPS 和 MRP 纳入计算，需要人工管理和控制。这样的管理模式更为粗放，但可以减少精细化管理的工作量。有些企业会将一些需要采购的低值易耗品（一般是 ABC 分类中的 C 类物料）不纳入 MPS/MRP 计算，采取一些更简单的库存控制方式，比如使用最低最高库存订货策略，不精确控制每笔需求量，而是当物料耗用到低于最低库存时，批量采购至最高库存。

## 活动 5-1-2：MRP 计划方案设置

### 活动导入

#### 管理情景

在进行 MRP 前，仍然要设置 MRP 计划方案。MRP 计划方案体现企业对 MRP 物料的计划管理模式和策略。MRP 计划方案的基本功能和 MPS 计划方案类似，其作用也类似。可以对 MRP 计划阶段的关键性参数进行配置，实现企业的计划管理目标。

## 前导知识

不同 ERP 系统对 MPS/MRP 两阶段计划的处理方式有差异，有些 ERP 系统分别设计了 MPS 和 MRP 两个独立的功能模块来实现各自的功能，例如金蝶 K/3 WISE 系统，这种情况下，MPS 计划方案和 MRP 计划方案需要分开设置。有些 ERP 系统则将 MPS 计划和 MRP 计划方案进行融合，只提供一个计划功能。例如用友 U8 系统就只有 MRP 功能模块，这样就无法单独进行 MPS 计划计算，也无须设置 MPS 计划方案。

金蝶云星空系统则兼容了两种模式，将 MPS 算法和 MRP 算法进行了有机集成，使用相同的计划管理模块，既能够完成先计算 MPS、后计算 MRP 的两阶段计划排产，也可以在一次计划中同时完成 MPS 和 MRP 的计算，有较高的使用灵活度。企业可以根据自身需要灵活选择。两阶段和一阶段计划方法请参见本活动的活动拓展。

金蝶云星空系统中 MPS 和 MRP 共用【计划方案】、【计划计算向导】等计划管理功能，在【计划方案】中勾选【仅计算 MPS】和【仅计算 MRP】两个参数，分别代表 MPS 计算和 MRP 计算；如果都不勾选，则代表同时完成 MPS 和 MRP 计算。

# 活动执行

## 活动解析

本活动主要配置 MRP 计划方案，该方案只适用于 MRP 物料的计划运算。

≈≈≈业务数据≈≈≈

经过调查发现，户外用品深圳总厂在 MRP 运算阶段的业务场景与 MPS 阶段大多相同，只需要对少数计划参数进行修改。

## 活动步骤

在户外用品深圳总厂组织下，执行【生产制造】—【计划管理】—【物料需求计划】—【计划方案】命令，单击【新增】按钮，录入新的 MRP 计划方案。方案设置按照表 5-3 所示填写。完成后依次单击【保存】、【提交】、【审核】按钮。

注意：由于计划方案是复杂计划策略的集中体现，ERP 中的计划方案都有很多参数，表 5-3 只列示了需要修改的部分参数，其他未涉及的参数，请初学者不要擅自修改，保持默认设置即可。待后续深入学习后，理解了参数含义和用法，再灵活应用。

表 5-3　MRP 计划方案资料

| 表头 | | | |
|---|---|---|---|
| 创建组织 | 户外用品深圳总厂 S*** | 使用组织 | 户外用品深圳总厂 S*** |
| 方案编码 | ZCMRPS*** | 计划方式 | 集中计划 |
| 方案名称 | 总厂物料需求计划 S*** | 计划展望期单位 | 日 |
| 计划展望期 | 70 | | |
| 组织参数 | | | |
| 组织范围 | | | |
| 需求组织 | 户外用品深圳总厂 S*** | 供应组织 | 户外用品深圳总厂 S*** |
| 运算范围 | | | |
| 需求来源：计划订单 | | | |
| 计划订单　MPS 计划订单　MPS 计划订单 | | | 勾选 |

| 运算参数 | | |
|---|---|---|
| 运算参数控制 | | |
| 强制覆盖运算参数 | 勾选 | |
| 预留控制 | | |
| 预留释放方式 | 全部释放预留关系（手工除外） | 仅释放参与计算单据的预留关系 | 勾选 |

| 投放参数 | | |
|---|---|---|
| 生产任务单投放控制 | | |
| 自制件默认生产部门 | 总厂机加工车间 | |
| 采购申请单投放控制 | | |
| 采购部门默认值 | 总厂采购部 | |

| 仓库参数 | | |
|---|---|---|
| 计划可用仓库信息 | | |
| 总厂原材料仓 | 总厂半成品仓 | 总厂产成品仓 |
| 勾选 | 勾选 | 勾选 |

| 其他参数 | | |
|---|---|---|
| 运算前自动维护低位码 | 自动运算优先级 | 仅计算 MRP |
| 勾选 | 勾选 | 勾选 |

> 📖 **操作一点通**
>
> 计划方案的【运算范围】中如果勾选了【计划订单 MPS 计划订单】，系统会自动清除对销售订单、预测单等单据类型的选择。因为 MPS 计划订单是在 MPS 计算中生成的计划订单，在 MPS 计划阶段已经考虑了销售订单和预测单等独立需求，那么在 MRP 计算时就不再重复考虑独立需求。这是典型的两阶段计划方法。

## 📖 活动总结

### 操作知识归纳

金蝶云星空系统提供了丰富的计划方案参数，MPS 和 MRP 共用同一个计划方案设置功能。前一项目已经讲解了计划方案各页签的主要作用（参见活动 4-2-2），这里再讲解一些常用的参数。更复杂的参数将在进阶篇中讲解。

（1）【表头】页签

①【计划方式】包含两个选项：集中计划和协同计划。

"集中计划"一般是企业全部的生产计划，由总部计划部统一制订，无论企业有多少分厂，都按照该计划执行。集中计划模式满足制造企业集团集中接单、统一计划、多工厂协调生产的业务运作需求。

"协同计划"是企业总部并不统一制订计划，而是只制订企业内部不同组织之间的计划顺序和信息传递顺序，各组织独立对本组织负责的部分进行计划，并将制订的计划按顺序传递和反馈给协作组织，最终共同完成全部计划。协同计划模式满足制造企业集团集中/分散接单、各工厂独立计划、协调生产的业务运作需求。

②【计划展望期】。【计划展望期】是 MPS/MRP 的时间范围，详见活动 4-2-1。

（2）【组织参数】页签

①【需求组织】：参与本次 MPS/MRP 计算的需求单据来源的组织范围。

②【供应组织】：参与本次 MPS/MRP 计算的供给单据来源的组织范围。

金蝶云星空系统支持多组织，可以进行跨组织计划。因此需要在方案中定义哪些组织提供需求信息，哪些组织提供供应信息。该参数就是用来划定组织范围的。例如：某企业下设 A 公司销售公司负责销售接单，B 公司仅负责生产制造，制造后提供给 A 公司销售。那么就可以将 A 公司设置为需求组织，将 B 公司设置为供应组织。使用该计划方案计算时，系统会查询 A 公司中代表需求的单据，例如销售订单、预测单等，从中获取数据作为需求量，纳入 MPS/MRP 计算；同时查询 B 公司中代表供应的单据，例如采购订单、委外订单、库存数据等，从中获取数据作为供给量，纳入 MPS/MRP 计算。至于最终哪种类型单据的数据会作为需求量或者供给量，由运算范围、需求参数、供给参数决定。

（3）【运算范围】页签

运算范围中的多个参数主要定义 MPS/MRP 计算时，代表独立需求或相关需求的来源数据从哪些业务单据中获取。企业根据自身生产类型和业务管理模式的需要，合理选择该参数。

①【预测单】。选择预测单作为需求来源，适用于采用 MTS 模式的企业。

②【销售订单】。选择销售订单作为需求来源，适用于采用 MTO 或 ETO 模式的企业，也可用于选单运算。

③【冲销结果】。选择销售订单与预测单的冲销结果为独立需求来源，适用于同时考虑销售订单与预测单的采用 ATO 模式的企业。勾选该参数，需要先使用计划管理中的【预测冲销】功能，对销售订单和预测单的数据进行冲销，再使用冲销结果数据进行 MPS/MRP 计算。

④【计划订单】。选择计划订单作为需求来源，适用于采用先计算 MPS 后计算 MRP 的两阶段计划方法时 MRP 的方案配置。也就是说，MRP 只根据 MPS 排产后的结果计算，无须再查看销售订单或预测单等独立需求单据。

⑤【组织间需求单据】。选择组织间需求单据作为需求来源，适用于进行跨组织计划的企业，其他组织对本组织下达的需求单据也会被作为需求来源纳入计算。

⑥【生产订单】或【委外订单】。选择生产订单或委外订单作为需求来源，适用于会手动增加生产任务或委外任务的企业。有些企业会根据业务需要，在没有销售订单或预测单的情况下，主动增加生产订单或委外订单，这些单据也会被作为需求来源纳入计算。

⑦【是否考虑需求时界和计划时界】。勾选该参数后，无须使用复杂的【预测冲销】功能，就可以实现销售和预测同时考虑的混合排产。其算法规则参考本书活动 4-2-4。不过从库存控制理论研究和实践来看，这种方法较为简单，其库存控制效果没有预测冲销方法好，也无法实现产成品和半成品的冲销（ATO 模式），因此，只适合生产管理模式较为简单、库存控制要求不太高的企业。

（4）【需求参数】页签

在 MPS/MRP 计算时，要确定哪些订单会带来物料的需求或消耗，引发物料现有库存和未来库存的减少，需求参数就是用来定义需求类订单类型的。列表中列出了大量的业务单据，代表不同业务场景中物料的消耗和使用，企业可以根据业务需要进行选择。未选择的单据类型，即使有业务发生，也不会被纳入 MPS/MRP 计算。

（5）【供给参数】页签

在 MPS/MRP 计算时，要确定哪些订单会带来物料当前或未来的库存补充，引发物料现有库存和未来库存的增加，供给参数就是用来定义供应类订单类型的。列表中列出了大量的业务单据，代表不同业务场景中物料的补充和产出，企业可以根据业务需要进行选择。未选择的单据类型，即使有业务发生，也不会被纳入 MPS/MRP 计算。

> **📖操作一点通**
>
> MPS/MRP 计算时，对单据状态是有要求的。一般情况下，只有单据表达的业务已经确定要发生（已审核）并且没有完成或终止的（未关闭），其未完成的数量部分才会在 MPS/MRP 计算时作为可用量纳入计算。不同单据的状态控制会有一定差异，如果要了解相关单据的用途或单据状态的具体要求，可以参考计划方案模块的帮助文档。

（6）【运算参数】页签

运算参数是 MPS/MRP 方案的关键性参数，主要配置 MPS/MRP 算法逻辑，系统会根据配置的算法参数进行 MPS/MRP 计算，得到可行的生产计划结果。

①【运算公式】：MPS/MRP 算法关于物料用量的计算公式。

完整公式为：净需求数量=毛需求×（1+损耗率）-现在库存+安全库存-预计入库量+已分配量。

计划订单量=批量调整（净需求数量/成品率）。

其中每个关键计算量都可配置，企业可以根据自己的需要进行勾选。相关计算量和计算逻辑请参考本书任务 5-2 的活动。

> **📖操作一点通**
>
> 要注意，计算公式的算法要和相关基础数据及单据匹配，这样才能得到预期结果。例如：计算公式中勾选了【考虑安全库存】，对于保留安全库存量的物料，就需要在【物料】基础资料中的【安全库存】属性中填写相应数值，否则，MPS/MRP 计算不能得到合理的结果。

②【强制覆盖计算参数】。系统可以支持统一计算参数和不统一计算参数两种模式。若勾选该参数，MPS/MRP 计算取计划方案上的计算参数，也就是采用统一计算参数；若不勾选，就取物料基础资料的【制造策略】属性，也就是不统一计算参数，这样企业可以对不同物料使用不同的计算公式，满足企业个性化要求。例如：有些企业的部分物料是短生命周期物料，企业采购这种物料时，每次都按新的需求量采购，而不考虑当前库存量，这样就可以单独为该物料配置制造策略，适应这种特殊要求。【制造策略】实际是一个简化的计算参数，可以执行【生产制造】—【计划管理】—【基础资料】—【制造策略】命令配置。

（7）【合并参数】页签

MPS/MRP 计算结果一般会产生大量的计划订单，为了减少单据量，系统提供了按照一定规则把相同物料、相同需求时间的计划订单进行合并的功能，这样可以简化计划订单的单据数量，方便后续业务的批量执行，减少重复工作。

①【合并主要数据源】：有【按销售订单合并】和【按预测单合并】2 种。【启用合并规则】包含 2 种合并方式：【按单合并】和【按分录合并】。

勾选【按单合并】时，同一个物料（物料维度也要相同）按照需求来源相同的销售订单/预测单号的净需求合并生成一张计划订单；勾选【按分录合并】时，同一个物料（物料维度也要相同）按照需求来源相同的销售订单/预测单号+分录号的净需求合并生成一张计划订单；不勾选时净需求不合并，分别产生不同的计划订单。

例如：某销售订单销售 A1 和 A2 两种产品各 100 个，BOM 中 A1 和 A2 每个产品需要 2 个 X 物料。若勾选【按单合并】，会产生 1 张计划订单，X 物料数量为 400。如果勾选【按分录合并】，则会产生 2 张计划订单，X 物料数量为 200，共 2 张。

②【需求合并类物料允许对不同需求来源的单据进行合并】。勾选时，对同一物料的净需求，需求日期相同的进行合并，即按天进行合并。此参数只对物料中【MRP 计算是否合并需求】为

"是"的物料有效。注意：如果允许不同需求来源的单据合并，合并的计划订单会丢失源头单据的信息，不利于订单的完整跟踪，因此严格采用订单跟踪的企业不建议使用该合并方式。

③【期间订货合并】。只有物料的【订货策略】设置为"期间订货策略 POQ"的物料才能勾选该参数。其具体用法参考活动 4-2-4 的活动拓展。

（8）【投放参数】页签

完成 MPS/MRP 计算后，产生的计划订单需要通过投放来生成后续业务单据，驱动后续的采购、生产、委外等业务的执行。投放参数主要用来设置投放的目标单据中的一些关键信息和单据状态。

①【运算完成直接投放计划订单】。勾选时，MPS/MRP 运算最后直接将满足条件的计划订单投放成生产订单、委外申请单或采购申请单。自动投放后，计划订单就不能修改和调整了，因此，初学者或者计划管理过程自动化程度不高的企业，不建议勾选该参数。

② 其他投放类参数。【投放参数】页签中的参数虽然多，但是使用较为简单，主要是对投放后目标单据中的一些关键信息的自动填充，以及控制生成目标单据的状态，在此不逐一讲解。

（9）【仓库参数】页签

该参数主要指在 MPS/MRP 计算时，哪些仓库中的库存数据可以作为"现在库存"（参见【运算参数】页签的公式）纳入计算。计划参与计算的仓库需要勾选【本次计算 MPS/MRP 可用仓】参数。注意，在【仓库参数】页签增加的仓库应该满足 3 个前提条件：第一，必须是【组织参数】页签中设置为供给组织的下设仓库；第二，必须在【仓库】基础资料中勾选了【允许 MRP 计划】参数；第三，必须在净需求计算公式中勾选了【考虑现有库存】。

（10）【其他参数】页签

①【计算前自动维护低位码】。勾选时，MPS/MRP 计算前自动调用低位码计算程序，刷新系统中所有参与 MRP 计算的物料的低位码。低位码是保证 MPS/MRP 计算能够遍历完整 BOM 而不遗漏物料的关键技术，因此建议勾选，在每次计算 MPS/MRP 时，让 ERP 系统自动进行低位码计算。

②【自动计算优先级】。勾选时，如果计划人员已经在计划管理参数中启用了动态需求优先级，并设置了优先级计算因子（可选择客户、数量和时间 3 种因子）及其权重，MRP 计算前会自动调用需求优先级计算程序，刷新系统中所有独立需求的需求优先级。金蝶云星空系统支持优先级计划，比如计划人员如果想对紧急销售订单做插单运算，可考虑按需求优先级为紧急订单抢占已计算的订单预留物料的库存，此时建议勾选该参数。

③【仅计算 MPS】/【仅计算 MRP】。勾选【仅计算 MPS】，采用该计划方案进行计划运算时，在向导页面会锁定勾选【MPS 计划】，也就是说这个计划只计算 MPS 物料。勾选【仅计算 MRP】，采用该计划方案进行计划运算时，在向导页面会锁定勾选【MRP 计划】，也就是说这个计划只计算 MRP 物料。一般采用 MPS/MRP 两阶段计划方法时（参考本活动的活动拓展），会分别为 MPS 和 MRP 各设置一个计划方案，分步骤完成整个计划过程。

④【计划运算前自动进行预测冲销】。勾选时，MRP 运算前自动执行"多组织预测冲销"算法。当计划系统参数启用【多组织冲销】时，计划方案中运算范围选取的是销售预测冲销结果，则此参数可勾选。勾选后，需要在【预测冲销方案】或【ATO 预测冲销方案】中指定计算中采用的冲销方案。

## ✳ 活动 5-1-3：MRP 初次计算与结果查询

### 📖 活动导入

#### 管理情景

根据设置好的计划方案，进行 MRP 计算，安排本次生产需要使用的所有物料的需求计划。

本次计划主要根据 MPS 的结果进行安排，考虑库存情况，确定产成品生产所需的全部原材料和半成品的采购计划和生产计划。

【问题】MRP 计算流程是怎样的，注意事项是什么？

## 前导知识

### 1. MRP 计算范围

使用勾选了【仅计算 MRP】的计划方案，进行计划排产时，只将【计划策略】为"MRP"的物料纳入计算，这种情况下，【计划策略】为"MPS"或者"无"的物料不被纳入本次计算。本活动主要采取这种计划策略。

### 2. MRP 计算过程

金蝶云星空中 MRP 计算过程如图 5-1 所示，其是图 4-2 中 MRP 部分的细化。

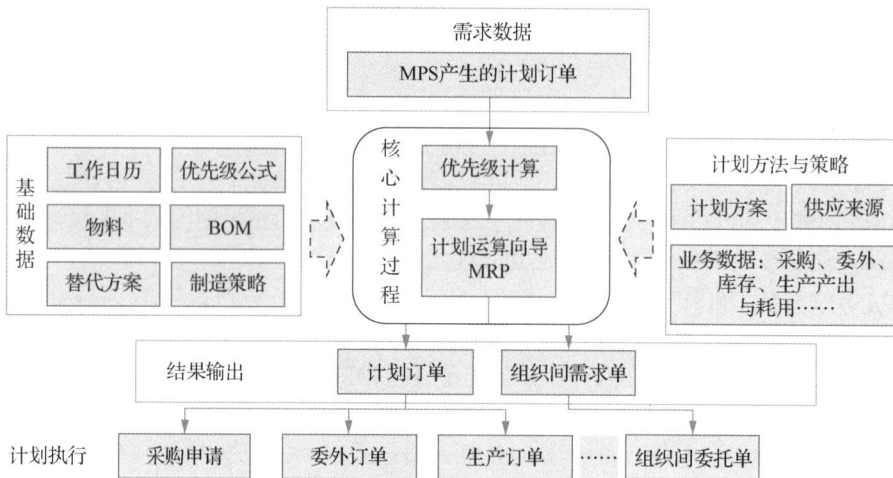

图 5-1　金蝶云星空 MRP 计算过程

## 活动执行

### 活动解析

≈≈≈业务数据≈≈≈

2030 年 3 月底深圳总厂在完成了第一次月度 MPS 运算后，紧接着进行了第一次 MRP 运算，运算截止时间是 2030 年 5 月 31 日，安排本次生产需要使用的所有物料的需求计划。

### 活动过程

① 计划运算前准备。
② 计划运算。
③ 查询运算结果。

> 📖说明
>
> 金蝶云星空系统中，MPS 和 MRP 使用相同的计划管理功能，其计划排产计算过程也基本一致。

### 活动步骤

#### 1. 计划运算前准备

MRP 计算前的准备工作和 MPS 计算一致，可以进行 BOM、计划方案等数据检查，执行低位码运算、优先级运算等预备工作。而相关检查工作大多数都已经在 MPS 计算前进行过，这里无须再次检查。例如：低位码运算已经在项目 4 的活动 4-2-3 中做过，在 BOM 未新增和修改的情况下，可跳过本步骤。

### 2. 计划运算

执行【生产制造】—【计划管理】—【物料需求计划】—【计划运算向导】命令，在数据准备阶段选择计划方案为"总厂物料需求计划 S***"，设定【结束日期】为"2030/5/31"，单击【下一步】按钮进入开始计算阶段，选中【直接计算】后单击【开始计算】按钮，待系统计算完以后，单击【完成】按钮退出。

> 📖 **操作一点通**
>
> 在执行 MRP 运算向导的过程中，除了【计划方案】的设置有所不同外，其余的步骤基本与 MPS 运算向导相同。
>
> 企业进行 MRP 计算时，一般和本次 MPS 保持相同的计划时间范围，在金蝶云星空系统中，也就是计算结束时间保持一致。

### 3. 查询运算结果

执行【生产制造】—【计划管理】—【物料需求计划】—【计划订单列表】命令，查询系统有没有生成 MRP 计划订单。

> 📖 **操作一点通**
>
> 本书提供了配套的 MRP 计算结果数据（计划订单列表），可供学习者进行结果比对。学习者重点检查物料、数量、生产或采购的开始和结束时间、BOM 版本、需求单据、投放类型和投放单据类型等信息。如果关键数据不一致，需要查找、分析原因。

## 📖 活动总结

### 理论知识归纳

MRP 运算错误的常见原因如下。

（1）MPS 产生的计划订单未审核或者提前投放

在采用先 MPS 运算后 MRP 运算的两阶段计划方法下，MRP 需要根据 MPS 计算产生的计划订单来计算全部 MRP 物料的需求（MRP 的【计划方案】的【运算范围】中，勾选了【计划订单 MPS 计划订单】），因此前面 MPS 计算结果会影响 MRP 运算，以下三种常见的 MPS 的错误会造成 MRP 无法获得计算结果。

第一，如果 MPS 计算没有产生任何结果，那么 MRP 当然无法获得计算结果。这时要先检查 MPS 的错误，而不是盲目重算 MRP。详见活动 4-2-3。

第二，MPS 已经产生了计划订单但是没有审核，表示该结果并未得到计划员的确认，那么 MRP 也无法获得计算结果。这时必须先检查 MPS 结果是否正确，并审核 MPS 计划订单后，再重算 MRP。

第三，MPS 计划订单已经投放并关闭，对于已关闭的计划订单，MRP 无法纳入计算。也就是在还没有完成 MRP 计算的前提下，提前投放或者手工关闭 MPS 订单。出现这种情况，应该删除 MPS 计划订单投放产生的后续单据（一般是生产订单或委外订单），然后重算 MPS，产生新的 MPS 计划订单并审核后，再重算 MRP。

如果采用忽略 MPS 直接计算 MRP 的一阶段计划方法，MRP 计算就需要判断独立需求单据（销售订单、预测单等）是否已审核未关闭，其判断标准和 MPS 计算要求一致，详见活动 4-2-3。

（2）运算前 BOM 未完整、正确录入并且审核

MRP 计算需要根据 BOM 展开计算所有原料和半成品的需求量和需求时间。因此 BOM 是否准确对计算结果有重大影响。常见 BOM 错误对计算结果影响有以下两种情况。

第一，如果 MPS 订单的【BOM 版本】信息缺失，MPS 计划订单也将无法审核，MRP 计算将没有计算依据，也就无法进行计算。这个错误是前面 MPS 计算时产生的，需要完善 BOM 并审核后，再重新运算 MPS。注意：重算 MPS 前，MPS 计划订单不能审核，否则无法通过计算更正错误。如果能够判断 MPS 订单内容基本正确，只是 BOM 版本信息缺失，也可以在 MPS 计划订单中手动录入 BOM 版本信息来修正。

第二，如果 BOM 只是部分结构缺失，那么缺失结构中包含的物料在 MRP 计算时会被遗漏，而无法产生计划订单。另外，如果 BOM 中用量、损耗率等信息不正确，也会影响运算结果，因此，当计算结果只是部分材料缺失或者数量不正确，需要仔细检查 BOM 结构是否完整，以及用量、损耗率、跳层等数据设置是否正确。BOM 的完整性可以通过【低位码运算】中的【BOM 完整性检查】来辅助判断（详见任务 3-2 的活动）。BOM 中版本号、物料、用量、损耗率、成品率等信息还是需要人工核查，系统无法判断其数据的合理性。金蝶云星空进行计划运算时一般使用新版本的 BOM 作为排产依据（单独指定老版本的情况除外），因此需要重点检查新版本的 BOM 是否正确。

（3）其他和 MPS 的相似问题

MRP 和 MPS 算法相似，而且在大多数 ERP 系统中，也都将两者进行了集成。因此 MRP 运算也会面临和 MPS 运算类似的问题，相关问题请参考活动 4-2-3 中 MPS 计算错误的常见原因。

## 操作知识归纳

在金蝶云星空系统中，计划订单有两种状态：业务状态和单据状态。单据状态和大多数单据一样，主要反映单据是否被提交审核的变化情况；业务状态则反映计划订单相关数量是否被业务确认的具体情况，如表 5-4 所示。

表5-4　金蝶云星空系统计划订单状态说明

| 操作动作 | 业务状态 | 单据状态 |
| --- | --- | --- |
| 计划订单保存未提交 | 计划 | 创建 |
| 提交之后审核之前 | 需求确认 | 审核中 |
| 审核之后投放之前 | 供应确认 | 已审核 |
| 投放之后 | 手工投放关闭/自动投放关闭 | 已审核 |
| 手动关闭 | 手工关闭 | 已审核 |
| 执行合并或拆分动作 | 合并关闭或拆分关闭 | 已审核 |

## 作业

第一次 MRP 运算完成后，请到计划订单列表中查找表 5-5 中物料的"确认订单量""需求单据编号""需求单据行号"等信息，并将相关数据填入表 5-5 中（本作业只统计第一次 MRP 的确认订单量）。思考这些物料的确认订单量是如何计算得出的。

表5-5　第一次 MRP 运算部分结果

| 物料编码 | 物料名称 | 确认订单量 | | 需求单据编号 | 需求单据行号 |
| --- | --- | --- | --- | --- | --- |
| | | 第一次 MRP | 第二次 MRP | | |
| S***.01.001 | 车胎 | | | | |
| S***.01.003 | 钢丝 | | | | |
| S***.02.001 | 辐条 | | | | |
| S***.02.002 | 辐条 | | | | |

# ✿ 活动 5-1-4：MRP 再次计算与结果查询

## 📖 活动导入

### 管理情景

在实际进行 MRP 计算时，必须考虑供应链各个环节的管理要求和物流变动情况。例如在途采购、批量调整等因素都会对 MRP 计算结果产生影响，只有将这些变动因素都纳入计划管理范围，才能够让 MRP 计算结果更符合实际运营情况，才具有可操作性和实用性，也才能让生产企业内部运营顺畅。

【问题】各变动因素对 MRP 计算结果的影响如何？

## ✍ 活动执行

### 活动解析

本活动中，深圳总厂计划人员希望 MPS/MRP 运算能够考虑几种常见变动因素，主要有在途采购、物料损耗、生产或采购批量，根据以下需求，进行参数设置，并使用活动数据模拟测试，查看结果是否符合预期。

≈≈≈业务数据≈≈≈

① 考虑预计入库量。

新增一张采购申请单：2030 年 3 月 20 日深圳总厂计划部陈东明申请采购 28 英寸车胎（物料编码 S\*\*\*.01.001）30 个，约定交货时间为 2030 年 4 月 14 日，申请已获得批准。

② 考虑子项物料的损耗。

增加 28 英寸车前轮的新版 BOM，把子项物料 14# 辐条的变动损耗率改为 5%。

增加 24 英寸车前轮的新版 BOM，把子项物料 12# 辐条的变动损耗率改为 5%。

③ 考虑采购原材料的批量控制。

调整采购物料钢丝的订货策略，修改批量控制数据，如表 5-6 所示。

表 5-6　钢丝物料订货策略属性

| 编码 | 名称 | 基本 | | 计划属性 | | | |
|---|---|---|---|---|---|---|---|
| | | 规格型号 | 订货策略 | 最大订货量 | 最小订货量 | 最小包装量 | |
| S\*\*\*.01.003 | 钢丝 | d3mm | （LFL）批对批 | 120 000 | 300 | 300 | |

完成以上调整后，计划人员于 2030 年 3 月 29 日再次进行了 MPS 运算和 MRP 运算，对截至 5 月 31 日的所有物料需求计划做了重新安排。

### 活动过程

① 调整关键属性和业务单据。

② 进行计划重排（MPS/MRP）。

### 活动步骤

**1. 调整关键属性和业务单据**

（1）新增采购申请单

在户外用品深圳总厂组织下，执行【供应链】—【采购管理】—【采购申请】—【采购申请单】命令，进入采购订单-新增页面。然后按照业务数据第①段的描述录入采购物料、数量、到货日期等信息，录入完成后依次单击【提交】、【审核】、【退出】按钮。

用户可以执行【供应链】—【采购管理】—【采购申请】—【采购申请单列表】命令，查询刚录入的采购申请单。

（2）复制新增车前轮的 BOM，增加损耗率

在户外用品深圳总厂组织下，执行【生产制造】—【工程数据】—【物料清单】—【物料清单列表】命令，在列表中找到 28 英寸车前轮，单击蓝色的 BOM 链接，打开 BOM。单击【新增】菜单右边的下拉箭头，再单击【复制】按钮，然后到子项明细中找到 14#辐条所在的行，设置【变动损耗率%】为"5"（代表 5%）。完成后依次单击【保存】、【提交】、【审核】、【退出】按钮。完成后注意观察 28 英寸车前轮物料新产生的 BOM 是否比原来的 BOM 具有更大版本号。

以同样的方法，复制新增 24 英寸车前轮的 BOM，把子项物料 12#辐条的【变动损耗率%】改为"5"（代表 5%），最后注意要依次单击【保存】、【提交】、【审核】按钮。完成后注意观察 24 英寸车前轮物料新产生的 BOM 是否比原来的 BOM 具有更大版本号。

> 📖 **操作一点通**
>
> 　　一个物料新增一个 BOM 时，默认会在原最新版本基础上自动增大版本号。如果企业有自己的版本定义规则也可以手动修改，但是要保证唯一性。另外还要注意必须保证 BOM 版本号比原版本号大。BOM 版本号大小按文本字符从小到大的顺序排序，不确定大小时，可以把版本号复制到 Excel 中按文本排序，以确定版本号大小。

完成后可以通过【物料清单正查】功能进行查询，查看在增加损耗率后 BOM 用量的变化情况，重点观察标准用量和实际数量的差异。注意要选择最新版 BOM 数据查询。图 5-2 展示了增加损耗率后 28 英寸车前轮的完整 BOM 数据。

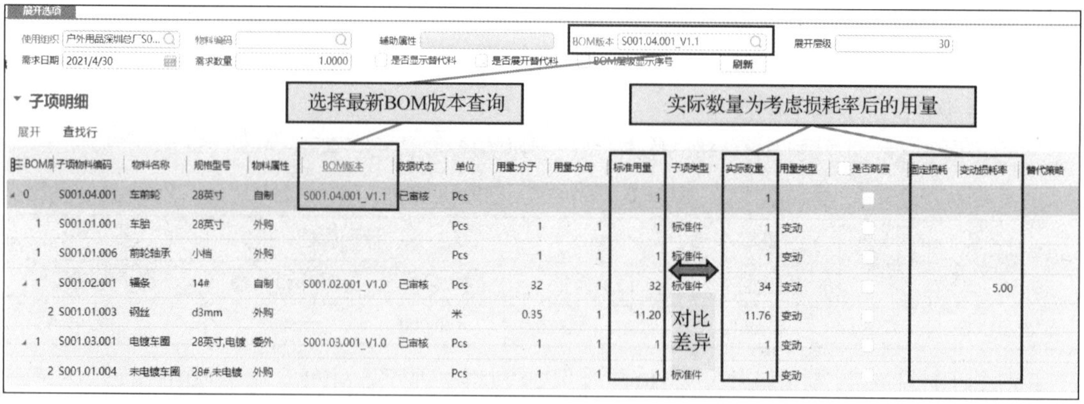

图 5-2　车前轮（28 英寸）考虑损耗率的物料清单正查情况

（3）修改钢丝的计划属性

在户外用品深圳总厂组织下，执行【基础管理】—【基础资料】—【主数据】—【物料列表】命令，在列表中找到钢丝，单击蓝色的编码，进入物料-修改页面。单击【审核】右边的下拉箭头，再单击【反审核】按钮，然后到【计划属性】页签中根据表 5-6 修改相关的批量控制属性。完成后依次单击【提交】、【审核】、【退出】按钮。也可以使用批改功能，对已审核的基础资料属性进行修改。

## 2. 进行计划重排（MPS/MRP）

（1）反审核 MPS 计划订单

在活动 4-2-3 中，我们已经审核了 MPS 计划订单，该计划订单使用的 BOM 为老版本，此

时需要更换为新版本。在重新计算 MPS 之前必须对这些订单进行反审核的操作，这样在重新计算时才能更新其内容。执行【生产制造】—【计划管理】—【物料需求计划】—【计划订单列表】命令，勾选所有的【MPS 计划订单】（根据【单据类型】列查找），单击【审核】右边的下拉箭头，再单击【反审核】按钮，系统会将 MPS 计划订单的业务状态重新变回计划状态，单据状态变为"重新审核"。

> 📖操作一点通
>
> ① 由于本次更改了产成品（MPS 物料）的 BOM，前次 MPS 运算得到的 MPS 计划订单中记录的是老版本 BOM 数据。为了反映最新变化，需要重算 MPS，当然必须确保 MPS 计划订单是未审核状态，才能在重算中更新。
>
> ② 如果在产成品的完整 BOM 中，修改的是较低层级的 BOM，未影响 MPS 计划订单的内容，那么就无须重算 MPS。

> 📖提问
>
> 如果不做反审核，对后面 MRP 的运算结果会产生什么影响？

（2）进行第二次 MPS 运算

执行【生产制造】—【计划管理】—【物料需求计划】—【计划运算向导】命令，【计划方案】选择"总厂主生产计划 S***"，【截止时间】为"2030/5/31"，完成第二次 MPS 运算。

> 📖提问
>
> 计算完成后，请打开重新生成的 MPS 计划订单，查看单据中【运算编号】、【BOM 版本】字段是否发生变化。

（3）提交审核新生成的 MPS 计划订单

执行【生产制造】—【计划管理】—【物料需求计划】—【计划订单列表】命令，勾选所有的【MPS 计划订单】，依次单击【提交】、【审核】按钮。

（4）进行第二次 MRP 运算

执行【生产制造】—【计划管理】—【物料需求计划】—【计划运算向导】命令，【计划方案】选择"总厂物料需求计划 S***"，【截止时间】为"2030/5/31"，完成第二次 MRP 运算。

（5）查询 MRP 运算结果

执行【生产制造】—【计划管理】—【物料需求计划】—【计划订单列表】命令，查询 MRP 运算产生的计划订单，结果如图 5-3 所示。

| 单据类型 | 单据编号 | 投放类型 | 投放单据类型 | 物料编码▲ | 物料名称 | 规格型号 | BOM版本 | 单位 | 确认订单量 | 确认采购/生... | 确认到货/完... | 数据来源 | 运算编号 | 采购/生产组织 | 需求组织 | 入库组织 | 需求单据编号 | 需求单据行号 |
|---|---|---|---|---|---|---|---|---|---|---|---|---|---|---|---|---|---|---|
| MRP计划订单 | MRP00000201 | 采购申请类 | 标准采购申请 | S001.01.001 | 车架 | 28英寸 | | Pcs | 30 | 2030/4/27... | 2030/4/29... | 运算生成 | MRP000008 | 户外用品采购... | 户外用品... | 户外用品... | XSDD000001 | 1 |
| MRP计划订单 | MRP00000205 | 采购申请类 | 标准采购申请 | S001.01.002 | 车架 | 24英寸 | | Pcs | 90 | 2030/4/26... | 2030/4/29... | 运算生成 | MRP000008 | 户外用品采购... | 户外用品... | 户外用品... | XSDD000001 | 2 |
| MRP计划订单 | MRP00000212 | 采购申请类 | 标准采购申请 | S001.01.003 | 钢丝 | d3mm | | 米 | 1,200.00 | 2030/4/26... | 2030/4/29... | 运算生成 | MRP000008 | 户外用品采购... | 户外用品... | 户外用品... | XSDD000001 | 1 |
| MRP计划订单 | MRP00000211 | 采购申请类 | 标准采购申请 | S001.01.003 | 钢丝 | d3mm | | 米 | 900.00 | 2030/4/26... | 2030/4/29... | 运算生成 | MRP000008 | 户外用品采购... | 户外用品... | 户外用品... | XSDD000001 | 2 |
| MRP计划订单 | MRP00000207 | 采购申请类 | 标准采购申请 | S001.01.004 | 未电镀车圈 | 28#,未电镀 | | Pcs | 70 | 2030/4/23... | 2030/4/29... | 运算生成 | MRP000008 | 户外用品采购... | 户外用品... | 户外用品... | XSDD000001 | 1 |
| MRP计划订单 | MRP00000210 | 采购申请类 | 标准采购申请 | S001.01.005 | 未电镀车圈 | 24#,未电镀 | | Pcs | 100 | 2030/4/23... | 2030/4/29... | 运算生成 | MRP000008 | 户外用品采购... | 户外用品... | 户外用品... | XSDD000001 | 2 |
| MRP计划订单 | MRP00000206 | 采购申请类 | 标准采购申请 | S001.01.006 | 前轮轴 | 小轴 | | Pcs | 100 | 2030/4/27... | 2030/4/29... | 运算生成 | MRP000008 | 户外用品采购... | 户外用品... | 户外用品... | XSDD000001 | 1 |
| MRP计划订单 | MRP00000203 | 采购申请类 | 标准采购申请 | S001.01.006 | 前轮轴 | 小轴 | | Pcs | 70 | 2030/4/27... | 2030/4/29... | 运算生成 | MRP000008 | 户外用品采购... | 户外用品... | 户外用品... | XSDD000001 | 2 |
| MRP计划订单 | MRP00000204 | 生产订单类 | 直接入库-普... | S001.02.001 | 辐条 | 14# | S001.02.001_V1.0 | Pcs | 2,352 | 2030/4/28... | 2030/4/29... | 运算生成 | MRP000008 | 户外用品采购... | 户外用品... | 户外用品... | XSDD000001 | 1 |
| MRP计划订单 | MRP00000208 | 生产订单类 | 直接入库-普... | S001.02.002 | 辐条 | 12# | S001.02.002_V1.0 | Pcs | 3,360 | 2030/4/28... | 2030/4/29... | 运算生成 | MRP000008 | 户外用品采购... | 户外用品... | 户外用品... | XSDD000001 | 2 |
| MRP计划订单 | MRP00000202 | 委外订单类 | 普通委外订单 | S001.03.001 | 电镀车圈 | 28英寸,电镀 | S001.03.001_V1.0 | Pcs | 70 | 2030/4/25... | 2030/4/29... | 运算生成 | MRP000008 | 户外用品采购... | 户外用品... | 户外用品... | XSDD000001 | 1 |
| MRP计划订单 | MRP00000209 | 委外订单类 | 普通委外订单 | S001.03.002 | 电镀车圈 | 24英寸,电镀 | S001.03.002_V1.0 | Pcs | 100 | 2030/4/25... | 2030/4/29... | 运算生成 | MRP000008 | 户外用品采购... | 户外用品... | 户外用品... | XSDD000001 | 2 |
| MPS计划订单 | MPS00000401 | 生产订单类 | 直接入库-普... | S001.04.001 | 车轮 | 28英寸 | S001.04.001_V1.1 | Pcs | 70 | 2030/4/30... | 2030/4/30... | 运算生成 | MPS000011 | 户外用品采购... | 户外用品... | 户外用品... | XSDD000001 | 1 |
| MPS计划订单 | MPS00000402 | 生产订单类 | 直接入库-普... | S001.04.002 | 车轮 | 24英寸 | S001.04.002_V1.1 | Pcs | 100 | 2030/4/29... | 2030/4/30... | 运算生成 | MPS000011 | 户外用品采购... | 户外用品... | 户外用品... | XSDD000001 | 2 |

图 5-3 MRP 第二次运算后计划订单列表

### 作业

第二次 MRP 运算完成后，请到计划订单列表中查找表 5-7 中物料的"确认订单量""需求单据编号""需求单据行号"等信息，并将相关数据填入表 5-7 中（本作业只统计第二次 MRP 的确认订单量，第一次 MRP 的数据从活动 5-1-3 的作业中复制过来）。

观察物料的确认订单量和需求单据的前后变化，思考这些变化产生的原因。

表 5-7 MRP 两次计算对比分析

| 物料编码 | 物料名称 | 确认订单量 | | 需求单据编号 | 需求单据行号 |
|---|---|---|---|---|---|
| | | 第一次 MRP 计算 | 第二次 MRP 计算 | | |
| S***.01.001 | 车胎 | | | | |
| S***.01.002 | 车胎 | | | | |
| S***.01.003 | 钢丝 | | | | |
| S***.02.001 | 辐条 | | | | |
| S***.02.002 | 辐条 | | | | |

## 📖 活动总结

### 理论知识归纳

#### 1．预计量和已分配量

参见活动 4-2-4 的活动总结。本活动演示的是预计入库量的"在途采购"形式，虽然只是提交了采购申请单，采购的完整工作流程并未执行完成，但是只要按正常采购流程执行，该材料会按期入仓，形成库存。因此，计划排产时仍然会将该采购申请单中的采购量作为预计量（预计入库量）纳入计划。

#### 2．损耗率和成品率

参见任务 5-2 的活动中关于损耗率和成品率的计算公式。

#### 3．批量调整

参见活动 4-2-4 的活动总结关于净需求批量调整的介绍。

### 操作知识归纳

在金蝶云星空系统中，一个物料可以同时存在多个审核后的 BOM（只要其版本不同），MPS/MRP 运算时，一般会获取计划组织中最高（最新）版本 BOM 数据作为计算依据（手动指定的除外），并将其信息记录到计划订单中。运算后，如果 BOM 内容发生变化，之前已运算产出的计划订单并不能直接体现 BOM 的最新变化，这种功能设计避免了产品更新换代对已排产成品的直接影响，用户可以根据实际生产情况灵活选择是否进行计算更新。如果需要更新，那么需要通过重新计算或者手动修改 BOM 版本信息来更新。

如果销售订单中已指定了 BOM 版本，那么即使有更高版本的 BOM 数据，也不会在计划计算中更新。销售订单是否绑定 BOM 数据，由系统参数决定。使用管理员账号登录系统，执行【基础管理】—【公共设置】—【参数设置】命令，【销售订单的 BOM 版本字段携带规则】参数可以控制销售订单是否自动携带 BOM 数据。本活动的配套账套已设置为"不携带"，就表示销售订单不指定 BOM 版本，系统自动获取最新 BOM 版本进行计划运算。

本活动损耗率更改影响了最上层 BOM 数据（MPS 物料的 BOM），原排产计划订单存储的是老版本的 BOM 信息，因此本活动需要重新进行 MPS 运算，让计划订单中的 BOM 数据更新到最新版本。当然 MPS 变更后，其相关的 MRP 也需要重排。

## 任务 5-2 MRP 计算结果分析与优化

### 活动：MRP 计算结果分析与算法解析

#### 活动导入

**管理情景**

MRP 编制涉及大部分生产所需原材料和半成品，其物料数量多，而且根据生产过程和 BOM 关系，物料之间具有复杂的依存关系。这种繁杂的计算过程虽然由 ERP 系统代为处理，但是由于计划的复杂性，计划计算时依赖众多数据，任何数据和参数的不合理都可能造成系统计算结果不符合实际生产要求，不能执行，因此，计划人员仍然需要具备理解和分析计划计算结果的能力，要能够了解算法逻辑、各数据和参数对结果的影响，识别最终结果是否可行。

【问题】计划人员如何查询和分析计算结果？

**前导知识**

#### 1. MRP 按照 BOM 展开计算的基本逻辑

（1）用量计算

MRP 在 MPS 的基础上，根据 BOM 层级逐级展开计算所有物料的需求计划，主要依据父项物料的需求量，同时考虑 BOM 标准用量、损耗率、成品率等要素，计算下级子项物料的毛需求数量（主要是相关需求），再进一步计算净需求数量，如图 5-4 所示。

（2）工作时间计算

ERP 系统一般采用倒排产的时间安排方式，主要根据 MPS 的完工日期，考虑 BOM 的层级关系和物料的提前期等时间要素，倒排物料的开工和完工日期，如图 5-7 所示。在上级物料开工生产前，下级物料必须完成准备（采购或生产）。这是 BOM 加工顺序在生产各任务之间的具体体现，也是制定计划任务时必须考虑的业务依存关系。

图 5-4 演示了 X 产品如何根据 BOM 层级逐级展开倒排计算 MRP。根据 MPS 的计划日程，考虑 BOM 层级和物料用量（标准用量、损耗率等因素），同时考虑库存变动、提前期等情况，逐级展开计算所有物料需求。用倒排产的方法得到详细 MRP。

#### 2. MRP 毛需求的计算逻辑

MRP 对子项物料毛需求的计算，根据 BOM 中父项物料和子项物料的生产标准用量、损耗率、成品率以及父项物料的计划订单量计算得到。

（1）生产标准用量

生产标准用量，是加工父项物料所需要的子项物料的数量，它是由产品工艺和结构决定的，也常常被称为物料消耗定额。它是核算生产物料所需原料量的基础数据。

在金蝶云星空系统中，父项物料用量和子项物料用量都在 BOM 中设置。数据列【用量：分母】表示父项物料用量，数据列【用量：分子】表示子项物料用量。图 5-5 中，1 个 A 物料需要 2 个 B 物料、1 个 C 物料，并且 C 物料有 5% 的损耗率，其 BOM 设置如图 5-6 所示。一般情况下【用量：分母】的值设置为"1"，表示 1 个父项物料需要多少个子项物料。但是也有一些特殊情况，父项物料用量大于 1，例如钢板的裁剪，原料为 1 张钢板，根据不同产品尺寸可以裁剪不同数量的半成品。这种设计可以更灵活地满足企业生产备料的需要。

**X物料　提前期=1**

| 时段 | 1 | 2 | 3 | 4 | 5 | 6 | 7 | 8 | 9 | 10 |
|---|---|---|---|---|---|---|---|---|---|---|
| 计划产出量 | | 20 | | 10 | | | 10 | 10 | | 10 |
| 计划投入量 | 20 | | 10 | | | 10 | 10 | | 10 | |

**A物料　提前期=1　最小批量=10　批量增量=10　现有库存=18　安全库存=5**

| 时段 | 1 | 2 | 3 | 4 | 5 | 6 | 7 | 8 | 9 | 10 |
|---|---|---|---|---|---|---|---|---|---|---|
| 毛需求 | 40 | 0 | 20 | 0 | 0 | 20 | 20 | 0 | 20 | 0 |
| 预计入库量 | 50 | | | | | | | | | |
| 已分配量 | | | | 6 | | | | | | |
| 库存 | 18 | 28 | 28 | 8 | 8 | 12 | 12 | 12 | 12 | 12 |
| 净需求 | | | | 3 | 13 | 13 | | 13 | | |
| 计划产出量 | 0 | 0 | | 10 | | 20 | 20 | | 20 | |
| 计划投入量 | 0 | 0 | 10 | 20 | | 20 | | 20 | | |

**B物料　提前期=2　最小批量=10　批量增量=10　现有库存=8　安全库存=5**

| 时段 | 1 | 2 | 3 | 4 | 5 | 6 | 7 | 8 | 9 | 10 |
|---|---|---|---|---|---|---|---|---|---|---|
| 毛需求 | 0 | 0 | 0 | 10 | 0 | 20 | 0 | 0 | 0 | 0 |
| 预计入库量 | | | | | | | | | | |
| 已分配量 | | | | | | | | | | |
| 库存（8） | 8 | 8 | 8 | 8 | 8 | 8 | 8 | 8 | 8 | 8 |
| 净需求 | 0 | 0 | 0 | 7 | 17 | 17 | 0 | 17 | 0 | 0 |
| 计划产出量 | 0 | 0 | 0 | 10 | 0 | 20 | 0 | 0 | 0 | 0 |
| 计划投入量 | 0 | 0 | 10 | 20 | 20 | 0 | 20 | 0 | 0 | |

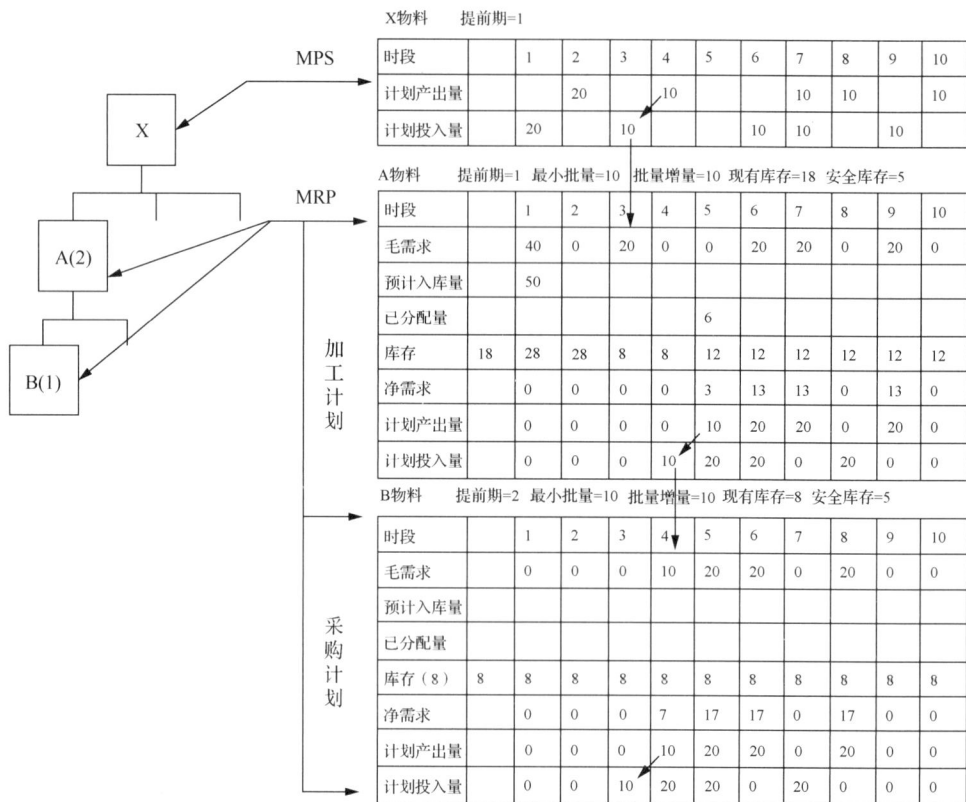

图 5-4　按照 BOM 层级展开的 MRP 计算逻辑

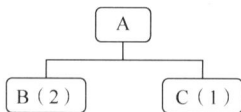

图 5-5　A 物料单层 BOM

图 5-6　A 物料 BOM 的标准用量设置

有了 BOM 的基本用量以及父项物料的净需求量，就可以计算子项物料的毛需求量。计算公式为：

$$子项物料毛需求=父项物料计划订单量×[（用量:分子）/（用量:分母）]$$

注：以上是用量类型为"变动"时的计算公式，采用不同用量类型公式略有不同，系统也支持"固定"和"阶梯"用量类型，详细内容参考任务 3-2 的活动。各公式的本质是一样的，根据父项物料的需求量，结合 BOM 中标准用量，计算子项物料需求量。

（2）损耗率

损耗率（Scrap Rate，SR），即一个子项物料在制造某个父项物料的过程中，变成不良品的概率。损耗率=（损耗量/净用量）×100%。例如：1 个 A 物料需要 1 个 C 物料，某日计划生产 100 个 A 物料，实际使用 105 个 C 物料，C 物料的理论使用量=100×1=100（个），损耗率=（105-100）/105=4.76%。

损耗率受加工工艺、加工环境、操作水平等多种因素的影响，实际并不是一个稳定的值。在生产实践中，一般由设计或者生产部门，考虑在正常生产条件下，根据历史统计数据，设定一个合理、可接受的值。在计划管理时，设定损耗率的主要目的是更准确地计算物料需求量，确保在合理损耗的情况下，既能够生产不缺料，又能够控制不合理损耗，降低生产成本。要注意，同一子项物料用来生产不同父项物料时可能有不同的损耗率，因此损耗率在 BOM 的子项物料明细中定义。考虑损耗率时，毛需求计算公式如下。

① 考虑损耗率的子项物料毛需求=子项物料毛需求/（1-损耗率）

② 考虑损耗率的子项物料毛需求=子项物料毛需求×（1+损耗率）

从以上公式可以看出，考虑损耗率会适当放大该物料的毛需求量，不过这种放大是合理的、可控的。理论研究一般使用公式①来计算，但是由于公式①的除法计算比较麻烦，计算时容易产生小数，因此有些行业企业会习惯于采用公式②，金蝶云星空系统默认采用公式②。

以上讲解的损耗率是常用的损耗率，表现为一个比例关系，在金蝶云星空系统中，称其为变动损耗，可在 BOM 的子项明细列表中的【变动损耗率%】列录入其数据。除此以外，金蝶云星空系统还支持固定损耗率类型。固定损耗是指损耗量和生产加工批量无关，表现为一个固定值，不是比例数据，可在 BOM 的子项明细列表中的【固定损耗】列录入其数据。这是理论损耗率（变动损耗率）的一种拓展，计算逻辑略有不同，计算损耗时，不是按比例计算，而是直接用固定损耗量，以适应某些行业损耗量的特殊情况。

> 📖 操作一点通
>
> 在金蝶云星空系统中，执行【工程数据】—【工程数据参数】命令，在【损耗率处理方式】中，可以选择"1/（1-损耗率）"或者"1×（1+损耗率）"，默认值采用"1×（1+损耗率）"。选择后，在【计划方案】的【计算参数】中，关于损耗率的计算公式也会发生相应变化。

（3）成品率

成品率，是指生产企业在生产产品的过程中，合格成品数量与核定的产品材料总投入量之间的比率关系。根据成品率的定义可知，成品率主要是针对 BOM 中的成品（父项物料）的定义，是指加工出的成品（父项物料）中有多少是符合要求的合格产品。与成品率相关的概念是残次品率。

$$成品率=合格成品数量/投料套数×100\%$$
$$残次品率=1-成品率$$

和损耗率的原理类似，成品率一般也是企业在正常工艺水平下，设定的一个可以接受的合格成品生产比率，是基于一段时间的统计数据确定的标准。成品率是质量管理的重要指标，它能够帮助企业及时发现生产工艺问题。从计划管理角度来看，如果某物料生产要考虑成品率，那么生产足够数量的合格成品，需要生产储备更多成品，也就需要准备更多套原材料，这样该物料所需的所有材料都会增加。

$$计划订单量=批量调整（净需求数量/成品率）$$

这是金蝶云星空中【计划方案】中考虑成品率的计算公式。从公式可以看出，考虑成品率会在原有净需求的基础上放大物料需求量，计算后再进行批量调整。

📖 **操作一点通**

在金蝶云星空系统中，在 BOM 中，成品率的默认值设置为 100%，但是其字段在 BOM 中默认为不可见。如果需要使用，需要在 BOS（二次开发平台）中开放成品率字段的可见性。BOS 内容超过本书讲解范围，在此就不演示成品率的使用方式了。

### 3. MRP 净需求和计划订单量计算逻辑

MRP 净需求计算和 MPS 的计算方法基本一致，都是按照时间顺序计算每个时段的需求，先计算净需求，然后进行批量调整确定最终的计划订单量，再计算期末库存，并重复以上过程计算计划展望期内的所有需求。详细计算过程请参考活动 4-2-3。

① 净需求=毛需求×（1+损耗率）-现有库存-预计入库量+已分配量+安全库存

◆ 如果净需求＞0，则安排净需求，净需求=计算值。

◆ 如果净需求＜0，则不产生净需求，净需求=0。

② 计划订单量=批量调整（净需求数量/成品率）

③ 期末库存=期初库存+预计入库量+计划订单量-毛需求-已分配量

重复以上步骤，计算计划展望期内各时段的 MRP。由于计算时需要根据 BOM 展开，因此生产的目标物料对应的 BOM 中所列出的全部物料都会纳入计算，进而 MRP 的计算量一般要大于 MPS。计算时会使用低位码来确保找到所有相关物料而不遗漏。

### 4. MRP 时间计算

金蝶云星空系统中 MRP 计算采用的是倒排产方法，即根据成品交货时间，考虑物料的提前期，依据 BOM 中物料的父子关系，推导计算所有 MRP 物料的开工日期和完工日期。图 5-7 演示了倒排产计算逻辑。其计算公式如下。

子项物料的完工日期=父项物料的开工日期

子项物料的开工日期=子项物料的完工日期-提前期

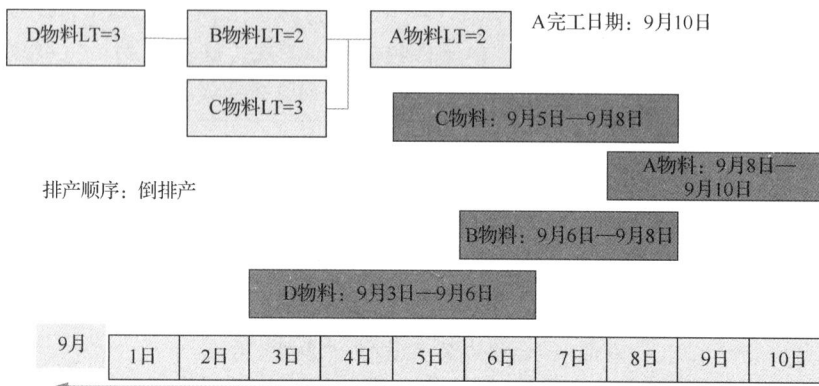

图 5-7 MRP 倒排产计算逻辑

根据计算公式，子项物料和父项物料的加工时间会有 1 天的重叠，子项任务的实际时间跨度是提前期+1 天。这种时间安排方式给生产任务留下一定的缓冲空间，如果没有在提前期完成子项任务，可以在时间重叠的这 1 天采用先生产子项物料后生产父项物料的方式进行生产。

📖 **说明**

本示例仅考虑固定提前期，未考虑变动提前期。如果考虑变动提前期，还需要考虑产量、变动提前期批量等因素，子项任务的时间跨度会跟随产量变化而变化。提前期的知识参见活动 4-2-1。

倒排产是大多数 ERP 系统采用的主要计划排产方法。不同系统排产细节可能略有不同，比如有些系统中，子项物料的完工日期=父项物料的开工日期-1，也就是子项任务必须在父项任务开始前 1 天完成。那么前后任务之间就没有 1 天的重叠时间。也有些 ERP 系统支持正排产的计划排产方法，受限于篇幅，就不展开讲解了。

# 活动执行

## 活动解析

MRP 运算结果是否正确，可以采用多种方式来查看：可以按照前面介绍的查询日志来查看，也可以通过系统提供的报表来查询计划的可行情况。

**≈≈≈业务数据≈≈≈**

2030 年 3 月底第二次 MRP 运算完成后，深圳总厂计划人员再次对运算过程和结果做分析，检查发现 28 英寸车胎和钢丝出现了黄灯的信号提示，与采购部门沟通后确认这些物料的需求计划不会影响后续正常生产，所以计划人员可以提交审核所有的 MRP 订单。

待 MPS 和 MRP 订单全部审核之后，计划部门把这些订单全部投放，投放产生的下游单据会交给采购部门或生产部门具体执行。

## 活动过程

① 查询物料供需情况，判断计划正确性。

② 结果无误后审核计划。

③ 投放计划订单。

## 活动步骤

### 1．查询物料供需情况，判断计划正确性

执行【生产制造】—【计划管理】—【报表分析】—【物料供需汇总表】命令，在弹出的物料供需汇总表过滤页面中，【运算编码】取系统默认值（默认值一般为最近一次的运算编号，在计划订单列表中的【运算编号】列可以查到），单击【确定】按钮进入物料供需汇总表页面，有 2 个物料出现了黄灯的信号提示，如图 5-8 所示，计划人员需要根据例外信息的提示查找原因。

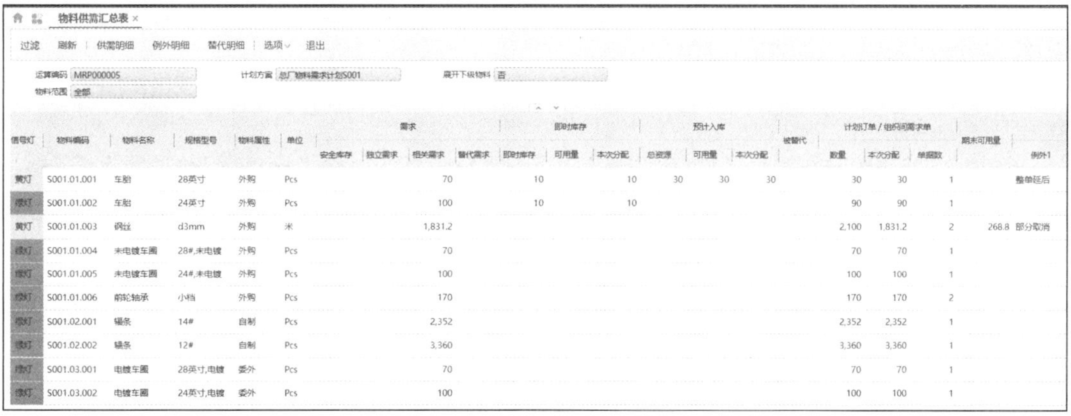


| 信号灯 | 物料编码 | 物料名称 | 规格型号 | 物料属性 | 单位 | 需求 | | | | 即时库存 | | | 预计入库 | | | 被替代 | 计划订单 / 组织间需求单 | | | 期末可用量 | |
|---|---|---|---|---|---|---|---|---|---|---|---|---|---|---|---|---|---|---|---|---|---|
| | | | | | | 安全库存 | 独立需求 | 相关需求 | 替代需求 | 即时库存 | 可用量 | 本次分配 | 总资源 | 可用量 | 本次分配 | | 数量 | 本次分配 | 单据数 | | 例外1 |
| 黄灯 | S001.01.001 | 车胎 | 28英寸 | 外购 | Pcs | | | 70 | | 10 | | 10 | 30 | 30 | 30 | | 30 | 30 | 1 | | 整单延后 |
| 绿灯 | S001.01.002 | 车胎 | 24英寸 | 外购 | Pcs | | | 100 | | 10 | | 10 | | | | | 90 | 90 | 1 | | |
| 黄灯 | S001.01.003 | 钢丝 | d3mm | 外购 | 米 | | | 1,831.2 | | | | | | | | | 2,100 | 1,831.2 | 2 | 268.8 | 部分取消 |
| 绿灯 | S001.01.004 | 未电镀车圈 | 28#,未电镀 | 外购 | Pcs | | | 70 | | | | | | | | | 70 | 70 | 1 | | |
| 绿灯 | S001.01.005 | 未电镀车圈 | 24#,未电镀 | 外购 | Pcs | | | 100 | | | | | | | | | 100 | 100 | 1 | | |
| 绿灯 | S001.01.006 | 前轮轴承 | 小档 | 外购 | Pcs | | | 170 | | | | | | | | | 170 | 170 | 2 | | |
| 绿灯 | S001.02.001 | 辐条 | 14# | 自制 | Pcs | | | 2,352 | | | | | | | | | 2,352 | 2,352 | 1 | | |
| 绿灯 | S001.02.002 | 辐条 | 12# | 自制 | Pcs | | | 3,360 | | | | | | | | | 3,360 | 3,360 | 1 | | |
| 绿灯 | S001.03.001 | 电镀车圈 | 28英寸,电镀 | 委外 | Pcs | | | 70 | | | | | | | | | 70 | 70 | 1 | | |
| 绿灯 | S001.03.002 | 电镀车圈 | 24英寸,电镀 | 委外 | Pcs | | | 100 | | | | | | | | | 100 | 100 | 1 | | |

图 5-8　第二次 MRP 计算后的物料供需汇总表

首先对 28 英寸车胎进行分析。在物料供需汇总表中选中车胎所在的行，单击上方的【例外明细】按钮，进入 MRP 例外信息查询表页面，如图 5-9 所示。

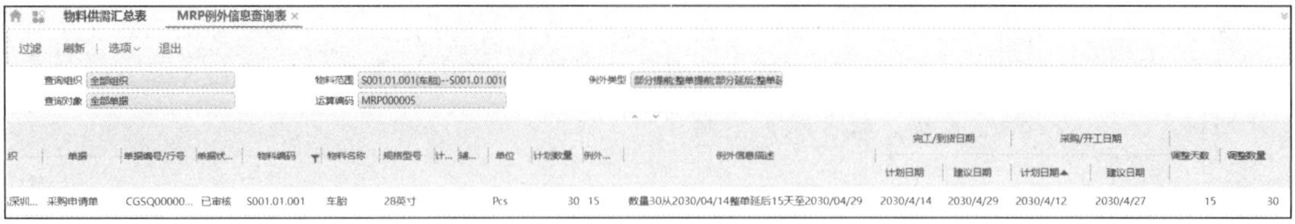

图 5-9　车胎的例外信息

根据采购申请单的编号，我们可以判断这张单据（可双击单据编号查看）是在活动 5-1-4 中录入的，又从例外信息描述中我们得知该订单是计划 2030 年 4 月 14 日到货 30 个车胎，而根据 MRP 计算，生产部门要到 4 月 29 日才需要领用这批原料，这就属于提前交货的情形。提前交货虽然不会造成生产线因缺料停工，但是会影响库存周转，增加仓库管理成本，因此，系统给出了警告提示。企业可以结合实际情况判断是否需要调整该业务交货时间。这里为了教学方便，我们就不再做调整了。

然后对钢丝进行分析。在物料供需汇总表中选中钢丝所在的行，单击上方的【例外明细】按钮，进入 MRP 例外信息查询表页面，如图 5-10 所示。

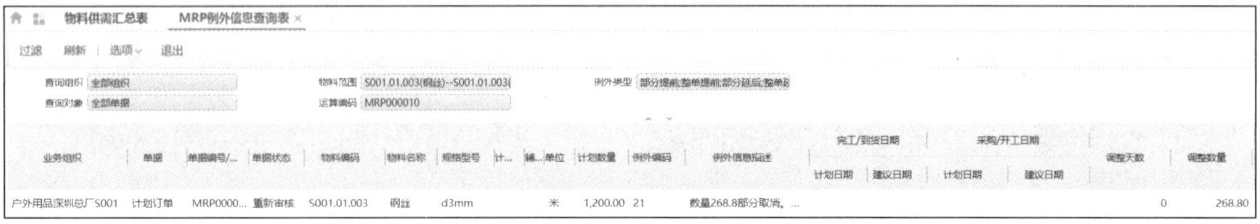

图 5-10　钢丝的例外信息

在例外信息描述中系统建议把钢丝的一张计划订单的数量取消一部分，也就是减少 268.8 米。在 BOM 中钢丝有 2 个父项物料：14#辐条和 12#辐条。考虑父项物料的需求数量和 BOM 的数量关系，我们可以计算出钢丝的相关需求数量。如果考虑采购部门调整了钢丝的批量控制，规定最小包装量为 300 米，我们可以计算出其计划订单数量，具体计算过程如下。

$$相关需求量 = 2\,352 \times 0.35 + 3\,360 \times 0.3 = 1\,831.2（米）$$

$$计划订单数量 = 向上取整（1\,831.2/300）\times 300 = 2\,100（米）$$

$$差异数量 = 2\,100 - 1\,831.2 = 268.8（米）$$

经过计算分析，我们判断钢丝的例外信息是由采购部门的批量控制产生的，属于正常的业务需要，这张计划订单不需要进行调整了。

如果计划结果又出现问题，还需要再查找原因并修正错误，重复前面 MPS/MRP 计算，直到得到正确的结果为止。

也可以执行【生产制造】—【计划管理】—【报表分析】—【MRP 运算结果明细表】命令查询 MRP 计算过程。在条件设置页面，选择本次计算的编号，单击【确定】按钮，可以查看每个物料的计算结果明细。该表格也能够体现净需求和计划订单量的计算逻辑和过程。

**2．结果无误后审核计划**

执行【生产制造】—【计划管理】—【物料需求计划】—【计划订单列表】命令，勾选所有的 MRP 计划订单，依次单击【提交】、【审核】按钮。

**3．投放计划订单**

在计划订单列表中，勾选所有已审核的计划订单（包括 MPS 订单和 MRP 订单），单击【投放】按钮。投放完成后，计划订单的业务状态会自动变成"手动投放关闭"状态。投放完成标志本阶段的 MPS/MRP 计算工作结束，进入后续执行阶段。在企业实际工作时，为了防止后续情况的变化，一般只会将近阶段需要执行的计划（以计划订单任务执行时间为准）进行投放，远期计划可暂时不投放。投放产生的后续单据可以通过【下查】功能追踪。

## 📖 活动总结

### 理论知识归纳

MRP 结果的合理性判断详见活动 4-2-4 的前导知识。

### 操作知识归纳

#### 1．计划订单投放类型和投放单据类型的决定因素

（1）计划阶段【投放类型】决定因素

计划订单物料【投放类型】主要由【物料】基础资料中的【物料属性】决定，例如"自制"物料对应【投放类型】为"生产订单类"。如果企业需要改变物料的默认投放类型，也可以在 BOM 中物料列表的【供应类型】进行设置，这时计划运算会忽略物料原来的属性，以【供应类型】为准。例如某企业对半成品 A 主要采取"自制"方式，但是工艺水平较低，对某些工艺要求较高的订单，该物料会改为对外采购，购买高品质物料使用。那么可以单独设置一张 BOM，其中将【供应类型】设置为"采购"，使用该 BOM 计划运算时，A 物料的【投放类型】就会从"生产订单类"变为"采购申请类"。

（2）计划运算后的【投放类型】调整

计划运算后的计划订单还可以进一步调整【投放类型】。可以执行【业务操作】菜单下的【转自制】、【转委外】、【转采购】等命令，这些投放类型的调整都是为了满足企业灵活生产的需要，当计划员发现计算生成的计划订单类型不符合要求，而其他数据基本正确时，就无须重新运算，只需要转换【投放类型】。不过要注意转换的目标投放类型必须匹配该物料的【控制】属性，例如，物料的【控制】属性必须勾选【允许采购】，才能进行【转采购】操作，否则无法转换。

（3）【投放单据类型】决定因素

计划订单的【投放单据类型】由物料资料中的对应属性决定，如果是生产类计划订单，则从物料的【生产】页签下的【生产类型】中获取；如果是采购类或者委外类计划订单，则从【采购】页签下的【采购类型】或【委外类型】中获取。【投放单据类型】对应后续投放单据中的【单据类型】，对业务处理方式和流程有较大影响，需要根据物料的采购生产要求合理选择。

#### 2．计划订单投放的作用和条件

计划订单的投放标志着计划阶段完成，工作转入后续执行阶段。在金蝶云星空系统中，不同计划订单投放会产生不同的后续单据，驱动后续业务的执行，如表 5-8 所示。

表 5-8 不同类型计划订单投放结果

| 物料类型 | 计划订单投放类型 | 投放单据类型 |
|---|---|---|
| 外购 | 采购申请类 | 标准采购申请（计划方案默认） |
| | | 直运采购申请 |
| | | 资产采购申请 |
| | | 费用采购申请 |
| 自制 | 生产订单类 | 直接入库-普通生产（计划方案默认） |
| | | 汇报入库-普通生产 |
| | | 工序汇报入库-普通生产 |
| | | 柔性工序汇报入库-普通生产 |
| 委外加工 | 委外订单类 | 普通委外订单 |

① 只有已经审核的计划订单才能投放。生产订单类或委外订单类计划订单投放时，计划订单必须要有 BOM。因为生产型任务投放后，需要安排相关生产，必须知道产品 BOM 结构，否则无法备料生产。如果计划订单缺乏 BOM 号，说明进行 MRP 计算前 BOM 没有准备好，需要设置 BOM，审核后重新计算 MRP，在确认 MRP 排产计划无误后，再进行投放操作。

② 每一种投放类型可对应多种投放单据类型，不同的投放单据类型适用于不同的业务流程。所以计划人员在确定了投放类型之后，还要检查投放单据类型是否正确。计划人员可以在计划方案中设置投放单据类型的默认值，也可以在计划订单-修改页面中手动修改投放单据类型。

③ 手工或自动关闭投放的计划订单都不支持反关闭操作。如果想重新投放计划订单，需要先删除相关的下游单据（如投放产生的采购申请），然后重新进行计划运算，产生新的计划订单进行投放。

### 3．预留综合查询

如果账套启用了预留管理功能，在进行 MPS/MRP 运算后，系统为纳入计划的需求单据安排相关物料的生产和采购计划，并自动建立这些物料数量的预留关系。该预留关系可以通过【预留综合查询】功能查看，计划员可以借此判断计划安排的合理性，发现潜在问题。本书的配套账套启用了预留管理功能，因此可以使用该功能。

操作方式是执行【生产管理】—【计划管理】—【报表分析】—【预留关系综合查询】命令。也可以在【销售订单列表】中，执行【预留】—【预留综合查询】命令查看相同结果。

### 作业

请查看图 5-11 所示的 A 产品的完整 BOM 结构，括号中的数字表示 1 个父项物料所需的子项物料数量，不考虑成品率和损耗率，请根据以下要求完成计算。

① 假设 A 产品需要生产 100 个，那么所有物料最少需求数量是多少？填入表 5-9。

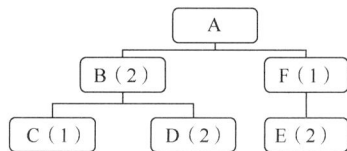

图 5-11　A 产品 BOM

表 5-9　A 产品及其零部件的毛需求量

| 物料 | B | C | D | E | F |
|---|---|---|---|---|---|
| 数量 |  |  |  |  |  |

② 查询企业现有库存和供应情况，发现 B 物料有 40 个库存；E 物料有 300 个在途采购，预计在 F 产品生产前会入库；D 物料的最小采购批量为 200，最小包装量为 100。请计算满足生产100 个 A 产品时各物料的计划生产或者采购的数量。填入表 5-10。

表 5-10　A 产品及其零部件的计划订单数量

| 物料 | B | C | D | E | F |
|---|---|---|---|---|---|
| 数量 |  |  |  |  |  |

活动拓展

两阶段计划和
一阶段计划

选修

能力需求计划

# 采购管理基础

## 🛒 项目概述

　　采购管理是企业物流执行过程的重要环节，完成企业生产所需原材料和销售所需产成品的购买入库。本项目展示了采购管理所需的基础资料、系统参数设置，以及采购的日常业务处理方式。

## 🛒 项目重点

- 采购价格管理
- 常见采购处理流程

## 任务 6-1　采购价格管理和折扣管理

### ✾ 活动 6-1-1：采购价格管理

#### 活动导入

**管理情景**

户外用品公司采购部负责企业所有生产原料和代销商品的采购，由于涉及物料种类多，采购订货较为频繁，所以合理确定价格，并且正确制作采购订单是采购部的重要工作。面对市场的变动，如何有效管理采购价格一直是比较困难的问题。手动管理时，常常采用 Excel 表格记录价格，提供给采购人员备查；但是由于维护的不及时和文件传递的差错，价格错漏常常发生。而采购价格是管理层最看重的信息之一。面对数千种商品价格的变动，如果缺乏记录，管理者难以观察价格的变动趋势，难以及时做出采购对策。管理者更希望能够了解价格变动背后的原因，以辅助做出采购决策。因此采购主管吴伟希望系统能够帮助解决该问题，同时还希望系统能够更有效地帮助管理者监控价格。

【问题】①为什么采购价格是企业管理者比较关注的数据？②对于采购价格，管理者希望能够从中了解什么信息？

**前导知识**

采购成本是企业成本的主要构成之一，从财务会计角度来看，单件商品的采购成本=采购单价+采购费用/采购数量。因此采购成本控制的核心就是控制采购价格和采购过程中的费用支出。所以采购价格是采购成本控制的核心目标之一，一直被企业重视。故企业采购部将采购价格管理作为采购管理的重要工作之一。

采购价格是买卖双方博弈后达成的，并不是任何一方能够单方面决定的。价格形成机制非常复杂，影响因素众多。受限于篇幅，在此不详细讲述。

知识拓展

ERP 系统的采购价格管理功能发展情况

#### ✎ 活动执行

**活动解析**

采购价格信息一般包括供应商、商品、价格有效期等。另外，很多供应商为了促进销售，还会采取批量折扣策略，也就是购买越多越便宜，形成梯级价格。这些信息都需要在 ERP 系统中准确、合理地设置。

在金蝶云星空系统中，分别通过采购价目表和采购折扣表来记录价格和折扣信息，两个数据都会对最终价格产生影响。实际使用时，要注意两者的组合关系，避免出现折上折的情况。本活动按供应商录入价格，将基本价格信息（原价）录入采购价目表中，将折扣信息录入采购折扣表中。本活动演示采购价目表设置，活动 6-1-2 演示采购折扣表设置。

**活动过程**

① 设置采购价格管理参数。
② 采购价格资料录入。

**活动步骤**

**1. 设置采购价格管理参数**

执行【供应链】—【采购管理】—【参数设置】—【采购管理系统参数】命令，单击【价格管理】按钮，【组织机构】选择"户外用品深圳总厂 S\*\*\*"，【采购限价控制强度】选择"禁止交易"，如图 6-1 所示。

图 6-1　采购价格管理参数页面

### 2．采购价格资料录入

在户外用品深圳总厂 S\*\*\*组织下，执行【供应链】—【采购管理】—【货源管理】—【采购价目表列表】命令，单击【新增】按钮进入采购价目表-新增页面，按照表 6-1 的内容输入兴发钢材厂的价格资料，录入完成后依次单击【保存】、【提交】、【审核】、【退出】按钮。

表 6-1　兴发钢材厂价目表

| 基本信息 | | | | | | |
|---|---|---|---|---|---|---|
| 名称 | 供应商 | | 价格类型 | 含税 | 价外税 | 币别 |
| 兴发价目表 S\*\*\* | 04.02 | 兴发钢材厂 | 采购 | 勾选 | 勾选 | 人民币 |
| 行信息 | | | | | | |
| 物料编码 | 物料名称 | 规格型号 | 含税单价 | 价格下限 | 价格上限 | 生效日期 | 失效日期 |
| S\*\*\*.01.003 | 钢丝 | d3mm | 0.5 | 0.5 | 0.5 | 2021-1-1 | 2100-1-1 |
| S\*\*\*.01.004 | 未电镀车圈 | 28#，未电镀 | 5 | 5 | 5 | 2021-1-1 | 2100-1-1 |
| S\*\*\*.01.005 | 未电镀车圈 | 24#，未电镀 | 4 | 4 | 4 | 2021-1-1 | 2100-1-1 |
| S\*\*\*.01.006 | 前轮轴承 | 小档 | 10 | 10 | 10 | 2021-1-1 | 2100-1-1 |

在采购价目表列表页面中单击【新增】按钮，进入采购价目表-新增页面，按照表 6-2 内容输入达利橡胶制品厂的价格资料，录入完成后依次单击【保存】、【提交】、【审核】、【退出】按钮。

表 6-2　达利橡胶制品厂价目表

| 基本信息 | | | | | | |
|---|---|---|---|---|---|---|
| 名称 | 供应商 | | 价格类型 | 含税 | 价外税 | 币别 |
| 达利价目表 S\*\*\* | 02.01 | 达利橡胶制品厂 | 采购 | 勾选 | 勾选 | 人民币 |
| 行信息 | | | | | | |
| 物料编码 | 物料名称 | 规格型号 | 含税单价 | 价格下限 | 价格上限 | 生效日期 | 失效日期 |
| S\*\*\*.01.001 | 车胎 | 28 英寸 | 30 | 30 | 30 | 2021-1-1 | 2100-1-1 |
| S\*\*\*.01.002 | 车胎 | 24 英寸 | 25 | 25 | 25 | 2021-1-1 | 2100-1-1 |

在采购价目表列表页面中单击【新增】按钮，进入采购价目表-新增页面，按照表 6-3 的内容输入风速贸易有限公司的价格资料，录入完成后依次单击【保存】、【提交】、【审核】、【退出】按钮。注意表 6-3 对两个型号的头盔都做了最高限价，即价格上限要大于含税单价。

表6-3 风速贸易有限公司价目表

| 基本信息 | | | | | | |
|---|---|---|---|---|---|---|
| 名称 | | 供应商 | 价格类型 | 含税 | 价外税 | 币别 |
| 风速贸易价目表 S*** | 01.01 | 风速贸易有限公司 | 采购 | 勾选 | 勾选 | 人民币 |
| 行信息 | | | | | | |
| 物料编码 | 物料名称 | 规格型号 | 含税单价 | 价格下限 | 价格上限 | 生效日期 | 失效日期 |
| S***.05.001 | HUB 头盔 | X3 银灰 | 50 | 50 | 55 | 2021-1-1 | 2100-1-1 |
| S***.05.002 | HUB 头盔 | X3 玫红 | 60 | 60 | 65 | 2021-1-1 | 2100-1-1 |

在采购价目表列表页面中单击【新增】按钮，进入采购价目表-新增页面，按照表6-4的内容输入 SIM BYCLE 有限公司的价格资料，录入完成后依次单击【保存】、【提交】、【审核】、【退出】按钮。

表6-4 SIM BYCLE 有限公司价目表

| 基本信息 | | | | | | |
|---|---|---|---|---|---|---|
| 名称 | | 供应商 | 价格类型 | 含税 | 价外税 | 币别 |
| SIM 价目表 S*** | 01.02 | SIM BYCLE 有限公司 | 采购 | 勾选 | 勾选 | 人民币 |
| 行信息 | | | | | | |
| 物料编码 | 物料名称 | 规格型号 | 含税单价 | 价格下限 | 价格上限 | 生效日期 | 失效日期 |
| S***.05.006 | SIM 避震前叉 | 行程 80 | 320 | 320 | 320 | 2021-1-1 | 2100-1-1 |

> 📖 说明
>
> 表6-1 至表6-4 所示的价目表中默认税率均为 13%，金额单位为元，以下不再重复说明。

## 📖 活动总结

### 理论知识归纳

采购价格限价的作用如下。

ERP 系统价格管理一般会提供采购最高限价控制功能。设置最高限价，一定程度上能够起到采购过程监控的作用，便于企业及时发现异常价格情况，控制价格风险，避免风险后移。同时一些调价审批流程管理，能够帮助企业做好重点产品的重点价格管理，有利于发现涨价的真实原因。

也有一些 ERP 系统提供最低限价控制功能，金蝶云星空就可以设置最低限价。从现代采购与供应链理论来看，价格水平和质量水平密切相关，过于追求低价，可能带来质量问题，不一定实现企业利益的最大化。最低限价可以帮助企业发现异常低价情况，让企业管理者重点关注，分析原因。

一般情况下采购价目表中默认物料的【含税单价】、【价格下限】和【价格上限】是相等的，如果有物料需要做采购限价控制，可以修改该物料的价格下限或上限。如果【采购限价控制强度】参数为"不予控制"，则不能输入价格上限和下限。

### 操作知识归纳

#### 1. 采购价格管理参数

①【采购限价控制强度】参数的作用是控制在采购单据保存时，价格超出限价范围的处理方式。系统提供了4种选择，控制强度从弱到强依次是"不予控制""预警提示""密码特批""禁止交易"。

◆ "不予控制"：系统不检查价格即允许单据保存。

◆ "预警提示"：系统检查发现单据价格不在价格上下限范围内时，会给予警告提示，用户确认后可以保存。

◆ "密码特批"：系统检查发现单据价格不在价格上下限范围内时，会要求特定用户输入特批密码，验证通过后才允许保存单据。如果用户选了这种方式，还需要在【基本参数】里预先设置【特批用户】和【特批密码】。

◆ "禁止交易"：系统检查发现单据价格不在价格上下限范围内时，单据不允许保存。

②【采购自动取价单据】：勾选的单据在制单时会自动查询价格表和折扣表，填充价格，加快制单速度；不勾选的单据，则需要人工选择判断，在单据头的【价目表】和【折扣表】中选择适用的价格表和折扣表。

③【参考价格来源】：采购制单时，在价目表未查询到价格时，可以获取参考价格填充单据。选择"手工录入"，则不取参考价，完全手动录入；选择"最近订单价"，系统获取最近日期的采购订单价；选择"采购发票"，系统获取最新采购发票上的价格。

### 2．采购价格批量折扣和梯级价格

供应商为了促进销售，常常采用批量折扣的促销方式，不同订货量给予不同的价格或折扣，形成了梯级价格。若物料根据采购数量有不同的价格区间，可以使用【从】和【至】来定义数量区间，不同的区间分别录入不同的价格。如果物料不分数量只有一个采购价格，则可以忽略这两个字段，只录入一行数据。

### 3．采购价格类型

价目表有多种【价格类型】，包括"采购""委外""VMI""工序委外""工序协作"。价格类型表示该价目表适用的业务场景，不同单据类型的采购单据只能引用和其单据类型相匹配的采购价目表，比如"标准委外订单"类型的采购单据就只能引用"委外"类型的价目表。

### 4．采购价格时效管理

大多数价格都有时效性，通过设置价格有效时间范围，能够满足企业价格定期调整的需要，也可以体现价格历史变化过程，避免采购人员采用过期价格造成订货错误。有效期信息在价目表和折扣表的物料列表中的【生效日期】和【失效日期】列中输入。在采购订单制单时，只有制单日期在价格有效期内，并且匹配供应商、物料和数量区间等信息时，系统才会自动查询出合理价格。本活动考虑减少初学者操作难度，设置价格长期有效。

### 5．价格适用供应商范围

价目表如果设定了【供应商】数据，则该价目表只适用于该供应商；若没有指定（即【供应商】为空），那么该价目表就是一张通用价目表，表中的物料价格适用于表中指定采购组织内的所有供应商。

### 6．价格是否含税和价外税设置

基本信息里的【含税】字段指的物料价格数据是否含税。若勾选，则要为采购物料录入【含税单价】，系统会根据增值税税率计算出【单价】（不含税价）并写入表中；若不勾选，则要为采购物料录入【单价】（不含税价），系统会根据增值税税率计算出【含税单价】并写入表中。

【价外税】：勾选表示录入的价格采用价外税计算方式；不勾选，则表示录入的价格采用价内税计算方式。

注意，制单时，如果单据中选择了【价目表】，那么价格是否含税以及价外税参数就必须和选定的【价目表】保持一致，不能随意切换。

### 7．价格系数

价格系数指的是单价对应的数量，默认为 1。物料单位数量单价=单价/价格系数。商品最小采购单位大于 1 时，可以使用。例如：某物料一打 5 元（含税），那么价目表中价格系数为 12，含税单价为 5 元。

### 8. 采购制单时价格自动匹配查询逻辑

由于采购价格是变动信息，又具备多个控制维度，因此金蝶云星空会根据规则从价格表和折扣表中搜寻最为匹配的价格自动填写到单据上，如果未匹配成功，才会让操作员手工填写价格（价格控制参数允许的情况下）。匹配规则如图 6-2 所示。

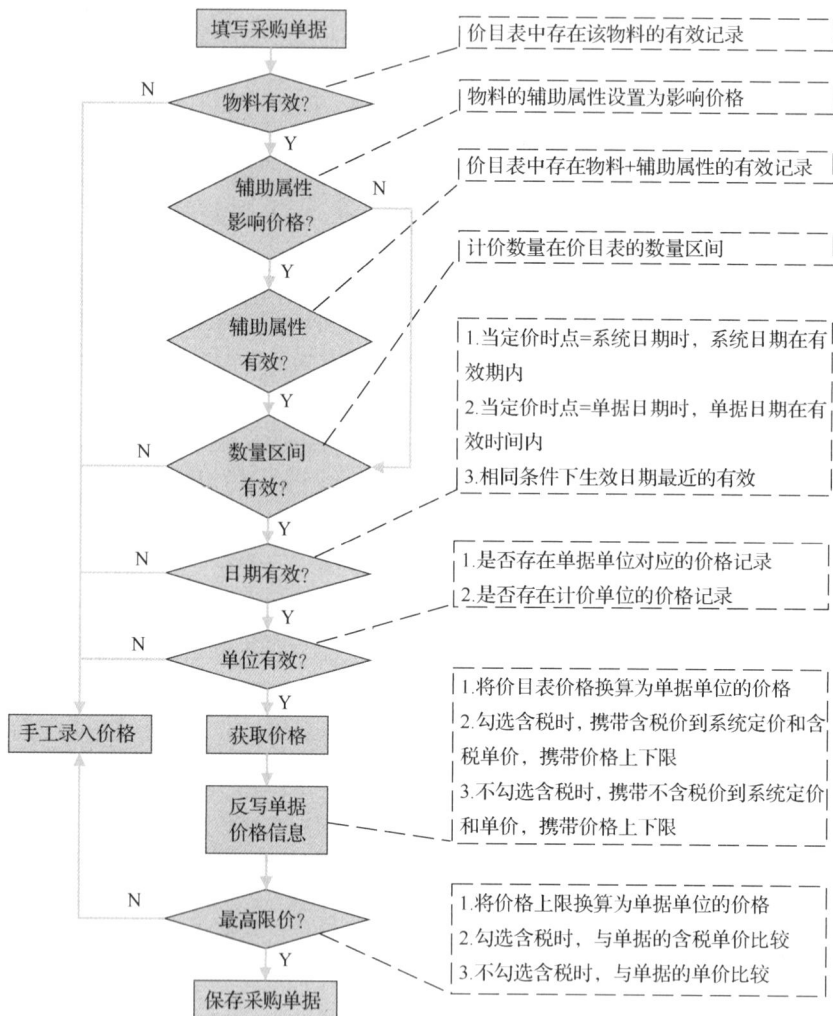

图 6-2　金蝶云星空采购价格匹配规则

## ✹ 活动 6-1-2：采购折扣管理

### 📖 活动导入

**管理情景**

销售方为了进行商品促销，常常会有价格优惠，通过价格折扣的方式体现。价格折扣的方式多样灵活，作为采购方，需要准确了解打折规则，在采购谈判中还要参与折扣规则的协商和制定，力求充分利用规则获得最优惠价格。户外用品公司也有这样的需求，不仅希望获得价格优惠，还希望将价格折扣规则记录下来，方便后续进行分析。

【问题】一般需要记录哪些折扣内容？

## 前导知识

（1）整单折扣和项目折扣

是否根据明细商品计算划分，折扣分为项目折扣和整单折扣。项目折扣是针对具体商品或服务给予一定折让。而整单折扣是按照购买单据总金额给予一定折让。站在会计核算的角度来看，整单折扣的总折扣额不指定具体商品，为了精确各商品的采购成本，需要把折扣额按照一定规则分摊到该单采购的各商品上，才能计算各商品准确的折后价格和采购成本。

（2）数量折扣和金额折扣

按照折扣计算的单位依据划分，折扣分为数量折扣和金额折扣。数量折扣就是按照购买数量给予折扣。例如：买 3 送 1。金额折扣就是按照购买金额给予一定折扣。例如：满 200 元打 9 折。

（3）折扣率和折扣额

折扣计算方式分为折扣率和折扣额。折扣率是在原价的基础上按照一定百分比计算扣减金额。折扣额是在购买金额的基础上扣减一定金额作为折扣。也可以直接在单价上给予减免，这种方式称为单价折扣。例如：满足某条件后，打 9 折，就是给予 10%的折扣率；总金额优惠 500 元，就是折扣额；单件减 1 元，就是单价折扣。

# 活动执行

## 活动解析

本活动在价目表中录入标准的统一采购价格，价格折扣信息主要体现在折扣表中。

≈≈≈业务数据≈≈≈

SIM BYCLE 有限公司采购折扣如表 6-5 所示。

表 6-5　SIM BYCLE 有限公司采购折扣

| 基本信息 | | | | | | | |
|---|---|---|---|---|---|---|---|
| 名称 | 供应商 | | | 价格类型 | | 默认折扣表 | |
| SIM 折扣表 S*** | 01.02 | | SIM BYCLE 有限公司 | 采购 | | 勾选 | |
| 行信息 | | | | | | | |
| 物料编码 | 物料名称 | 折扣依据 | 从 | 至 | 计算方式 | 折扣率 | 生效日期 | 失效日期 |
| S***.05.006 | SIM 避震前叉 | 数量折扣 | 101 | 999999 | 折扣率 | 5% | 2021-1-1 | 2100-1-1 |

## 活动过程

录入价格折扣信息。

## 活动步骤

### 价格折扣信息录入

根据采购价目表下推生成采购折扣表，在户外用品深圳总厂 S***组织下，执行【供应链】—【采购管理】—【货源管理】—【采购价目表列表】命令，勾选【SIM 价目表 S***】所在的行，单击【下推】按钮，在弹出的选择单据页面中选择【采购折扣表】，单击【确定】按钮。然后在弹出的采购折扣表-新增页面中输入表 6-5 中的内容，录入完成后依次单击【保存】、【提交】、【审核】、【退出】按钮。

用户可以执行【供应链】—【采购管理】—【货源管理】—【采购折扣表列表】命令，查询刚完成的采购折扣表。

> 📖 **提问**
>
> SIM BYCLE 有限公司在 2030 年 3 月推出了为期 3 个月的优惠活动，规定客户一次性订购 SIM 避震前叉（S***.05.006）的金额超过 50 000 元的，公司将优惠 1 000 元；超过 100 000 元的，公司将优惠 3 000 元。请问在采购折扣表中该如何设置？

## 📖 活动总结

### 操作知识归纳

#### 1．折扣表适用对象和范围

和前面价格表类似，折扣表中若没有指定【供应商】，则该折扣表就是一张通用折扣表，表中的折扣信息适用于表中指定采购组织的所有供应商；如果指定，则只对该供应商有效。

折扣表也有【生效日期】和【失效日期】管理，以及【价格类型】管理，用于匹配合适的折扣类型。

#### 2．折扣计算方式

折扣表有 2 种【折扣依据】："数量折扣"和"金额折扣"。"数量折扣"指系统使用订单数量作为打折的依据，"金额折扣"指系统使用订单金额作为打折依据。

折扣表也使用【从】和【至】来代表区间，用于定义批量价格折扣中的不同区间。

【计算方式】有"折扣率""折扣额""单价折扣" 3 种方式。选择"折扣率"，需要在【折扣率%】列下录入打折比例；选择"折扣额"，需要在【折扣额】字段下录入打折的金额；选择"单价折扣"，需要在【单价折扣】列下输入单价的减免值。选择不同计算方式，系统会使用不同的方式来计算实际折扣额。

【折扣方向】有"正向"和"反向" 2 个选项。默认选择"正向"，就是我们常规理解的打折降价；而选择"反向"，代表加价。反向折扣适合一些限制性销售场景，例如：5 件（含 5 件）以下 9 折，10 件（含 10 件）以下原价，10 件以上加价 10%。

【折扣类型】有"行折扣"和"整单折扣"。选择"行折扣"，表示折扣计算只按照单行物料的销售情况来打折；选择"整单折扣"，表示根据整单销售情况来打折。

【分摊方式】有"数量"和"金额" 2 种，是指发生整单打折后，在销售订单的不同物料之间分摊折扣额的处理方式，该参数不影响折扣额的计算，只影响不同物料采购成本的准确计算。目前金蝶云星空系统 V7.5 版本还不支持整单打折和折扣额分摊功能，后续版本会开发完成这些功能。

## 🔵 任务 6-2　标准采购业务

### ✳️ 活动 6-2-1：标准采购入库业务处理

### 🔖 活动导入

#### 管理情景

采购部主管吴伟说："采购资料、应付款管理系统都设置好了，现在应该开始指导我们做具体采购业务了吧？"胡工回答道："是的，现在开始进行采购业务规划。首先你们要对日常采购业务流程进行规划，制定采购的 SOP。"吴伟说："SOP 我知道，就是标准操作规程，我们采购有自己的操作流程。"说完就拿来公司的采购操作指导手册。胡工看完后说："这个不错，看来你们花了不少工夫，不过还不够！""那缺什么呀？"吴伟疑惑地问道。胡工答："这个流程更多是你们采购部的内部操作流程，而我们需要的是贯穿采购业务全程的流程，这个流程需要多部门协作完成，ERP 强调全局优化，打破部门壁垒，建立 SOP 是重要的一步。"吴伟说："我明白了，那我们赶紧召集其他部门负责人一起来讨论吧！"

【问题】一个采购流程应该包含哪些步骤？

## 前导知识

标准操作规程（Standard Operating Procedure，SOP），就是将某一事件的标准操作步骤和要求以统一的格式描述出来，用来指导和规范日常的工作。

SOP 是一种标准的作业程序。所谓标准，在这里有最优化的概念，即不是随便写出来的操作程序都可以称作 SOP，而一定是经过不断实践总结出来的在当前条件下可以实现的最优化的操作程序设计才可以称作 SOP。说得更通俗一些，所谓的标准，就是尽可能地将相关操作步骤进行细化、量化和优化，细化、量化和优化的度就是在正常条件下大家都能理解又不会产生歧义。

现代经济发展的基本动力之一就是劳动分工，通过专业化分工提高整体生产效率。1776 年，亚当·斯密在《国富论》中就第一次提出了劳动分工的观点，并清楚地描述了劳动分工对经济发展的作用。到目前为止，经济仍然按照劳动分工不断细化的方向发展，分工越细化，单一工作环节的效率越高，但是多环节工作的协同工作就会越复杂，对管理协调能力要求就越高，这也是现代管理，尤其是现代供应链管理研究的重点之一。而 SOP 实际上就是工作协调技术的一种初步解决方案。

在 ERP 实施过程中，规范企业作业流程，确定 SOP 是重要的工作内容之一，是企业管理标准化、规范化的基础。企业 SOP 的内容较多，ERP 并不会把所有内容纳入，主要将其中核心业务流程数据化，形成标准业务单据。SOP 就体现为 ERP 系统中的业务单据流，将企业 SOP 规范操作后的结果信息记录下来，通过 SOP 的信息化实现，保证 SOP 的贯彻执行，同时又减少 SOP 执行管理的复杂度，方便追踪和业务统计，提升企业运营效率。而 SOP 中其他辅助信息，可以作为资料附件上传至系统备查。

本书讲解的 ERP 各子系统常见作业流程，就是 SOP 的具体体现，是大多数企业常用的操作方法。由于 ERP 系统根据众多成功企业管理实践的经验而形成，充分体现了企业运作的共性特点，因此系统一般都会支持常见的业务流程以及常见的变化情况。对于初学者，尤其是未参加过工作的在校学生，学习 ERP 系统的常见业务流程，是快速了解企业基本运作过程的一条捷径。除了满足共性需求，很多 ERP 系统也提供系统定制或二次开发功能，方便那些需求比较特殊的企业实现拓展应用，满足个性化需求。例如金蝶云星空系统就提供了强大的配置功能，实现流程快速配置与调整，通过中间件技术（BOS）实现低代码快速开发，满足企业快速二次开发的需求。

## 活动执行

### 活动解析

本活动演示标准采购入库流程，是典型"赊购"模式，也就是采用先采购入库后付款的业务流程。其中涉及收货、检验、退货的情况。

≈≈≈业务数据≈≈≈

① 深圳总厂计划部陈东明于 2030 年 4 月 4 日根据销售计划向总厂采购部门提出采购申请：需要采购银灰色 HUB 头盔（物料编码 S***.05.001）120 个、玫红色 HUB 头盔（物料编码

S***.05.002）100 个，要求交货日期是 4 月 12 日。

② 总厂采购部门采购员崔小燕收到采购申请后于 2030 年 4 月 6 日向风速贸易有限公司下订单：订购银灰色 HUB 头盔（物料编码 S***.05.001）120 个、玫红色 HUB 头盔（物料编码 S***.05.002）100 个，约定 4 月 12 日到货，电汇结算，货到付款。

③ 总厂采购员崔小燕 2030 年 4 月 8 日接到风速贸易有限公司客服电话，告知货物已发运，预计到货日期是 4 月 12 日。崔小燕将这一消息通知总厂仓管部门相关人员，并让他们做好收货准备。

④ 2030 年 4 月 12 日货物到达深圳总厂仓库，总厂仓管员何佳检验发现银灰色 HUB 头盔（物料编码 S***.05.001）中有 10 个存在质量问题，经过采购部门和供应商协商，决定对这批头盔生成采购退料单，在总厂待检仓做退料补料处理；其他验收合格的头盔生成采购入库单，放入总厂产成品仓。

⑤ 4 月 13 日，风速贸易有限公司通知崔小燕补料的 10 个银灰色头盔（物料编码 S***.05.001）已发出，预计 4 月 16 日到达总厂待检仓。

⑥ 2030 年 4 月 16 日，10 个银灰色头盔到达总厂仓库，仓管员何佳再次验收认定全部合格，随后将货物放入总厂产成品仓。

⑦ 4 月 16 日，总厂财务会计满军根据 2 张入库单据开出相关应付单，准备付款流程。

## 活动过程

根据活动描述，标准采购业务的流程如图 6-3 所示。该流程不仅包含了从采购申请到收货付款的主要采购流程，也包含采购来料质检不合格时的退料和补料流程。考虑到质量管理功能的复杂性和教材篇幅限制，这里不讲解质检部门内部的完整质检流程，只进行简单的合格品入库和不良品退货处理。如果退料后，供应商同意补发物料，还可以根据原采购订单再次执行采购流程，收取补发物料。

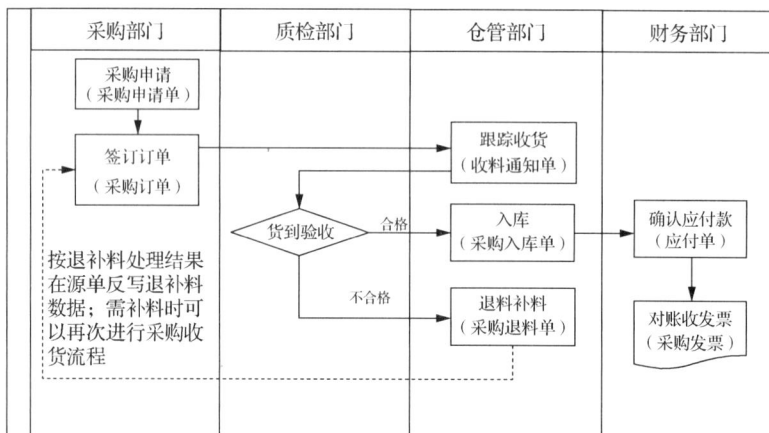

图 6-3 标准采购流程（包含有源单的检验退料流程）

## 活动步骤

### 1. 新增采购申请单

在户外用品深圳总厂 S*** 组织下，执行【供应链】—【采购管理】—【采购申请】—【采购申请单】命令，进入采购申请单-新增页面。然后按照业务数据第①段的描述填制单据内容，录入完成后依次单击【提交】、【审核】、【退出】按钮。

用户可以执行【供应链】—【采购管理】—【采购申请】—【采购申请单列表】命令，查询刚录入的采购申请单。

① 在采购申请单-新增页面中，系统默认只显示【基本信息】和【明细信息】。如果要显示所有页签，用户需要单击页面最右侧的箭头按钮，然后勾选要显示的页签，比如【货源安排】、【明细财务信息】等，如图6-4所示。

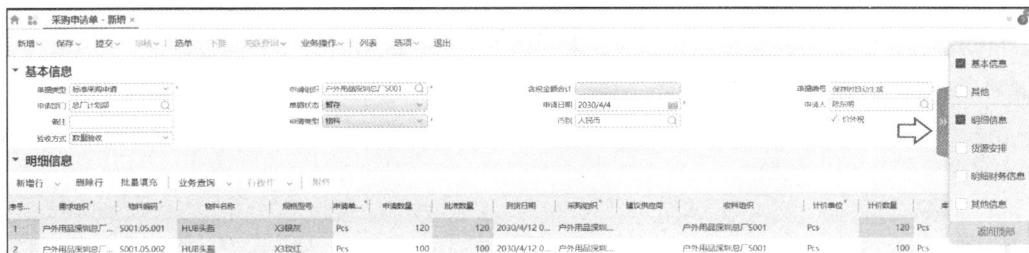

图6-4 采购申请单-新增页面

② 页面中带*号的字段都是必填字段，用户必须录入相关信息，否则无法保存整张单据。这一规定也适用于其他业务单据的新增操作，后面不再重复叙述。

③ 采购申请单审批时，审核人可以在审核前修改【批准数量】栏数据，最终允许的采购量以【批准数量】栏为准，并将其作为后续采购订货、收货的数量依据。

### 2．采购申请单下推采购订单

在户外用品深圳总厂 S***组织下，执行【供应链】—【采购管理】—【采购申请】—【采购申请单列表】命令，选中相应的采购申请单（多行数据需要多选），单击【下推】按钮，在弹出的选择单据页面中选中【采购订单】，再单击【确定】按钮进入采购订单-新增页面。然后按照业务数据第②段的描述填制单据，填写供应商、订货时间、采购数量、要货日期等信息，在【财务信息】页签的【价目表】中单击放大镜按钮，选择"风速贸易价目表 S***"以获取价格信息。在录入完成后依次单击【提交】、【审核】、【退出】按钮。

用户可以执行【供应链】—【采购管理】—【订单处理】—【采购订单列表】命令，查询刚录入的采购订单。

① 在采购订单-新增页面中，系统默认只显示【基本信息】、【供应商信息】、【财务信息】、【明细信息】和【交货安排】。如果要显示所有页签，用户需要单击页面最右侧的箭头按钮，然后勾选要显示的页签，比如【订单条款】、【其他信息】等。

② 本案例配套的练习账套因为将供应商设置为共享基础资料，也未设置默认价目表和自动获取价格参数，因此价格资料未自动获取，需要手动指定。

刚刚进入采购订单-新增页面时，在【明细信息】页签中有没有显示物料单价信息？录入供应商之后，有没有显示单价？这里的单价是从哪张价目表引用过来的？

### 3．采购订单下推收料通知单

在户外用品深圳总厂 S***组织下，执行【供应链】—【采购管理】—【订单处理】—【采购订单列表】命令，选中相应的采购订单（多行数据需要多选），单击【下推】按钮，在弹出的选择单据页面中选中【收料通知单】，再单击【确定】按钮进入收料通知单-新增页面。然后按照业务数据第③段的描述填制单据内容，录入完成后依次单击【提交】、【审核】、【退出】按钮。

用户可以执行【供应链】—【采购管理】—【收料处理】—【收料通知单列表】命令，查询刚录入的收料通知单。

> 📖 **操作一点通**
>
> ① 根据采购订单下推生成的收料通知单，系统默认物料的库存状态是"待检"。对处于待检状态的物料库存，系统规定不可销售、不可领用、不参与 MRP。用户可以执行【供应链】—【库存管理】—【基础资料】—【库存状态列表】命令查询或修改相关信息。
>
> ② 收料通知单完成后，可以在收料通知单列表中选中该单据，执行【关联查询】—【上查】命令查询其上游单据。

> 📖 **提问**
>
> 收料通知单完成后，查询其上游的采购订单中累计收料数量（在【其他信息】页签）有没有发生变化。

### 4. 收料通知单分别下推采购退料单和采购入库单

在户外用品深圳总厂 S***组织下，执行【供应链】—【采购管理】—【收料处理】—【收料通知单列表】命令，选中相应的收料通知单（只勾选 S***.05.001 银灰色头盔所在的行），单击【下推】按钮，在弹出的选择单据页面中选中【采购退料单】，再单击【确定】按钮进入采购退料单-新增页面。然后按照业务数据第④段的描述，录入银灰色头盔（S***.05.001）的退料日期、退料方式和实退数量等信息，录入完成后依次单击【提交】、【审核】、【退出】按钮。

用户可以执行【供应链】—【采购管理】—【退料处理】—【采购退料单列表】命令，查询刚录入的采购退料单。

> 📖 **操作一点通**
>
> ① 在下推生成采购退料单时，系统会默认【实退数量】等于收料通知单里的【交货数量】。本案例只是部分退料，所以用户需要手动修改银灰色头盔的实退数量为 10。
>
> ② 在采购退料单的基本信息中，【退料方式】根据业务数据必须是"退料补料"。用户要注意区分它和"退料并扣款"的区别。

在户外用品深圳总厂 S***组织下，执行【供应链】—【采购管理】—【收料处理】—【收料通知单列表】命令，选中相应的收料通知单（2 种颜色的头盔所在的行都要勾选），单击【下推】按钮，在弹出的选择单据页面中选中【采购入库单】，再单击【确定】按钮进入采购入库单-新增页面。然后按照业务数据第④段的描述录入入库日期、每种颜色头盔的实收数量、仓库、库存状态等信息，录入完成后依次单击【提交】、【审核】、【退出】按钮。

用户可以执行【供应链】—【采购管理】—【收料处理】—【采购入库单列表】命令，查询刚录入的采购入库单。

> 📖 **提问**
>
> 采购退料单和采购入库单录入完成后，查询其上游的采购订单中银灰色头盔（S***.05.001）的累计收料数量、累计入库数量和累计退料数量（都在【其他信息】页签中查找）各是多少。

### 5. 原采购订单下推收料通知单

在户外用品深圳总厂 S***组织下，执行【供应链】—【采购管理】—【订单处理】—【采购订单列表】命令，选中相应的采购订单（只勾选 S***.05.001 银灰色头盔所在的行），单击【下推】按钮，在弹出的选择单据页面中选中【收料通知单】，再单击【确定】按钮进入收料通知单-新增页面。然后按照业务数据第⑤段的描述填制单据内容，录入完成后依次单击【提交】、【审核】、【退出】按钮。

用户可以执行【供应链】—【采购管理】—【收料处理】—【收料通知单列表】命令，查询刚录入的第 2 张收料通知单。

### 6. 收料通知单下推采购入库单

在户外用品深圳总厂 S*** 组织下，执行【供应链】—【采购管理】—【收料处理】—【收料通知单列表】命令，选中第 2 次生成的收料通知单（10 个 S***.05.001 银灰色头盔所在的行），单击【下推】按钮，在弹出的选择单据页面中选中【采购入库单】，再单击【确定】按钮进入采购入库单-新增页面。然后按照业务数据第⑥段的描述录入入库日期、实收数量、仓库、库存状态等信息，录入完成后依次单击【提交】、【审核】、【退出】按钮。

用户可以执行【供应链】—【采购管理】—【收料处理】—【采购入库单列表】命令，查询刚录入的第 2 张采购入库单。

> 📖 **提问**
>
> 当第 2 张采购入库单也录入完成后，查询其上游的采购订单中银灰色头盔（S***.05.001）的累计收料数量、累计入库数量和累计退料数量各有什么变化。

### 7. 采购入库单下推应付单

在户外用品深圳总厂 S*** 组织下，执行【供应链】—【采购管理】—【收料处理】—【采购入库单列表】命令，选中相应的采购入库单（关于头盔的 2 张采购入库单共 3 行数据全部勾选），单击【下推】按钮，在弹出的选择单据页面中选中【应付单】，再单击【确定】按钮进入应付单-新增页面。然后按照业务数据第⑦段的描述填制单据，录入完成后依次单击【提交】、【审核】、【退出】按钮。

用户可以执行【财务会计】—【应付款管理】—【采购应付】—【应付单列表】命令，查询刚录入的应付单。

## 📖 活动总结

### 理论知识归纳

#### 1. 采购流程各业务单据功能概述

① 采购申请单是企业各部门根据销售、生产、补库、使用等需要，向采购部门提交的购货申请，它常常是整个采购业务的发起点，主要解决"要什么"的问题。

采购申请单的主要信息包括：什么部门人员申请，需要物料的规格、数量、时间等。

② 采购订单是企业采购部门根据采购申请信息，向供应商下达采购指令的重要单据。采购订单是买卖双方签订的具有法律效力的契约。在 ERP 系统中，采购订单是采购业务的关键单据，也是后续业务执行的依据，以及追踪业务执行情况的凭证，主要解决"如何买"的问题。

采购订单的主要信息包括：除了继承采购申请单已有的主要信息外，还有与供应商协商后确定的订货细节，例如采购数量、价格、交货日期、交货运输方式、结算方式和付款条件等。

③ 收料通知单是正式收货前的过渡单据，企业对该单据有三种用法：一是采购部门通知仓管部门做好收货准备，解决"收货准备"的问题；二是记录货物已到库，但是还没有及时验收而暂时存放的情况，由于货物未正式验收，货物所有权还未在供应商和采购方之间发生转移，因此该单据记录这一状态，也就是解决"已到货暂存"的问题；三是作为质量检验的发起单据，如果

企业需要对供应来料做质量检验，该单据会作为后续来料检验业务的依据，也就是解决"请求检验"的问题。如果后续质检不合格，收料通知单也作为退料处理的依据。

收料通知单的主要信息包括：除了采购订单已有的信息以外，还有收货暂存的仓库、实际收货数量、货物状态、是否拒收等。

④ 采购入库单又称收货单、验收入库单等，是确认货物入库的书面证明。有些企业也直接使用供应商的送货单代替采购入库单。首先，采购入库单表示采购中物流作业全部完成，是货物所有权转移的重要标志，也是供应商索要货款的到货凭证。其次，采购入库单记录了入库如何存放的信息，是库存增减变动的依据。最后，它也是财务人员记账、核算成本的重要原始凭证，是存货价值核算的重要业务单据。其主要解决"已验收入库"的问题。

采购入库单的主要信息包括：除了采购业务信息以外，还有实际合格收货数量、实际入库日期、入库仓库、库位等。采购入库单是库存管理和结算付款的重要依据。

⑤ 应付单，是财务中对采购后的应付款管理的单据。该单据用于财务会计中应付账款管理。采购和应付款管理业务有密切关系，该单据是衔接两个模块的重要单据。该单据可以进一步明确采购业务发生后应付多少钱、如何支付、何时支付等问题，也可以处理退货后的退款业务。其作为最终采购开发票的重要依据，主要解决"如何付钱"的问题。

应付单除了包含采购商品信息以外，还包括应付货款的金额、支付方式、付款进度和计划、支付对象等信息。

⑥ 采购发票是供应商开给购货单位的销售发票，作为结算、纳税的依据。站在采购方角度来看，其被称为采购发票。采购发票具有业务和财务双重性质。首先，发票处理是企业采购业务中重要的一个环节，是联系财务、业务系统的重要桥梁。其次，对于销售方，发票是销售收入确定的法定标志，对于采购方，其是抵扣税额的法定凭证。最后，发票也是财务人员记账、核算成本的重要原始凭证。因此，采购发票是 ERP 财务系统的核心单据之一。采购发票一般是财务会计模块的重要功能之一。

采购发票的主要信息包括：前面单据的关键信息，以及最终结算价格、金额、税额、最终结算方式、付款方式、付款时间等。这些信息一般都是买卖双方对账后确定的结果。因为业务发生的差异，其信息可能和采购订单原拟定的信息不一致，双方以最后发票信息为准进行结算。

⑦ 采购合同是买卖双方签署的具有权利义务的经济合同，和采购订单一样也是具有法律效力的契约，而且是更加正式的契约。不过，企业使用采购合同的方式和采购订单略有不同：采购合同一般是买卖双方签订的更加具有整体性、框架性、长期性的协议，涉及的内容范围更广，主要约定双方的买卖责任和义务，有利于建立伙伴关系，减少后续不必要的采购谈判过程，提高采购执行效率，降低供货风险；而采购订单主要体现单次采购行为中的权利和义务，主要内容是对具体采购商品规格、价格、数量、交期等方面的要求，内容少而具体，主要体现了采购的具体执行情况。企业签订的采购合同，往往需要在合同有效期内通过多次下达采购订单才可以完成。在金蝶云星空系统中，采购合同可以下推采购订单执行后续采购流程，并记录采购完成数量和金额，监控合同完成情况。

相比采购订单，采购合同涉及的范围更广，包含很多内容，主要有：采购目标商品、总体采购金额、采购价格和折扣标准、质量标准、包装要求、返点方式、交货方式、付款方式、费用支付和归属、违约责任和赔偿要求，以及其他合同条款。具体签订合同时，企业可以根据需要灵活掌握内容范围和复杂程度，既可以具体一些，也可以笼统一些。

## 2. ERP 系统的单据关联关系

在 ERP 系统中，一个业务流程的完成，常常需要使用多张业务单据。图 6-3 所示的采购流程中的单据之间有复杂的业务联系。例如，应收单的收款信息需要从采购订单价格信息中获取，采购入库最大数量受到订货数量的约束等。这些关系体现了管理中的一些关键控制要点，是管理的计划和控制职能的具体体现。

为了实现这种业务联系，ERP 系统普遍通过建立单据关联关系来实现这种业务联系。系统一般内置了单据数据传递规则，以及业务控制规则。而且这种设计具有很强的灵活性和适用性，内置的规则可以适用于企业大多数业务类型的需要。对于特殊需要，ERP 系统还可以通过业务流程配置和二次开发平台实现拓展。这种方式基本成为 ERP 系统的标配模式，金蝶、用友、SAP 等都有类似的功能设计。

不过要注意，好的设计也需要正确地使用。单据的关联关系，必须通过正确的操作方式才能实现。虽然不同 ERP 系统的操作方式略有差异，但是实质都一样，都需要通过一些单据关联操作来建立单据之间的关联关系，实现业务数据传递。如果操作方式不当，有可能使得既定的功能无法发挥应有的作用。

## 操作知识归纳

### 1. 金蝶云星空系统的业务关联制单方法

金蝶云星空系统的业务关联制单方法有以下两种。

① 下推生成。下推生成也称为向下关联生成，A 单据生成 B 单据，可以在 A 单据的列表页面选择目标单据（多行单据需要多行勾选），单击【下推】按钮，选择正确目标单据类型，生成 B 单据，补充填写单据信息完成制单并审核。产生的 B 单据可以在 B 单据列表页面查询。

② 选单生成。选单生成也称为向上关联生成或者上拉，A 单据生成 B 单据，也可以在 B 单据的新增页面中，单击【选单】按钮，选择源头单据类型，并选择【转换规则】和【过滤方案】，单击【确定】按钮，在筛选出的单据列表中选择目标单据（多行单据需要多选），单击【返回数据】按钮，将 A 单据中相关数据带回 B 单据，补充其他相关信息后，保存并审核单据。新产生的 B 单据可以在 B 单据的维护页面查询和修改。

本活动先学习下推生成单据，选单生成单据在销售管理系统中再学习。

关联制单的方法是大多数 ERP 系统采用的方法，其作用在于可以在相关业务之间建立数据联系，并可以通过这种数据联系实现单据的数据传递、业务协同、单据状态控制等功能。

例如：关联制单时，采购订单订购 A 物料 300 个，外购入库 300 个完成后，系统会将入库数量反写回采购订单，并且修改采购订单状态为业务关闭，这样就知道该采购订单已经执行完成，避免重复执行。而如果不采用关联制单，系统无法实现这种控制，而且会认为这 2 张订单是 2 笔独立业务，容易产生重复订货的问题，同时会影响 MRP 对预计量、已分配量的估算，从而造成 MRP 计算结果的错误。

### 2. 金蝶云星空系统的关联单据的修改方法

（1）一般修改方法

由于关联制单涉及复杂的数据传递和控制，因此 ERP 系统对关联单据的数据修改有严格的限制。金蝶云星空系统中要求被修改的单据不能有下级已经关联的单据，否则无法进行反审核，也就无法修改其内容。这种设计不仅是从技术角度考虑，也是企业责权利划分的要求，错误发生的位置是责任划分的依据，不能在不告知上下游业务部门的情况下随意修正错误。一般情况下，后续单据制单完成后，源单据将不能被修改。如果要修改源单据，必须删除后续所有相关单据。

具体修改方法举例如下：已完成 A→B→C→D 流程的 4 张单据，发现 B 单据需要修改，首先找到该业务流程最后一张单据 D 单据（必须确认该单据是流程的最后一张单据），按照倒序的顺序，依次反审核并删除 D 单据、C 单据后，才能反审核并修改 B 单据。定位最后一张单据可以通过单据列表页面的【关联查询】中的【上查】、【下查】、【全流程跟踪】等功能，系统具备非常灵活的关联单据联查功能，学习者需要熟练掌握关联查询功能。

在金蝶云星空系统中，有些单据中部分信息修改是无须反审核的，如果只是修改此类信息，那么直接打开单据修改即可。这种功能设计主要是为了方便业务的灵活调整。例如采购的收料通知单，审核后预计收货日期和收货数量还可以进一步调整。这些控制方式还可以在金蝶二次开发平台（BOS）中调整，企业可以根据需要灵活调整控制策略。

（2）特殊修改方法

金蝶云星空系统中可以使用【订单变更】功能对部分单据在已审核状态下修改部分内容，以适应企业灵活变更的需要。不过这种功能只有少数单据具备，支持这种修改方式的单据有：采购订单、销售订单、委外订单。这些都是企业和上下游的外部企业签订的业务单据，由于企业间的业务协同常常存在变动性，因此金蝶云星空系统才提供了【订单变更】功能支持这种变化，方便企业快速做出调整。不过由于变更原业务内容是存在一定风险的，因此变更功能的所有操作都会产生变更记录，以备查验。该功能权限一般也只赋予企业具备决策权的人员，以有效避免该功能被滥用。

### 3．采购申请单的日期信息设置

用户需要分清【明细信息】中的【到货日期】和【货源安排】中的【建议采购日期】二者之间的区别。【到货日期】指的是供应商需要交货的时间，采购人员要确保在此之前交货。但是实际采购订货到交货需要一定的时间，因此需要提前采购。【建议采购日期】就是系统考虑了提前期后计算得出的建议最晚订货下单时间，建议采购日期＝到货日期－提前期，其中"提前期"是在物料资料中设置的。

单据头部的【日期】只是表示该申请单是什么时候提交的，默认取制单当日系统时间，和交货时间无关。系统要求【到货日期】必须晚于单据头部的【日期】，因为不能要求在过去的时间交货。采购订单中也有类似要求。

### 4．采购申请单是否需要指定供应商

填写申请采购时，一般并不确定供应商，之后由采购员确定供应商。但是有时候企业会因为生产质量、原料价格等方面，需要指定从某供应商采购，那么就可以填写【建议供应商】栏。如果一张采购申请单中有多个供应商，下推采购订单时，在下推页面中会按照供应商分开下推各自的采购订单。

## 作业

完成以下采购业务（必做）。

在采购申请单列表中找到活动 5-1-4 中录入的那笔申请采购 30 个 28 英寸车胎的采购申请单，到货日期为 2030 年 4 月 14 日。请根据这张采购申请单，完成后续采购任务，以及相应的单据制作。

根据该采购申请单，2030 年 4 月 8 日，深圳总厂采购部门采购员崔小燕向达利橡胶制品厂采购 28 英寸车胎（物料编码 S***.01.001）30 个，价格为之前与该供应商约定的价格，计划交货时间为 2030 年 4 月 14 日。

采购员崔小燕 4 月 14 日接到供应商电话通知，交货会延迟，预计到货日期是 4 月 17 日。

4 月 17 日，达利橡胶制品厂将货物送到深圳总厂，仓管员何佳验收合格后将货物放到总厂原材料仓。

4 月 17 日，总厂财务会计满军根据入库单开出相关应付单，准备付款流程。

活动拓展

其他常见采购流程

## 活动 6-2-2：MRP 的采购执行

### 活动导入

#### 管理情景

计划主管陈东明问胡工："之前进行 MPS/MRP 已经安排了采购申请和生产任务，我们计划部门还需要再次提交采购申请给采购部吗？"胡工答："不需要了，你只要投放了计划订单，系统会根据计划订单类型自动产生采购申请单、生产订单等单据。采购部门自行查看采购申请单就知道要买什么了，后续采购业务由采购部门来执行。计划员可以把精力放在采购货物是否按期到达、生产是否如期执行上，而且这些都可以直接在系统中查询到。"陈东明说："那太好了，计划员再也不用经常打电话给采购部门和生产部门追踪进度了。"

【问题】正常情况下，MPS/MRP 下达了采购申请，还需要追加下达采购任务吗？

#### 前导知识

工业采购和商业采购的区别如下。

（1）采购目的不同

工业采购属于生产性需求，主要服务于企业内部生产，为生产顺利进行而向外界购买生产过程所需要的原材料、设备、服务等，其目标主要是购买质量和成本符合生产技术要求和成本管控目标的物料，也就是常说的"好用"的物料。工业采购的主体是工业企业。工业采购的直接服务对象为企业内部用户，间接服务于消费者。工业采购的货物主要为生产资料。

商业采购属于转卖性需求，主要通过购买商品或劳务，并转售或租赁给第三方获取利润。商业采购的主体是批发商或零售商，其是连接生产者和消费者的重要环节。无论是批发商还是零售商，商业采购的真正服务对象是消费者，采购时就要从供应商那里选择适销对路的产品，为消费者提供尽可能多的产品，也就是常说的"好卖"的产品。

（2）采购流程不同

工业企业运营流程一般是：营销部门按照市场实际销售情况或者销售预测情况，分析市场需求，提出产成品需求计划，设计部门按照市场需求设计产成品，确定技术工艺和产品 BOM，计划部门根据产成品需求计算物料需求计划，得到全部生产所需原材料的采购计划和半成品的生产计划。工业采购的主要工作一般是从获得物料需求计划开始，根据物料需求计划产生的采购计划，进行采购寻源，根据材料的工艺和技术要求、生产所需用量和生产时间等信息寻找供应商，商谈适宜的价格，发出采购订单，跟踪订单交付和执行情况，协助仓库入库验收，进行采购对账、记录与档案维护，协助财务进行采购发票处理和付款，以及后续问题材料的退货处理，直到完成全部采购流程。

商业企业基本运营流程是：企业营销部门进行市场调查及分析与预测，确认初步的需求意向，企业采购人员在获得初步需求意向后，在市场上寻找备选产品，寻找可能的供应商，征询报价，进行选品和供应商评估，进而确定采购品项和供应商、签订合约、跟踪采购执行，并根据销售情况进行评估，及时调整品类。由于商业采购的目的是"好卖"，所以需要其对市场需求有更敏锐的判断。"选品"的工作在商业采购中有重要的意义，需要采购部门与销售部门协作才能完成，甚至有些商业企业将采购部门和销售部门合并为运营部门，负责整体采销流程。

工业企业和商业企业运营流程对照如图 6-5 所示。

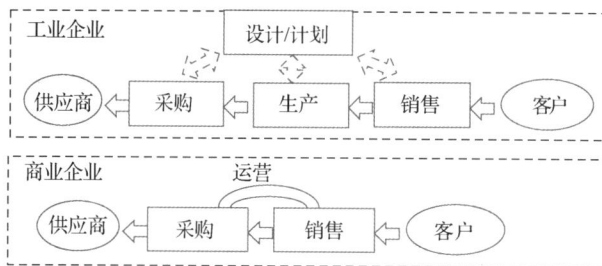

图 6-5　工业企业和商业企业运营流程对照

（3）供应商选择的标准不同

商业采购和工业采购对供应商选择的共同标准有：质量、价格、条件、交付速度、服务以及过去订单的执行绩效。商业采购往往还需要考虑市场相关因素，也就是关心产品是否"好卖"。对于商业企业来说，产品是否好卖、能否带来更多的利润是采购的关键问题。产品是否"好卖"，是营销学关注的重点，其涉及的问题众多，比如产品是否符合零售商店定位、形象；是否适合目标市场；是否符合知识产权保护要求；是否满足自创品牌等特殊要求；供应商是否能够提供促销支持的种类和数量，包括提供国内或地方性广告支持、合作广告、示范资助、展示材料、销售促进等。

而工业采购一般对市场因素的关注较少，更多关注采购产品是否能够满足生产的技术、工艺、质量要求，能否按时交付，确保生产计划的如期执行，对产品是否"好用"有较高的要求。

# 活动执行

## 活动解析

本活动按照 MPS/MRP 要求执行，无须重新制作采购申请单。

≈≈≈业务数据≈≈≈

2030 年 4 月 10 日，深圳总厂采购员崔小燕按照 MRP 向兴发钢材厂下订单，订购前轮轴承（物料编码 S\*\*\*.01.006）、28#未电镀车圈（物料编码 S\*\*\*.01.004）、24#未电镀车圈（物料编码 S\*\*\*.01.005）和钢丝（物料编码 S\*\*\*.01.003），按照协议价格采购，采购数量和计划一致，约定 2030 年 4 月 24 日交货。

4 月 23 日，供应商将货物送达企业，总厂仓管员何佳将货物收入总部待检仓暂存，等待质检部门检验。

4 月 24 日，质检部门确定产品合格后，总厂仓管员何佳将材料正式收入总厂原材料仓。

4 月 24 日，总厂财务会计满军根据入库单开出相关应付单，准备付款流程。

## 活动过程

MRP 采购执行流程与标准采购业务流程基本一致，不同的地方是用户无须手动新增采购申请单，因为 MRP 投放后会针对采购类原料自动生成采购申请单，用户可以在采购申请单列表中找到该申请单，勾选后依次单击【提交】、【审核】按钮，然后按照图 6-6 所示的流程下推后续的单据。注意，本活动没有考虑材料验收的环节，对采购流程做了简化设置。

图 6-6　MRP 采购执行流程

## 活动步骤

具体业务操作可参考标准采购流程的操作步骤。本活动中，采购申请单已经由 MPS/MRP 订单投放产生，因此无须再次新增录入，请根据已有采购申请单下推完成后续业务流程。

> **操作一点通**
>
> ① 采购申请单有多种产生方式，包括手动新增、MRP 投放产生、缺货产生等。想要了解采购申请单产生的来源，可以到采购申请单的【其他信息】页签下查找，比如源单的类型、源单单号、需求来源、需求单据编号等。
>
> ② 在制作采购入库单的时候，可以使用【明细信息】页签中的【批量填充】功能，当明细中的所有物料都是入同一个仓库时，首先手动录入第一行的仓库信息，然后单击【批量填充】按钮，系统会以第一行的仓库信息自动填充余下所有的分行记录。

## 活动总结

### 理论知识归纳

生产原料是否按计划采购可分为以下两类。

（1）按计划采购

对于采用了 ERP 计划管理的生产企业，生产所需物料已经由 MPS/MRP 排产安排好了，按照 MPS/MRP 算法，其产生的采购计划满足生产所需，并且是考虑采购批量等因素后的最小订货量，按照这个执行会让库存保持在较低的水平。因此，正常情况下，无须手动重新提交生产物料的采购申请。按 MRP 采购原料是生产物料的主要采购方式。

（2）不按计划采购

如果遇到异常情况或者对未纳入 MPS/MRP 的物料进行采购时（物料计划策略为"无"的物料），才需要手动追加生产材料采购申请。比如：原来采购的物料质量有问题，而企业来不及重新进行 MPS/MRP 计算，需要临时手动追加采购指令，快速完成原料补货；或者企业接到紧急销售插单，需要提前生产某种产品，而这时原来计划已经安排，企业不想重排计划，也可以手动追加采购指令；或者生产耗用超过预期，产品维修需要更多原料，原定采购用量不够，也可以手动追加采购指令。当遇到这些类似情况时，可以手动追加采购申请单，甚至跳过申请，直接录入采购订单快速订货，以实现快速补货的目的。当然这种情况下，企业采购人员要掌控采购量，避免判断失误，造成生产物料短缺或者订购过多。

### 作业

完成以下 MRP 采购执行（必做）。

2030 年 4 月 12 日，深圳总厂采购员崔小燕按照 MRP 向达利橡胶制品厂下订单，订购 28 英寸车胎（物料编码 S\*\*\*.01.001）和 24 英寸车胎（物料编码 S\*\*\*.01.002），按照协议价格采购，约定 2030 年 4 月 26 日交货。

4 月 25 日，崔小燕接到达利橡胶制品厂送货通知，确定第二天送货上门，通知仓管部准备收货。

4 月 26 日，货物送到，总厂仓管员何佳初步验收合格，将货物放入总厂原材料仓。

4 月 26 日，总厂财务会计满军根据入库单开出相关应付单，准备付款流程。

## ❋ 活动 6-2-3：采购退补料处理

### 🗂 活动导入

### 管理情景

企业采购时，因为产品质量等问题，难免出现对采购物料不满意而要退货的情况。采购退货是一项非常麻烦的工作，由于退货的原因不同，退货发生的时机也有不同情况，例如：既有可能是收货验收不合格退货，又有可能是合格入库后才发现问题需要退货；供应商同意退货后还有不同的处理情况，既有可能要求供应商换货补货，也有可能取消采购或者变更采购内容，这还涉及财务退款的相关工作。而且所有退货工作的安排都需要和供应商进行协商，并不是单方面能够决定的事情，这也带来了大量的协调工作。任何一个环节出现问题，都可能给采购工作带来障碍，轻者造成采购未及时完成，影响企业生产或销售正常开展，重者影响企业资金流，带来经营困难。

【问题】为什么企业采购退料业务比较复杂？

## 前导知识

按退料发生时机，退料分为以下两类。

（1）检验退料

企业质量部门对供应商送货进行质量检验，根据质量检验结果将不合格品退回供应商，在质量检验环节发生的退料称为检验退料。

来料质检时，企业只是收货暂存，物料的所有权没有发生变化，仍然属于供应商。所以检验退料只涉及库存业务的处理，不涉及财务处理。如果是即时退料，则仓库根据采购收料单生成采购退料单，将不合格品退回供应商。如果是集中退料，则仓库根据采购订单或退料申请单生成采购退料单进行检验退料。

（2）库存退料

由于质量部门对供应商送货采用批量抽检的方法，因此抽检合格不代表全部物料都合格。在存放、生产或使用过程中发现的不合格品也需要退回供应商，这种检验入库后发生的退料称为库存退料。库存退料的物料都是之前已经办理过正式入库的物料，货权归属采购企业。所以库存退料既涉及货物所有权变动，也涉及财务处理。

## ✍ 活动执行

### 活动解析

本活动演示收货后的退货处理过程，并协商退款业务。

≋≋≋**业务数据**≋≋≋

① 2030 年 4 月 20 日，深圳总厂质检部门抽检发现之前（活动 6-2-1）向风速贸易有限公司购买入库的玫红色 HUB 头盔（物料编码 S***.05.002）中有 2 个不符合客户的品质要求，经采购员崔小燕与供应商协商后决定做退料扣款处理。仓管员何佳收到通知后在总厂产成品仓完成相关退料手续。

② 4 月 21 日，总厂财务会计满军根据退料单开出负向应付单。

### 活动过程

根据业务数据的描述，库存退料并扣款的处理流程如图 6-7 所示。

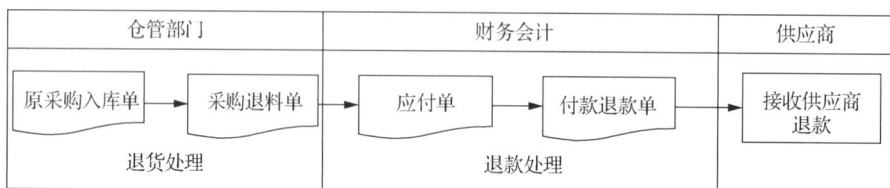

| 仓管部门 | | 财务会计 | | 供应商 |
|---|---|---|---|---|
| 原采购入库单 → 采购退料单 | | 应付单 → 付款退款单 | | 接收供应商退款 |
| 退货处理 | | 退款处理 | | |

图 6-7 库存退料并扣款处理流程

## 活动步骤

### 1．原采购入库单下推采购退料单

在户外用品深圳总厂 S***组织下，执行【供应链】—【采购管理】—【收料处理】—【采购入库单列表】命令，找到相应的入库单，勾选玫红色 HUB 头盔（S***.05.002）所在的行，单击【下推】按钮，在弹出的选择单据页面中选中【采购退料单】，再单击【确定】按钮进入采购退料单-新增页面。然后根据业务数据第①段的描述，录入玫红色 HUB 头盔的退料日期、退料方式、实退数量和扣款数量等信息，录入完成后依次单击【提交】、【审核】、【退出】按钮。

用户可以执行【供应链】—【采购管理】—【退料处理】—【采购退料单列表】命令，查询刚录入的退料单。

> **📖操作一点通**
>
> ① 根据本活动业务数据，在采购退料单的基本信息中，需要把【退料方式】修改为"退料并扣款"。
>
> ② 在下推生成采购退料单时，系统会默认【实退数量】和【扣款数量】为采购入库单里的【实收数量】。本活动只是部分退料并扣款，所以用户需要手动修改玫红色 HUB 头盔的【实退数量】为"2"，【扣款数量】为"2"。

### 2．采购退料单下推应付单（负向）

在户外用品深圳总厂 S***组织下，执行【供应链】—【采购管理】—【退料处理】—【采购退料单列表】命令，找到相应的退料单，勾选玫红色 HUB 头盔（S***.05.002）所在的行，单击【下推】按钮，在弹出的选择单据页面中选中【应付单】，再单击【确定】按钮进入应付单-新增页面。然后根据业务数据第②段的描述填制单据，录入完成后依次单击【提交】、【审核】、【退出】按钮。

用户可以执行【财务会计】—【应付款管理】—【采购应付】—【应付单列表】命令，查询刚录入的负向应付单。

补充说明：后续的生成付款退款单以及与供应商的退款结算，必须在出纳系统启用之后才能进行，这部分内容不在本书教学范围内，不做介绍。

## 📖 活动总结

### 理论知识归纳

#### 1．退货和换货的区别

退货后不再需要供应商补充商品就是退货行为，而要求供应商按退回商品品种和数量，重新补发商品，就是换货行为。由于采购环节购买的多为原材料，退货和换货也可以称为退料和换料/补料。

如果只退货不要求换货，录入采购退料单时【退料方式】需要选择"退料并扣款"，那么原采购订单会保持关闭状态，无须再次补货入库，只需要登记负向应付单，表示向供应商要求退款（货款已付）或者冲减应付款（货款未付），并进行后续财务退款处理。

而如果采用换货，录入采购退料单时【退料方式】需要选择"退料补料"，那么原采购订单该行物料会打开业务关闭状态（恢复为未关闭），可以按照原采购流程再执行采购入库，完成物料的补货入库。如果是足额补货，就不需要进行财务退款相关操作；如果未足额补货，差额部分也需要进行退款和相关财务处理。

#### 2．采购的有源单退料和无源单退料

按照退料是否有源头单据，退料分为有源单退料和无源单退料。本活动演示的是有源单

退料。

有源单退料，其退货的关键信息（价格、最大可退数量等）都从源头单据引用过来，一般不会有差错和争议，特殊情况也可以再次调整，是企业退料的主要方式。

而无源单退料，由于没有源单作为依据，退料中的这些关键信息不完全确定，需要查询历史数据，或者和供应商再次协商确认这些信息，这种情况下容易发生差错。企业如果希望加强无源单退料的管理，可以先录入退料申请单，待和供应商协商并确认后，内部人员审核并确认其退料的合理性，再下推采购退料单。

### 操作知识归纳

负向应付单中的价税金额和计价数量等信息都是以负数显示，这表示资金与库存的流向和正常业务单据相反。负向应付单主要用来冲减应付账款。后续财务根据货款是否已付会采取不同处理方式。如果前期采购货款已付，会要求供应商退款，或者在下次采购扣除退款额后支付。如果前期采购货款未付，会扣除退款额后支付。不过要注意，无论采用哪种处理方式，这都是应付款业务，而不会因为涉及采购退款而变为应收款业务。

## 任务 6-3  采购业务查询和报表分析

### ✱ 活动：采购单据和报表查询

#### 活动导入

##### 管理情景

除了完成日常采购业务以外，采购人员和管理人员都常常需要查询采购业务的执行状况，了解一些关键数据，以更好地做出采购决策。管理系统的辅助决策功能之一，就是提供各种查询功能和图表功能，帮助管理者高效掌握信息，以做出正确的管理决策。

【问题】采购人员和采购管理者主要关注的信息有哪些？

#### 活动执行

##### 活动解析

≈≈≈业务数据≈≈≈

查询某供应商本月入库的全部采购入库单，按照交货日期排序，并且显示订单的源单信息。查询采购价格变化。

##### 活动过程

① 单据列表查询。
② 采购报表查询。

##### 活动步骤

**1. 单据列表查询**

金蝶云星空系统中，所有业务单据都有对应的单据列表查询功能，其使用方式相似，这里以采购订单查询为例进行介绍。

① 合理设置业务单据查询条件。执行【供应链】—【采购管理】—【采购入库单列表】命令，在列表页面中单击【过滤】按钮。在过滤页面中，合理设置过滤条件，如图 6-8 所示。

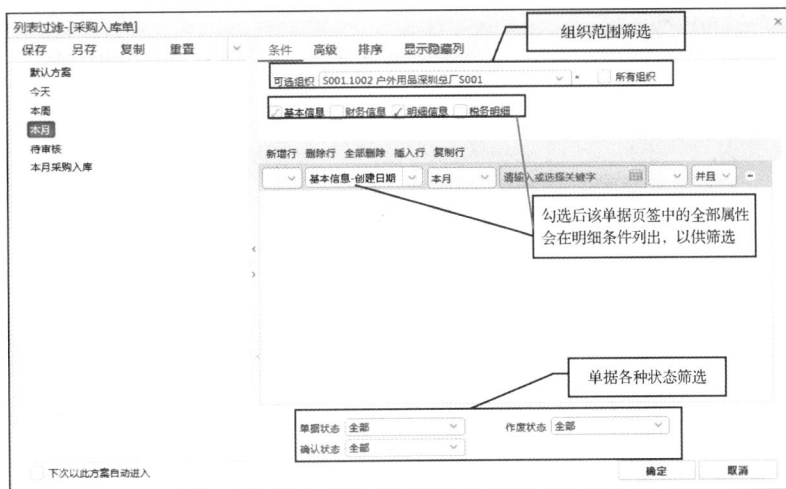

图 6-8 订单列表过滤条件的设置页面

选择目标组织机构，勾选需要查看的信息大类。在明细条件列表中插入行，选择【基本信息-入库日期】为"本月"。【单据状态】、【作废状态】、【确认状态】栏都选择"全部"。

📖操作一点通

初学者查询目标单据时，使用单据列表的【过滤】查询功能时，尽量不要设置明细查询条件，可以单击左上角【重置】按钮清除已设置的条件；同时，各种单据状态都选择"全部"，这样可以筛选出全部目标单据。要注意，成熟的商用 ERP 系统，已经录入并保存过的单据在系统中一定存在，如若找不到单据，主要原因是查询条件设置错误。

② 设置单据排序。单击【排序】按钮，进入排序设置页面，在排序字段列表中，双击【基本信息-入库日期】，单击【加入】按钮，将其加入右侧排序列表，选择排序方式为"升序"，如图 6-9 所示。

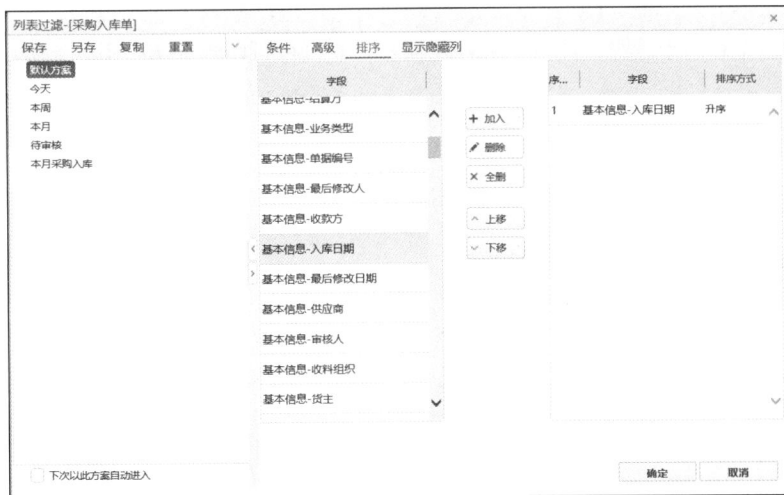

图 6-9 订单列表过滤的排序页面

③ 设置单据列表需要显示的数据列。单击【显示隐藏列】按钮，进入设置页面，在字段列表中，勾选【明细信息-源单类型】和【明细信息-源单编号】，最后单击【确定】按钮，查看查询结果，如图 6-10 所示。

图 6-10　订单列表过滤的显示隐藏列设置页面

④ 保存常用查询条件。如果某查询条件需要经常使用，可以在过滤条件框中，单击右上角的【保存】按钮，将设置好的查询条件保存为一个查询方案，方便以后直接打开使用。本活动查询条件就可以保存为"本月按入库日期查询"。

⑤ 切换过滤方式。在单据列表页面，还可以单击头部的过滤方案，快速切换查询方式。

**2. 采购报表查询**

采购部需要按供应商分别查询截至 2030 年 5 月底的采购订单是否完成到货，以及开票付款的全部采购业务。

① 设置过滤条件。执行【供应链】—【采购管理】—【报表分析】—【采购订单执行明细表】命令，进入报表过滤条件页面。按照活动要求修改过滤条件，【起始日期】设为"2021/1/1"，【截止日期】设为"2030/5/31"，【业务类型】选择"全部"，【单据状态】选择"全部"，【行状态】选择"全部"。

② 设置分组条件。单击【分组汇总】页签，将"供应商编码"加入右侧分组依据，单击【确定】按钮，查看结果。该列表可以进行打印、数据引出等操作。

理论知识归纳

统计报表

## 活动总结

### 操作知识归纳

#### 1. 单据列表页面的过滤条件简介

金蝶云星空系统中，所有单据都有配套的单据列表页面，单据列表页面可以自定义查询条件（见图 6-11），以查询需要的单据，进一步执行更为丰富的业务操作，例如新增、删除、审核、作废等。查询条件设置正确与否，决定能否找到目标单据，详细条件设置如表 6-6 所示。

图 6-11　单据列表中的快捷过滤功能

表 6-6　业务单据过滤条件

| 查询条件 | | 参数详解 |
|---|---|---|
| 【条件】页签 | 可选组织 | 限定单据所属组织范围，单击后会显示可供选择的组织列表，只有当前用户被授权访问的组织才能在此显示 |
| | 信息明细 | 单据相关的资料类别页签，例如：基本信息、明细信息等 |
| | 明细条件 | 可以设置一种或多种查询条件进行针对性查询，实现更精准的查询目标。可设置的筛选数据都来源于单据，不同单据可筛选条件略有不同。用户还可以使用"并且""或者""（）"等逻辑符进行条件组合 |
| | 单据各状态筛选 | 可以按照单据的各种控制状态来筛选。常用的有"审核状态""关闭状态""作废状态"等 |
| 【高级】页签 | 高级 | 可以设置更加复杂的组合查询逻辑，满足一些特殊需求，使用情况较少 |
| 【排序】页签 | 排序列表 | 可以将单据任意字段作为排序条件，加入右侧排序列表，并选择升降序方式；可以使用多个排序条件，系统会按照排序列表的优先顺序（排在前面优先）进行排序处理 |
| 【显示隐藏列】页签 | 显示隐藏列 | 为了单据序时簿的简洁美观，序时簿默认状态只显示少量关键字段，用户可以根据需要显示或隐藏某数据列，还可以调整列顺序、列宽，以及冻结某些列 |
| 【查询方案设置】 | 查询方案设置 | 可以将常用查询条件保存为查询方案，方便快速调用完成查询动作。可以对方案进行删除、修改等操作，也可以重置查询方案至初始状态。<br>勾选【下次以此方案自动进入】后，进入单据列表页面会跳过过滤页面，直接进入列表页面。用户如要修改过滤方式，可以单击【过滤】按钮重新设置查询条件 |

📖操作一点通

单据过滤页面内的这些查询条件之间默认关系是"并且"，任何一个条件设置错误都可能造成无法找到目标单据。初学者使用时要充分了解查询目标单据状态，合理设置过滤条件。

## 2. 两种查询方式的区别

两种单据查询方式的区别如表 6-7 所示。

表 6-7　两种单据查询方式的区别

| 查询方式 | 功能 |
|---|---|
| 单据过滤页面 | 单据过滤页面功能复杂、完善，可以支持多种查询条件组合。该查询方式需要使用服务器资源进行数据查询，从服务器取回所有符合条件的数据。因此查询数据范围越大，数据传输量也越大，对服务器和网络资源消耗越大。因此在实际使用时，应该合理设置查询范围，避免过长的等待时间 |
| 列表头部的快捷过滤 | 序时簿头部查询功能简单，支持单维度的过滤查询。该查询范围限于单据过滤中已经查询出、已经传送到本地的数据。序时簿头部查询的作用是进一步缩小范围，获得查询结果，由客户机完成计算，不需要服务器和网络资源，速度较快 |

## 作业

请在系统中合理使用采购报表功能查询数据，回答以下问题。

① 计划部门希望查看自己提交的采购申请是否被及时执行，应该查询哪张报表?

② 采购部门希望查看最近 3 个月采购价格变动趋势，应该查询哪张报表?

# 项目 7

# 自制生产和委外加工管理基础

## 项目概述

生产过程管理是生产型企业的核心工作之一。生产主要有两种方式：企业自己生产和委托第三方进行生产。生产管理模块主要对企业自己生产全过程进行管理，委外加工模块主要管理委托给外部生产服务商进行加工的全过程。本项目重点讲解了以上两种生产管理模块的标准业务处理流程。

## 项目重点

- 自制生产执行过程
- 委外加工基本过程

## 任务 7-1 自制生产任务管理

### ❋ 活动 7-1-1：生产准备

#### 活动导入

**管理情景**

生产部门按照计划部门给出的生产计划准备生产，根据 MPS/MRP 计算得到的生产订单准备生产。在正式生产开始前，生产主管需要仔细了解开工条件是否具备，所需材料是否备齐，所需的生产设备和工具能否使用，相关技术条件是否成熟，人员是否就位。如果生产条件有所变化，生产主管需要根据现实情况灵活调整生产订单，例如调整生产部门、生产类型、人员安排等，确保最终下达给车间作业人员的生产任务是可以执行的。在确定了这些关键信息后，在生产开工时间临近之时，提前将相应生产任务下达给车间的具体生产执行人，安排车间人员进行生产备料和领料、设备准备和调试、工人工作排班等工作，确保能够按期开始生产。

【问题】生产开始前需要做哪些生产准备？

**前导知识**

在 ERP 中，生产作业控制（Productive Activity Control，PAC）与采购作业同属系统计划的执行层（计划层级的介绍请参考活动 4-1-1）。计划执行过程不但要有效控制，保证计划实现，而且要反馈所有真实的执行数据，以作为修正计划或进行下一步计划的依据，也可作为业绩评价和改进工作的依据。

PAC 管理按细化程度划分，可以进一步分为工单级管理和工序级管理。工单级管理主要围绕加工单进行生产过程管理和控制；而工序级管理会进一步细化到生产工序，对每道工序进行生产过程管理和控制。例如：厨房安排制作面条就是工单级管理，而对揉面、醒面、压制、剪切等每道做面条的工序的管理就是工序级管理。在金蝶云星空系统中，生产管理模块主要进行工单级管理，车间管理模块主要进行工序级管理。本活动主要讲解工单级管理，工序级管理将在进阶篇项目 12 中讲解。

工单级管理和工序级管理主要是管理细化程度不同，其具体管理的内容和范围类似。具体而言，PAC 要控制以下内容。

（1）控制加工单的制定和下达

生产前需要得到明确的生产指令，即加工单（Work Order，WO）。加工单主要来源于 MPS/MRP，是整体计划在生产中的具体体现，也可以根据需要临时追加和修改。如果需要更精细的管理，还可以将加工单进一步分解到工序加工单。该单据体现明确的生产要求，需要准确说明生产的物料、生产的数量、生产执行部门和人员、所需生产设备、开工完工的时间要求等关键信息。生产执行部门需要按照指令进行生产准备，检查生产条件是否符合要求，只有在生产前提都具备的情况下才下达加工单给车间，这种检查既包括 ERP 系统内的数据检查，也包括生产现场的准备。

在金蝶云星空系统中，加工单被称为生产订单，企业围绕生产订单完成生产领料、生产退料、生产补料、生产入库等生产业务工作。

（2）进行投入产出控制

投入控制，主要是对生产所需原料和辅料用量的控制，要做到够用又不浪费。在生产订单执行前，需要准确计算出原材料的合理用量。合理用量由 BOM 和计划生产量来确定，任何一种生产所需原料缺失都无法生产出足够数量的产品。对物料库存量是否满足生产所需的分析称为齐套分析，是 ERP 的常见功能。

产出控制，就是对加工件的实际产出量进行控制。在投入量确定的情况下，企业需要了解实际产出量，进行质量检测，确定合格品数量，对不合格品及时处理，力争实现最大量的合格产品产出，同时了解材料消耗情况，确定材料实际耗用量，对多余原料退库。这些信息都需要及时记录和反馈，为生产过程调整和优化提供依据。ERP 系统一般会提供产品完工入库等功能，用于记录产出情况。

金蝶云星空系统提供了【生产备料】【生产齐套分析】等功能用于分析物料足缺料情况，还提供了【生产用料清单】功能用于自动计算每个生产订单所需原料用量，通过【生产入库单】【生产汇报单】等单据记录产出加工单的完工情况，通过【工序汇报】记录各工序完工情况。

（3）控制生产加工顺序

生产加工是一个复杂过程，一般都要经过多道加工工序完成整个生产加工，也常需要使用不同设备。生产企业需要合理安排生产任务的加工顺序和节奏，充分利用设备生产能力，及时供给所需材料，尽量减少无效作业和等待时间，提高整体生产效率。这就需要使用生产排程的技术。

金蝶云星空系统中，【生产订单排产】可以实现工单级排产，【工序排程】【排程模型】等功能可以实现工序级排产。

（4）控制加工成本

生产另外一个重要目标是在满足质量要求的前提下控制生产成本。生产成本主要包括材料消耗、人工成本、其他制造费用，也就是常说的"料工费"。生产成本控制不是一个单一的工作任务，而是贯穿于企业管理全过程的复杂问题。在 PAC 环节，企业主要通过投入产出控制，控制材料消耗；通过合理工序安排，减少人工浪费和其他费用的消耗；通过准确记录实际成本支出，准确核算材料成本，为成本分析和减少成本提供数据基础。

金蝶云星空系统中，有成本管理模块进行成本核算，而生产成本核算的基础就来源于生产制造模块对实际材料耗用情况的记录。还可以使用标准成本管理模块进行目标成本和实际成本的对照分析与控制。

## 活动执行

### 活动解析

在生产任务开始前，计划人员需要对生产订单中的每一条分行做计划确认，包括生产车间、数量、BOM 版本和计划开工完工时间等，同时还要检查每一条分行对应的生产用料清单数据，比如应发数量、发料方式等，确认是否要根据材料的库存状况及其他生产需求对生产用料进行调整。

≈≈≈业务数据≈≈≈

① 2030 年 4 月 25 日，总厂生产部门开始执行项目 5 投放产生的生产订单。生产开工前，计划员陈东明检查确认该生产订单及其相关联的生产用料清单无须调整，可以直接下发到生产部门执行。

② 在审核生产用料清单后，计划人员还需要检查用料的备料情况，根据分析得出的齐套数量确定生产订单是否可以投产或投产多少套。计划主管陈东明对生产订单做齐套分析，检查截至 4 月 28 日，全部生产订单开工前材料是否齐套，能否满足生产需要。

### 活动过程

① 检查并审核生产订单和用料清单。
② 生产用料齐套分析。

### 活动步骤

#### 1．检查并审核生产订单和用料清单

在户外用品深圳总厂 S***组织下，执行【生产制造】—【生产管理】—【生产订单】—【生

产订单列表】命令，选中相应的生产订单，依次单击【提交】、【审核】按钮。

执行【生产制造】—【生产管理】—【生产订单】—【生产用料清单列表】命令，选中所有的生产用料清单，依次单击【提交】、【审核】按钮。

---

**📖 操作一点通**

① 生产用料清单不能手动创建，只有生产订单保存时，系统根据 BOM、订单生产数量和工作日历等自动生成。

② 生产订单中的每一条分行对应着一张生产用料清单。在本活动中，MPS/MRP 投放只生成了 1 张生产订单，但是该订单下有 4 条分行记录，所以在生产用料清单列表中会显示 4 个单据编号。

③ 生产订单审核之后，系统才允许审核其相关联的生产用料清单。

④ 用户在审核生产用料清单时，如果想要修改某物料的应发数量，在子项明细中选中该物料，然后单击【应发修改】按钮可进行修改。

---

### 2．生产用料齐套分析

（1）新增一张生产齐套分析单

在户外用品深圳总厂 S***组织下，执行【生产制造】—【生产管理】—【生产平台】—【生产齐套分析】命令，单击【新增】按钮进入生产齐套分析单-新增页面。在【基本】页签中设置【单据日期】为"2030/4/28"，【优先顺序】选择"计划开工日期"。在【方案】页签中，【预留】字段选择"忽略弱预留"，【物料替代】字段选择"忽略替代"，其他参数保持默认值。在【仓库】页签，勾选户外用品深圳总厂的原材料仓、半成品仓和产成品仓。齐套分析参数设置如图 7-1 所示。

图 7-1 齐套分析参数设置

然后单击【选单】按钮，在弹出的选择单据页面中直接单击【确定】按钮，接着在弹出的生产订单列表中选中要分析的生产订单（4 行数据全部选中），单击【返回数据】按钮回到生产齐套分析单页面，单击【保存】按钮保存该单据。

（2）生产齐套分析

执行【业务操作】—【分析】命令，系统分析完之后会得到图 7-2 所示的结果。

图 7-2　齐套分析结果

在【生产订单】页签中，我们可以看到两个尺寸的辐条的齐套数量等于生产数量，说明生产所需材料已全部备齐，没有欠缺料的情况发生。而两个车前轮的生产订单的齐套数量是零，这意味着当日（2030 年 4 月 28 日）的生产用料库存不支持生产部门开工生产，甚至连一个车轮也不能生产出来。想要了解具体的欠料情况，用户可以单击【子项明细】页签查看，如图 7-3 所示。在子项明细中，计划员可以清楚地看到欠料发生在两个尺寸的辐条和电镀车圈上，这几种材料的即时库存为 0，因为这些物料都是半成品，需要在生产加工和委外加工完成后补齐库存，以满足最终车前轮产成品的生产。而相关产品已安排相应的生产或者委外加工任务，只要任务能够按期执行，那么就可以确保生产能够按期完成。

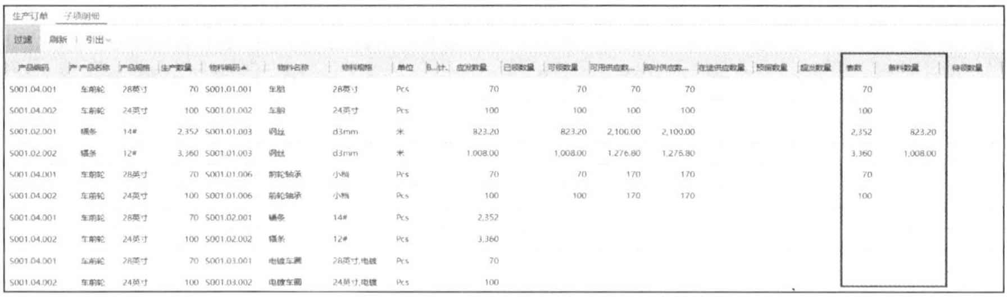

图 7-3　齐套分析材料子项明细

### 操作一点通

本活动主要基于即时库存进行齐套分析。如果希望将已经排产未完工交货的生产、委外、采购等任务都纳入计算，可以在【方案】页签中考虑弱预留的情况，并勾选希望纳入分析的业务单据，例如生产任务单、委外订单等，设定单据截止时间。这相当于将这些单据带来的未来库存变动（预计入库量和已分配量）情况纳入考虑，这样可以更接近未来执行情况。不过要注意：预计量可能存在无法按期完成的情况，齐套分析的结果可信度要低一些。采用这种方式时，计划员需要重点关注预计量能否如期完成。

生产齐套分析是一个辅助分析工具，该分析是基于库存和未来库存变动情况，对生产任务所需材料是否齐套进行评估。一般在生产订单开始前进行评估。随着时间和业务变动，齐套分析也需要适时重新评估，用户可根据需要做一次或者多次的齐套分析，分析次数并不受限制。

## 活动总结

### 理论知识归纳

齐套分析是分析生产订单所需材料数量是否够用的一种技术。一个产品常需要多个零件，任何零件数量不足，都无法达成目标生产数量。齐套分析可以帮助计划人员提前评估材料供给是否充足，来判断可生产产品套数，对缺料情况做好准备。

齐套分析的基本逻辑：可生产最大成品套数由 BOM 中缺货比例最大的物料的库存数量决定，这是约束理论（瓶颈理论）在生产用量控制中的具体体现。例如：生产 1 辆自行车需要 2 个车轮、1 个车架，生产订单需要生产 200 辆自行车（计划产量），那么车轮需要 400 个，车架需要 200 个，如果车架有 180 个，车轮有 500 个，那么 200 辆自行车的生产任务将无法完成，材料仅够完成 180 辆自行车的生产。

当然，实际的齐套分析过程比所举示例要复杂，由于原材料常常是共享使用的，企业也会同时安排多种不同生产任务，而且不同任务之间还有生产加工先后顺序要求，因此，齐套分析还要根据生产任务的优先顺序确定物料优先分配顺序，需要在考虑损耗率和成品率的基础上准确计算合理用量，还需要考虑仓库库存和车间库存量等情况。

金蝶云星空系统的【生产齐套分析】功能，可以配置多种参数来反映复杂的影响因素，主要参数如下。

◆ 【优先顺序】参数用于设置多订单之间的物料优先分配关系。选择"计划开工日期"，表示谁先开工，物料先分配给谁。选择"计划完工日期"，表示谁先完工，物料先分配给谁。选择"需求优先级"，会根据需求优先级计算结果，谁优先级高先分配给谁。该功能需要启用需求优先级管理。

◆ 【物料范围】参数定义了齐套分析的物料范围。选择"全部物料"，对生产所需的全部物料进行齐套分析。选择"齐套物料"，只对齐套物料进行齐套分析。齐套物料是【物料】基础资料中勾选【是否齐套件】的物料，一般是生产中容易短缺的关键物料。只分析齐套物料能够聚焦于那些容易短缺的关键物料，减少计算量。选择"非倒冲物料"，只对非倒冲物料进行齐套分析。本活动演示的是选择全部物料进行分析。

◆ 【预留】参数用于处理物料预留和齐套分析的关系。齐套分析涉及物料的库存分配，预留关系本质就是物料分配关系。因此两者同时考虑时会有一定冲突，需要进一步明确分配规则。在齐套分析时，强预留关系是必须遵守的，系统会严格按照强预留关系来计算齐套分析结果，也就是说强预留的物料是不能挪用给其他生产订单的。对于弱预留关系，则可以选择是否考虑该因素。如果选择"考虑弱预留"关系，那么系统会首先按照已有的弱预留关系来分配物料，未建立预留关系的剩余库存再按照【优先顺序】的设定来分配；如果选择"忽略弱预留"，那么除了强预留以外的全部库存会完全按照【优先顺序】的设定来分配。本活动中，物料都是弱预留关系，库存可以重新调整用途，只考虑当前库存，因此选择"忽略弱预留"。

◆ 【物料替代】参数可以控制在齐套分析时是否考虑物料的替代规则，有"考虑替代"和"忽略替代"两个选项。如果选择"考虑替代"，在齐套分析时，系统会对缺料并有替代关系的物料进行库存替换和库存用量再分配；选择"忽略替代"，则不考虑替代因素。物料替代详细功能参见任务 12-2 的介绍。

◆ 【即时库存】、【生产订单】等业务单据参数主要用于控制将哪些库存，以及哪些预计量纳入齐套分析。例如：勾选【采购订单】，并设置【截止日期】为"2030/5/31"，那么就表示在 2030 年 5 月 31 日前的所有未执行完成的采购订单都会作为预计入库量纳入计划计算。

## 操作知识归纳

生产用料清单指定了生产订单中生产目标物料所需使用的半成品和原料组成，以及半成品和原料所需数量和生产时间。生产用料清单由系统自动创建，根据生产订单的加工目标物料，以及对应的 BOM 数据计算生成。该单据核定了生产所需的最大物料用量，起到投入控制的作用。正常情况下，实际领料数量不应该超过生产用料清单规定数量，如果实际使用超量，需要通过补料流程记录该过程，这样就可实现用料量的管控。

在特殊情况下，企业也可以根据实际情况修改生产用料清单中的物料和数量，例如：发现所需物料缺料，正好有物料可以替代；或者某些生产加工过程，材料用量会随着气候变化而波动，有些环境下需要增加用量。当遇到类似情况时，生产人员可以手动调整生产用料清单。调整方式有两种：一种是直接修改，适合管理灵活的企业；另外一种是通过生产用料清单变更单来调整，适合管理更加严谨的企业。

## ✲ 活动 7-1-2：生产执行

### 📖 活动导入

#### 管理情景

当生产任务下达后，企业生产部门、物流部门就开始忙碌起来，要为生产的正常进行做好各项准备工作；仓库部门查看生产任务，根据生产投料数据，在仓库拣选出所需原料进行备货；生产部门安排人员从仓库领用生产所需原材料、半成品到车间，并将材料运送到相应的工位上；生产工人进行设备安装，调试生产设备，再按照订单时间安排组织生产；生产部门将加工完成的半成品或产成品，根据需要及时送回仓库进行保管，或者移送到下一个工位使用。这一系列的工作环环相扣，紧密衔接，只有做到有效落实，才能确保生产稳定运行。

【问题】①生产任务执行主要有哪些工作？②生产任务一般的执行顺序是什么？

#### 前导知识

金蝶云星空系统中，生产管理模块主要是在工程数据管理、库存管理等其他各子系统的基础上，为工业企业提供制造有关的生产订单，从生产计划、投料与领料、生产检验与汇报，到产品入库、订单结案全过程监督与控制，协助企业有效掌握各项制造活动信息、管理生产进度、提高生产效率、减少车间在制品、降低损耗与成本、提高产品质量与客户满意度。该模块主要围绕生产订单来进行生产执行与管理，实现了较为完整的工单级管理。生产管理模块功能如图 7-4 所示。

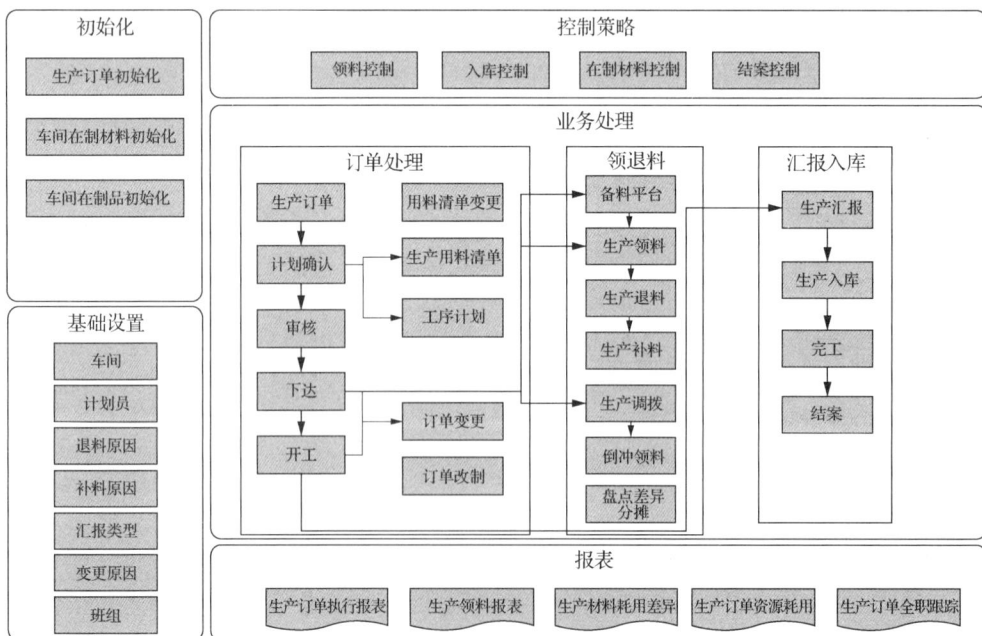

图 7-4　金蝶云星空生产管理模块功能

# 活动执行

## 活动解析

对于已经明确需要执行的生产订单，按照生产的基本顺序，完成生产备料、领料、完工入库等基本生产过程。

≈≈≈业务数据≈≈≈

计划员审核完生产订单之后，订单中的每一条分行记录将作为一个独立的生产任务下达到车间开工生产，生产任务安排如下。

① 2030 年 4 月 25 日，12#辐条（物料编码 S***.02.002）的生产任务下达到总厂机加工车间，生产人员按计划开工生产。

② 4 月 25 日，张明到总厂原材料仓领用所需原料，仓管员何佳发料。

③ 4 月 26 日，机加工车间完成加工后，张明将加工好的 12#辐条送到总厂半成品仓库，何佳验收合格入库。

④ 实际生产任务完成后，张明对相应的生产订单分行做完工、结案处理。

## 活动过程

① 开工生产。

② 开工后生产领料。

③ 完工产品入库。

④ 确认完工后结案。

## 活动步骤

### 1. 开工生产

在户外用品深圳总厂 S***组织下，执行【生产制造】—【生产管理】—【生产订单】—【生产订单列表】命令，找到 12#辐条（S***.02.002）所在的生产订单，单击蓝色的单据编号，进入生产订单-修改页面。在明细中选中 12#辐条所在行，单击【行执行】右边的下拉箭头，首先选择"执行至下达"，再次单击下拉箭头并选择"执行至开工"，如图 7-5 所示。

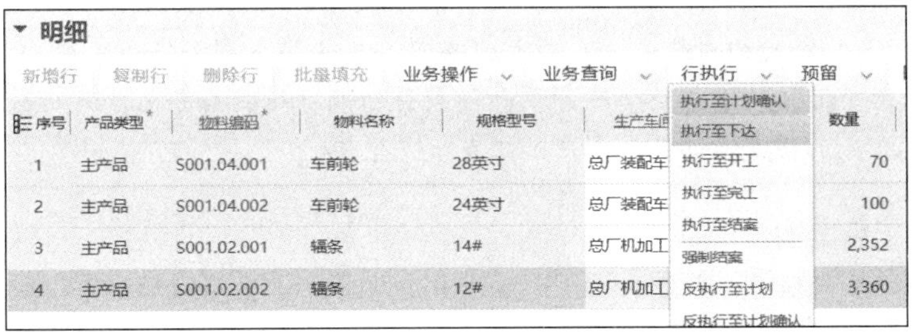

图 7-5　生产订单行业务执行

> 📖操作一点通
>
> 　　生产订单分行下达之前必须审核相应的生产用料清单，下达之后才能够生产领料。因为生产领料需要依据生产用料清单的用料明细，并且实际领用数量也会反写回生产用料清单，用于实现生产投入控制。

### 2. 开工后生产领料

12#辐条变成开工状态后，单击【下推】按钮，在弹出的选择单据页面中选中【生产领料单】，再单击【确定】按钮进入生产领料单-新增页面。然后按照业务数据第②段的描述录入日期、实发数量、仓库等信息，录入完成后依次单击【提交】、【审核】、【退出】按钮。

用户可以执行【生产制造】—【生产管理】—【生产领料】—【生产领料单列表】命令，查询刚录入的生产领料单。

### 3. 完工产品入库

回到生产订单-修改页面，选中12#辐条所在分行后，单击【下推】按钮，在弹出的选择单据页面中选中【生产入库单】，再单击【确定】按钮进入生产入库单-新增页面。然后按照业务数据第③段的描述录入日期、实收数量、仓库等信息，录入完成后依次单击【提交】、【审核】、【退出】按钮。

用户可以执行【生产制造】—【生产管理】—【完工入库】—【生产入库单列表】命令，查询刚录入的生产入库单。

### 4. 确认完工后结案

如果生产订单所需材料已领用、加工产品已完成加工，那么可以单击【行执行】右边的下拉箭头，选择"执行至完工"进行完工操作，再选择"执行至结案"进行结案操作。本活动只执行完工操作，不进行结案操作。

📖**操作一点通**

　① 生产订单分行完工前必须完成相关联的所有生产入库单据，完工后系统将不再允许生产订单下推生成生产入库单。

　② 下达、开工、完工、结案等业务动作的管理含义参见本活动操作知识归纳。

# 📖 活动总结

## 理论知识归纳

　生产订单，也常称为工单，是生产管理模块最关键的单据之一。生产订单具有多重作用：它是明确的生产指令，更是生产排程和工人排班的依据，是投入产出控制的基础，也是成本核算的重要依据。

　生产订单主要用于记载具体生产任务所需要的关键信息，包括：生产产品名称、生产数量、预计开工日期、完工日期、所需要使用的物料清单与工艺路线等。生产订单的信息作为核算材料用量、确定目标产量、明确生产进度的主要依据，直接控制生产投料、生产领料、产品入库、工序跟踪和工序汇报相关过程和单据的生成。生产订单执行业务流程如图 7-6 所示。

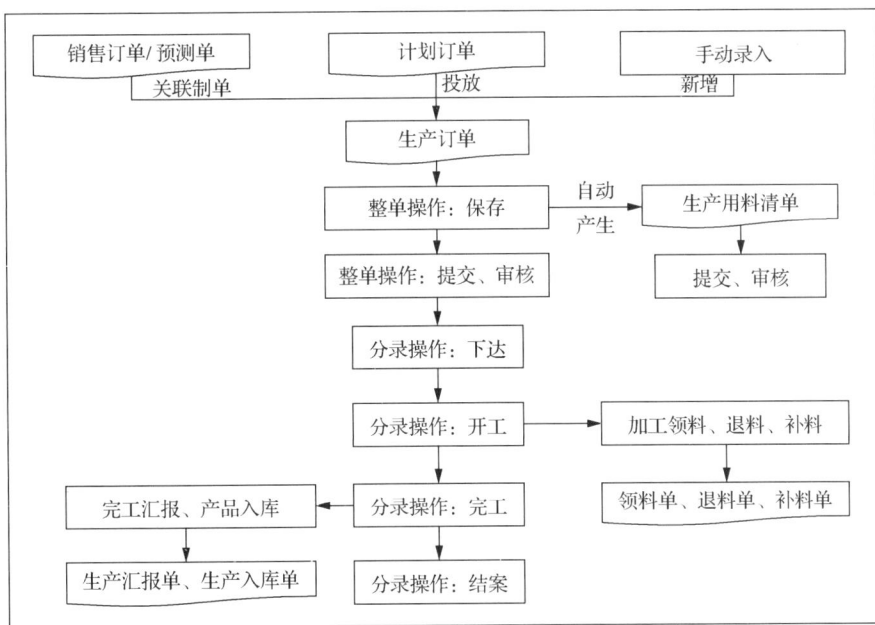

图 7-6　生产订单执行业务流程

## 操作知识归纳

### 1. 生产订单的主要生成方式

在金蝶云星空系统中，生产订单主要有以下几种生成方式。

　① 由计划订单投放生成：计划订单由 MPS/MRP 计算产生，生产订单则根据计划订单（包含生产型物料）投放产生，这样产生的生产订单考虑了整体计划安排统筹，可行性高。

　② 由销售订单/预测单生成：直接根据销售订单或预测单下推生成生产订单，下单前未进行MPS/MRP 计算，由于没有计划统筹，就需要操作人员仔细评估派生的生产订单是否可执行，比如材料是否齐备，订单加工顺序要求合适。如果判断有误，新增的生产订单可能无法执行。这种操作方式对操作员的专业水平有较高要求。

③ 手动录入生成：手动制单方式也是在未进行 MPS/MRP 计算的前提下手动新增生产订单的方式。同由销售订单/预测单生成方式一样，也需要操作人员评估安排的合理性，对专业性也有较高要求。该方式一般在临时追加生产任务时使用。例如：MPS/MRP 原排产计划产量不足，需要临时追加产量时使用。

### 2．生产订单的基本操作功能与业务状态变化

生产订单是生产管理模块的关键单据，系统提供了多种操作功能支持复杂应用，控制生产任务的执行，实现单据状态和业务状态的变更。

① 生产订单的单据状态和基本操作有：创建（执行保存操作后）、审核中（提交后）、已审核（审核单据后）。其基本操作和其他单据类似，在生产订单的【单据状态】栏可见。

② 生产订单还有一些业务操作功能，能更清楚地反映生产加工业务过程的变化情况，如表 7-1 所示。不同业务操作会改变生产订单的行业务状态，其信息可以在生产订单物料明细列表的【业务状态】栏中查看。

表 7-1　生产订单业务状态变化

| 操作 | 功能描述 | 行业务状态 |
| --- | --- | --- |
| 计划 | 生产订单保存时，根据 BOM 版本中的信息产生【生产用料清单】，生产订单列示的物料需要有对应的 BOM 数据<br>生产订单保存后会根据 BOM 数据自动产生【生产用料清单】 | 操作动作：保存<br>初始业务状态：计划 |
| 计划确认 | 计划确认的形式表明生产订单中的行明细物料将被确定纳入生产 | 操作动作：执行至计划确认<br>状态变化：计划→计划确认 |
| 下达 | 下达是指计划部门将生产指令下发给生产车间或生产线。生产订单下达后，生产车间正式开始执行生产订单中的物料生产任务。可以开始进行生产准备，例如准备材料、产线检查等工作。指令内容包括产品、数量、开工完工日期、生产用料清单等<br>生产订单在下达后才可以下推下游单据 | 操作动作：执行至下达<br>状态变化：计划确认→下达 |
| 开工 | 开工是指生产车间或生产线已经开始生产或即将开始生产，相关生产条件已具备 | 操作动作：执行至开工<br>状态变化：下达→开工 |
| 完工 | 完工是指生产订单已经生产完成或人为生产终止，业务状态变为"完工"<br>完工后不允许再进行生产入库操作，但还可以生产领料、退料和补料 | 操作动作：执行至完工<br>状态变化：开工→完工 |
| 结案 | 由于生产过程较为复杂，加工完成并不能代表生产的全部完成。比如完工后，不仅要完成加工后产品的入库，还需要完成剩余材料的退库、不良品处理、设备调整等工作。当这些后续工作全部完成后，可以执行结案操作，表示业务完成并关闭<br>结案后，生产订单的所有业务都不允许执行，包括领料、退料、补料、生产汇报、生产入库等 | 操作动作：执行至结案或强制结案<br>状态变化：完工→结案 |
| 挂起 | 出现插单生产或者资源调配等情况时，可以暂停正在生产的产品，执行挂起操作。如果后续还需要继续执行生产，可以执行反挂起操作。生产订单挂起后，不能产生下游单据；反挂起后，可以继续进行生产<br>只有下达状态未挂起的生产任务才能挂起，其他状态不能执行挂起操作 | 操作动作：挂起<br>状态变化：下达→挂起<br>操作动作：反挂起<br>状态变化：挂起→下达 |

生产订单的业务操作过程繁杂，会派生很多后续业务单据，如果希望单据操作自动执行，可以执行【基础管理】—【基础资料】—【单据类型】—【单据类型列表】命令，对生产订单进行相关参数设置，简化生产操作，提高制单效率。参数设置如图 7-7 所示。

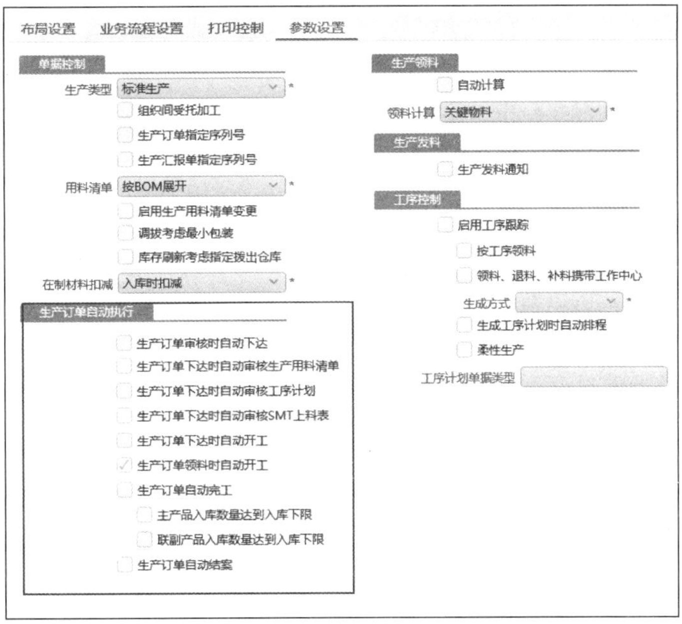

图 7-7　不同类型生产订单的单据类型参数设置

### 3．负库存的主要成因与解决办法

负库存是指系统账面库存小于 0 的情况。在实物收发货时，缺货会造成无货可发，而不会出现负库存情况。因此，负库存只在系统账存数据中出现，是使用信息系统管理库存之后才出现的情况。形成负库存的原因较多，并不只是因为常规缺货，一些业务差错、功能使用不当等都会导致负库存。例如：A 物料系统即时库存 120 个，B 物料库存 300 个，计划出库 B 物料 150 个，实际发货也是 B 物料 150 个，但是由于制单员制单时错误选择了 A 物料发货 150 个，审单时系统会提示负库存。从这个例子可以看到，负库存控制也是避免供应链差错的一种有效工具。系统负库存按照表现形式划分，主要有 3 种类型。

（1）即时库存量不足，出库类单据（包含负向的入库类单据）无法审核时出现的负库存

出库类单据审核时需要严格匹配符合业务条件获取的物料的即时库存，如果匹配的即时库存不足就会提示负库存，而无法审单（系统允许负库存情况的除外），主要有以下三种原因。

① 单据中仓库、库位等库存信息匹配的关键信息填写错误造成假缺货。

出库类单据审核时，需要根据单据中填写的多个关键库存信息进行库存匹配查找，只有完全匹配这些信息的库存数量才是可用即时库存量。如果关键库存信息填写不当就会形成实际库存有货，但是出现负库存的假缺货情况。例如：货物在 A 仓库，单据却错填为 B 仓库；或者系统库存只有"X001"批次的货物，但是出库单错填为出库"X003"批次的货物。这是初学者容易出现的错误。库存量匹配的关键信息有：物料编码、库存组织、货主、仓库、仓位、库存状态、批号、序列号、辅助属性等。

【解决办法】在金蝶云星空的出库单中选择目标物料，执行【业务查询】—【库存查询】命令，就可以快速查询该物料的即时库存数据。不过要注意，执行【库存查询】命令时，系统也会根据已填写的关键库存信息进行库存匹配查询，如果已填写了某仓库，那么结果只会显示该仓库该物料的库存，而不会显示其他仓库库存。因此，建议初学者查询前先清空仓库、仓位、批号、库存状态等信息，只保留物料基本信息，这样可以查看该物料的全部仓库的库存情况。除了在单据中查询外，也可以执行【供应链】—【库存管理】—【库存查询】—【即时库存】（或【即时库存明细】）命令来查询库存，该操作可以较为全面地显示全部库存情况。

假缺货还有一种情况是总库存数量充足，但是单一仓库的库存数量不足。这种情况下，可以采取三种方式来解决：第一，分别下推多张出库单从不同仓库出货，每张出库单的出货数量都小于等于其选中仓库的库存数量。第二，如果希望在一张出库单中对同一个物料同时从不同仓库出货，可以使用单据明细工具栏中的【新增行】下拉列表中的【关联复制行】功能，该功能在复制该行物料的同时可以保留和上游业务的关联关系，然后修改出库数量，以匹配多个仓库现有库存数量，这样可以实现同一物料同时从多仓领料。注意这种情况不要简单使用【复制行】、【插入行】功能，因为其会丢失关联关系。第三，可以使用【直接调拨单】功能将货物移动到同一个仓库后，再从该仓库统一发货。调拨单参见活动 9-1-2。

② 实际库存不足的真缺货情况。

当执行全面的库存查询后，发现符合条件的即时库存量确实不足，那就是真缺货。这时需要更深入地分析库存缺货的原因。可以执行【供应链】—【库存管理】—【报表分析】—【物料收发明细表】（或【库存流水表】）命令查询库存历史变动情况，这些明细类库存报表能够清楚显示业务时段内任何物料的出入变动情况。使用报表时要合理设置查询条件，一般要选择"已审核"状态的单据查询，因为未审核单据暂时不影响库存变动，还要注意业务组织、查询时段等条件的设置，确保能够得到准确数据。真缺货的根本原因就是供需不匹配，进一步表现为两种情况。

第一，应该入库的没有入库，也就是常说的未入库先出库的情况。如果报表显示物料入库数量不足，就需要重点检查该物料的入库业务为何没有完成，需要结合该物料的业务属性进行进一步分析。例如：如果是"外购"物料未入库，那么查询该物料是否已下达采购订单，是否完成采购入库并审核；如果是"自制"物料，那么就需要查询 MRP 订单是否投放产生生产订单，生产订单是否开工并完成生产产品的入库。本活动中生产所需物料大部分都是前驱业务应该入库的，重点可以检查前驱业务的完成情况。

第二，不该出库的出库了，也就是常说的库存错发的情况。如果报表显示物料已入库，但是已被前期其他业务消耗殆尽，那么要分析这些前期出库业务的合理性。例如：本活动中采购玫红色 HUB 头盔 100 个，后发现质量不良退料 2 个，但是有些初学者制作采购退料单，退料数量未更改，将 100 个全部退回，那么即时库存就为 0，出现缺货。

【解决办法】查询【物料收发明细表】等明细类报表分析真缺货的原因，针对性地进行业务处理。对于该入库未入库的情况，要确定应该补录的业务类型（采购、生产、委外等），针对性地完成从订单到入库单的相关业务流程，补充库存；对于不该出库而出库的情况，需要修正原有错发出库的单据，从而增加库存数量。

③ 库存预留分配带来的缺货。

在金蝶云星空系统中，如果启用了库存预留和锁库等功能，也可能会出现仓库有货但是仍然显示缺货无法出库的情况，这种情况可以简单理解为库存分配不合理带来的缺货。这主要在物料建立了强预留关系或者锁库关系才出现，弱预留关系可以被灵活覆盖，一般不会造成缺货情况，预留关系类型参见活动 4-2-1。例如：物料 X 即时库存 300 个，销售订单 A 已强预留 200 个未出库，出库日期为 3 月 20 日；销售订单 B 计划出库 150 个，出库日期为 3 月 10 日，由于 200 个物料 X 已被销售订单 A 预留，因此实际可用库存为 100 个，销售订单 B 出货就会缺货。系统提供了多种预留关系查询工具帮助用户了解预留情况，用户可以执行【供应链】—【库存管理】—【库存查询】—【库存预留分析表】命令来查看，在计划管理模块中，也有【预留关系综合查询】、【预留关系追溯查询】等功能辅助查询。

【解决办法】首先通过预留查询工具了解预留发生情况，再综合判断预留关系的合理性以及出货紧急情况，进行库存分配决策。针对上例，如果认为销售订单 B 的发货时间更近，需要先供货，那么就要删除原有强预留关系或者锁库关系，将原预留给销售订单 A 的库存量挪用给销售订单 B 先发货，然后再下达补货指令，待到货后再给销售订单 A 发货；如果认为销售订单 A 的客户更重要，具有更高优先级要确保供货，那么就无须改变原有预留关系，而是立即下达补货指令，待到货后给销售订单 B 发货。由于销售订单 B 发货时间更近，补货时效要求更高，还需要考虑供应商是否能够及时到货等问题。本书考虑初学者的学习情况，设定物料为弱预留关系，较少出现这种情况。

（2）入库类单据（含负向的出库类单据）反审核时出现的负库存

和审核作业相反，反审核入库类单据时，会扣减现有库存，也会进行负库存检查，如果出现负库存，也会无法完成反审核作业。

主要成因：该入库单入库的库存量已经被消耗部分或者全部，造成现有即时库存量小于单据原入库数量。例如 A 物料采购入库 200 个，但是已耗用了 20 个，即时库存剩余 180 个，这时反审核该采购入库单就无法完成。

**【解决办法】**一般企业材料都是持续购入的，如果材料后期还有入库业务，可以等补货后，库存量够数后再反审核单据进行修改。如果短期内没有入库业务发生，又希望修改原单，那么可以临时补录一张其他入库单据，补足库存，再完成反审核和原入库单修改，重新审核后，再删除临时补录的其他入库单。注意，这个临时补录的其他入库单只是起到临时增加库存的作用，完成后必须删除，以免造成库存数量的紊乱。

（3）报表负库存

报表负库存是指在统计报表查询时，显示负库存结存数量的情况。这主要是因为出入库时序错误，某些时段出现负库存。表 7-2 中，7 月 6 日的入库实际上是 7 月 1 日入库的业务，但是因为纸质单据字体潦草，误把 1 看作了 6，误填了系统入库单。那么在查询出入库明细表时，报表一般都是按照业务时间先后来进行库存数据计算，就会出现报表负库存情况。报表负库存对业务操作的负面影响相对较小，主要影响财务结算和数据分析的准确性。

表 7-2　A 物料出入库明细表

| 日期 | 物料 | 入库 | 出库 | 结存 |
|---|---|---|---|---|
| 期初库存 | A | | | 200 |
| 7 月 3 日 | A | | 320 | -120 |
| 7 月 6 日 | A | 400 | | 280 |
| | | | …… | |

**【解决办法】**报表负库存调整起来相对容易，一般通过修改单据的业务时间就可以解决。负库存如果对管理没有太大影响，也可以不调整。

总体来说，负库存检查和控制功能实际是 ERP、WMS 等系统用来减少业务差错的有效手段，负库存可以帮助我们发现潜在业务错误，也有助于加深学习者对系统业务的理解，提升其分析能力。当然，很多 ERP 软件都提供【允许负库存】等相关系统参数，用来适应不同企业管控要求。不过一般情况下，并不建议企业放开负库存的控制，因为这种放开，实际是放松了对库存准确性的管理要求，容易形成管理黑洞。当然对于一些特殊业务，允许负库存，这些情况比较少见和复杂，不是本书要讨论的内容。

## 活动 7-1-3：生产领退补料管理

### 活动导入

#### 管理情景

在实际生产过程中，由于生产工艺的复杂性，制造时难免出现材料的损耗和差异。材料质量、加工能力等各种因素，都会造成实际生产用量和投料数量的差异，这就必须进行退料和补料。多

余材料退库，损坏材料报损，缺料需要补料，只有合理执行这些作业，才能准确记录材料耗用情况，对加工件进行准确成本核算，为管理者对生产加工过程的分析和优化提供精准数据。

【问题】有哪些因素会造成实际用量和计划用量的差异？

## 前导知识

由于生产加工的复杂性，产生用料差异的原因众多，以下只列出一些常见原因。

（1）原料质量问题

采购的原料未质检或者采用抽检方式，未发现全部质量问题，到生产时才发现质量问题，需要从生产车间退回仓库，再重新补领足够数量的合格原料，这种情况称为"来料不良"。所退原料无须计入生产材料耗用，无须计算生产成本。

（2）加工材料剩余

生产完成时，常常出现计划使用原料但没有用完的情况。例如，一些有损耗率的材料，计划用量会考虑损耗率多供给，而实际加工损耗有一定随机性，熟练的工人可能会节省用量，这样加工后会有材料剩余，那么剩余材料应该退回仓库，这种情况称为"良品退料"。这样生产成本会扣除退料数量按照实际用量来计算，有些企业还会将材料节约作为工人绩效考核指标给予奖励。有些企业为了减少退料麻烦，会将剩余材料用于后续生产任务。不过为了精确计算实际耗用，即使不退料也需要在系统进行登记。金蝶云星空系统就提供【退料】和【挪料】功能来实现这两种需求。

（3）加工损耗过大

工人操作失误或者工艺差错，造成原料不够用，需要补充原料才能完成生产，这种情况常称为"作业不良"。这种情况下，材料使用量会超过计划用料量，从投入产出控制的角度看，必须如实记录和控制这种情况，否则浪费就会成为企业的常态。金蝶云星空系统提供了【生产补料】功能来记录补料的申请，在批准的情况下才能补领材料，退回损坏原料。有了记录，就能如实核算成本，并可作为工人绩效考核依据，以及后期管理优化的依据。

除了以上主要原因以外，原料被偷窃、装卸损坏、材料位置迷失、配料错误等其他管理问题也有可能造成用料差异。

# 👉 活动执行

## 活动解析

生产加工的不确定性导致实际材料消耗和计划用料数量可能存在差异，容易发生退补料的情况，企业必须如实记录用料变动情况。

≈≈≈业务数据≈≈≈

① 2030 年 4 月 25 日，14#辐条（物料编码 S\*\*\*.02.001）的生产任务下达到总厂机加工车间，生产人员按计划开工生产。

② 4 月 25 日，张明到总厂原材料仓领用所需原料，仓管员何佳发料。

③ 4 月 25 日，生产线发现领用的钢丝（编码 S\*\*\*.01.003）材料中有 10 米有质量问题，需要以来料不良为由退回总厂待检仓待检，退料人是张明，仓管员是何佳。

④ 4 月 25 日，张明到总厂原材料仓新领取了一批 10 米的钢丝（编码 S\*\*\*.01.003），仓管员何佳发料。

⑤ 4 月 26 日，机加工车间完成加工后，张明将加工好的 14#辐条送到总厂半成品仓库，何佳验收合格入库。

⑥ 实际生产任务完成后，张明对相应的生产订单分行做完工、结案处理。

## 活动过程

根据活动业务数据的描述，车间在加工过程中出现了一次来料不良情况，来料不良退料和良品退料的相关的业务流程如图 7-8 所示。

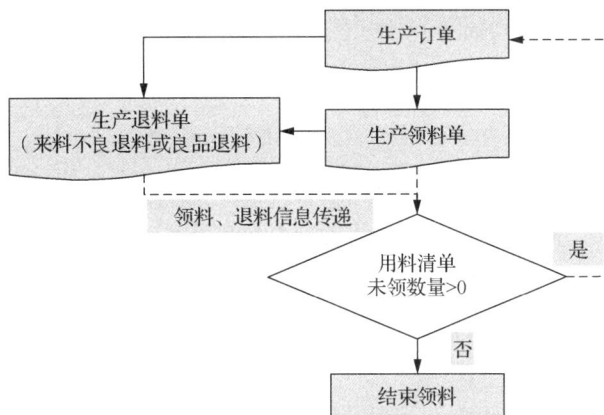

图 7-8 来料不良退料、良品退料情形下的领料—退料—再领料流程

说明：生产退料单既可以由生产领料单下推生成，也可以由生产订单直接下推生成。

## 活动步骤

### 1．生产订单下达和开工生产

在户外用品深圳总厂 S***组织下，执行【生产制造】—【生产管理】—【生产订单】—【生产订单列表】命令，找到 14#辐条（S***.02.001）所在的生产订单，单击蓝色的单据编号，进入生产订单-修改页面。在明细中选中 14#辐条所在行，单击【行执行】右边的下拉箭头，首先选择"执行至下达"，然后再次单击下拉箭头并选择"执行至开工"。

### 2．生产领料

14#辐条变成开工状态后，单击【下推】按钮，在弹出的选择单据页面中选中【生产领料单】，再单击【确定】按钮进入生产领料单-新增页面。然后按照业务数据第②段的描述录入日期、仓库等信息，录入完成后依次单击【提交】、【审核】、【退出】按钮。

用户可以执行【生产制造】—【生产管理】—【生产领料】—【生产领料单列表】命令，查询刚录入的生产领料单。

### 3．生产退料

在生产领料单列表中勾选刚录入的生产领料单，单击【下推】按钮，在弹出的选择单据页面中选中【生产退料单】，再单击【确定】按钮进入生产退料单-新增页面。然后按照业务数据第③段的描述录入日期，【申请数量】为"10"，【退料类型】为"来料不良退料"、【退料原因】为"来料不良"，【仓库】为"总厂待检仓"，【库存状态】为"待检"，录入完成后依次单击【提交】、【审核】、【退出】按钮。

用户可以执行【生产制造】—【生产管理】—【生产领料】—【生产退料单列表】命令，查询刚录入的生产退料单。

> 📖操作一点通
>
> ① 在下推生成生产退料单时，明细中的【申请数量】会直接引用生产领料单里的【实发数量】。本活动只是申请部分退料，所以用户需要手动修改【申请数量】为"10"，改完之后【实退数量】也会自动变成"10"。

②【退料类型】的系统默认值是"良品退料"，这里需要手动修改为"来料不良退料"。

③【库存】页签下的【库存状态】需要手动设置为"待检"。

### 4．再次领料

在生产订单列表中勾选 14#辐条（S***.02.001）所在的行，单击【下推】按钮，按照前面介绍的生产订单下推生产领料单的方法，下推生成第 2 张钢丝的生产领料单（【申请数量】和【实发数量】都设为"10"）。

### 5．完工产品入库

在生产订单列表中勾选 14#辐条（S***.02.001）所在的行，单击【下推】按钮，在弹出的选择单据页面中选中【生产入库单】，再单击【确定】按钮进入生产入库单-新增页面。然后按照业务数据第⑤段的描述录入日期、实收数量、仓库等信息，录入完成后依次单击【提交】、【审核】、【退出】按钮。

用户可以执行【生产制造】—【生产管理】—【完工入库】—【生产入库单列表】命令，查询刚录入的生产入库单。

### 6．确认完工后结案

在生产订单列表中，单击【行执行】右边的下拉箭头，选择"执行至完工"，确认 14#辐条（S***.02.001）的完工。不进行结案操作。

> 📖操作一点通
>
> 在生产订单列表页面中也可以执行【下推】—【行执行】命令，效果和在生产订单-修改页面中使用是一样的。

## 📖 活动总结

### 操作知识归纳

#### 1．退补料数量控制要求

如果有退料业务发生，相关的退料类型和数量会反写到对应的生产用料清单中。在完成生产退料步骤，尚未补领材料前，可以查询生产用料清单，如图 7-9 所示。未领数量变成大于 0，说明后续还要继续领料才能满足生产用料需求。系统规定：未领数量=应发数量-已领数量+来料不良退料数量+良品退料数量。再次领料时，最大领料数量≤未领数量。

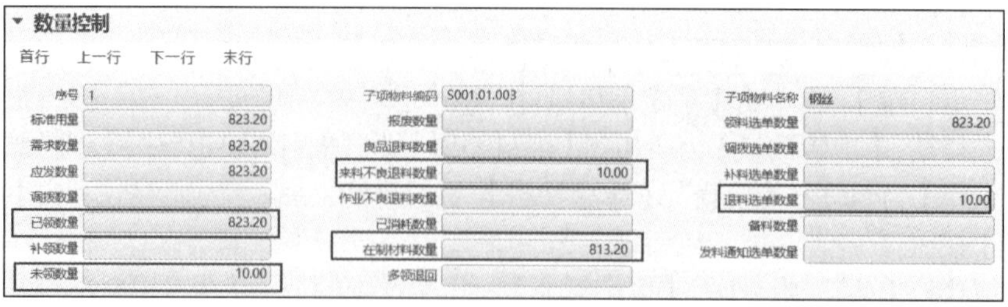

图 7-9　生产用料清单—数量控制

#### 2．作业不良退料补料和超耗补料

作业不良或者作业条件不成熟等，造成材料消耗高于原定计划用量，就需要额外补充材料。这种异常情况需要准确记录，并且纳入业务管理，才能有效避免浪费。金蝶云星空系统通过增加生产补料单来记录和控制该业务，管理者只有审批通过生产补料单，车间才能按照生产补料单重新进行领料。作业不良退料、超耗补领情形的流程如图 7-10 所示。

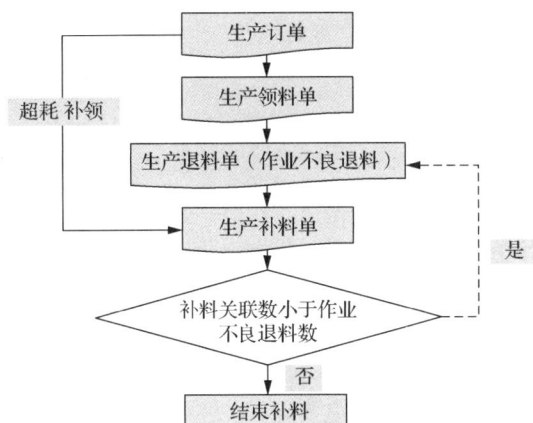

图 7-10　加工不良退料、超耗补领情形下的领料—退料—补料流程

说明：生产补料单既可以由生产领料单下推生成，也可以由生产订单直接下推生成。

## 作业

以下任务是最终产成品车前轮的生产，生产所需部分原料需要完成委外加工才有库存，因此请先完成活动 7-2-1 和 7-2-2 的作业再完成以下作业。

（1）24 英寸车前轮生产

① 2030 年 4 月 27 日，24 英寸车前轮（物料编码 S***.04.002）的生产任务下达到总厂组装车间，生产人员按计划开工生产。

② 4 月 28 日，刘百到总厂原材料仓领用了车胎（S***.01.002）和前轮轴承（S***.01.006），到总厂半成品仓领用了辐条（S***.02.002）和电镀车圈（S***.03.002），仓管员何佳发料。

③ 4 月 29 日，总厂装配车间完成加工后，刘百将加工好的 24 英寸车前轮送到总厂产成品仓库，何佳验收合格入库。

（2）28 英寸车前轮生产

① 2030 年 4 月 27 日，28 英寸车前轮（S***.04.001）的生产任务下达到总厂组装车间，生产人员按计划开工生产。

② 4 月 28 日，刘百到总厂原材料仓领用了车胎（S***.01.001）和前轮轴承（S***.01.006），到总厂半成品仓领用了辐条（S***.02.001）和电镀车圈（S***.03.001），仓管员何佳发料。

③ 4 月 29 日，总厂装配车间完成加工后，刘百将加工好的 28 英寸车前轮送到总厂产成品仓库，何佳验收合格入库。

# 任务 7-2　委外加工管理

## 活动 7-2-1：委外加工价格制定

### 活动导入

#### 管理情景

委外加工是企业将某些加工任务委托给第三方加工商进行生产的过程，因此企业需要和第三方协商价格，并对委外加工价格进行记录和分析。委外加工价格制定一般需要确定生产加工工艺要求，不同加工工艺要求对成本常常有较大影响；另外还要考虑是否需要加工商提供辅料、加工是否紧急等因素。

【问题】委外加工价格和采购价格是一样的吗？

## 前导知识

委外加工是企业将部分生产加工环节委托给第三方加工商进行加工。和采购价格不同，其价格形成机制更加复杂。

采购报价由供应商提出，双方讨价还价最终达成一致。购买标的明确，产品结构、功能、用料情况确定，双方对产品标的有一致的认知，协商达成价格的过程比较简单。

委外加工时，加工标的不一定完全明确，尤其是遇到新产品时，买卖双方首先需要确定生产加工工艺和技术要求，不同的工艺和技术对价格有较大影响。另外还需要考虑用料要求，虽然委外加工由委托方提供大部分原材料，但是有时候也需要加工商提供一些辅助材料，这些辅助材料也需要计入成本，是委外加工价格协商的重要因素。还需要考虑加工时效，紧急加工通常需要付出更高成本。普通采购中要考虑的账期、物流方式等也会影响委外加工价格。加工商的报价通常由加工工艺成本、部分生产辅料成本和加工利润构成，其价格形成机制和普通采购有较大不同，价格既可能低于直接采购该物料的价格，也可能高于直接采购该物料的价格。企业需要将委托加工价格和普通采购价格严格区分，以免出现错误。对于某些企业同一种物料可能既存在直接采购，又存在委外加工的情况，就更需要加强分类管理。另外，企业负责委外加工的采购员，需要有生产经验的采购员担任，其要有能力和加工商协商加工要求和价格。

## 活动执行

### 活动解析

委外加工价格记录方式和采购价格一样，只是【价格类型】标识为"委外"类型。

### 活动过程

录入委外加工价格。

### 活动步骤

在户外用品深圳总厂 S***组织下，执行【供应链】—【采购管理】—【货源管理】—【采购价目表列表】命令，单击【新增】按钮进入采购价目表-新增页面，按照表 7-3 的内容输入稳固电镀厂的价格资料，录入完成后依次单击【保存】、【提交】、【审核】、【退出】按钮。

表 7-3　稳固电镀厂价目

| 基本信息 | | | | | |
|---|---|---|---|---|---|
| 名称 | 供应商 | | 价格类型 | 含税 | 价外税 | 币别 |
| 稳固电镀价目表 S*** | 05.01 | 稳固电镀厂 | 委外 | 勾选 | 勾选 | 人民币 |

| 行信息 | | | | | | | |
|---|---|---|---|---|---|---|---|
| 物料编码 | 物料名称 | 规格型号 | 含税单价 | 价格下限 | 价格上限 | 生效日期 | 失效日期 |
| S***.03.001 | 电镀车圈 | 28 英寸，电镀 | 3 | 3 | 3 | 2021-1-1 | 2100-1-1 |
| S***.03.002 | 电镀车圈 | 24 英寸，电镀 | 3 | 3 | 3 | 2021-1-1 | 2100-1-1 |

📖 操作一点通

在录入基本信息时，必须先把【价格类型】设为"委外"，才能在【供应商】中选择"稳固电镀厂"（教材配套数据中心中，该供应商的【供应商类别】已设置为"委外"），价格类型要和供应商的类型匹配。

## 活动总结

### 操作知识归纳

在金蝶云星空系统中，委外加工业务需要配置以下资料。

① 开展委外业务的供应商，需要在【供应商】基础资料【供应类别】选择"委外"或者"综合"类型，才能在委外加工业务中选择自身为供应商。

② 加工物料需要是委外类型，在【物料】基础资料中，【控制】项需要勾选【允许委外】。

③ 如果需要录入委外加工价格，在【采购价目表】、【采购折扣表】等资料中将【价格类型】设为"委外"。

④ 如果企业存在委外超量发料的情况，还可以配置委外类型仓库。委外材料发出业务，可以采用先调拨到委外仓，后领用的业务处理流程。如果使用这种方式，需要在【仓库】中将【仓库属性】设置为"供应商仓库"，并绑定对应供应商。

## ✲ 活动 7-2-2：委外加工业务处理

### 活动导入

#### 管理情景

采购主管吴伟问胡工："我们企业除了正常的采购以外，还有一部分物料需要委外加工。委外加工的管理比较复杂，除了商务谈判、下订单等常规采购业务以外，还需要进行委外备料，同加工企业进行材料交接和核对，以及跟踪对方生产进度，如果出现生产异常还要处理报废、补料等情况，管理非常麻烦，这些问题 ERP 系统能否解决呢？"胡工答道："当然可以，ERP 系统有专门的委外加工模块，专门用来处理委外加工的日常事务，能够帮助企业提高处理效率。"

【问题】委外加工业务和采购业务有哪些相同点，哪些不同点？

#### 前导知识

委外加工就是企业因为技术原因或者其他原因，不能在本企业加工产品，委托其他加工供应商加工产品的过程。企业进行委外加工的主要原因有两种：其一是企业没有相关工艺的加工能力，这种委外加工一般是较为长期的行为；其二是企业临时产能不足，而将部分生产任务外包，这种情况一般是较为短期的行为。

委外加工的常见难点如下。

① 委托方（甲方）企业需要对工艺标准有明确要求，需要和加工商（乙方）进行协商，不同工艺路线对产品质量、价格都有较大影响，在合同中要约定加工技术要求。

② 甲方为了控制生产质量，一般会自行提供全部或者大部分加工所需原料，而乙方一般只负责加工，或者仅提供部分辅料或专用材料。双方要对用量进行控制，尽可能降低材料成本。

③ 双方对加工质量都有要求，乙方完工质检，而甲方在收到加工件后也要进行质量检验，未达质量要求需要返工或索赔。

④ 委外加工需要进行成本核算。成本核算和生产成本核算类似，不仅要核算材料成本，还需要将加工费用进行合理的分摊。

### 活动执行

#### 活动解析

本活动完成前面 MPS/MRP 安排的委外加工任务，确保材料足量，保证生产的延续。

**≈≈≈业务数据≈≈≈**

2030 年 4 月 23 日，深圳总厂相关部门开始执行项目 5 中投放产生的委外订单，操作过程如下。

① 4 月 23 日经检查无误后，计划员陈东明提交、审核了电镀车圈的委外订单以及相关联的 2 张委外用料清单。

② 4 月 24 日，28 英寸电镀车圈（S***.03.001）委外加工任务下达到总厂采购部门，采购员崔小燕根据委外订单的信息向稳固电镀厂下采购订单，委托加工 28 英寸电镀车圈（S***.03.001），约定交货日期是 2030 年 4 月 27 日。

③ 4 月 24 日，采购部门通知仓管员何佳根据委外订单生成委外领料单，并按照领料单的要求备好原料发送到外协厂加工。

④ 4 月 27 日，稳固电镀厂将电镀好的车圈送回深圳总厂，何佳验收合格后将货物放入总厂半成品仓。

⑤ 4 月 27 日，总厂财务会计满军根据入库单开出应付单，准备付款流程。采购员崔小燕对相应的委外订单分行做结案处理。

## 活动过程

根据业务数据的描述，委外加工业务的操作流程如图 7-11 所示。

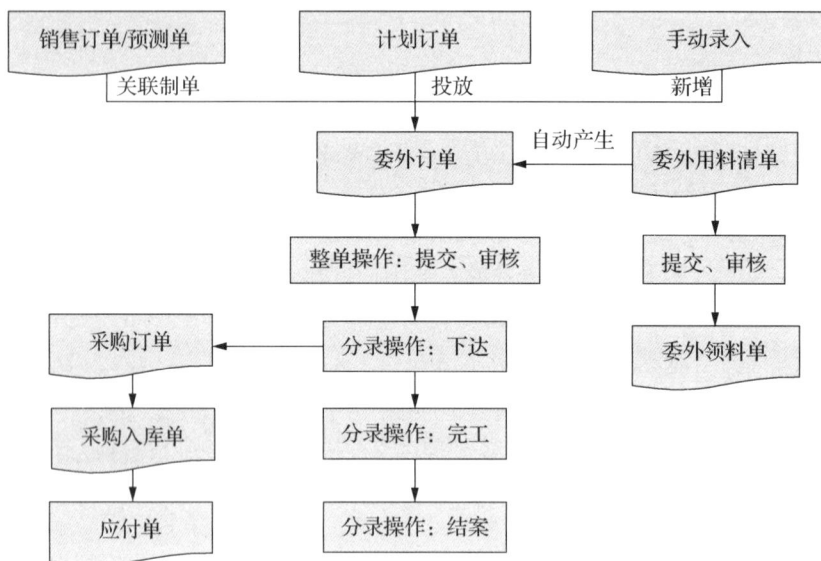

图 7-11　委外加工业务流程

## 活动步骤

### 1．审核委外订单

在户外用品深圳总厂 S***组织下，执行【生产制造】—【委外管理】—【委外订单】—【委外订单列表】命令，选中相应的委外订单，依次单击【提交】、【审核】按钮。

### 2．审核委外用料清单

执行【生产制造】—【委外管理】—【委外订单】—【委外用料清单列表】命令，选中所有的委外用料清单，依次单击【提交】、【审核】按钮。

> 📖**操作一点通**
>
> 和生产用料清单类似，委外用料清单也不能手动创建，当委外订单保存时，系统根据 BOM、订单生产数量和工作日历等自动生成。

### 3．下达委外订单

在委外订单列表中，勾选 28 英寸电镀车圈（S***.03.001）所在的行，单击【行执行】右边的下拉箭头，选择"执行至下达"。

### 4．委外订单下推生成采购订单

业务状态变成下达后，再单击【下推】按钮，在弹出的选择单据页面中选中【采购订单】，单击【确定】按钮进入采购订单-新增页面。然后按照业务数据第②段的描述录入供应商、采购日期、采购数量等信息，录入完成后依次单击【提交】、【审核】、【退出】按钮。

用户可以执行【供应链】—【采购管理】—【订单处理】—【采购订单列表】命令，查询刚录入的采购订单。

> 📖操作一点通
>
> 委外订单分行必须执行至"下达"状态后，才能下推生成采购订单。其【单据类型】会被设成"标准委外订单"。

### 5．委外订单下推生成委外领料单

在委外订单列表中，勾选 28 英寸电镀车圈（S***.03.001）所在的行，单击【下推】按钮，在弹出的选择单据页面中选中【委外领料单】，单击【确定】按钮进入委外领料单-新增页面。然后按照业务数据第③段的描述录入日期、实发数量、仓库等信息，录入完成后依次单击【提交】、【审核】、【退出】按钮。

用户可以执行【生产制造】—【委外管理】—【委外领料】—【委外领料单列表】命令，查询刚录入的委外领料单。

> 📖操作一点通
>
> 生成委外领料单的前提条件有三个：一是委外订单关联的采购订单已经生成，二是委外用料清单已审核，三是委外订单分行状态为"下达"或者"完工"。

### 6．采购订单下推生成采购入库单

执行【生产制造】—【委外管理】—【委外订单】—【采购订单列表】命令，在采购订单列表中勾选 28 英寸电镀车圈（S***.03.001）所在的行，单击【下推】按钮，在弹出的选择单据页面中选中【采购入库单】，单击【确定】按钮进入采购入库单-新增页面。然后按照业务数据第④段的描述录入日期、实收数量、仓库等信息，录入完成后依次单击【提交】、【审核】、【退出】按钮。

用户可以执行【生产制造】—【委外管理】—【收货入库】—【采购入库单列表】命令，查询刚录入的采购入库单。

> 📖操作一点通
>
> ① 采购入库单审核之后，如果所有加工产品已入库，那么上游的委外采购订单会关闭业务，相对应的委外订单分行也会自动执行至"完工"状态。如果加工数量未达到订单数量，委外订单分行就不会自动执行至"完工"状态，那么最后可以执行【行执行】—【执行至完工】命令。
>
> ② 委外领料单是委外订单下推生成的，而采购入库单是由委外采购订单（【单据类型】为"标准委外订单"）下推生成的。用户在操作的时候注意分清它们之间的区别。

### 7．采购入库单下推生成应付单

在户外用品深圳总厂 S***组织下，执行【生产制造】—【委外管理】—【收货入库】—【采购入库单列表】命令，勾选 28 英寸电镀车圈（S***.03.001）所在的行，单击【下推】按钮，在弹出的选择单据页面中选中【应付单】，再单击【确定】按钮进入应付单-新增页面。然后按照业务数据第⑤段的描述填制单据，录入完成后依次单击【提交】、【审核】、【退出】按钮。

用户可以执行【财务会计】—【应付款管理】—【采购应付】—【应付单列表】命令，查询刚录入的应付单。

### 8. 委外订单结案

执行【生产制造】—【委外管理】—【委外订单】—【委外订单列表】命令，在委外订单列表中勾选 28 英寸电镀车圈（S***.03.001）所在的行，单击【行执行】右边的下拉箭头，选择"执行至结案"。

> 📖 **说明**
>
> 结案操作时会严格检查服务器时间是否超过任务开始时间，未超过无法进行结案。由于服务器的日期设置问题，结案操作在实验过程中无法完成，此步骤可以跳过。

## 📖 活动总结

### 理论知识归纳

委外加工兼具采购和生产任务管理的流程特点。

委外业务有类似采购的部分功能，都需要和外部供应商进行业务协同，完成采购订货、通知收货、采购入库、应付结算等业务。

委外业务也有类似生产管理的生产管控功能，例如通过委外用料清单控制用料数量、通过委外领料单记录实际数量，也需要进行领料、退补料处理以及成本核算。

考虑到委外加工的特点，本书将委外加工模块的学习放置在采购管理和生产管理模块学习之后。

### 操作知识归纳

金蝶云星空系统中，如果按照委外发生时机和管理过程的完整性划分，委外加工业务可以分为订单级委外和工序级委外。

① 订单级委外是由委外订单驱动的委外业务过程，一般包含完整的委外加工订单签订、委外材料发出、完工产品入库、委外结算等环节，管控过程较为完整，一般会纳入 MPS/MRP 管理。委外加工发出材料和加工后材料是不同物料。金蝶云星空系统中，【委外加工】模块主要管理订单级委外业务。本活动讲解的就是订单级委外业务。订单级委外业务可以进一步划分为普通委外业务和返工委外业务，在制作委外订单时可以在【单据类型】字段进行选择。

普通委外业务是指企业将产品委托给加工商进行生产加工。委托方提供加工所需的全部原材料或主要原材料，所需材料品种和数量依据 BOM 来计算。普通委外业务有较为严格的投入产出控制，加工方完工后需要将完工产品交付给委托方，委托方需要考核产品合格率，并进行后续财务结算。

返工委外业务是指委外加工商生产的产品不符合质量标准，委托方将不合格的产品重新发给加工方，要求加工方进行再次加工的业务过程。返工委外业务流程基本和普通委外业务相似，同样包括委外订单维护、用料清单维护、委外领料、委外退料、委外补料等环节。主要的不同是：由于返工加工的特殊性，返工所需材料往往无法事先确定，无法提前制定 BOM，因此由返工委外订单生成的委外用料清单，默认只包含返工产品本身，委外调度员可根据产品修复的需求，临时追加维修配件材料。

② 工序级委外是以工序为核心的委外加工业务。工序级委外只将加工工艺流程中的部分工

序外发加工。相比于订单级委外，其管理较为简单，一般由生产部门发起，方式较为灵活，管控过程没有订单级委外严格。加工发出物料和加工后物料一般使用相同物料编码，在 ERP 系统中不做严格区分，只在实物管理时区分。金蝶云星空系统在车间管理模块中支持工序级委外加工管理功能，需要学习工序管理后再了解，本书不详细讲解。

在实际应用时，BOM 的设置方式决定了是订单级委外还是工序级委外，这是关键业务区分点。如果委外物料有单独的 BOM，在完整 BOM 中体现为一个加工层级，那么在 MPS/MRP 计算时就会产生委外订单，执行订单级委外流程；如果 BOM 中没有体现委外物料的层级，只是在工艺路线中体现委外加工过程，那么就会执行工序级委外流程。BOM 和工艺路线设置的知识可以参考活动 12-1-1 中关于 BOM 分层原则的活动拓展。

## 作业

根据以下信息进行电镀车圈的委外加工业务处理（必做）。

2030 年 4 月 24 日，24 英寸电镀车圈（S\*\*\*.03.002）委外加工任务下达到总厂采购部门。采购员崔小燕根据委外订单的信息向稳固电镀厂下采购订单，委托加工 24 英寸电镀车圈（S\*\*\*.03.002），约定交货日期是 2030 年 4 月 27 日。

4 月 24 日，采购部门通知仓管员何佳根据委外订单生成委外领料单，并按照领料单的要求备好原料发送到外协厂加工。

4 月 27 日，稳固电镀厂将电镀好的车圈送回深圳总厂，何佳验收合格后将货物放入总厂半成品仓。

4 月 27 日，总厂财务会计满军根据入库单开出应付单，准备付款流程。采购员崔小燕对相应的委外订单分行做结案处理。

完成委外加工业务后，请完成活动 7-1-3 的作业。

# 项目 8

# 销售管理基础

🛒 **项目概述**

销售管理是对企业向客户提供产品和服务并获得销售收入的全过程进行管理，是企业供应链的关键环节之一。本项目展示了销售管理所需的销售价格管理、销售参数设置等基础资料设置，以及常见销售业务流程。

🛒 **项目重点**

- 标准销售业务
- 直运销售和直运采购

## 任务 8-1　销售准备

### 活动 8-1-1：销售价格管理

#### 活动导入

**管理情景**

销售是企业生存的根本，制定合理的价格策略是促销成功的关键。户外用品公司销售部也不断进行促销方式的尝试，销售价格也会时常随促销方案的改变而波动。采用多种促销方式时，价格管理的难度就增加了，一物多价、价格更新不及时等情况时有发生，造成了一些执行的错误和不便。销售主管路元希望系统能够提供价格管理工具，帮助企业管理多变的价格。主要要求有：企业采用统一出厂价管理，支持批量价格折扣，能对价格的有效期进行管理。

【问题】销售开始前需要做哪些价格管理准备？

**前导知识**

销售价格是销售管理的核心环节之一，也是促销策略的关键环节之一。在销售管理实践中，企业常常会根据市场情况进行促销，灵活调整价格，而且会制定一些复杂的价格规则。ERP 系统的销售价格管理功能需要支持这种灵活的价格策略制定，要对制定好的销售价格策略进行记录、使用和分析，对销售全过程进行准确的价格管控，确保销售工作的正常开展。

#### 活动执行

**活动解析**

本活动的户外用品公司采用统一销售价格管理，近期制定价目表如表 8-1 所示。

表 8-1　深圳总厂销售价目表

| 基本信息 | | | | |
|---|---|---|---|---|
| 名称 | 价目对象 | 含税 | 生效日 | 失效日 |
| 深圳总厂销售报价 S*** | 按物料 | 勾选 | 2021-1-1 | 2100-1-1 |
| 价格明细 | | | | |

| 物料编码 | 物料名称 | 规格型号 | 至 | 价格 | 最低限价 | 生效日期 | 失效日期 |
|---|---|---|---|---|---|---|---|
| S***.04.001 | 车前轮 | 28 英寸 | | 70 | 60 | 2021-1-1 | 2100-1-1 |
| S***.04.002 | 车前轮 | 24 英寸 | | 60 | 50 | 2021-1-1 | 2100-1-1 |
| S***.05.001 | HUB 头盔 | X3 银灰，280g | | 85 | 70 | 2021-1-1 | 2100-1-1 |
| S***.05.002 | HUB 头盔 | X3 玫红，280g | 200 | 95 | 80 | 2021-1-1 | 2100-1-1 |
| S***.05.002 | HUB 头盔 | X3 玫红，280g | 999999 | 90 | 80 | 2021-1-1 | 2100-1-1 |

**活动过程**

① 销售价格资料录入。
② 销售折扣资料录入。

**活动步骤**

**1．销售价格资料录入**

在户外用品深圳总厂组织下，执行【供应链】—【销售管理】—【价格管理】—【销售价目

表】命令，输入表 8-1 中的内容，录入完成后依次单击【保存】、【提交】、【审核】、【退出】按钮。

### 2．销售折扣资料录入

如果企业要设置折扣规则，可以执行【供应链】—【销售管理】—【价格管理】—【销售折扣表】命令录入折扣信息，其操作方法和采购折扣表类似。本活动中，户外用品公司采用统一价格管理，只采用数量梯级价格，已经在销售价目表中设置了，就不再设置折扣表了，以免出现折上折的情况。

## 📖 活动总结

### 操作知识归纳

#### 1．销售价目表适用场景

在金蝶云星空系统中，主要通过以下参数来配置价目表的适用场景，满足不同企业促销价格的设置需求。

（1）【价目对象】参数

① "按物料"：为每一种物料（物料编码不同）设置价格。这是比较常用的价格设置方法。

② "按物料组"：按每一类物料（物流组相同）设置价格。有些企业同类产品较多，例如服饰企业，一款衣服有不同尺码和不同颜色，而售价是一样的。这种情况下将这些物料设置为相同的组，再对物料组设置价格，就可大量简化操作，避免错误。物料分组需要先在【物料】基础资料中合理规划和设置。

（2）【限定客户】参数

该参数指定价目表的适用客户或客户群体，指定后可以对不同客户或客户群体采用不同价格体系，适用于一些企业分客户定价的模式。

① "空"（不指定）：表示该价目表是通用价目表，适用于所有客户。

② "客户"：表示该价目表只适用于指定客户。选择该选项后，价目表的【适用客户】页签被激活，可以在其中添加相应客户。

③ "客户类别"：表示该价目表只适用于指定的客户类别。选择该选项后，价目表的【适用客户】页签被激活，可以在其中添加相应客户类别。客户类别可以在基础资料的【辅助资料列表】中的【客户类别】中自定义。

（3）【限定销售员】参数

该参数指定价目表适用于某些销售员或部门。有些企业采用不同业务员等级或者不同销售部门，有不同销售价格体系的管理模式，该参数支持这种模式。

① "空"（不指定）：表示价目表适用于任何销售员或部门。

② "销售员"：表示价目表只适用于指定的销售员。选择后价目表中的【适用销售员】页签被激活，在该页中添加适用的销售员。

③ "销售组"：表示价目表只适用于指定的销售组。选择后价目表中的【适用销售员】页签被激活，在该页中添加适用的销售组，组内成员就可以采用该价目表。销售组在基础资料【业务组列表】中自定义。

④ "部门"：表示价目表只适用于指定的部门。选择后价目表中的【适用销售员】页签被激活，在该页中可添加适用的部门。部门在基础资料【部门列表】中自定义。

（4）【价格类型】参数

该参数用于企业自定义价格类型，并按不同类型设定价格。有些企业有个性化的价格维度，如需要设定标准价、促销价、节日特价等，就可以使用该参数进行设定。

价格类型可以在基础资料的【辅助资料列表】中的【价格类型】中自定义。要注意，该列表的顺序会影响价格取数的优先顺序。

**2．销售价目表和销售折扣表的价格信息设置**

（1）销售价目表

① 梯级价格设置。销售价目表支持数量段定价，设置方式如下：在【价格明细】页签中，可以使用【至】字段定义不同的数量区间，每个区间录入对应的梯级价格。

②【最低限价】。在价目表中录入【最低限价】，避免卖得太便宜造成损失。使用最低限价功能时，还需要在【销售管理系统参数】中的【限价控制强度】中选择“预警提示”及以上强度才能生效。

③ 是否【含税】。设定价目表中价格是否含税。

（2）销售折扣表

①【折扣类型】。【折扣类型】选择“折扣”，表示该行折扣信息直接进行价格打折；选择“附加”，表示该行折扣信息是附加优惠，例如附加减免多少元。

②【折扣依据】和【计算方式】。相关设置和采购折扣表中设置一样，这里不再重复讲解。

**3．销售自动取价方式**

金蝶云星空系统提供了两种自动取价方式：一种是根据客户默认携带价目表取价，另一种是系统按优先级自动取价。

（1）根据客户默认携带价目表取价

销售价目表按客户定价，且一个客户只有一个有效期范围内的价目表时，可以应用按客户默认携带价目表取价。在【销售价目表】表头的【适用客户】页签，勾选【默认价目表】，系统会自动把该价目表更新至客户资料的【价目表】字段。在系统的客户基础资料中，也可以手动指定该客户对应的价目表；指定后在订单上录入客户资料后，系统会从客户携带的默认价目表中取价。

（2）系统按优先级自动取价

销售价目表按价格类型来定价，且一个客户同时有多个有效期范围内的价目表时，则可以应用系统按优先级自动取价。

首先，需要销售价目表按价格类型来定价。然后，在辅助资料【价格类型】上设置价格类型的优先顺序。例如，价格类型有标准价格、促销价格、节日特价三种类型，设置标准价格的显示顺序为1，促销价格的显示顺序为2，节日特价的显示顺序为3。在【销售管理系统参数】下，勾选【自动应用优先级取价】。以上设置好之后，在销售订单上录入客户、物料后，系统会自动按价目表的顺序进行取价。如产品A，先在标准价格价目表上找是否有合适的价格，没有则到促销价格价目表上查找，找到时把价格携带回订单上。

**注意**

以上两种自动取价方式不可并行，如果设置了根据客户默认携带价目表取价，则系统按优先级自动取价将失效。所以系统按优先级自动取价失效时，请检查客户资料是否设置了默认价目表。

**4．销售价格查询与分析**

用户可以执行【供应链】—【销售管理】—【价格管理】—【价格综合查询】命令，从客户/销售员/物料等多个维度查询物料的价格数据。

## 活动 8-1-2：销售系统价格参数设置

### 活动导入

#### 管理情景

企业在使用销售管理模块时，还需要设置销售系统参数，实现个性化的管理要求。比如销售价格设置后，就需要设置价格管理相关参数，用来确保价格策略的正确执行。

【问题】企业价格控制要求有哪些？

## 前导知识

不同行业对销售价格的管控要求不同，这里列出常见的控制要点。

（1）定价方式

定价方式主要包括统一定价和多元定价。

统一定价策略是指企业的同一产品在各目标市场上都采用同一价格的策略。这种定价管理简单，价格体系明确，但是灵活度不足，不利于细分市场销售最大化。例如：饮料这种标准快消品常采用这种定价策略。

多元定价策略是指企业在不同的市场条件下允许采用不同价格的策略，也称为差别化定价策略。这种定价管理复杂，但是能够充分考虑各目标市场竞争情况、市场条件和消费者习惯等因素，能够更好地满足各目标市场的实际需求。多元定价考虑的因素众多，可以是地理位置，也可以是目标客户，还可以是销售渠道等。多元定价策略对 ERP 系统价格管理灵活性要求较高，需要系统按照某一种或几种分类规则来分别制定价格，并严格控制价格适用范围，避免价格体系混乱。

（2）调价权限管理

调价权限就是明确什么人或人群能够调整实际售价，调整幅度有多大。例如，有些行业可能会给不同级别员工以不同打折权限。

由于营销定价策略非常灵活多变，对 ERP 系统销售价格管理的灵活性要求较高。不同 ERP 系统的功能有差异，不能满足需求时，常常需要二次开发来实现。

# ✍️活动执行

## 活动解析

需要在了解企业销售业务特点的基础上，根据企业销售业务管理要求，合理配置参数，尽可能满足企业个性化要求。

≈≈≈业务数据≈≈≈

户外用品公司要求对所有类型的销售订单进行较为严格的价格管理，在单据审核时进行销售价格检查，不允许保存低于最低限价的销售订单。销售员可以在原有价目表的基础上，对价格进行一定的调整，对于实际价格偏离价目表的情况，要给出提示。

## 活动过程

设置销售管理系统参数。

## 活动步骤

执行【供应链】—【销售管理】—【参数设置】—【销售管理系统参数】命令，单击【价格参数】页签，【组织机构】选择"户外用品深圳总厂 S***"，【单据名称】选择"销售订单"，【单据类型】选择"全部"，【控制时点】选择"审核"，【限价控制强度】选择"禁止交易"，【检查价格来源】选择"预警提示"，最后勾选【自动应用优先级取价】和【限价控制获取价目表的最低限价】，如图 8-1 所示。

📖操作一点通

金蝶云星空系统的【销售管理系统参数】也支持多组织。不同组织机构可以采用不同的参数配置。因此，设置参数前，务必先选择需要配置的组织机构。

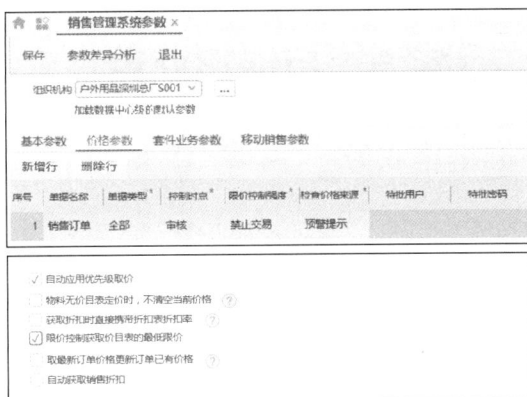

图 8-1　销售管理系统的价格参数设置

# 📖 活动总结

## 操作知识归纳

销售价格参数功能如表 8-2 所示。

表 8-2　销售价格参数功能

| 参数类型 | 功能描述 |
|---|---|
| **单据价格参数明细** | |
| 单据名称 | 选择需要进行价格管控的销售单据。销售报价单、销售合同、销售订单、销售出库单、寄售结算单等都可以进行价格管理 |
| 单据类型 | 按不同的单据类型区别控制。金蝶云星空系统中一种单据可以细分为不同单据类型，可以对不同单据类型采用不同价格控制模式 |
| 控制时点 | 用于设置单据在什么时候（"保存""提交""审核"）进行限价控制 |
| 限价控制强度 | 和采购限价控制类似，系统同样为销售限价控制强度提供了 4 种选择，按照从弱到强的顺序依次是"不予控制""预警提示""密码特批""禁止交易" |
| 检查价格来源 | 选择"强制价目表"定价时，系统会检查单据上的价格，该价格一定源于价目表，意味着单据上的所有价格都需要有定价来源，若没有从价目表中获取价格，则单据无法保存。一般采取统一销售价格的企业会采用这种方式。而价格可以灵活调整的企业，单据上价格可以不取自价目表，则可以选择"不予控制"或"预警提示" |
| 特批用户/特批密码/确认密码 | 采用密码特批模式时需要设置 |
| 例外物料（不检查限价和价格来源） | 在严格进行价格管控的同时，可以设置对一些物料不做管控，应用更加灵活。例如：一些超市销售普通商品需要统一价格控制，但是销售生鲜品这些价格灵活的商品时，可以设置例外情况 |
| 例外客户（不检查限价和价格来源） | 在严格进行价格管控的同时，可以设置对一些特殊客户不做管控，应用更加灵活。例如：企业对一些集团内部客户，可以不进行价格控制 |
| **通用销售价格参数** | |
| 自动应用优先级取价 | 勾选该参数，则销售订单上自动应用按优先级进行取价。没有勾选，则按客户默认携带价目表取价 |
| 物料无价目表定价时，不清空当前价格 | 勾选该参数，在销售订单中手动录入价格后，又选择价目表却未获取到价目表时，不会清空已手动录入的价格。不勾选参数，则会清空已录入的价格 |
| 获取折扣时直接携带折扣表折扣率 | 当应用折扣表时，折扣表只按折扣率确定折扣；希望在单据上直接获取折扣率，而不是根据折扣额倒算折扣率时，可以应用该参数 |
| 限价控制获取价目表的最低限价 | 不勾选该参数时，系统限价控制是根据单据上已获取到的价目表和最低限价来控制的。如果用户携带价格和最低限价更新比较快，比如在录入单据时，价目表的最低限价又发生了变化，此时需要按最新的价目表获取最低限价，则可勾选该参数 |
| 取最新订单价格更新订单已有价格 | 勾选该参数，在销售订单中使用获取最新订单价格功能时，会查询系统中最新的销售订单上的价格填充到单据上。这种方式适合价格变动较为频繁的企业 |
| 自动获取销售折扣 | 勾选该参数，则销售订单上自动应用按优先级获取销售折扣信息 |

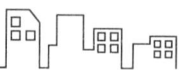

## 任务 8-2　标准销售与退货业务

### ❋ 活动 8-2-1：标准销售业务

#### 活动导入

**管理情景**

销售部主管路元问胡工说："我们已经准备好了销售价格的资料，现在应该开始做具体销售业务了吧？"胡工回答道："是的，和前面采购一样，我们也要根据企业销售特点，规划好销售流程，这样才能在 ERP 系统中将流程固定下来使用。你们企业的销售有什么样的特点啊？"路主管回答说："我们企业销售产品分两种，一种是自产产品销售，主要采用接单排产的 MTO 模式，另外一种是代理一些品牌产品销售，销售方式以赊销为主，主要销售给一些国内的分销商。"胡工回答说："这种模式是比较常见的销售管理模式，采用标准销售流程应该可以满足你们的大部分需求，我们来试用系统吧。"

【问题】一个常见的销售过程应该包含哪些步骤？

**前导知识**

销售是任何企业实现利润的关键环节，不同行业的销售有不同的方式和特点，这里只讲解常见的销售过程。

（1）企业促销和商机发现

企业通过各种促销方式推销自己的产品或服务，提供相关资讯和咨询服务，力求发现商业机会，并持续跟踪，促进商机转化为实际销售。在签订销售订单前的过程称为售前过程，是企业营销的重点环节。ERP 系统一般通过 CRM（客户关系管理）系统来管理这一过程。

（2）销售签单

对于有意向的客户进行深度沟通和谈判，如果双方达成一致，可以签订销售订单，明确交付的商品标的、价格、数量、服务标准等关键信息，标志着销售契约正式成立。销售订单是后续产品交付和财务结算的依据，也是违约索赔的依据。

（3）产品或服务交付

签订销售订单后，按约定备货交付或履行服务。服务型企业则主要完成服务的实施。对于有实物交付的行业，需要检查现有库存，如果有足够数量，可以按时发货交货；而如果库存不足，就需要补货，工业企业和商业企业的处理方式不同。商业企业补货通过向上游供应商订货实现，而工业企业的自产产品就需要安排生产，及时生产出可交付的产品，见本书项目 3～项目 6。本活动中，户外用品公司就同时有工业和商业两种业务模式，采取不同备货、发货管理方式。

（4）销售结算

根据销售合同中的结算方式，双方及时完成财务结算，进行行业务对账，确定准确结算数据。销售方还需要向购买方开出销售发票，并按约定收付款。收款模式既可以是交货前收款的预收款模式，也可以是一手交钱一手交货的现款现货模式，还可以是先发货后收款的赊销模式，或者组合使用。无论哪种模式，只有满足产品服务交付并完成结算，销售业务才算完成。从销售签单、产品或服务交付到财务结算的过程，称为售中过程。ERP 系统中的销售管理模块管理该过程，是本项目重点讲解的内容。

（5）售后服务

产品销售后，如果有质量问题或后续使用维护问题，需要为客户提供后续服务。该过程称为售后过程。该服务过程复杂多样。在 ERP 销售管理、质量管理模块中，一般能够处理常见的退换货、质量检验、返工维修等业务。而对于一些复杂的专业维修保养场景，需要在 ERP 系统的基础上开发专用系统管理。

从产品的需求开始，到产品的设计、生产、销售、售后，直至产品淘汰报废的全部生命历程就是产品生命周期。对产品生命周期的管理过程就称为产品生命周期管理（Product Lifecycle Management，PLM），是管理研究的热点，也是 ERP 系统正在发展的新功能之一。而销售管理则是 PLM 的关键环节之一，是驱动整个需求的起点，在 PLM 中起到引领作用。

# 活动执行

## 活动解析

了解了企业销售的基本过程后，根据以下业务数据，使用金蝶云星空系统完成企业销售业务流程。

≈≈≈业务数据≈≈≈

① 总厂销售员万明 2030 年 4 月 15 日接到北京大城车行的订单，订购银灰色 HUB 头盔（物料编码 S\*\*\*.05.001）60 个，玫红色 HUB 头盔（物料编码 S\*\*\*.05.002）40 个，为总厂统一定价。要求 4 月 25 日送货到客户指定仓库。

② 4 月 21 日，总厂销售员万明通知仓库明日备好货物，准备发出。

③ 4 月 22 日，总厂仓管员何佳在总厂产成品仓办理出库手续，货物按时发出。

④ 4 月 22 日，总厂财务会计满军根据出库单开出相关应收单，准备收款流程，收款条件为"月结 30 天"。

## 活动过程

销售管理系统的标准业务流程如图 8-2 所示。

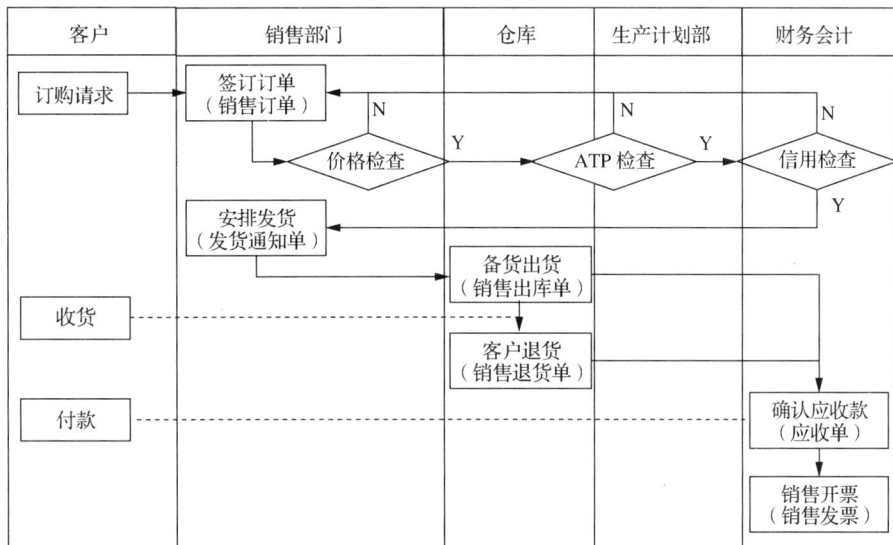

图 8-2　标准销售业务流程

本活动中由于没有涉及 ATP（可承诺交货量）检查和信用检查，因此对标准销售业务流程做了简化设置，后面的活动过程将按照图 8-3 所示的步骤来进行。

图 8-3　简化的标准销售业务流程

本活动中，我们将采用一种新的单据制作方式：在新增下游业务单据的时候，通过【选单】功能和上游单据产生业务关联。这种方式也可以叫作"选单生成""向上关联""上拉"，它和我们前文使用的【下推】功能得到的结果是相同的。学习者可以任选一种方式来制单，只要确保单据之间的业务联系合理即可。

## 活动步骤

### 1. 新增销售订单

在户外用品深圳总厂组织下，执行【供应链】—【销售管理】—【订单处理】—【销售订单】命令，进入销售订单-新增页面，然后按照业务数据第①段的描述填制单据内容，录入完成后依次单击【提交】、【审核】、【退出】按钮。

用户可以执行【供应链】—【销售管理】—【订单处理】—【销售订单列表】命令，查询刚录入的销售订单。

> 📖**操作一点通**
>
> ① 对于送货上门的商品，销售订单基本信息中的【交货方式】应选择"发货"。
>
> ② 本活动销售价格参数选择了【自动应用优先级取价】，在选择了客户，填写了日期、物料后，系统会从销售价格资料中自动匹配合适的价格填写。如果没有勾选该参数，也可以在【财务信息】页签中的【价目表】、【折扣表】中选择对应的价格数据。能够被查询到的价目表和折扣表是匹配使用组织、价格有效期等条件的表，如果条件不满足，将无法被选择。
>
> ③ 在销售订单的【明细】页签中，用户可执行【业务操作】—【获取库存】命令查询所选物料的当前库存；通过执行【业务操作】—【获取用量】命令（ATP 查询）查询物料的可发库存数量（用户先要在系统中设置好【预计可发量参数】，才能使用这个查询功能）。

> 📖**提问**
>
> 如果客户希望追加订购玫红色 HUB 头盔 500 个，但是要求含税单价大幅降到 75 元，销售员万明能否在系统中新增这一个销售订单？审核时系统会给出怎样的提示信息？

### 2. 发货通知单选单生成

在户外用品深圳总厂组织下，执行【供应链】—【销售管理】—【出货处理】—【发货通知单】命令，进入发货通知单-新增页面，单击【选单】按钮，在弹出的选择单据页面中选中【销售订单】，单击【确定】按钮，在弹出的销售订单列表中找到并选中 60 个银灰色 HUB 头盔和 40 个玫红色 HUB 头盔所在的行（多行数据需要多选），单击【返回数据】按钮回到发货通知单页面。然后按照业务数据第②段的描述补充日期信息，录入完成后依次单击【提交】、【审核】、【退出】按钮。

用户可以执行【供应链】—【销售管理】—【出货处理】—【发货通知单列表】命令，查询刚录入的发货通知单。

### 3. 销售出库单选单生成

在户外用品深圳总厂组织下，执行【供应链】—【销售管理】—【出货处理】—【销售出库单】命令，进入销售出库单-新增页面，单击【选单】按钮，在弹出的选择单据页面中选中【发货通知单】，单击【确定】按钮，在弹出的发货通知单列表中找到并选中 60 个银灰色 HUB 头盔和 40 个玫红色 HUB 头盔所在的行（多行数据需要多选），单击【返回数据】按钮回到销售出库单页面。然后按照业务数据第③段的描述补充日期、仓库等信息，录入完成后依次单击【提交】、【审核】、【退出】按钮。

用户可以执行【供应链】—【销售管理】—【出货处理】—【销售出库单列表】命令，查询刚录入的销售出库单。

### 4．应收单选单生成

在户外用品深圳总厂组织下，执行【财务会计】—【应收款管理】—【销售应收】—【应收单】命令，进入应收单-新增页面，单击【选单】按钮，在弹出的选择单据页面中选中【销售出库单】，单击【确定】按钮，在弹出的销售出库单列表中找到并选中 60 个银灰色 HUB 头盔和 40 个玫红色 HUB 头盔所在的行（多行数据需要多选），单击【返回数据】按钮回到应收单页面。然后按照业务数据第④段的描述补充日期等信息，录入完成后依次单击【提交】、【审核】、【退出】按钮。

用户可以执行【财务会计】—【应收款管理】—【销售应收】—【应收单列表】命令，查询刚录入的应收单。

## 📖 活动总结

### 理论知识归纳

销售流程常用单据介绍如下。

① 销售报价单是企业根据销售政策、产品成本、目标利润、以往价格资料等向客户提出的产品报价。如果需要讨价还价，企业需要多次提交报价单。最终确定的报价单可以下推销售订单。

② 销售订单是销售契约成立的重要单证，是销售重要的对外使用单据，一般都需要买卖双方签字、盖章确定。其中，客户、物料、数量、价格、税率、交货日期、币别、汇率是必须要有的关键信息，除此之外还需要约定付款结算的方式和日期等内容。

③ 发货通知单是企业销售部门在向客户发货时，向仓库发出的通知单，一般作为仓储部门备货的依据，是销售系统与仓储系统连接的关键接口。该单据一般是由销售部门制作，交给仓储部门执行。有的时候，企业为了控制风险，采用客户预付全款或部分货款才能发货的管理模式，这时财务部门也会在确认收款完成后，制作或审核发货通知单，告知仓库可以发货。

④ 销售出库单是确认销售发货完成的单据。一般该单据会打印多联单，发货的同时交付客户，客户签收确认返回时作为客户已收货的凭证，也是后续收款的依据。该单据录入审核完成后，库存数量会进行调整。

⑤ 销售合同是买卖双方签订的更加正式的经济合同，是受法律保护的契约。其内容和作用与采购合同一样（详见活动 6-2-1），只是站在卖方角度来看称为销售合同。和销售订单相比，销售合同更加宏观和长期。实际中，对于需要长期合作的企业会先签订销售合同，约定好销售的责权利关系，再通过销售订单分批分阶段完成合同规定的商品销售和交付，这样执行销售订单时，就无须再进行复杂的商务洽谈，以提高工作效率。而对于一些短期和简单的销售行为，就不会使用销售合同了。

⑥ 销售订单变更单是在销售订单发生变更时，记录和处理销售订单变更内容的单据。金蝶云星空系统有变更单及销售订单新变更单两种单据，建议采用销售订单新变更单。

⑦ 寄售结算单用于寄售业务的结算，企业根据代销商的实际销售情况进行结算。寄售功能参见任务 11-1。

⑧ 应收单是销售应收的管理单据，代表销售后收款权利的单据，也是后续开销售发票的依据。该单据不是销售管理模块的单据，是应收款管理模块的核心单据，但是和销售管理模块紧密衔接。

⑨ 销售发票是企业销售产品时销售部门开具给客户的票据，是结算、纳税的依据。销售发票在形式上分为专用发票和普通发票两种，主要区别在于专用发票可以进行增值税抵扣，而普通发票不可以抵扣。普通发票在格式上只比专用发票少了几个和增值税有关的项目，其他项目相同。该单据也是应收款管理模块的核心单据，但是和销售管理模块紧密衔接。

### 操作知识归纳

活动 6-2-1 中，介绍了下推和选单两种制单方法。选单生成方式是以新增的单据为起点，主动上查上游单据，并建立单据联系的制单方法。其优点是简化了在上游单据列表中查找目标单据的过程。选单一般只会显示未完成的业务单据，已完成的业务单据不会再显示，显示的单据列表更简洁明了，提高了制单效率，但是，选单要求制单人对业务有明确的理解。对于初学者而言，如果使用不当，反而容易出现错误。

选单生成方式中，需要根据单据中的一些关键字段和上游单据进行数据匹配，筛选并显示目标单据。如果没有匹配上，在选单时会出现无法找到目标单据的情况。因此在执行选单操作前，要仔细检查本单据中已经选择的一些关键字段是否符合业务场景要求。比较常见的需要匹配的关键字段有【单据类型】、【业务组织】、【单据状态】等。不同单据检查的关键字段不尽相同，这里不逐一讲解。

下面以【单据类型】为例说明，【单据类型】是必须与上游单据匹配的关键字段。比如新增的发货通知单准备从上游的寄售销售订单中选单生成，那么首先要修改自身的【单据类型】为"寄售发货通知单"；如果新增的销售出库单要从上游的 VMI 发货通知单中选单生成，则必须先修改自身的【单据类型】为"VMI 出库单"。

此外，还需要重点关注单据状态信息。在正向流程中，选单能看到的单据都是已审核未关闭的单据，也就是还未完成或者部分完成的单据。例如：未出库或者未完全出库的销售订单才能被销售出库单选单查到；而已全部出库的销售订单就无法被选单查到。在逆向流程（退货等）中，能够被选单查到的是已经审核并且发生过正向业务的单据。例如：发生了销售出库的销售订单才能被销售退货单选单选中，而还未出货的销售订单，或者发出货物已经全部退回的销售订单，不能被销售退货单再次选中。当选单无法找到目标单据时，初学者可以直接查询目标单据，通过【下查】功能追查后续流程，了解当前业务处理阶段。

如果使用选单方式始终无法找到上游目标单据，可以更换使用下推方式制单。下推制单时，一般会自动根据上游单据来填写下游单据中的关键数据，减少人工选择判断的过程，本书也将该方式作为首选方式先行讲解，推荐给初学者使用。另外使用下推方式制单，如果不符合下推条件时，系统也会给出错误提示，方便初学者进行问题分析和查找错误原因。

## 作业

根据以下数据进行销售业务操作练习（必做）。

在活动 4-1-2 中，已经和顺德天宇自行车厂签订销售订单，销售 28 英寸车前轮（物料编码 S***.04.001）90 个，含税单价 60 元；销售 24 英寸车前轮（物料编码 S***.04.002）120 个，含税单价 50 元，交货日期为 2030 年 4 月 30 日，送货上门，运费由客户承担。现在经过企业的生产加工，已经完成成品的生产，准备销售发货。

2030 年 4 月 29 日，深圳总厂销售员万明通知仓库第二天包装成品备货，准备发出。

4 月 30 日，总厂仓管员何佳在总厂产成品仓办理出库手续，货物按时发出。

4 月 30 日，总厂财务会计满军根据出库单开出相关应收单，准备收款流程。

> 📖 **操作一点通**
>
> 销售订单在活动 4-1-2 中已签订，无须重复录入，只需要完成销售执行流程，操作步骤参考标准销售流程。

## ✳ 活动 8-2-2：销售退换货业务

### 🔍 活动导入

#### 管理情景

销售员万明问胡工："销售商品常常会遇到客户的退货情况，这种情况系统如何处理？"胡工说:"系统也有销售退货处理流程,可以接受退货退款,也可以进行退货换货处理。退货的系统操作流程简单,而现实管理工作比较复杂。退货处理的难点是要了解原来的销售情况,根据具体情况确定是否退款、如何开票等,同时退货商品清理也是难点,这些需要加强系统外的管理来解决。"

【问题】为什么销售退货处理比较复杂?

## 前导知识

销售退货是企业难以避免的问题,其原因很多,除了常见的质量问题以外,还有物流延期、促销过度、客服不到位等,甚至客户还可以无理由退货。一些企业的退货量甚至超过销售量的30%,销售退货是企业管理的难点之一,也是企业的诸多管理短板在销售端的综合表现。企业只有重视退货管理,并以此为契机提升管理水平,才能降低相关成本,提升效益。在退货处理上,企业一般要处理好以下环节,才可能降低退货风险。

(1)退货前客服沟通

当发现退货苗头时,企业客服应该尽早了解客户退货原因,进行有效沟通,安抚客户,尽量减少客户退货可能性。如果客户确实需要退货,企业客服应及时协助联系售后服务,挽回客户。总而言之,越早发现问题,越能够降低退货风险和成本。

(2)退货中业务处理

当客户确定要退货时,企业要建立规范的退货处理流程,做好客户沟通、物流处理、退货换货、退货退款等工作。高效的退货处理过程,有助于挽回客户,也有利于降低成本。

(3)退货后整理

大多数退货商品入库时,商品包装已丢失,商品不完整甚至损毁。如何有效进行退货后的商品整理也是企业的管理难题。企业要根据商品状态和完整程度,合理采取不同对策。例如退回完好或仅包装破损的商品,经过重新整理和质检后无问题的可以再次上架销售;维修修复的商品可以进入二手销售渠道销售;而无法维修的商品要妥善处理和报废,避免不当销售和使用。这些处理工作需要投入大量人工和材料,需要企业重点管理。

## 活动执行

### 活动解析

在金蝶云星空系统中,退货前客服沟通一般在 CRM 系统中进行管理,而退货后整理主要在生产管理和仓储管理模块进行。销售管理模块主要实现退货中的业务处理,确保退货商品按要求退回仓库,以及后续换货、退款等业务处理。

≈≈≈业务数据≈≈≈

① 2030 年 5 月 7 日,北京大城车行向深圳总厂客服反映收到的头盔中部分有质量问题,包括:银灰色 HUB 头盔(物料编码 S\*\*\*.05.001)2 个,玫红色 HUB 头盔(物料编码 S\*\*\*.05.002)1 个。经总厂销售部门和客户协商后决定:2 个银灰色 HUB 头盔做退货退款处理,1 个玫红色 HUB 头盔做退回补货处理。当天销售员万明把相关消息通知仓管部门,预计货物退回日期是 2030 年 5 月 11 日。

② 5 月 11 日,总厂仓管员何佳收到退回货物,将货物放入总厂待检仓,并设置库存状态为"退回冻结"。

③ 5 月 12 日,总厂销售员万明通知仓库第二天将补货的 1 个玫红色 HUB 头盔按时发出,客户要求 5 月 16 日前送到。

④ 5 月 13 日,仓管员何佳在总厂产成品仓发出补货的 1 个玫红色 HUB 头盔。

⑤ 5 月 15 日,总厂财务会计满军分别对退货业务和补货业务开出应收单,准备退款流程。

## 活动过程

根据业务数据描述，该活动为了快速处理退货业务采用了根据出库处理退货的流程，其中既有退货扣款的业务，又有退货补货的业务。整个操作流程如图 8-4 所示。

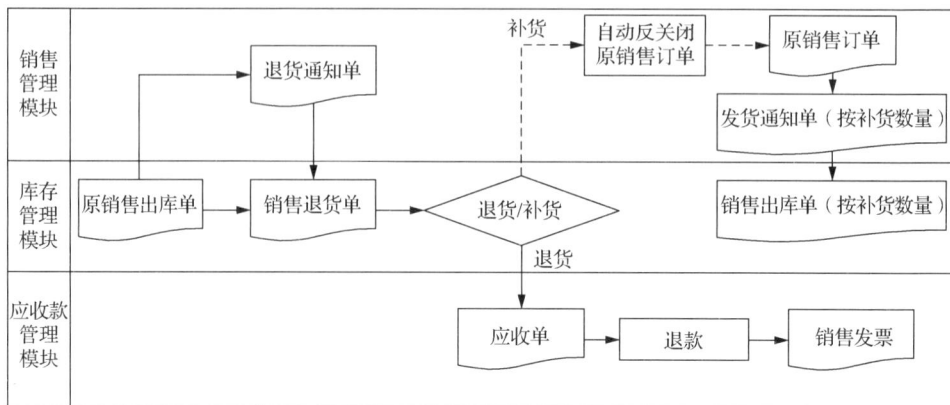

图 8-4　根据出库处理退货流程

说明：系统支持销售退货单由退货通知单选单生成，也支持由原销售出库单选单生成，本活动采用的是前者。

## 活动步骤

### 1. 退货通知单选单生成

在户外用品深圳总厂组织下，执行【供应链】—【销售管理】—【退货处理】—【退货通知单】命令，进入退货通知单-新增页面，单击【选单】按钮，在弹出的选择单据页面中选中【销售出库单】，单击【确定】按钮，在弹出的销售出库单列表中找到并选中 60 个银灰色 HUB 头盔和 40 个玫红色 HUB 头盔所在的行（多行数据需要多选），单击【返回数据】按钮回到退货通知单页面。然后按照业务数据第①段的描述修改销售数量、退货日期和退货类型等信息，如图 8-5 所示，录入完成后依次单击【提交】、【审核】、【退出】按钮。

用户可以执行【供应链】—【销售管理】—【退货处理】—【退货通知单列表】命令，查询刚录入的退货通知单。

图 8-5　退货通知单页面

📖**操作一点通**

通过选单生成的退货通知单，其明细中的【销售数量】会从上游的销售出库单中直接引用过来。本活动不是全部退货，用户需要根据业务数据描述手动修改，银灰色 HUB 头盔（S***.05.001）退回 2 个，所以其【销售数量】改为"2"，玫红色 HUB 头盔（S***.05.002）退回 1 个，所以其【销售数量】改为"1"。

## 2．销售退货单选单生成

在户外用品深圳总厂组织下，执行【供应链】—【销售管理】—【退货处理】—【销售退货单】命令，进入销售退货单-新增页面，单击【选单】按钮，在弹出的选择单据页面中选中【退货通知单】，单击【确定】按钮，在弹出的退货通知单列表中找到并选中 2 个银灰色 HUB 头盔和 1 个玫红色 HUB 头盔所在的行（多行数据需要多选），单击【返回数据】按钮回到销售退货单页面。然后按照业务数据第②段的描述修改，【仓库】选择"总厂待检仓"，【库存类型】选择"退回冻结"，录入完成后依次单击【提交】、【审核】、【退出】按钮。

用户可以执行【供应链】—【销售管理】—【退货处理】—【销售退货单列表】命令，查询刚录入的销售退货单。

> **提问**
>
> 当销售退货单审核生效后，回到销售订单列表找到原销售订单，查询 2 种颜色的 HUB 头盔所在分行的【业务关闭】状态。哪一种颜色的 HUB 头盔又变回了"未关闭状态"？原因是什么？

## 3．补货的发货通知单选单生成

在户外用品深圳总厂组织下，执行【供应链】—【销售管理】—【出货处理】—【发货通知单】命令，进入发货通知单-新增页面，单击【选单】按钮，在弹出的选择单据页面中选中【销售订单】，单击【确定】按钮，在弹出的销售订单列表中选中 40 个玫红色 HUB 头盔（S\*\*\*.05.002）所在的行，单击【返回数据】按钮回到发货通知单页面。然后按照业务数据第③段的描述修改交货日期，录入完成后依次单击【提交】、【审核】、【退出】按钮。

用户可以执行【供应链】—【销售管理】—【出货处理】—【发货通知单列表】命令，查询刚录入的发货通知单。

> **操作一点通**
>
> 补货的发货通知单中，应该只有玫红色 HUB 头盔，销售数量只有 1 个。如果还有银灰色 HUB 头盔，或者数量不是 1，请检查前面录入的销售退货单中的退货类型和实退数量是否正确。

## 4．补货的销售出库单选单生成

在户外用品深圳总厂组织下，执行【供应链】—【销售管理】—【出货处理】—【销售出库单】命令，进入销售出库单-新增页面，单击【选单】按钮，在弹出的选择单据页面中选中【发货通知单】，单击【确定】按钮，在弹出的发货通知单列表中选中 1 个玫红色 HUB 头盔所在的行，单击【返回数据】按钮回到销售出库单页面。然后按照业务数据第④段的描述补充日期、仓库等信息，录入完成后依次单击【提交】、【审核】、【退出】按钮。

用户可以执行【供应链】—【销售管理】—【出货处理】—【销售出库单列表】命令，查询刚录入的销售出库单。

> **提问**
>
> 当用作补货的销售出库单生效后，回到销售订单列表找到原销售订单，查询 2 种颜色的 HUB 头盔所在分行的【业务关闭状态】，是否都已经是"业务关闭"？

## 5．应收单快速生成

在户外用品深圳总厂组织下，执行【财务会计】—【应收款管理】—【销售应收】—【应收单快速新增】命令，进入应收单快速新增页面。在左侧导航栏，双击【销售退货单】，右侧列表会显示所有待处理（尚未生成应收单）的业务，勾选本次退货订单，单击【生成应收单】按钮。按照业务数据第⑤段的描述补充日期等信息，注意观察单据中金额是否为负数，录入完成后依次单击【提交】、【审核】、【退出】按钮。再次在左侧导航栏双击【销售出库单】，在右侧的销售出库单列表中选中补货出库的销售出库单，采用相同的方法生成对应的应收单。生成后用户可以执行【财务会计】—【应收款管理】—【销售应收】—【应收单列表】命令，查询刚录入的应收单。

> 📖 **操作一点通**
>
> ① 应收单快速生成方式能够批量生成应收单据，适合企业销售和采购业务量大的情况。对于单张单据，也可以使用前面学习的下推或者选单生成的方式，建立单据之间的业务联系，得到的结果相同。
>
> ② 退货的应收单（负向）和补货应收单（正向）之间的差额，才是实际需要退款的金额。

## 📖 活动总结

### 理论知识归纳

（1）退货通知单

退货通知单是准备退货时使用的业务单据，一般由销售或者客服部门开出给仓库，表示同意退货，让仓库做好退货准备。该单据是发货通知单的反向执行单据，是销售退货单的源单据。退货通知单记录了退货的原因，对企业的管理改进具有重要参考价值。

（2）销售退货单

销售退货单是销售商品退回入仓的证明单据，该单据审核后表明商品已经退回仓库，退货的物流过程已完成。销售退货单完成后，单据中的退货数量、退货类型等信息会反写回原销售订单的【其他信息】页签中，这样方便用户查询、统计销售订单在整个执行期间的累计商品发出数量、销售退回数量、应收数量等关键信息。

（3）应收单（负向）

销售退货后，如果需要给客户退款，就需要登记负向应收单，负向应收单中的价税金额和计价数量等信息都是以负数显示的，这表示资金与库存的流向和正向应收单相反，作为退款依据。

如果是"退货补货"业务，无须退款，不涉及财务上的资金往来，一般不用在退货环节生成负向应收单。如果在退货环节生成了负向应收单，那么在后续的补货再出库时，还要根据补货数量再生成正向应收单，两种应收单匹配核销，才能保证整张销售订单的应收金额不变。

### 操作知识归纳

（1）有源单销售退货处理流程

有源单销售退货是指依据原有销售业务进行的退货处理。在金蝶云星空系统中一般是根据原销售订单或者销售出库单进行退货。依据销售出库单的退货业务流程如图 8-4 所示；依据销售订单退货的业务流程如图 8-6 所示。由于有源单，销售退货单可以从销售订单和销售出库单获取退货所需的关键信息，例如销售客户、销售商品清单、销售价格、销售数量等，这些都是最后执行销售退货的关键参考信息。例如：退货数量不能超过之前的销售数量；退货价格应该和之前销售价格一致，这样才能准确计算退款金额。

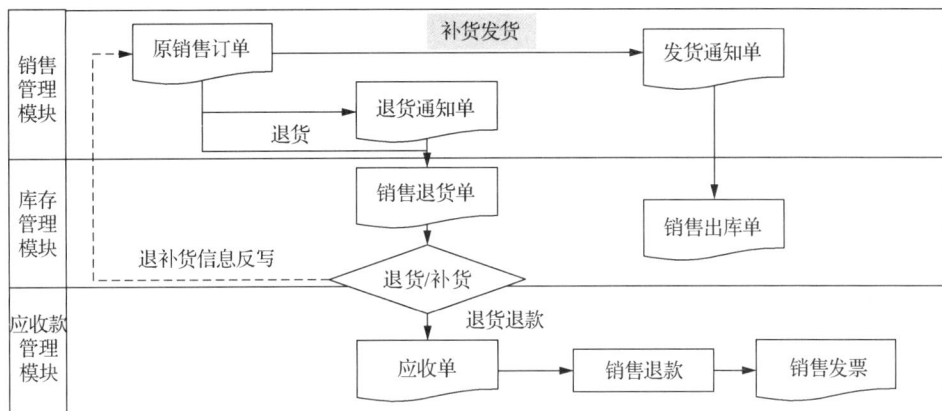

图 8-6　根据销售订单处理退货流程

（2）无源单销售退货处理流程

由于一些特殊原因，退货执行时无法确定原销售订单的对应关系，就无法确定之前的销售价格，以及可退货数量，那么退货的合理性就需要企业单独评估，只有通过评估，销售退货才能够被执行。这种情况下，退货需要新增销售退货订单（【单据类型】为"退货订单"的销售订单），主管审核后，再进行退货补货处理流程，如图 8-7 所示。

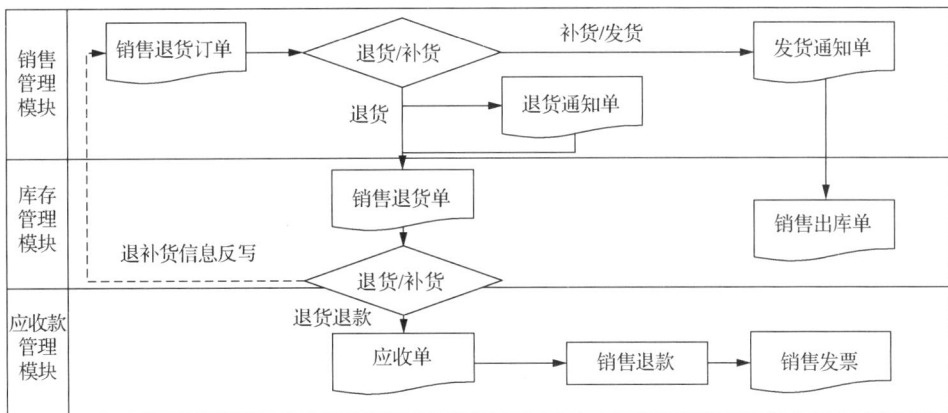

图 8-7　根据销售退货订单处理退货补货流程

说明：销售退货订单是销售订单的一种，【单据类型】是"退货订单"。

# 任务 8-3　直运采购与销售业务查询

## ✳ 活动 8-3-1：直运采购与直运销售

### 📖 活动导入

#### 管理情景

销售经理路元问胡工："我们销售的商品中有一类商品是提供给专业自行车运动员的高端器材，价格比较高，销售量不大，但是利润高。由于这类商品比较贵，因此我们一般不囤货，都是客户订购了才去采购发给客户，这种方式在 ERP 系统中如何处理呢？"胡工回答道："你们这种就是'以销定采'的模式，这种模式确实可以减少库存，尤其是降低存货跌价风险。"路经理附和道:"您说得很对,我们确实比较担心跌价,现在市场变化太快了!那系统流程该如何处理呢?"
胡工继续说:"要看采购物料是否入库,如果要入库,使用的流程与前面标准采购和标准销售类似,只是采购订单可以根据销售订单下推得到,采购数量受销售订单控制;如果不入库,系统还提供了一种更快捷的处理方式,我们称之为直运销售和直运采购,当签订销售订单后,按照销售订单向供应商订货,并且让供应商直接发给客户,这样可以省去出入库操作的麻烦。""这种好,我们使用这种方式吧!"路经理答道。

【问题】直运销售和直运采购模式简单,企业为什么不都采用这种模式?

## 前导知识

直运销售和直运采购是一种简化的作业模式,是以销定采的典型模式,可以降低库存,减少存货跌价风险,减少出入库作业环节,提高资金使用效率。当然也有缺点,就是企业必须对上下游资源有足够的掌控力,否则,容易形成上下游企业绕开我方企业直接达成业务的现象。另外,其交货时效和交付能力受供应商交付能力的影响,交付稳定性相对不足。

# ✍ 活动执行

## 活动解析

直运销售和直运采购模式根据销售签单情况,向供应商下达采购订单,要求供应商直送客户,最后再分别和客户、供应商完成收付结算。该业务操作省略了货物出入库的环节,操作更简单,也更容易执行。

≈≈≈业务数据≈≈≈

① 总厂销售员万明 2030 年 4 月 8 日接到吉林大众自行车有限公司的订单,订购 SIM 避震前叉(物料编码 S***.05.006)200 个,含税单价是 480 元,约定 2030 年 4 月 23 日前交货。

② 总厂采购员崔小燕根据销售情况,4 月 12 日向 SIM BYCLE 有限公司订购 SIM 避震前叉(物料编码 S***.05.006)200 个,含税单价是 320 元,约定 2030 年 4 月 20 日前交货,货物直接发送至吉林大众自行车有限公司(吉林南联路 1086 号)。

③ 4 月 21 日,总厂财务会计满军根据采购订单开出应付单,准备和供应商约定月结 30 天后以银行汇票结算。

④ 4 月 24 日,货已送达客户,总厂财务会计满军根据销售订单开出应收单,准备货到 30 天后以电汇结算。

## 活动过程

根据案例描述,直运销售与直运采购的业务流程如图 8-8 所示。

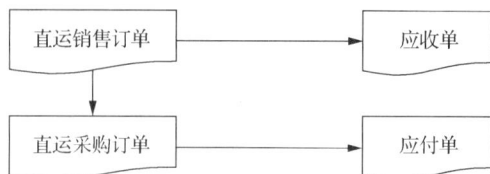

```
┌──────────┐              ┌──────────┐
│ 直运销售订单 │─────────────▶│  应收单   │
└──────────┘              └──────────┘
      │
      ▼
┌──────────┐              ┌──────────┐
│ 直运采购订单 │─────────────▶│  应付单   │
└──────────┘              └──────────┘
```

图 8-8  直运销售与直运采购业务流程

## 活动步骤

### 1. 制作直运销售订单

在户外用品深圳总厂组织下,执行【供应链】—【销售管理】—【订单处理】—【销售订单】命令,进入销售订单-新增页面,先把【单据类型】改成"直运销售订单",然后按照业务数据第

①段的描述填制单据内容，完成后依次单击【提交】、【审核】、【退出】按钮。

### 2．直运销售订单下推生成直运采购订单

执行【供应链】—【销售管理】—【订单处理】—【销售订单列表】命令，在列表中找到相应的直运销售订单，根据业务数据第②段的描述下推生成直运采购订单（【业务类型】是"直运采购"）。注意，需要在【交货安排】页签下的交货明细列表的【交货地址】中录入客户地址，这样才能确保供应商将货物直送客户，而不是本企业。

### 3．直运采购订单下推生成应付单

执行【供应链】—【采购管理】—【订单处理】—【采购订单列表】命令，在列表中找到相应的直运采购订单，根据业务数据第③段的描述下推生成应付单，注意支付方式、结算方式和业务时间的选择。

### 4．直运销售订单下推生成应收单

执行【供应链】—【销售管理】—【订单处理】—【销售订单列表】命令，在列表中找到相应的直运销售订单，根据业务数据第④段的描述下推生成应收单，注意支付方式、结算方式和业务时间的选择。

> 📖 **提问**
>
> 本活动的应收单/应付单中的【到期日】数据有什么不同？如何确定该数据？两者的差距对企业有什么影响？

## 📖 活动总结

### 操作知识归纳

#### 1．直运销售和直运采购业务制单要点

采用直运销售模式时，销售订单的【单据类型】字段必须选择"直运销售订单"；采用直运采购模式时，采购订单的【单据类型】字段必须选择"直运采购订单"。在金蝶云星空系统中，这两种模式的业务可以不进行采购入库和销售出库，并且无须进行存货核算，因此要和标准销售业务相区别，通过单据类型来明确标识。

#### 2．单据类型功能详解

金蝶云星空系统中【单据类型】是一个非常重要而且巧妙的功能设计，贯穿于系统各业务领域，大多数业务单据都具有多种不同的单据类型，例如，销售订单就具有"寄售销售订单""现销订单""VMI 销售订单""退货订单"等十多种类型。这些单据主要实现了销售订单的基本共性功能，例如有销售客户、销售物料、价格等，同时还能够实现一些差异化的管理需求，例如本活动中的直运销售业务，不由本企业进行销售发货，而是由供应商直接发货给客户。在"直运销售订单"中就能够实行这种业务控制，而"标准销售订单"就无法实现这种控制。

【单据类型】功能的实际作用是在业务的共性化和个性化之间找到一个平衡点，同一种单据的不同单据类型能够共用业务单据和大多数业务功能，不会因为差异化而产生过多种类的单据。而同时，企业又能够通过不同单据类型标识，来单独设计业务流程、业务控制方法、数据传递规则、业务校验规则等，实现特定业务管控要求。

而且【单据类型】功能并不是一成不变的，可以执行【基础管理】—【基础资料】—【单据类型】—【单据类型列表】命令，查看不同单据类型的具体功能设置，还可以查看业务流程图，其中有多种参数可以进行配置，实现对部分业务规则的快速调整。

不过要注意【单据类型】是对数据中心中各业务模块影响较大的功能，一旦调整，数据中心

中所有业务组织都会一并调整。修改者需要对系统功能有较为深入的理解，盲目修改可能会导致系统使用障碍。【单据类型】的技术基础是金蝶二次开发平台（BOS），如果【单据类型】的默认参数配置功能无法满足需求，还可以通过 BOS 来进一步配置。

## ✳ 活动 8-3-2：销售业务查询与报表分析

### 📖 活动导入

#### 管理情景

除了进行市场营销外，销售人员还需要经常关注销售执行的进度，例如：客户是否已收货，是否已付款。为了更好地进行销售决策，还需要尽可能多地掌握市场信息和数据，例如：价格走势等。

【问题】销售人员和管理者主要关注的信息有哪些？

### ✍ 活动执行

#### 活动解析

≈≈≈业务数据≈≈≈

截至 2030 年 5 月 31 日，深圳总厂有哪些销售订单已经完成销售出库？是否发生退货？

#### 活动过程

销售报表查询。

#### 活动步骤

执行【供应链】—【销售管理】—【销售订单执行明细表】命令，进入报表过滤条件页面。按照业务数据的要求修改过滤条件，选择需要查询的【销售组织】为"户外用品深圳总厂 S***"，【订单日期】设置从"2021/1/1"至"2030/5/31"，【整单关闭状态】选择"全部"，【行业务关闭状态】选择"全部"，【单据状态】选择"已审核"，【单价来源】选择"订单"，再单击【确定】按钮查看结果。

### 📖 活动总结

#### 理论知识归纳

理论知识归纳

销售报表用途

#### 作业

请在系统中合理使用销售报表功能，查询数据，回答以下问题。

① 销售部门希望查看自己提交的销售订单是否及时发货，对及时发货情况进行分析，应该查询哪张报表？

_____

② 销售部门季度末需要发业绩奖金，对排名前十的销售员给予奖励，应该查询哪张报表？

_____

# 库存管理基础

## 项目概述

库存管理是企业物流执行过程的重要环节，主要包括物料在库管理和出入库管理。库存管理模块和物流各业务模块都有衔接。本项目展示了库存管理的调拨、其他出入库、盘点等专项业务。

## 项目重点

- 组装/拆卸作业
- 盘点作业
- 库存查询方法

## 任务 9-1  仓库出入库业务

### 活动 9-1-1：其他出入库业务

### 活动导入

**管理情景**

仓库陈主管问胡工："我们仓库有些业务不知道该如何在系统中输入。"胡工问道："有哪些业务呢？"陈主管答道："例如这两天，我们发现期初盘点时遗漏了部分物料，系统初始化的时候也没有输入这些物料的期初库存，现在初始化已经结束了，如果用采购入库单入库好像又不对，因为这不是新增采购。还有我们产品研发时，常常需要领用一些样品做解析，有些分析测试过程还会破坏样品，这又不同于生产领料，没有生产任务，不知道该如何处理。"胡工回答说："你说的情况在企业还是比较常见的，这类业务往往都是一些非常规业务。这类业务发生的原因多种多样，不具备典型性，发生数量也较少，ERP 系统无法为每种业务都开发专项单据处理，因此一般将这类业务统一使用其他入库单、其他出库单进行处理，这样能够记录库存变动，又不会和常规业务相混淆。"

【**问题**】其他出入库的主要特点是什么？

**前导知识**

#### 1. 库存管理模块介绍

库存管理是企业的基础和核心业务，支撑企业销售、采购、生产业务的有效运作。库存管理在物料日常出入库控制、保证生产的正常进行发挥重要作用，同时将库存控制在合理水平，为企业提供准确的库存信息。库存管理和销售、采购、生产都有紧密的业务衔接关系，其功能模块如图 9-1 所示。相关库存业务单据（产品入库单、销售出库单等）已经在前面项目中介绍过，本项目重点讲解前文未涉及的单据。

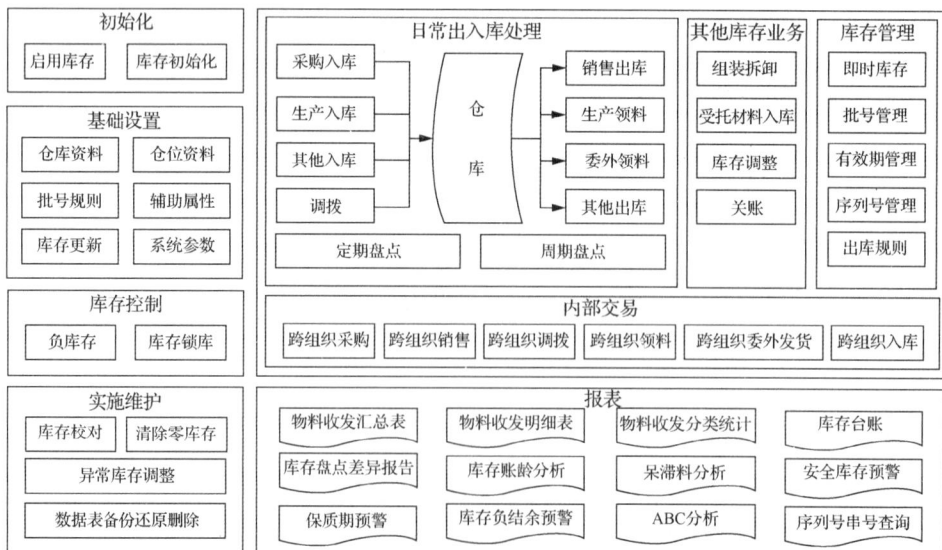

图 9-1  库存管理模块功能

#### 2. 其他出/入库单的作用

其他出/入库单是处理非常规出入库业务的单据。金蝶云星空系统把不能归类为采购入库、委托材料入库、加工产品入库等典型入库业务的入库业务归为其他入库；把不能归类为销售出库、领料出库、委外加工出库等典型出库业务的出库业务归入其他出库。

生成其他出/入库单据的原因多种多样，本活动只介绍其中几种常见情况。这些业务发生频率较低，原因多样，ERP 系统无法为每一种特殊类型业务开发单独的业务单据，因此统一用其他出/入库业务管理。这种设计方式也是很多其他 ERP 系统采用的方式。

## 活动执行

### 活动解析

根据企业业务需要，一些无法用常规出入库作业记录的业务，需要使用其他出入库管理。

≈≈≈业务数据≈≈≈

深圳总厂完成系统初始化，正式启用库存管理模块。2030 年 4 月 1 日，仓管员何佳发现总厂产成品仓的初始库存遗漏了部分数据：遗漏了 1 000 个黑银色高亮车前灯（物料编码 S***.05.003）；2 000 个银灰色高亮车前灯（物料编码 S***.05.004）；2 000 个红色高亮车尾灯（物料编码 S***.05.005）。经过确认，这些车灯的供应商都是苏州照明设备公司。何佳当天将这些数据补录入系统。

2030 年 4 月 28 日，深圳总厂装配车间刘百因为产品研发的需要，从总厂产成品仓领用了银灰色 HUB 头盔（物料编码 S***.05.001）和玫红色 HUB 头盔（物料编码 S***.05.002）各 1 个。

### 活动过程

① 其他入库单录入和查询。
② 其他出库单录入和查询。

### 活动步骤

#### 1．其他入库单录入和查询

在户外用品深圳总厂 S***组织下，执行【供应链】—【库存管理】—【杂收杂发】—【其他入库单】命令，进入其他入库单-新增页面，再按照业务数据的描述录入日期、供应商、物料、收货仓库和实收数量等信息。由于其他出入库的原因多样，一般建议在备注栏注明原因，方便后续财务人员判断业务类型，采取合理财务处理方法。本活动在单据头部的【备注栏】录入"初始库存补录"，录入完成后依次单击【提交】、【审核】、【退出】按钮。

用户可以执行【供应链】—【库存管理】—【杂收杂发】—【其他入库单列表】命令，查询刚录入的其他入库单，并可以在该列表中进行增、删、改、查、审核等操作。

#### 2．其他出库单录入和查询

在户外用品深圳总厂 S***组织下，执行【供应链】—【库存管理】—【杂收杂发】—【其他出库单】命令，进入其他出库单-新增页面，再按照业务数据的描述录入部门、日期、物料、实发数量和发货仓库等信息。本活动在单据头部的【备注栏】录入"新产品开发研究"，录入完成后依次单击【提交】、【审核】、【退出】按钮。

用户可以执行【供应链】—【库存管理】—【杂收杂发】—【其他出库单列表】命令，查询刚录入的其他出库单，并可以在该列表中进行增、删、改、查、审核等操作。

## 活动总结

### 理论知识归纳

#### 1．合理使用其他出/入库单据

企业需要合理使用其他出/入库单据，避免该单据被滥用，原因如下。

◆　其他出/入库单据缺乏必要的流程管控，和采购、销售等业务的完整处理过程不同，单据以直接录入方式为主，过程管理较为简单，容易出现管理漏洞。

◆ 其他出/入库业务发生的原因多样，在后续财务核算环节，并不能采用统一模式进行财务核算和凭证制作，需要财务人员逐一甄别业务发生原因，核算工作量较大，增加财务部门负担，也容易形成差错。

**2．库存类单据的出入库方向**

金蝶云星空系统中，很多出/入库单据都有代表库存流向的字段，例如【其他出库单】和【其他入库单】就有【库存方向】字段，有“普通”和“退货”2 个选项，“普通”代表正向发出（和单据正常货物流向一致），“退货”代表反向退回。其他出入库单据也有类似的字段，例如：调拨单有【调拨方向】，含义类似。库存单据增加库存方向，有利于仓管员识别货物流向，方便进行业务管控和统计。

#### 操作知识归纳

① 库存组织。库存组织是拥有库存职能的业务组织，也就是在【组织机构】中勾选了【库存职能】的组织。只有具有库存职能的组织，才能下设仓库，开展库存相关业务。

② 仓库、仓位。仓库和仓位指定了货物的存储位置。在金蝶云星空系统中，在【仓库】基础资料中设置仓库。每个仓库只能属于一个库存组织。

如果某仓库需要下设仓位，要在该仓库基础资料中勾选【启用仓位管理】，仓位信息在【仓位值集列表】基础资料中设置。设置仓位后，出入库制单时，都必须指定存储货位，否则无法完成出入库业务。本书考虑到初学者的学习难度，在操作案例中未设置仓位。

③ 仓管员。仓管员在【业务员列表】中设置。只有具有仓管员职责的人员，才能在仓库类单据中被选中。

## 活动 9-1-2：仓库调拨

### 活动导入

#### 管理情景

仓管员何佳问胡工：“我们要做货物移库，是不是用调拨单进行处理？”胡工回答：“是的，调拨单可以处理货物在不同仓库的移库业务，如果在启用了仓位管理的仓库中，还可以处理库内不同库位间的货物移动。不过要注意，货物移动还要考虑其他因素，比如两个仓库是否属于相同的业务组织，是否为相同货主，是正向移动还是反向移动（退货）等。另外还要考虑两个仓库距离远近，如果距离较远，出货后，由于运输时间较长，接收仓不能很快收到货物，发货和收货存在时差，会形成在途库存，也会影响库存量的计算。”

【问题】调拨业务要考虑的常见因素有哪些？

#### 前导知识

仓库调拨是指将物料从一个仓库转移到另一个仓库，也可进行一个仓库之中不同库位之间的移动，也就是货物的空间移动。在系统中一般通过仓库调拨单来记录调拨业务，实现对物料位置的完整跟踪，并通过调拨单实现调出仓库（调减）和调入仓库（调增）库存数量的更新。

货物调拨的原因很多，除了货物使用需要外，还有很多业务需要货物调拨。例如委外加工时，一些低价值物料常常会不按照生产需求量精确发料，而是采用批量（货物最小包装）发料方式发送给委外加工企业，多余材料会留待后续委外加工使用。企业为了掌控剩余材料数量，会设置委外加工仓库，委外加工物料批量发出时采用调拨方式调拨到该仓库，耗用后记录使用量，这样就可以根据该仓库的库存数量了解剩余材料情况。考虑到学习难度递进关系，基础篇只讲解标准调拨业务，其他调拨协同业务留待进阶篇讲解。

# 活动执行

## 活动解析

本活动因为后续促销包装需要进行组织内仓库间调拨业务。

≈≈≈业务数据≈≈≈

2030 年 4 月 10 日，为了准备成品包装，总厂仓管员何佳将 500 个彩色卡板纸盒（物料编码 S\*\*\*.01.007）从总厂原材料仓调到了总厂产成品仓。

## 活动过程

① 直接调拨单制作。
② 直接调拨单查询。

## 活动步骤

### 1．直接调拨单制作

在户外用品深圳总厂 S\*\*\*组织下，执行【供应链】—【库存管理】—【库存调拨】—【直接调拨单】命令，进入直接调拨单-新增页面，再按照业务数据的描述录入日期、物料、调拨数量、调出仓库、调入仓库等信息，录入完成后依次单击【提交】、【审核】、【退出】按钮。

### 2．直接调拨单查询

用户可以执行【供应链】—【库存管理】—【库存调拨】—【直接调拨单列表】命令，查询刚录入的调拨单，在该页面可进行增、删、改、查的操作。

# 活动总结

## 理论知识归纳

在企业库存管理实践中，引发库存物料调拨的原因多样，其调拨方式、关键要点也有不同。结合金蝶云星空系统，讲解几种常见的调拨类型。

（1）直接调拨和分步式调拨

按照调出方和调入方是否同步划分，调拨业务可分为直接调拨和分步式调拨。

① 直接调拨：扣减调出方库存数量的同时，增加调入方的库存数量。配合使用的单据是直接调拨单。该调拨方式一般适用于企业内仓库的调拨、两个仓库距离较近、发货到收货的时间较短。

② 分步式调拨：将调拨过程细分为货物调出和货物调入两个过程，分别通过分步式调出单和分步式调入单来记录。【分步式调出单】审核后，发出仓库库存调减，【分布式调入单】审核后，接收仓库库存调增。只有两个过程全部完成，完整调拨过程才执行完毕。这种模式适合发出和接收不同步的情况，例如两个相隔较远、收发货存在时差的仓库，或者有严格的独立单证管理要求的仓库。分步式调拨常常需要进行货物运输，其运输费用需要纳入库存成本。采用分布式调拨，也可以更好地进行库存成本核算。对于运输造成的货损，也可以在分步式调拨中记录，并明确责任归属。

从货物调出至调入仓暂未收到货物期间，会产生在途库存。对于如何管理在途库存，目标版本的系统规定：如果是组织内调拨，在途库存的归属既可以是调出方也可以是调入方；如果是跨组织调拨，则在途库存的归属只能是调出方。

（2）组织内调拨和跨组织调拨

① 组织内调拨：调拨业务发生在同一个组织之内，一般不涉及跨组织交易和结算。

② 跨组织调拨：调拨业务发生在两个不同的组织之间。由于调拨发生在两个库存组织之间，

根据组织间业务关系的不同情况，可能会需要进行跨组织交易和结算（跨越核算组织时需要跨组织结算）。

在系统中，无论是直接调拨还是分步式调拨业务，都支持组织内调拨和跨组织调拨。

> 📖提问
>
> 本活动属于组织内调拨还是跨组织调拨？在调拨单的【基本信息】页签中，调出方和调入方是谁？是否相同？

### 操作知识归纳

#### 1. 调拨单单据类型

调拨单是一个使用非常灵活的单据，常用于配合其他复杂业务的处理。在金蝶云星空系统中，【直接调拨单】目前有 5 种单据类型："标准直接调拨单""寄售直接调拨单""委外直接调拨单""分销直接调拨单""VMI 直接调拨单"。【分步式调拨单】有 2 种单据类型："标准分步式调入/调出单""VMI 分步式调入/调出单"。"标准直接调拨单"和"标准分步式调入/调出单"类型用于处理一般的移库和移位业务，其他单据类型都是配合其他业务而使用的。在基础篇仅讲解标准直接调拨单类型，其他类型调拨单在进阶篇再讲解。

#### 2. 调拨申请单的用途

使用调拨申请单，可以加强调拨业务的管控。企业可以要求调拨前必须制作调拨申请单，审批后才能调拨货物。系统中由已审核的调拨申请单下推生成直接调拨单或分步式调出/调入单。

## ✴ 活动 9-1-3：组装拆卸

### 📖 活动导入

#### 管理情景

仓库的陈主管问胡工："仓库有时候还需要做一些简单流通加工业务，例如销售换包装、出口产品发货前配外文版说明书等，这些该如何处理？"胡工回答："改包装业务是典型的流通加工业务，流通加工一般只需进行简单的组装或拆卸即可完成，不涉及复杂生产加工，可以使用仓库管理模块中的组装拆卸作业完成。如果加工过程比较复杂，那么还需要使用生产制造模块。"

【问题】什么样的业务适合使用组装拆卸业务？

#### 前导知识

组装作业是指将多个散件组装成一个套件的过程。这个过程和生产加工类似，是将多个散件通过换包装、捆绑销售等方式组合在一起，形成一个新的商品，是流通加工的一种方式，常见于商业企业的促销。和生产加工不同的是，组装作业过程一般比较简单，无须复杂加工设备和工具，而且其过程大多数都是可逆的，也就是说组装后的商品一般还可以拆卸回原物料。拆卸作业就是组装作业的逆向过程，即把父项物料拆卸成子项物料，也是常见流通加工过程。

#### 活动解析

本活动是企业较为典型的组合销售行为，通过产品的捆绑组合形成套装产品，用于后续的促销。

≈≈≈业务数据≈≈≈

2030 年 4 月 18 日，为了促销需要，深圳总厂销售部决定将高亮车前灯和高亮车尾灯捆绑为促销商品销售，要求仓库完成改包装的操作：1 个高亮车灯套装（S\*\*\*.04.003）= 1 个银灰色高亮车前灯（S***.05.004）+1 个红色高亮车尾灯（S***.05.005）+1 个彩色卡板纸盒（S***.01.007）。改装地点是总厂产成品仓，数量是 500 套，共花费 500 元。仓管员何佳组织完成业务。

## 活动过程

① 组装拆卸单录入。

② 组装拆卸单查询。

## 活动步骤

### 1. 组装拆卸单录入

在户外用品深圳总厂 S***组织下，执行【供应链】—【库存管理】—【组装拆卸】—【组装拆卸单】命令，进入组装拆卸单-新增页面。在【基本信息】页签中录入的内容有：【事务类型】选择"组装"，【日期】设为"2030/4/18"，【仓管员】选择"何佳"。在【成品明细】和【子件明细】页签中的数据录入参照图 9-2，录入完成后依次单击【提交】、【审核】、【退出】按钮。

| ▼ 成品明细 | | | | | | | | | | |
|---|---|---|---|---|---|---|---|---|---|---|
| 新增行 ∨ | 删除行 ∨ | 批量填充 | Bom展开 | 业务查询 ∨ | 附件 | | | | | |
| 序号▲ | 物料编码* | 物料名称* | 规格型号 | 单位* | 数量* | 仓库* | 仓位 | 库存状态 | 批号 | 费用 |
| 1 | S001.04.003 | 高亮车灯套装 | 5LED | Pcs | 500 | 总厂产成品仓 | | 可用 | | ¥500.00 |

| ▼ 子件明细 | | | | | | | | | |
|---|---|---|---|---|---|---|---|---|---|
| 新增行 ∨ | 删除行 ∨ | 批量填充 | 业务查询 ∨ | 附件 | | | | | |
| 序号▲ | 物料编码* | 物料名称* | 规格型号 | 单位* | 数量* | 仓库* | 仓位 | 库存状态 | 批 |
| 1 | S001.01.007 | 彩色卡板纸盒 | 20x40x80 | Pcs | 500 | 总厂产成品仓 | | 可用 | |
| 2 | S001.05.004 | 高亮车前灯 | 银灰色LED | Pcs | 500 | 总厂产成品仓 | | 可用 | |
| 3 | S001.05.005 | 高亮车尾灯 | 红色LED | Pcs | 500 | 总厂产成品仓 | | 可用 | |

图 9-2　组装单的【成品明细】与【小件明细】页签

### 2. 组装拆卸单查询

用户可以执行【供应链】—【库存管理】—【组装拆卸】—【组装拆卸单列表】命令，查询刚录入的组装单。组装拆卸单审核完成后，可以执行【供应链】—【库存管理】—【库存查询】—【即时库存明细】命令，查看库存变化。

## 📖 活动总结

### 理论知识归纳

组装拆卸单用于记录组装或拆卸业务的情况。制单时，注意以下事项。

① 区分组装拆卸业务：组装拆卸单的【基本信息】页签中，【事务类型】字段有两个选项："组装"和"拆卸"，它们分别适用于两种不同的业务。

② 注意组装拆卸库存变动方向：组装业务发生时，成品的可用库存会增加，子件的可用库存会相应减少；拆卸业务发生时，成品的可用库存会减少，子件的可用库存会相应增加，如图 9-3

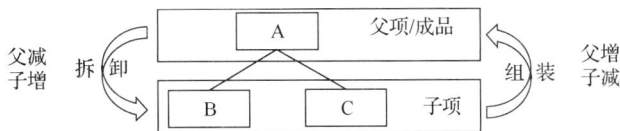

图 9-3　组装拆卸业务

所示。因此，制单时，要分清库存变动方向，重点检查库存减少的物料的当前库存量，如果库存不足将无法审核该单据。

③ 用量标准：和生产加工不同，组装加工所需材料用量在系统中没有严格控制，不需要和生产订单一样配置生产用料清单，需要制单人自行掌控用量的合理性，确保材料够用又不浪费；而在拆卸环节，由于拆卸作业的复杂性，拆卸出的子件数量也有一定不确定性，其拆卸出的零件有可能损坏和缺失，因此实际获得的零件数量是否合理，也需要人工判定和控制。

### 操作知识归纳

如果企业的某种组装拆卸作业经常发生，那么可以制作组装 BOM。这样在制作【组装拆卸单】的时候可以使用【BOM 展开】功能，快速完成材料的录入。组装 BOM 实际上和生产 BOM 类似，都是记录产品组成关系的数据，在金蝶云星空系统中，实际上是共用相同的功能模块。可以执行【供应链】—【库存管理】—【组装拆卸】—【组装 BOM 列表】命令录入，也可以执行【生产制造】—【工程数据】—【物料清单】命令录入。只是注意在 BOM 的【BOM 用途】中选择"组装"。组装拆卸过程简单，组装 BOM 一般都是单层的，很少设置多层结构。在实践应用时，由于拆卸作业拆卸的成品物料不一定完整，其材料构成关系存在不确定性，因此较少使用组装 BOM。

## 任务 9-2 库存状态和数量调整

### ✾ 活动 9-2-1：库存状态调整

#### 📖 活动导入

**管理情景**

仓管员何佳问胡工："仓库有些物料放置久了，或者存储不当，经过质检确定物料损坏，我们需要将这些损坏的物料整理出来，并和正常商品区分开，这个该如何处理？"胡工回答："在库货物的损坏，可以首先通过库存状态调整，将有问题的物料标识出来，根据损坏程度调整为不同级别，然后再根据企业的要求进行后续处理，可以通过调拨将商品移动到不良品存放区，或者通过盘点进行商品报废等处理。不管后续如何处理，第一步都需要调整物料状态，这样可以让库存数据更准确地反映真实情况，在进行 MPS/MRP 计算的时候，就不会把不良品算作可用库存，也不会让销售人员将不良品误发给客户。"何佳回答："那好吧，我先把这些物料的状态调整过来。"

【问题】为什么企业需要调整物料状态？

**前导知识**

库存状态调整，准确地说就是对仓库存放的物料状态进行调整。在 ERP、WMS（仓储管理系统）中，库存物料都具有多种状态属性，这些状态属性对企业进行供应链的产供销等多个环节的决策和作业都有重要作用，必须准确标识这些状态属性，才能为业务操作提供准确数据。例如：物料是良品还是不良品，就需要区分，否则无论是发货还是计划都会造成误判。当物料状态发生变化时，需要记录这种变化过程，因此系统提供了专用单据来准确记录这种变化。

#### ✍ 活动执行

**活动解析**

≈≈≈业务数据≈≈≈

2030 年 5 月 20 日，质检部门认定活动 8-2-2 中客户退回的有质量问题的 3 个 HUB 头盔（2 个银灰色、1 个玫红色）无法返修，只能做废弃处理。总厂仓管员何佳将总厂待检仓中的 3 个 HUB 头盔的库存状态从退回冻结调整为废品。

**活动过程**

① 库存状态转换单制作。
② 库存状态转换单查询。

## 活动步骤

### 1．库存状态转换单制作

在户外用品深圳总厂 S***组织下，执行【供应链】—【库存管理】—【库存调整】—【库存状态转换单】命令，进入库存状态转换-新增页面，再按照业务数据的描述录入相关信息，如图 9-4 所示。录入完成后依次单击【提交】、【审核】、【退出】按钮。

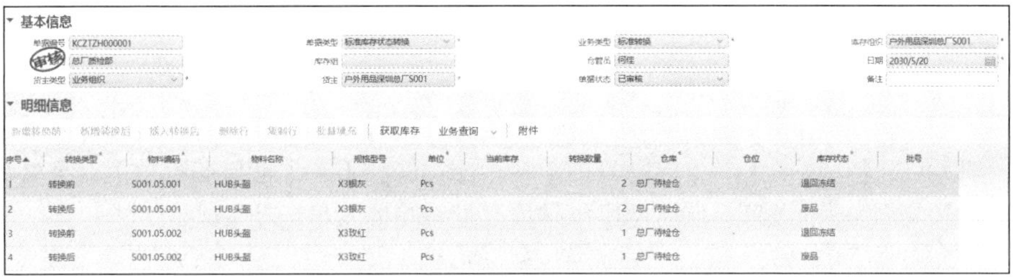

图 9-4　库存状态转换单

> 📖**操作一点通**
>
> ① 用户可单击【明细信息】页签中的【新增转换前】或【新增转换后】按钮来增加不同转换类型的行数。该单据中每个需要转换的物料必须有转换前和转换后的状态，因此【库存状态转换单】的行数必须为偶数。
>
> ② 本活动需要调整库存状态的物料来源于活动 8-2-2 的销售退货商品，如果无法找到"退回冻结"状态的物料，请检查活动 8-2-2 中销售退货单是否错误录入了退回物料的库存状态。
>
> ③【库存状态转换单】有两种单据类型，主要是对库存维度有不同的调整范围。"标准库存状态转换"：允许调整的库存维度包括库存状态、仓库、仓位。"检验库存状态转换"：允许调整的库存维度包括库存状态、仓库、仓位、批号、生产日期、有效期至、BOM 版本、计划跟踪号、辅助属性。

### 2．库存状态转换单查询

用户可以执行【供应链】—【库存管理】—【库存调整】—【库存状态转换单列表】命令，查询录入的库存状态转换单。

## 📖 活动总结

### 理论知识归纳

在金蝶云星空系统中，库存状态调整业务主要有 3 种类型。

（1）库存状态转换

库存状态是物料可用性状态的体现，由多个控制参数组成（可使用、不可销售、可锁库等），不同库存状态对业务操作有较大影响。在供应链业务中，需要根据控制参数决定库存量的获取、计算、增减，这些操作对业务执行结果有较大影响。例如："不良"状态，其"不可销售"被勾选，那么销售出库不能选择不良状态的库存进行发货。在金蝶云星空系统中，执行【供应链】—【库存管理】—【基础资料】—【库存状态列表】命令设置库存状态。系统内置了常见库存状态，并且设置了各状态的常用业务控制参数，系统默认设置基本可以满足使用需求。

库存状态转换业务一般是某种存货在存储过程中，由于超过保质期、报废、预留等管理上的原因，使其状态发生变化，即由一种库存状态转换为另一种库存状态需要进行的，过程中需要调整库存账。比如：将销售退货的冻结状态的库存转化为可用库存，或者报废。库存状态转换后，用户可以执行【供应链】—【库存管理】—【库存调整】—【库存状态转换单】命令进行记录。

（2）库存形态转换

库存形态转换业务一般是某种存货在存储过程中，由于环境或存货本身的原因，使其形态发生变化，即由一种形态转换为另一种形态需要进行的，过程中需要调整库存账。例如，某种化工原料，有一个浓度的关键属性，由于存放时间、环境的影响，其浓度发生了变化，这个时候可使用形态转换单来修改该物料的辅助属性。系统的库存形态转换支持对物料的辅助属性、BOM 编号、计划跟踪号进行调整。库存形态转换后，用户可以执行【供应链】—【库存管理】—【库存调整】—【形态转换单】命令进行记录。辅助属性功能参见活动 13-2-3。

（3）批号调整

批号调整业务是指由于管理的需要，把物料的某个批号进行拆分、合并或改变。对于批号调整，用户可以执行【供应链】—【库存管理】—【库存调整】—【批号调整单】命令进行记录。批号调整单支持对物料的批号、保质期进行转换。批号功能参见活动 13-2-1。

## ❋ 活动 9-2-2：定期盘点和库存数量调整

### 📖 活动导入

#### 管理情景

系统上线快一个月了，又到月末了，仓库开始准备月末库存盘点。胡工告诉陈主管："现在盘点正是时候，大多数企业在上线系统的初期，会因为不熟悉系统、操作不正确、管理不到位等，出现一些差错。这些差错会影响库存数据的准确性，库存数据不准确，财务核算就无法准确，企业就难以看到真实运营情况。盘点是发现问题、改进问题的有效手段。ERP 系统都有完整的盘点功能，可以支持期末盘点、循环盘点等盘点方式。企业可以根据自身盘点工作的需要，进行合理配置和使用。""那我们赶紧开始吧！"陈主管说道。

【问题】①企业为什么要盘点？②盘点的方式有哪些？

#### 前导知识

盘点，是指定期或临时对库存物品的实际数量进行清查、清点的作业，即对仓库现有物品的实际数量与保管账上记录的数量进行核对，检查有无残缺和质量问题，以便准确地掌握物品保管数量。

无论仓库管理多么先进，设备多么自动化，在执行实际出入库业务后，都难以避免差错，就可能形成"账实不符"问题。所谓"账"就是"账存数据"，传统指库存台账数据，使用了 ERP、WMS 的企业就是指系统库存；所谓"实"就是"实存数据"，是指仓库实际存放货物的数量，实存数据不能实时在系统中体现。盘点作业就是要通过现场货物清点来获得准确的实存数据，并通过和账存数据的比对来发现差异，然后通过盘盈、盘亏处理，将"账存数据"修订到和"实存数据"一致，达到"账实相符"的目标。

造成"账实不符"的原因很多，"账实不符"的严重程度实际上是衡量整体供应链运营水平的重要指标。该问题不及时处理，会对供应链运营带来一系列的影响，例如：账面有货，实际没货，会造成下达出库订单无法出库，也会造成销售过度接单；反之，账面无货，实际有货，这些货就无法出库，造成积压，形成呆滞料。因此，企业常常通过库存差异的追踪，发现管理各环节的问题，促进管理水平提升。

### ✍ 活动执行

#### 活动解析

本活动中，企业每个月末会进行定期盘点作业，及时修正库存数据，确保供应链的正常运行。

≈≈≈业务数据≈≈≈

深圳总厂于 2030 年 4 月 30 日对原材料仓、半成品仓和产成品仓进行月末定期盘点，发现部分物料盘点数量与账存数量不符：总厂原材料仓的彩色卡板纸盒（物料编码 S***.01.007）的盘点数量比账存数量少了 5 个，总厂产成品仓的银灰色 HUB 头盔（物料编码 S***.05.001）的盘点数量比账存数量多 1 个。仓管员何佳执行相关的盘点作业流程，系统自动生成盘盈/盘亏单调整相关物料的账存数量。

## 活动过程

定期盘点的业务流程如图 9-5 所示。

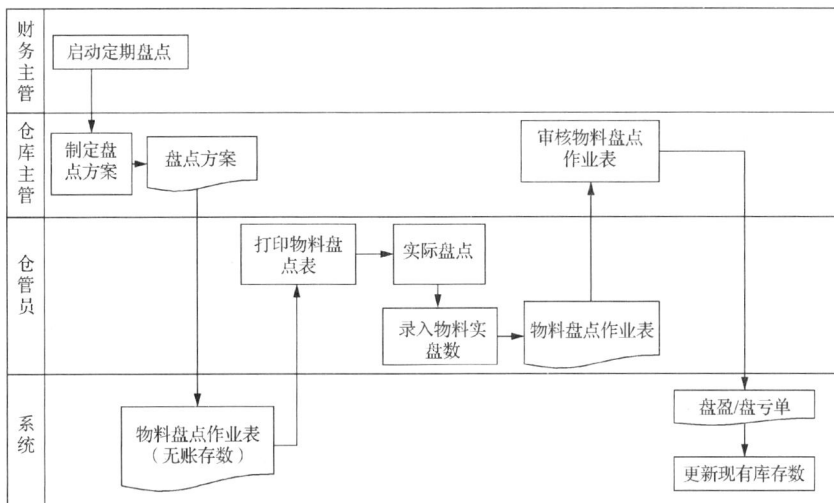

图 9-5　定期盘点业务流程

## 活动步骤

### 1．新增盘点方案

在户外用品深圳总厂 S***组织下，执行【供应链】—【库存管理】—【定期盘点】—【盘点方案】命令，进入盘点方案-新增页面，按照表 9-1 内容设置方案。

表 9-1　盘点方案资料

| 基本信息 | | | |
| --- | --- | --- | --- |
| 盘点方案名称 | 2030 年 4 月盘点 | 库存组织 | 户外用品深圳总厂 S*** |
| 盘点参数 | | | |
| 备份日期 | 截止日期为 2030-4-30 | | |
| 物料盘点作业允许增加物料 | 勾选 | | |
| 实盘数默认值 | 账存数 | | |
| 盘点范围-常规 | | | |
| 仓库编码 | SZCK01 | 至 | SZCK03 |

录入完成后依次单击【提交】、【审核】、【退出】按钮。用户可以执行【供应链】—【库存管理】—【定期盘点】—【盘点方案列表】命令，查询刚录入的盘点方案。

📖操作一点通

仓库主管审核完盘点方案后，系统会自动生成物料盘点作业表，用户可以单击【查询物料盘点作业】按钮来查询。

## 2．打印物料盘点表

执行【供应链】—【库存管理】—【定期盘点】—【物料盘点作业列表】命令，找到盘点方案自动生成的物料盘点作业表，单击蓝色的单据编码进入物料盘点作业-修改页面。在【基本信息】的上方执行【选项】—【套打设置】命令，如图 9-6 所示。

图 9-6　物料盘点表套打设置

选择【对应套打模板】为"盲盘"模式，单击【确定】按钮回到原页面。然后执行【选项】—【打印】命令将物料盘点表打印出来。用户可执行【预览】命令显示要打印的物料盘点表，打印预览如图 9-7 所示。

物料盘点作业（盘点）

单据编号：PDAY000001　　　　　　　　盘点来源编码：PDFA000001

账存日期：2030-4-30　　　　　　　　　盘点来源名称：2030年4月盘点

| 仓库名称 | 仓位 | 物料编码 | 物料名称 | 单位 | 盘点数量 |
|---|---|---|---|---|---|
| 总厂原材料仓 | | S001.01.003 | 钢丝 | 米 | |
| 总厂原材料仓 | | S001.01.007 | 彩色卡板纸盒 | Pcs | |
| 总厂产成品仓 | | S001.04.003 | 高亮车灯套装 | Pcs | |
| 总厂产成品仓 | | S001.05.001 | HUB头盔 | Pcs | |
| 总厂产成品仓 | | S001.05.002 | HUB头盔 | Pcs | |
| 总厂产成品仓 | | S001.05.003 | 高亮车前灯 | Pcs | |
| 总厂产成品仓 | | S001.05.004 | 高亮车前灯 | Pcs | |
| 总厂产成品仓 | | S001.05.005 | 高亮车尾灯 | Pcs | |
| 合计： | | | | | |

图 9-7　物料盘点表打印预览

本活动主要进行业务模拟学习，就不进行实际打印了。

## 3．录入盘点数据

在物料盘点作业-修改页面的【明细】页签中，在【盘点数量】列中录入所有物料的盘点实际数量。本活动中，由于盘点方案中的【实盘数默认值】设为了"账存数"，系统会预先把物料的账存数量复制到【盘点数量】列中，这样大多数没有盘点误差的物料就不需要再手动录入盘点数量了。用户只用修改总厂原材料仓的彩色卡板纸盒（物料编码 S***.01.007）的盘点数量（比原数据减少 5 个）和总厂产成品仓的银灰色 HUB 头盔（物料编码 S***.05.001）的盘点数量（比原数据增加 1 个）。完成后依次单击【提交】、【审核】、【退出】按钮。

用户可单击【差异报告】按钮查看此次盘点的全部差异。

> 📖**操作一点通**
>
> ① 本活动考虑到初学者实际作业完成情况可能存在差异，系统库存数据可能会各不相同。为了能够得到相同的盘盈和盘亏数据，本活动没有按企业常规业务处理模式给出统一的盘点数据，而是请各位学习者基于自己的账存数据，进行相同的增减量调整处理，这样能够得到相同的盘盈、盘亏数据，方便结果的评判。
>
> ② 如果发现物料盘点表中没有，而仓库实际有库存的物料，可以增加该行物料，并录入盘点数据。物料盘点表中是否能够新增物料行，由盘点方案中【物料盘点作业允许增加物料】参数决定。

### 4．生成盘盈/盘亏单

物料盘点作业审核后，系统会根据差异报告自动生成盘盈/盘亏单，用户无须手动操作。用户可以在物料盘点作业列表中单击【关联查询】按钮查询相关的单据，或者执行【供应链】—【库存管理】—【定期盘点】—【盘盈单列表】命令查询盘盈单，执行【供应链】—【库存管理】—【定期盘点】—【盘亏单列表】命令查询盘亏单。

## 📖 活动总结

### 理论知识归纳

#### 1．盘点时间设置原则

盘点的主要工作就是进行账存数据和实存数据的比对。由于库存是不断变动的数据，因此两者的比对必须基于相同时间基准。例如4月30日盘点，那么需要在当日进行仓库实盘，获得实存数据，和系统4月30日的账存数据相比对。库存是典型的动态数据，不同时点的账实比对没有任何意义。

（1）盘点账存数据的时间安排

为了方便进行同时点数据的比对，金蝶云星空系统提供的备份盘点数据可以记录系统某时刻库存数据，相当于对某个时点库存进行了一次快照，记录了这一瞬间的库存情况。在盘点参数设置中，支持两种时点账存数据的备份。

◆ 备份当前的即时库存。也就是以操作员备份动作执行时，系统当前时点的即时库存备份为依据。如果4月30日盘点，那么操作员需要在当日下班时（系统停止制作出入库单据时）进行库存备份。

◆ 备份指定截止日期的库存。也就是可以以任意过去的日期为时间基准备份当时的库存。采用这种方式，系统会根据现有库存和历史收发货情况进行回溯计算，倒算指定日期当时的系统库存。这样操作员即使在4月30日下班时忘记备份数据，之后某日还是可以对4月30日数据进行备份。

（2）盘点实存数据的时间安排

实际盘点时，为了避免库存变动对数据准确性的影响，一般都要在盘点期间暂停收发货作业，保持实存数据的稳定不变。由于实物清点所花费时间较长，可能需要多日，因此盘点前要做好计划安排，对人力、物力做好规划，尽可能缩短盘点时间，还可以将盘点期间的原定出入库计划提前或延后发出，以减少供应链中断的负面影响。例如：如果实物清点需要2天，企业可以从4月29日就暂停收发货，将4月29日—30日需要收发的货物提前或者延后入库，这样就确保能够在4月30日按时完成清点，得到准确的实存数据。

#### 2．明盘和暗盘

明盘盘点就是盘点人提前知道盘点目标物料的账存数据，有针对性地进行核对盘点。明盘盘点有利于提高现场盘点的效率，缺点就是容易产生舞弊行为，偷懒的盘点人会照抄账存数据，得到虚假盘点数据，而无法发现库存差异。

暗盘盘点就是盘点人在不知道盘点目标物料的账存数据的情况下进行盘点，其缺点是盘点没有针对性，效率较低，优点是不容易舞弊。

系统提供了两种套打模板：明盘和盲盘模板。使用明盘模板，打印出来的盘点表中会显示物料的账存数量。而使用盲盘模板，盘点表不会显示账存数量。

## 操作知识归纳

### 1. 盘点方案操作要点

盘点常常需要根据业务需求采取不同的盘点策略。在金蝶云星空系统中，盘点方案就是不同盘点策略的具体体现。具体参数功能如表 9-2 所示。

表 9-2　盘点方案参数功能

| 参数 | 功能 |
| --- | --- |
| 备份时间 | 确定盘点的具体时点，时间要求参见本活动理论知识归纳 |
| 零库存参与盘点 | 备份的账存库存为 0 的物料也参与盘点，会在盘点方案中列示出来 |
| 禁用物料不参与盘点 | 设置禁用物料是否参与盘点，勾选就不参与 |
| 物料盘点作业允许增加物料 | 勾选后生成的物料盘点作业可以新增行。这样当盘点发现账存没有，而实存有的物料时，可以补录数据 |
| 实盘数默认值 | 生成的物料盘点作业表的实盘数的默认值可以设为 0，也可以设为"等于账存数"。如果设置为 0，那么每一个物料的盘点数据都需要手动或批量引入更新 |
| 盘点范围-常规/过滤条件 | 系统支持根据货主/保管者、仓库和物料等多维度设定盘点作业范围。设置过滤条件，可以聚焦盘点对象，实现一些特定盘点目标业务，例如：货主方提出的盘点抽查 |
| 分单规则 | 根据分单规则，生成多张物料盘点作业表。由于盘点需要大量人手，根据分单规则拆分多个盘点任务，有利于多人并行作业，缩短盘点时间 |
| 排序规则 | 根据排序字段和排序方式，生成物料盘点作业表。好的排序有利于减少现场盘点人员的无效行走时间，提高效率 |

### 2. 盘点方案无法审核的主要原因和处理办法

金蝶云星空系统审核盘点方案时，默认情况下，要求盘点备份时点之前的所有出入库单据必须审核，否则无法备份盘点数据。这主要是因为未及时审核单据会造成账实不符。图 9-8 所示的实例，由于未及时审核出入库单据，造成账实不符，恰逢期末盘点，就会产生盘盈或盘亏单，带来不必要的库存波动，也增加了盘点核查工作量。因此，系统在备份盘点方案时，会进行未审核单据检查，如有错误，会给出提示要求先审核相关单据后再继续盘点方案的审核。不过要注意只需要检查备份截止时间之前的未审核单据，该时点之后的未审核单据并不会检查。

| 某物料 | 账存 | 实存 |
| --- | --- | --- |
| 4月1日库存 1 000 | 1 000 | 1 000 |
| 28日出库300（未审核） | -0 | -300 |
| 4月28日库存 | 1 000 | 700 |

月末盘点 ⟹ 盘亏：300 —— 4月30日

| 调整后4月30日库存 | 700 | 700 |
| --- | --- | --- |
| 5月3日原出库单审核 | -300 | -0 |
| 5月3日库存 | 400 | 700 |

月末盘点 ⟹ 盘盈：300 —— 5月31日

| 调整后5月31日库存 | 700 | 700 |
| --- | --- | --- |

图 9-8　出入库单据未及时审核对盘点工作的影响

出入库单据未审核时，需要快速查找未审核单据。而出入库单据众多，难以逐一查询。这时可以使用【物料收发明细表】、【库存流水表】等明细查询类库存报表快速查找目标单据。注意，查询条件一般要选择未审核单据（已审核以外的类型）；截止时间要选择盘点备份时间，其他条件尽量设置宽松，这样就可以找到未审核的目标单据。库存报表使用方法参见任务 9-3 的活动。

当然，系统在【盘点方案】中也提供了【忽略库存单据审核状态检查】的参数，勾选后，盘点方案审核时就不要求必须审核单据了，这适合管理规范度较差、能够接受后期频繁调账的企业。不过这种方式并不推荐，因为放宽了管控精细度，容易掩盖企业管理问题，降低库存准确度。

### 3. 盘点结果的调整

盘点作业结束后，根据盘点差异情况生成盘盈/盘亏单据，将账面库存调整到和实存库存一致。在金蝶云星空系统中，需要注意以下几个细节。

① 盘点作业单只是盘点作业过程中的单据，其审核后不会直接更新盘点目标物料的即时库存，而是会派生出盘盈单和盘亏单。

② 系统最终根据审核后的盘盈单或盘亏单来调整账存数量，最终使盘点物料的账存数量与实际库存数保持一致。

③ 由物料盘点作业表自动生成的盘盈单或盘亏单，其单据状态是审核状态，而且用户不能对其进行反审核操作。如果要修改，直接反审核其对应的物料盘点作业表。

④ 本活动演示的是完整的定期盘点作业流程。企业也存在一些已经确定盈亏情况，无须再进行完整盘点的应用场景。例如：某货物在库内搬运时已经摔坏，明确知道损坏数量。这种情况下可以直接录入盘盈/盘亏单来记录盈亏结果。手动录入的盘盈/盘亏单审核后，可以手动反审核。进行审核和反审核时，都要检查即时库存不能为负，否则无法执行审核/反审核操作。

### 作业

根据以下数据制作盘盈/盘亏单（必做）。

2030 年 5 月 3 日，仓库搬运货物时，仓管员陈凤因为操作不当将黑银色高亮车前灯摔坏了 5 个。仓管员何佳当日登记入账，记录原因，并做盘亏处理。

活动拓展

周期性盘点

---

## 任务 9-3 库存业务查询和报表分析

### ❋ 活动：库存信息查询

#### 📖 活动导入

**管理情景**

从前面的学习我们可以了解，库存管理并不是仓库部门的独有业务，库存变动是采购、销售、仓储、生产等多个部门协同运作的结果，这些部门都需要经常查询库存数据，了解库存状态，更好地实现库存控制并提升效率。

【问题】库存查询一般关注哪些信息？

**前导知识**

库存蕴含着丰富、多样的信息，对供应链运营决策有重要的参考意义，不同运营环节的人员对库存有不同的查询目标和要求。

（1）不同时间维度的库存查询

当前库存（即时库存）查询，反映的是操作员查询库存动作发生时刻的仓库实时库存情况，是常用的库存查询方式。即时库存查询是 ERP 系统大多数模块都支持的查询功能。在销售、委外等业务制单过程中都使用了即时库存查询的功能。

历史库存查询，是指查询物料过去库存变动情况。当发现库存问题时，常常需要对历史库存变动情况进行追踪来还原问题原因。例如：某物料已经按计划进行材料采购，但是生产时仍然发现库存不够，就需要查询该物料库存变动的原因。ERP 系统中历史库存查询主要查询库存变动明细表。

未来库存查询，是指对未来即将发生的库存变动进行估计，以便更好地做出将来的出入库决策。例如：销售员签订新的订单时，要了解未来计划发货时，销售目标物料的库存是否足够，这时并不能以即时库存为判断依据，要以可承诺交货量（ATP）作为评判标准。因为即时库存中，很可能已经有一定数量物料被其他客户预订。ATP 是现有库存扣除待发量后剩余的库存数量。

（2）库存相关信息查询

除了库存查询以外，企业还需要关注库存的相关信息。例如：存放位置信息，包括库存组织、仓库、货位；所有权信息，包括货主信息、供应商信息等；库存商品状态信息，包括库存状态、批次、保质期等；库存量监控信息，包括超低预警、超高预警、负库存预警等。这些信息多而杂，ERP 系统一般通过不同的数据报表和专项工具来支持相关信息的获取。

# 活动执行

## 活动解析

本活动了解不同的库存查询方式，为不同业务目标查询正确的库存数据。

≈≈≈业务数据≈≈≈

查询彩色卡板纸盒的库存至今为止的全部变动情况，获得期初库存和期末库存数据。

## 活动过程

① 即时库存查询。
② 历史库存查询。
③ 未来库存查询。

## 活动步骤

### 1．即时库存查询

金蝶云星空系统中，用户可以非常方便地查询即时库存，了解当前库存情况。

（1）单据中即时库存查询

在大多数供应链单据中，在物料明细列表上面的菜单中都有【库存查询】功能，用户可以非常方便地查询选择的物料（鼠标指针停留的行）的现有库存数据。在单据中查询库存时，可以支持空物料行的库存查询。对没有填写任何物料的行执行【库存查询】功能，就会查询出仓库所有物料。这些操作在前面项目学习中已经多次用到，就不再详解了。

（2）直接查询即时库存和明细

执行【供应链】—【库存管理】—【库存查询】—【即时库存】—【即时库存明细】命令，可以查看物料的现有库存信息。

### 2．历史库存查询

库存的历史变动情况，主要通过报表来查询。金蝶云星空提供了多种报表查询这种变动情况。

在此以物料收发明细表为例说明使用方法：执行【供应链】—【库存管理】—【报表分析】—【物料收发明细表】命令，选择希望查询的库存组织，【开始日期】设为"2021-1-1"，【结束时间】选择当前日期或希望查询的目标日期。【物料编码】中起止范围都填写彩色卡板纸盒的物料编码，单击【确定】按钮查看结果。通过结果，我们可以清楚地看到每笔出入库业务对库存变动的影响，当出现库存不足不能发货时，通过这张报表就可以找到缺货的基本原因。报表中每一个记录都可以点开查看详细单据，了解详细单据情况。

### 3．未来库存查询

不同业务领域对未来库存查询的目标和要求有所不同，金蝶云星空系统在不同模块提供了不同的未来库存查询的功能。

执行【供应链】—【销售管理】—【出货处理】—【预计可发量查询】命令，可以看到 ATP 数据，该数据反映了现有库存中已被预订的数量和剩余可用数量（还可以使用【预留综合查询】查看库存被预订的明细）。前面生产管理模块的【生产齐套分析】和【生产备料】也可预估未来库存变动情况。这些工具可在不同业务场景下用于未来库存的预估。

---

📖**操作一点通**

如果要使用 ATP 查询功能，需要执行【供应链】—【销售管理】—【参数设置】—【预计可发量参数】命令进行配置。相关参数可以参考帮助文档了解。

---

## 📖 活动总结

### 操作知识归纳

库存管理模块连接供应链各模块，相关模块的出入库作业都会影响库存变动。系统也提供了多种常用报表方便企业进行库存变动分析。

操作知识归纳

采购报表及其用途

### 作业

请在系统中合理使用库存报表功能，查询数据，回答以下问题。

① 仓管部门希望分析一下物料的在库时间，并寻找呆滞物料，可以查询哪些报表？

② 供应链部门领导希望拿到第二季度仓库整体出入库情况，并按库存组织机构分类统计，应该查询哪张报表？

进阶篇

项目
目
10

# 采购管理进阶

🛒 | **项目概述**

　　本项目重点讲解了采购环节的一些深度专题应用，主要包括企业如何进行采购货源的管控，如何对供应商进行采购配额管理，以及企业如何开展集中采购业务。学习本项目前，需要了解基本采购业务，参见本书项目 6 的内容。

🛒 | **项目重点**

- 货源清单与配额管理
- 集中采购业务

## 任务 10-1  货源清单与配额管理

### ❋ 活动 10-1-1：货源清单准备

#### 活动导入

**管理情景**

采购员崔小燕询问胡工："为了保证采购物料的品质，我们需要从指定的供应商采购一些关键原材料，而不能从其他渠道购买，防止买到仿冒品，影响产品质量。现在我们集团有很多分公司，各个分公司采购执行的时候常常发生错误，尤其是新来的一些采购员，还不熟悉业务，有时候会错误地从其他渠道购买，这就存在很大风险隐患。在 ERP 中，有没有技术手段能够对这个问题进行管控？"胡工回答："当然可以，我们可以使用货源清单管理，对需要管控的物料采购设定供应商清单，那么在采购该物料时，就只能从清单中列出的供应商处购买。这个功能方便企业做好货源管控。"崔小燕说："这就是我们想要的！"

【问题】控制物料从指定供应商购买有哪些好处？

**前导知识**

货源清单是企业为了规范采购业务而采取的一种管理策略。采用货源清单管理一般有三个目的。

① 限定某物料的采购范围，只能从货源清单列出的供应商处采购。无论是生产企业还是商贸企业，基于某些管理目标（例如确保关键物料质量合格，或者集中采购降低成本等），常常会对某些物料限定供应范围。这种管理方式也是供应商准入管理的一部分，通过前期对供应商资格认证和材料认证等工作，筛选出合格供应商，建立货源清单，该物料必须在清单范围内采购，这样可以避免采购人员的随意采购，降低内部管控风险。

② 对物料采购的关键供应信息进行记录。货源清单可以用于建立供应商和物料的关系，记录供应商和企业的历史交易信息，这些数据能为后续采购行为分析和优化提供参考。例如，企业常常会统计分析物料可用供应商数量情况，来分析供应断流的可能性。

③ 用于采购配额管理。可以在货源清单上指定物料的配额相关信息，用于配额采购。配额管理详情参考活动 10-1-2。

#### 活动执行

**活动解析**

本活动对一种物料进行采购货源管理，确保从指定供应商处购买产品。

≈≈≈业务数据≈≈≈

① 设置物料的货源控制和配额管理参数。

货源管理新增物料信息如表 10-1 所示。

表 10-1  货源管理新增物料

| 编码 | 名称 | 基本 | | | | 采购 | | |
|------|------|------|------|------|------|------|------|------|
| | | 规格型号 | 物料属性 | 存货类别 | 基本单位 | 货源控制 | 配额管理 | 配额方式 |
| S***.01.010 | 前轴碗 | 小档 | 外购 | 原材料 | Pcs | 勾选 | 勾选 | 固定比例 |

② 通过前期的采购寻源，找到了两家前轴碗物料合格供应商（MANI 深圳分公司和兴发钢材厂），确定该物料只能从这两个供应商处进行采购。同时为了促进供应商之间的合理竞争，提高产

品和服务质量，东莞分厂采购部门决定对前轴碗（S***.01.010）启动配额管理，采购订单的数量将在它的两家供应商之间按固定比例分配：MANI 深圳分公司占 60%，兴发钢材厂占剩下的 40%。后期再根据供应商考核的情况来调整供货比例。

## 活动过程

① 设置物料属性进行货源控制和采购配额控制。

② 新增货源清单。

## 活动步骤

### 1. 设置物料属性进行货源控制和采购配额控制

切换到户外用品深圳总厂组织，执行【基础管理】—【基础资料】—【主数据】—【物料列表】命令，进入物料列表页面，单击【新增】按钮进入物料-新增页面，按照表 10-1 的内容新增物料，录入完成后依次单击【保存】、【提交】、【审核】、【退出】按钮。

然后执行【业务操作】—【分配】命令，注意要勾选【分配后自动审核】，将新增物料分配至户外用品东莞分厂。

> 📖操作一点通
>
> ① 物料资料的属性中如果勾选了【货源控制】，则采购该物料时，只能从它的货源清单中选择供应商。
>
> ② 如果勾选了【配额管理】，则必须先维护该物料的货源清单，并在货源清单中根据物料的配额方式定义各供应商的配额参数（如配额比例、配额顺序等）。

### 2. 新增货源清单

切换到户外用品东莞分厂组织，执行【供应链】—【采购管理】—【货源管理】—【货源清单】命令，进入货源清单-新增页面。参考业务数据②的内容，然后按照表 10-2 填制单据，录入完成后依次单击【保存】、【退出】按钮。

表 10-2  前轴碗货源清单

| 编码 | 保存时自动生成 | | 名称 | | 前轴碗货源清单 S*** | | |
|---|---|---|---|---|---|---|---|
| 货源信息 | | | | | | | |
| 供应类别 | 物料编码 | 供应商 | 生效日期 | 失效日期 | 配额比例/% | 配额顺序 | |
| 采购 | S***.01.010 | MANI 深圳分公司 | 2021-1-1 | 2100-1-1 | 60 | 1 | |
| 采购 | S***.01.010 | 兴发钢材厂 | 2021-1-1 | 2100-1-1 | 40 | 1 | |

> 📖操作一点通
>
> 当采购管理策略发生变化时，例如供应商变更，用户可以对货源清单整单或者分录行进行失效操作。操作方法：在货源清单列表中，勾选需要失效的数据行，执行【业务操作】—【失效】命令。如果失效操作错误，还可以单击【取消失效】按钮恢复。

## 📖 活动总结

### 操作知识归纳

货源清单列表的【供应商类别】有"采购""委外""VMI"三个选项。该选项需要和物料以及供应商的数据进行匹配，不匹配的数据不会在货源清单的【物料】和【供应商】数据项中被选中。货源清单中供应商类别属性选项如表 10-3 所示。

表 10-3　货源清单中供应商类别属性选项

| 供应商类别 | 物料基础资料 | 供应商基础资料 |
|---|---|---|
| 采购 | 【控制】属性需要勾选【允许采购】 | 【供应类别】属性为"采购"或"综合" |
| 委外 | 【控制】属性需要勾选【允许委外】 | 【供应类别】属性为"委外"或"综合" |
| VMI | 在【采购】页签中需要勾选【是否 VMI 业务】 | 在【商务信息】页签中勾选【VMI 业务】 |

## ✳ 活动 10-1-2：按配额采购执行

### 📖 活动导入

#### 管理情景

采购员问胡工："为了确保供货的稳定性，对很多采购原料，我们一般会选择两家或两家以上的供应商，并给这些供应商一定的采购配额，并且还会根据供应商考核的情况，来动态调整采购配额，以促进供应商之间的竞争。这种情况在 ERP 系统中能够管理吗？"胡工回答："没有问题，ERP 系统一般都支持采购配额管理功能，常见配额管理方式一般都能够实现，企业可以根据自己需要灵活选择使用。"

【问题】企业为什么要采用采购配额管理？

#### 前导知识

**1. 单源采购和多源采购**

一种物料只从一家供应商处采购称为单源采购，从两家或两家以上供应商处采购称为多源采购。两种方式都常常被企业采用，也没有绝对优劣之分，具体采用哪种方式，需要考虑多种因素。

（1）采取单源采购的常见原因

① 已与供应商签订长期合同，并且有成功合作关系，暂时没有考虑增加供应商。

② 特定的供应商提供的产品或服务质量以及价值方面特别出众，因此不再考虑从其他地方采购。

③ 供应商拥有核心技术，是市场上该产品的唯一供给者。

④ 订单很小，不值得拆分采购；或者只是临时采购，没必要从多家购买。

⑤ 集中从一家采购可以获得更多价格折扣，或者降低运费，交货会更容易安排，这是多源采购不能获得的。

⑥ 单源采购是建立伙伴关系的先行条件。一些 JIT、VMI 等管理模式，提倡上下游企业建立合作伙伴关系。建立合作伙伴关系可以让双方合作更深入，产品服务的针对性也更强，供应商积极性更高，会优先保障合作伙伴的供货，双方满意度更高。

⑦ 不同供应商供给的物料有一定差异，更换供应商涉及配套的模具、工具、设备的更换和调整工作，成本高昂。

⑧ 维系有效供应商关系需要相当多的资源和时间。因此，供应商数量越少越好。

（2）采取多源采购的常见原因

① 增强原料供应的保障性，避免企业对单一供应商的依赖性。可以充分利用多家供应商的产能，尤其是在单一供应商产能不能满足企业需求时。如果任一供应商发生了火灾、罢工、破产或者其他事故，仍然可以确保从其他供应商处获得部分产品或服务。

② 增强供应商之间的竞争，有利于企业获得更高价值、更低价格的产品或服务。

③ 基于某些战略原因，考虑采取多源采购。比如为了抢占尽可能多的资源，而限制竞争者的供应能力。

④ 政府政策法规规定需要使用多个供应商。

⑤ 供应组织已经形成了与多个供应商交易的独特能力。

⑥ 对于新供应商给予试用订单来测试其实际供给能力。

⑦ 供应市场的波动，使得单源采购存在令人无法承受的风险。

### 2．采购配额管理

供应商配额管理是指为了保证供给的充足与稳定，企业对同一种物料，往往会维持多个相同或者类似的供货源，并对多家供应商进行采购额度的分配。很显然，只有在多源采购时，才会面临采购配额管理的问题。面对多家供应商，企业需要按照制定的某种策略将采购需求量在供应商间进行分配。

金蝶云星空系统中的配额管理功能就是供应商配额管理理论的具体应用，融合了单源和多源采购方式，通过不同配额分配策略的灵活应用，实现了配额的合理分配和采购订单的批量生成。

# 活动执行

## 活动解析

### ≈≈≈业务数据≈≈≈

① 东莞分厂采购部门决定对前轴碗（S***.01.010）启动配额管理，采购订单的数量将在两家供应商之间按固定比例分配：MANI 深圳分公司占 60%，兴发钢材厂占剩下的 40%。

② 为了满足生产需求，东莞分厂计划部门王小刚于 2030 年 5 月 12 日向分厂采购部门提出采购申请：需要采购前轴碗 150 个，要求交货日期是 5 月 19 日。

③ 东莞分厂计划部门王小刚于 2030 年 5 月 14 日又向分厂采购部门提出了 250 个前轴碗的采购申请，要求交货日期是 5 月 19 日。

④ 2030 年 5 月 14 口，分厂采购员吴明明对两张采购申请单汇总后进行配额下单，然后按照分配数量分别向 MANI 深圳分公司和兴发钢材厂下采购订单，两张订单的含税单价都是 1.5 元。

## 活动过程

采购配额管理主要业务流程如图 10-1 所示。

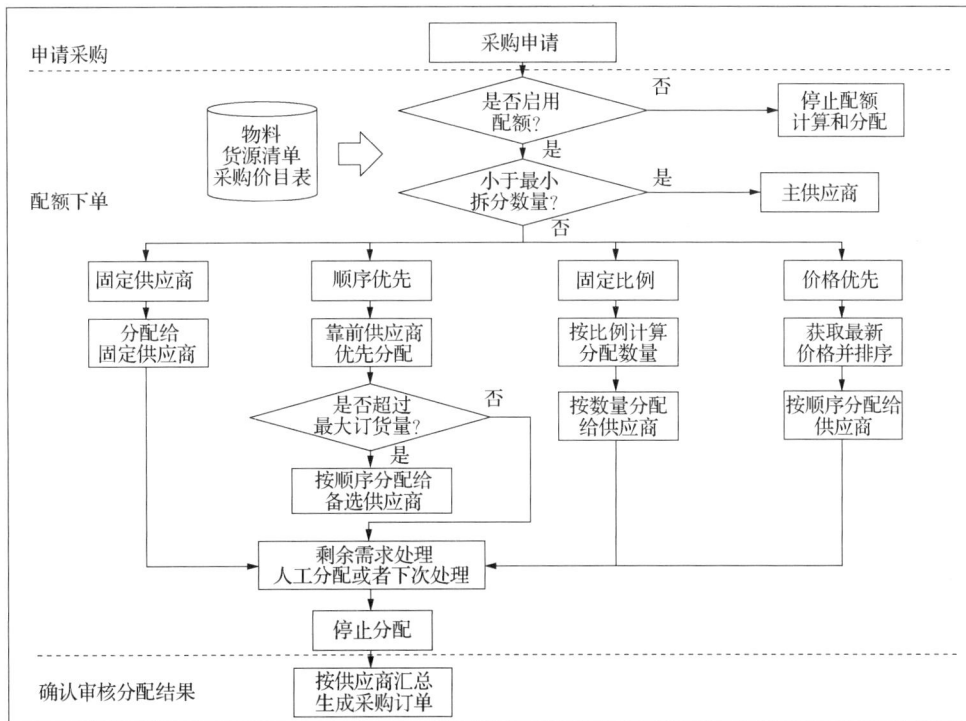

图 10-1　采购配额管理流程

### 活动步骤

#### 1. 设置采购配额

活动 10-1-1 中在设置货源清单时，已经设置了前轴碗（S***.01.010）物料的多供应商采购配额，在此就不重复了。

#### 2. 新增采购申请单

在户外用品东莞分厂组织下，执行【供应链】—【采购管理】—【采购申请】—【采购申请单】命令，进入采购申请单-新增页面。然后分别按照业务数据第②段和第③段的描述，录入两张采购申请单，录入完成后依次单击【提交】、【审核】、【退出】按钮。

#### 3. 配额下单

在户外用品东莞分厂组织下，执行【供应链】—【采购管理】—【订单处理】—【配额下单】命令，单击【选单】按钮，在弹出的采购申请单列表中选中前轴碗的两张采购申请单，单击【返回数据】按钮，然后单击【配额计算】按钮，在页面的下半部分会显示分配结果，全部勾选后单击【生成订单】按钮，如图 10-2 所示，完成后单击【退出】按钮。

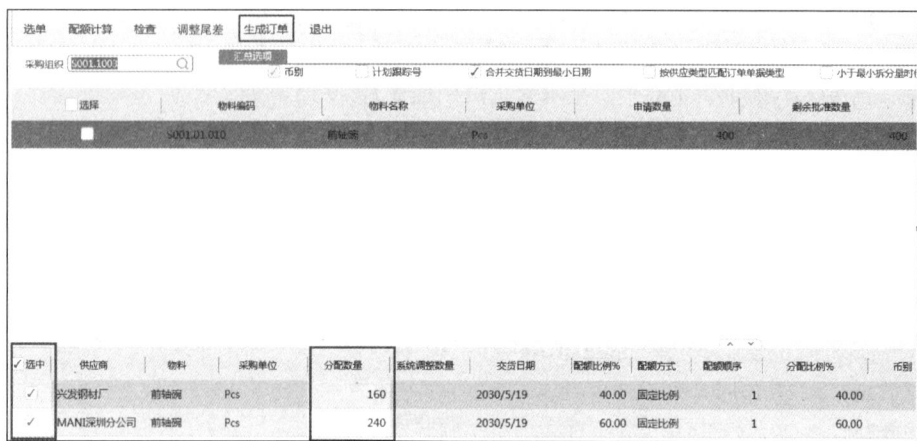

图 10-2　配额下单操作页面

---

📖 **操作一点通**

① 分配结果中的分配数量可以根据实际需要手动修改。修改后可以单击【检查】按钮，检查手动调整后的结果是否符合要求，例如分项采购数量合计是否超过需求总量等。

② 配额下单生成的采购订单是创建状态，业务人员还需要对订单做进一步的提交、审核操作。

---

#### 4. 提交、审核采购订单

在户外用品东莞分厂组织下，执行【供应链】—【采购管理】—【订单处理】—【采购订单列表】命令，找到前轴碗的两张采购订单，分别单击单据编号进入采购订单-修改页面。在【明细信息】页签中录入含税单价（含税单价=1.5 元）后，依次单击【提交】、【审核】、【退出】按钮。

## 📖 活动总结

### 理论知识归纳

采购配额分配并不是简单地按比例分配的过程，在企业实践中会有不同的分配方法。目前在大多数 ERP 中，提供一些常用的配额分配策略供用户选择。金蝶云星空系统通过【配额下单】功能来实现多样化的分配策略，目前提供四种配额分配策略。

① "固定比例"：按货源清单上供应商的配额比例从大到小分配申请采购数量，但不超过供应商的最大订货数量。这种方式可以保持各供应商的适度均衡态势（按比例），能够较好地维持和供应商的合作关系。本活动就是采用这种方式分配。

【计算示例】M 物料分配给 A、B 两家供应商，分配比例为 A 占 70%、B 占 30%，现有 M 物料一张 1 000 个数量的采购申请单，在未超过各供应商最大订货量的情况下，分配结果为 A 供应商 700 个、B 供应商 300 个。如果 A 和 B 供应商的最大供货量均为 600 个，则分配结果为 A 供应商 600 个，B 供应商 300 个，剩余 100 个将留待下次分配或人工分配。

【系统配置要求】需要在物料基础资料的【采购】页签中，勾选【配额管理】，并在【配额方式】中选择"固定比例"。在【货源清单】中的【配额比例】数据列设定各供应商的分配比例。如果供应商有最大供货量限制，还需要在供应商的供货明细中设定该供应商的【最大订货数量】。同一个物料，不同供应商的固定比例之和只能为 100 或者 0。

② "顺序优先"：按照配额顺序依次分配给供应商，以最大订货量为限。配额顺序相同的情况下，物料的固定供应商优先分配。这种策略一般适用于有明确供应商主次之分的情况，只有短期需求量过大，超过优先供应商供应能力时，才会向备选供应商要货。

【计算示例】M 物料的货源清单上有 3 家供应商：A 供应商（配额顺序=1，最大订货量=600）、B 供应商（配额顺序=2，最大订货量=200）和 C 供应商（配额顺序=3，最大订货量=100），配额顺序的数字越小优先级越高。如果采用顺序优先策略，现在 M 物料有一张 1 000 个数量的采购申请单进行配额计算，则分配结果是 A 供应商 600 个，B 供应商 200 个，C 供应商 100 个。剩余 100 个批准数量要么手动指定一家，要么留待下次分配。

【系统配置要求】需要在物料基础资料的【采购】页签中，勾选【配额管理】，并在【配额方式】中选择"顺序优先"。在【货源清单】中指定供应商的【配额顺序】，数字越小优先级越高。如果供应商有最大订货量限制，还需要在供应商的供货明细中设定该供应商的【最大订货数量】。

③ "固定供应商"：将申请数量分配给固定供应商，以最大订货量为限，多余部分不进行分配，需人工处理；无固定供应商的情况下，以供应优先级最高的供应商为最大供应商。同一个物料同一个供货类别下只能有一个固定供应商。这种策略实际上是以单源采购为主的采购模式，只有超过固定供应商最大订货量时，需要人工决策如何采购剩余数量物料。

【计算示例】M 物料设置 A 为固定供应商，其最大订货量为 600。现在 M 物料有一张 1 000 个数量的采购申请单需要进行配额计算。分配结果为 A 供应商为 600 个，剩余 400 个需要人工指定供应商。

【系统配置要求】需要在物料基础资料的【采购】页签中，勾选【配额管理】，并在【配额方式】中选择"固定供应商"。在【货源清单】中的供应商列表中勾选【固定供应商】。如果供应商有最大订货量限制，还需要在供应商的供货明细中设定该供应商的【最大订货数量】。

④ "价格优先"：在考虑区间价格的情况下，分配给有效价格最优的供应商，但不超过供应商的最大订货量，超过的数量不分配，需手动指定供应商。这种策略以价格为导向，可以灵活根据最新价格选择价格低的供应商。

【计算示例】M 物料有 2 家供应商，A 供应商报价 3 元，最大订货量 600，B 供应商报价 3.5 元，最大订货量为 600。现在 M 物料有一张 1 000 个数量的采购申请单需要进行配额计算。那么分配结果为 A 供应商 600 个，剩余 400 个待后续分配。

【系统配置要求】需要在物料基础资料的【采购】页签中，勾选【配额管理】，并在【配额方式】中选择"价格优先"。需要在【采购价目表】中录入相关供应商的供货价格。如果供应商有最大订货量限制，还需要在货源清单的供货明细中设定各供应商的【最大订货数量】，如果没有最大订货量限制，可以不使用货源清单。

【配额下单】功能的其他参数如下。

◆ 【最小拆分数量】：如果汇总需求量小于最小拆分数量，不进行多供应商分配，直接分配给首选供应商。该参数在物料基础资料的【采购】页签的【最小拆分数量】属性中设置，这个参数可以避免对数量较少的需求量进行拆分，从而造成单一供应商接单量过小而难以执行的情况。

◆ 【最小包装量】：如果设置了最小包装量，配额计算出的结果会根据最小包装量进行批量取整的修正，向上修正到大于需求量的包装量的最小整数倍。

从理论研究来看，配额管理时可以考虑众多因素，例如供应商交货及时率、承诺交货比例、产品合格率等。当然考虑的因素越多，问题会越复杂，一些研究还会建立复杂优化模型来寻求最优分配结果。由于这些模型并没有形成行业标准，因此在 ERP 系统中并未标配相关功能，如果企业有这种需求，就需要通过二次开发来实现。

## 操作知识归纳

配额下单有以下功能。

（1）【选单计算】

可以自选需要参与运算的采购申请单，注意只有启用配额管理的物料才可以被选择到。返回数据后，列表会根据汇总参数决定是否汇总显示，以方便用户查看最终分配结果。

（2）【配额计算】

系统会将计算好的分配数量显示在下半部分，同时会携带一些有用的信息，比如物料的分配规则、分配数量占整个申请数量的比例，以及物料的参考价格（即物料最新的有效价目表）。在分配结果的基础上，用户还可以根据实际需求手动修改分配数量。

（3）【检查】

对于分配结果，如果人工调整后，可以使用检查功能检查结果是否满足约束条件，例如调整后的各供应商分配量合计是否超过需求总量等。如果有异常，系统会告知原因。如果正常则不会有异常提示。如果没有人工调整，本步骤可以跳过。

（4）【调整尾差】

采用固定比例等方法时，计算结果四舍五入可能会产生尾差，系统可以进行适度的自动调整，也可以手动调整。没有尾差时，本步骤可以跳过。

（5）【生成订单】

系统将用户选择的计算结果自动生成采购订单，未选择的不会生成。生成的时候系统会按照供应商进行汇总，一个供应商只生成一个订单。生成订单时，同样会校验采购申请单是否允许超额生成采购订单。

系统产生的结果是根据汇总量统筹考虑计算的，而不是机械式地简单拆分订单，造成采购订单过于零碎，这样得到的结果既能够满足配额要求，又能够尽量保证生成的采购订单简洁高效。

（6）异常情况

配额计算完成时，可能出现以下三种异常情况。异常情况对应的申请汇总行将以红色高亮显示，供用户查看。

① 某一个物料申请计算结果为空，即未分配给任何供应商。

② 某一个物料申请，分配数量之和大于申请数量（当存在精度四舍五入或者按最小包装量调整后会出现此情况）。

③ 某一个计算结果系统取不到对应的价格。

在最终生成订单的时候，系统会对选择了需要生成订单的计算结果进行校验，有异常情况可能会导致生成采购订单失败。比如：不允许超采购申请下单的情况下，如果存在第二种情况，则不会成功生成采购订单。

（7）其他参数

【汇总选项】：决定选单后不同采购申请单是否合并处理。有以下几种合并情况。

①【币别】：勾选后，币别相同时，相同物料的需求合并。

②【计划跟踪号】：勾选后，只有计划跟踪号相同时，才合并。也就是必须有相同计划来源才合并。

③【合并交货日期到最早交货日期】：勾选后，即使单据采购申请的交货日期不同，也会合并，并以单据最小交货日期为准。

④【按供应类型匹配订单类型】：勾选后，供应类型相同才合并。

⑤【小于最小拆分量时价格优先】：勾选后，当需求量小于最小拆分量时，优先选择价格低的供应商为主供应商供货，而忽略原有配额策略。

## 任务 10-2　集中采购业务

### ❋ 活动：集中采购、分散收货、集中结算

#### 活动导入

**管理情景**

采购员崔小燕咨询胡工："我们企业有很多物料是通用部件，是不同分公司和分厂都需要采用的零部件，以前由各个分公司独立采购，这样采购批量不大，也容易滋生问题，现在集团希望将这些物料统一管理，统一进行采购，可以规范供应商管理，增加采购批量，获得更大的价格折扣。这种管理需求 ERP 支持吗？"胡工回答："当然支持，这是比较典型的集中采购管理，一些集团级 ERP 系统能够支持这种管理需求，金蝶云星空就可以。不过集中采购有很多不同的管控模式，你能说一下你们企业的具体需求吗？"崔小燕回答："我们希望通用部件由集团总部汇总各分公司需求后统一采购，统一谈价，也统一结算，但是物料还是希望让供应商分别送到各需求部门。"胡工说："这个是典型的集中采购、分散收货、集中结算的业务模式，系统是可以支持的。"崔小燕高兴地说："那太好了，先告诉我怎么用吧！"

【问题】企业为什么要进行集中采购？

**前导知识**

采购战略类型分为集中采购、分散采购、联合采购三种。

集中采购是一种将时间、人力和采购物料等各种资源，进行集中整合来执行的采购作业。集中采购由于需要多部门协作，因此对企业内的信息化管理水平有较高要求。本任务重点讲解金蝶云星空系统的集中采购业务的实现。

分散采购战略是由企业下属各单位，如子公司、子部门、工厂、车间等实施的满足自身生产经营需要而自主采购的战略，是一种企业将权力下放的采购活动。分散采购可以看作各业务主体独立进行采购业务，其管理复杂度相比集中采购而言要低。本书基础篇讲解的组织内采购业务就可以满足分散采购业务管理要求。

联合采购战略是一种新型的采购战略，它是指对同一物料或服务有需求的许多企业在相互合作的条件下形成一个采购联盟来向供应商统一订货，用以扩大采购批量，达到降低采购价格或降低采购成本的目的。联合采购战略较为新颖，目前在 ERP 系统中还未形成完整的功能。

各种采购战略的优劣势如表 10-4 所示。

表 10-4　各种采购战略的优劣势

| 采购战略 | 优势 | 劣势 |
|---|---|---|
| 集中采购 | ①采购规模效益显著；②能进行信息资源整合；③采购流程更加专业化和规范化，有利于防止腐败；④有利于和供应商实现共赢；⑤有利于降低物流成本 | ①易导致官僚主义以及低效率；②可能会导致企业内部矛盾 |
| 分散采购 | ①部门在采购上的积极性高；②风险小；③采购的产品更符合各部门的需要；④采购流程较短，采购过程简单 | ①采购能力分散，难以形成规模效益，导致采购成本过高；②缺乏对供应商的统一管理；③采购人员因采购品种和数量有限而不专业；④采购人员众多，重复工作量大，采购效率低；⑤各子单位面临的采购条件不同，不便于统一进行采购管理 |
| 联合采购 | ①采购成本和相关环节成本低；②能创造协同效应；③能避免无谓的竞争；④采购风险低；⑤市场透明度高 | ①采用联合采购需要各个企业协调一致，这将改变企业原有的采购模式和采购周期，产生额外的协调成本；②为了实施联合采购，企业需要改变原有的采购流程；③为了实现企业间的信息共享，可能会泄露企业重要的机密信息，使企业失去竞争优势；④企业间的协调成本可能过大，如果超过了联合采购产生的收益，联合采购将失去意义 |

## 活动执行

### 活动解析

户外用品总公司规定对下属各工厂大量使用的 C 类物料螺母（S***.01.011）采用集中采购的业务模式：各工厂提交采购申请，公司本部采购中心负责采购订单管理及应付账款结算，供应商将货物直接送到各工厂指定仓库。

≈≈≈业务数据≈≈≈

① 深圳总厂计划部门陈东明于 2030 年 5 月 13 日根据生产计划向公司本部采购中心提出采购申请：需要采购螺母（S***.01.011）5 000 个，要求交货日期是 5 月 24 日。

东莞分厂计划部门王小刚于 2030 年 5 月 14 日根据生产计划向公司本部采购中心提出采购申请：需要采购螺母（S***.01.011）6 000 个，要求交货日期是 5 月 27 日。

② 公司本部采购中心孙保成收到采购申请后，于 2030 年 5 月 14 日向兴发钢材厂下订单：订购螺母 5 000 个，约定 5 月 24 日交货，交货地址是户外用品深圳总厂原材料仓；订购螺母 6 000 个，约定 5 月 27 日交货，交货地址是户外用品东莞分厂原材料仓。螺母的含税单价都是 0.2 元，货到后 30 天付款。

③ 2030 年 5 月 24 日，兴发钢材厂将 5 000 个螺母送到总厂原材料仓，仓管员何佳初步验收合格后办理了入库手续。5 月 27 日，兴发钢材厂将 6 000 个螺母送到分厂原材料仓，仓管员陈鱼认定全部合格后办理了入库手续。

④ 2030 年 6 月 23 日，公司本部财务中心马国庆根据各工厂的入库单开出相关应付单，准备付款流程。

### 活动过程

① 各分部提交采购申请单。
② 总部汇总采购申请生成采购订单。
③ 各分部采购收货入库。
④ 总部产生应付单。

## 活动步骤

### 1. 各分部提交采购申请单

切换到户外用品深圳总厂组织，执行【基础管理】—【基础资料】—【主数据】—【物料列表】命令进入物料列表页面，单击【新增】按钮进入物料-新增页面，按照表 10-5 的内容新增物料，录入完成后依次单击【保存】、【提交】、【审核】、【退出】按钮。

然后执行【业务操作】—【分配】命令，注意要勾选【分配后自动审核】，将新增物料分配至公司本部和户外用品东莞分厂。

表 10-5　集中采购新增物料

| 编码 | 名称 | 基本 | | | | 计划属性 | | |
|---|---|---|---|---|---|---|---|---|
| | | 规格型号 | 物料属性 | 存货类别 | 基本单位 | 计划策略 | 制造策略 | 订货策略 |
| S***.01.011 | 螺母 | 8# | 外购 | 原材料 | Pcs | MRP | MTO | LFL（批对批） |

切换到户外用品深圳总厂组织，执行【供应链】—【采购管理】—【采购申请】—【采购申请单】命令，进入采购申请单-新增页面。然后按照业务数据第①段深圳总厂部分的描述填制单据，如图 10-3 所示。录入完成后依次单击【提交】、【审核】、【退出】按钮。

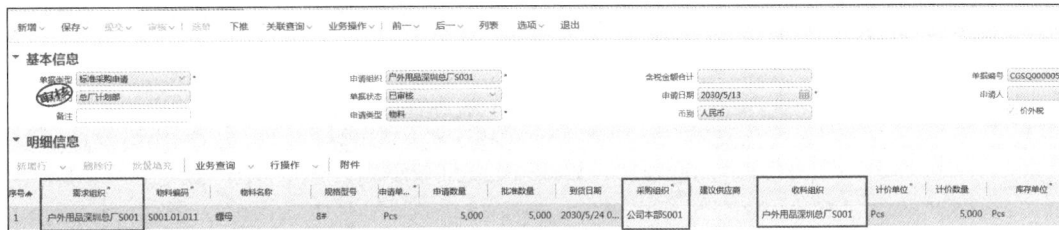

图 10-3　深圳总厂采购申请

切换到户外用品东莞分厂组织，执行【供应链】—【采购管理】—【采购申请】—【采购申请单】命令，进入采购申请单-新增页面。然后按照业务数据第①段东莞分厂部分的描述填制单据，如图 10-4 所示。录入完成后依次单击【提交】、【审核】、【退出】按钮。

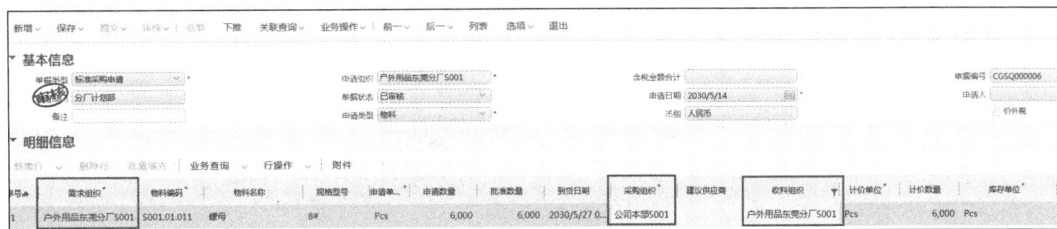

图 10-4　东莞分厂采购申请

> 📖 **操作一点通**
>
> 　　本活动由公司本部集中采购，因此，在采购申请单中，采购组织不能取系统默认值，需要手动修改为"公司本部"。要注意分清需求组织、采购组织及收料组织之间的区别。

### 2. 总部汇总采购申请生成采购订单

切换到公司本部组织，执行【供应链】—【采购管理】—【订单处理】—【采购订单】命令，进入采购订单-新增页面，单击【选单】按钮，在弹出的选择单据页面中选择【采购申请单】，并单击【确定】按钮，在采购申请单列表中勾选两行螺母的采购申请，单击【返回数据】按钮，然后按照业务数据第②段的描述录入采购日期、供应商、采购员、付款条件、含税单价等信息，如图 10-5 所示。录入完成后依次单击【提交】、【审核】、【退出】按钮。

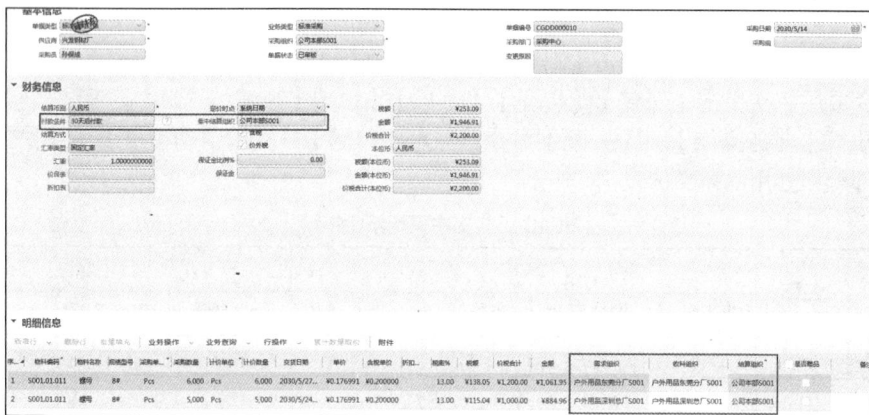

图 10-5 公司本部采购订单

### 3．各分部采购收货入库

切换到户外用品深圳总厂组织，执行【供应链】—【采购管理】—【收料处理】—【采购入库单】命令，进入采购入库单-新增页面，首先把【采购组织】修改为"公司本部"，再单击【选单】按钮，在弹出的选择单据页面中选择【采购订单】并单击【确定】按钮，在采购订单列表中勾选螺母的订单（深圳总厂计划采购的物料行），单击【返回数据】按钮，如图 10-6 所示。然后按照业务数据第③段的描述录入入库日期、仓管员、仓库等数据。

图 10-6 深圳总厂采购入库单

录入完成后单击【提交】按钮，系统会显示图 10-7 所示的警告信息，忽略该信息，单击【是】按钮，接着依次单击【审核】、【退出】按钮。

图 10-7 采购入库单警告信息

切换到户外用品东莞分厂组织，以同样的路径进入采购入库单-新增页面，在单击【选单】按钮之前先把【采购组织】改为"公司本部"，然后单击【选单】按钮生成采购入库单，按照业务数据第③段的描述录入相关数据，完成制单并审核。

> 📖**操作一点通**
>
> ① 本活动由公司本部负责采购，因此采购入库时，【采购组织】需要选择"公司本部"才能查询到对应的采购订单。
>
> ② 在本企业的会计核算体系中，户外用品深圳总厂、东莞分厂和公司本部属于同一个上级核算组织，所以它们之间的交易属于组织内部业务，不会产生组织间结算清单。因此无须设置内部客户和内部供应商，可以忽略系统给出的警告信息，直接进行下一步操作。

### 4.总部产生应付单

切换到公司本部组织，执行【财务会计】—【应付款管理】—【采购应付】—【应付单】命令，进入应付单-新增页面，单击【选单】按钮，在弹出的选择单据页面中选择【采购入库单】并单击【确定】按钮，在采购入库单列表中勾选两行螺母的入库单，然后单击【返回数据】按钮，按照业务数据第④段的描述录入业务日期、到期日等数据，如图 10-8 所示。录入完成后依次单击【提交】、【审核】、【退出】按钮。

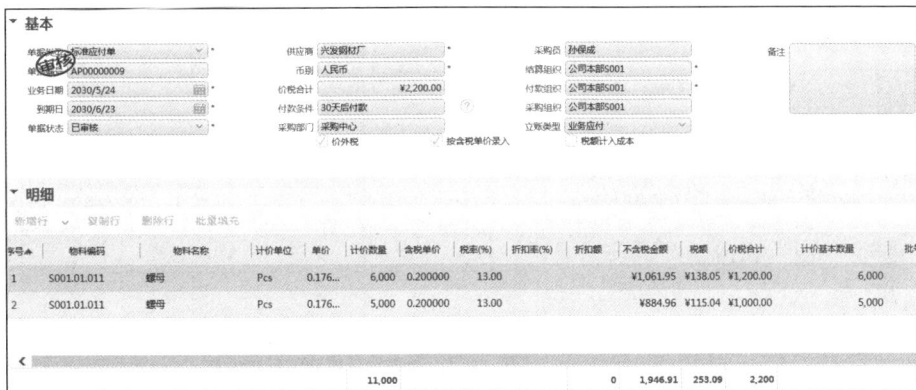

图 10-8 应付单页面

## 📖活动总结

### 理论知识归纳

#### 1.集中采购业务执行的主要环节

集中采购业务由相关的多个组织共同完成，体现了多组织之间的业务协同。集中采购业务包括提交申请、下订单、收料入库、结算四个环节，分别由不同的业务组织处理。我们将这些业务组织定义为需求组织、采购组织、库存组织和结算组织，如表 10-6 所示。

表 10-6 集中采购中关键业务组织的概念详解

| 组织类型 | 业务负责组织 | 业务 | 业务单据 |
|---|---|---|---|
| 需求组织 | 谁要货 | 需求组织是采购需求的提出者，通常情况下也是物料的所有者，即货主 | 采购申请单 |
| 采购组织 | 谁买货 | 采购组织是采购业务的执行者，由需求组织委托进行采购业务 | 采购订单 |
| 库存组织 | 谁收货 | 库存组织是物料的保管者，受需求组织委托进行库存保管 | 收料通知单/采购入库单 |
| 结算组织 | 谁付钱 | 结算组织是对外结算开票的主体，受需求组织委托与供应商进行结算 | 应付单/付款单 |

要注意：执行相关业务的组织，必须具备相关业务组织职能。例如：能执行采购订货业务的组织（采购组织），应该是在组织设置中具备采购职能的组织。如果当前组织具有相应职能，则默认由当前组织处理业务，如果当前组织不具有相应的职能，则由委托的组织处理业务。如果需要了解并查询组织间业务关系，参考活动 2-1-2 中创建组织部分内容。

### 2．集中采购的业务模式

集中采购按照各个组织承担的职责不同形成不同的业务模式，每个模式的主要环节基本相同，都包括提出采购需求、采购订货、采购收货与入库、采购结算等环节，具体模式如下。

（1）集中采购、集中收货、集中结算

在这种模式中，采购组织汇总不同组织的采购需求，统一下达采购订单给供应商，指定供应商将产品送到某一个库存组织统一收货，最后由某一个结算组织与供应商进行统一结算。业务流程如图 10-9 所示。

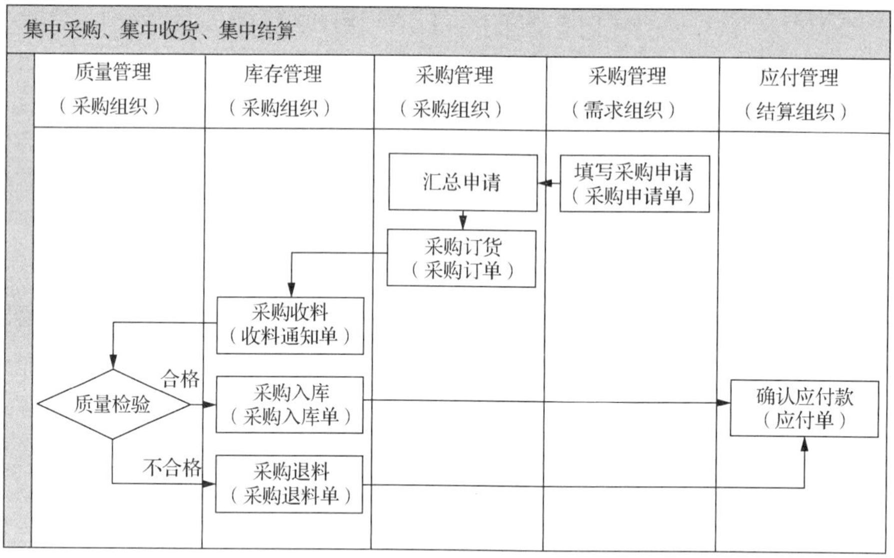

图 10-9　集中采购、集中收货、集中结算模式的业务流程

业务处理说明如下。

① 采购申请：不同组织作为需求组织提出采购申请，指定一个采购组织统一进行采购。

② 采购订单：采购组织收到采购申请后确定货源，选择合理的供应商，向供应商下达标准采购订单，并指定统一的库存组织和结算组织。

③ 采购收料：库存组织统一接收物料，安排质量检验，根据检验结果办理合格物料的入库以及不合格物料的退料。

④ 物料领用：各个需求组织通过调拨业务或跨组织领料业务从库存组织领用采购的物料。

⑤ 采购结算：结算组织统一与供应商进行对外结算。

⑥ 内部结算：根据实际领用数据，需求组织和结算组织进行组织间结算，确认内部应收应付。

（2）集中采购、分散收货、集中结算

在这种模式中，采购组织汇总不同组织的采购需求，统一下达采购订单给供应商，指定供应商将产品送到不同的库存组织，最后由某一个结算组织与供应商进行统一结算。业务流程如图 10-10 所示。

业务处理说明如下。

① 采购申请：不同组织作为需求组织提出采购申请，指定一个采购组织统一进行采购。

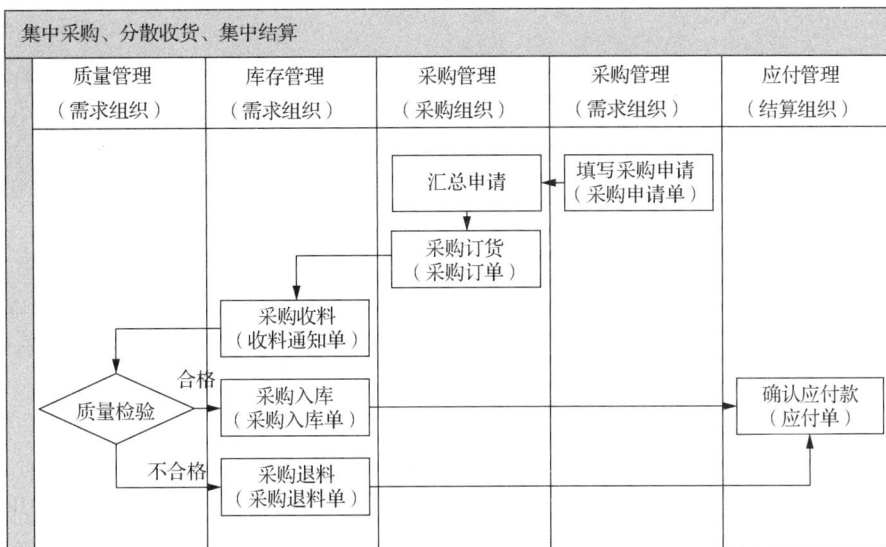

图 10-10　集中采购、分散收货、集中结算模式的业务流程

② 采购订单：采购组织收到采购申请后确定货源，选择合理的供应商，向供应商下达标准采购订单，并指定不同的库存组织收货，指定统一的结算组织。

③ 采购收料：各个库存组织接收物料，安排质量检验，根据检验结果办理合格物料的入库以及不合格物料的退料。

④ 物料领用：各个需求组织通过生产领料或委外领料或调拨业务领用采购的物料。

⑤ 采购结算：结算组织统一与供应商进行对外结算。

⑥ 内部结算：根据实际收料数据，需求组织和结算组织进行组织间结算，确认内部应收应付。

（3）分散采购、分散收货、集中结算

在这种模式中，各个需求组织分别下达采购订单给供应商，指定供应商将产品送到不同的库存组织，最后由某一个结算组织与供应商进行统一结算。业务流程如图 10-11 所示。

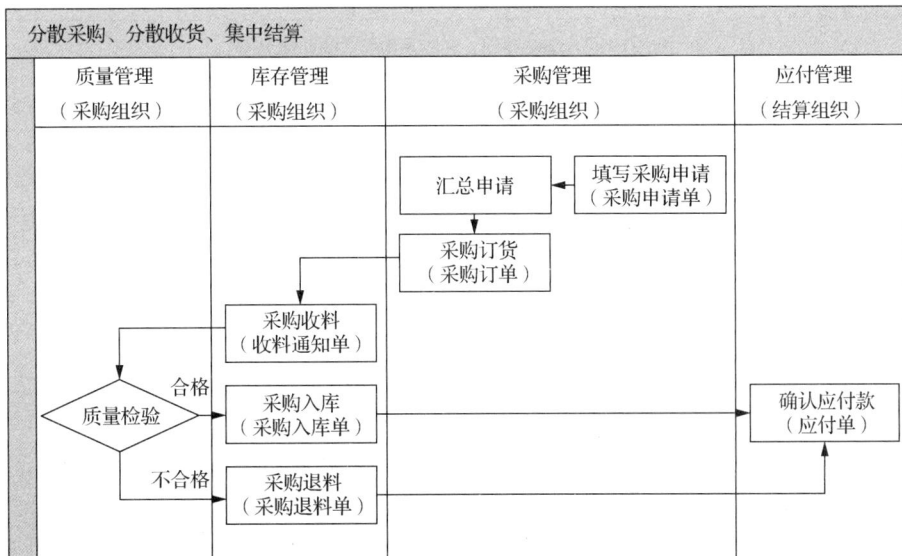

图 10-11　分散采购、分散收货、集中结算模式的业务流程

业务处理说明如下。

① 采购申请：各个需求组织提出采购申请，需求组织作为采购组织分别进行采购。

② 采购订单：各个采购组织根据采购申请选择合理的供应商，下达标准采购订单，并指定库存组织和统一的结算组织。

③ 采购收料：各个库存组织接收物料，安排质量检验，根据检验结果办理合格物料的入库以及不合格物料的退料。

④ 物料领用：各个需求组织通过生产领料或委外领料或调拨业务领用采购的物料。

⑤ 采购结算：结算组织统一与供应商进行对外结算。

⑥ 内部结算：根据实际收料数据，需求组织和结算组织进行组织间结算，确认内部应收应付。

（4）集中管理、分散采购

这是一种比较特殊的集中采购模式，由总部制定统一的采购标准、统一的价格体系，统一管理供应商，下级组织在统一的管理规范下自行进行采购、收货及结算。业务流程如图 10-12 所示。

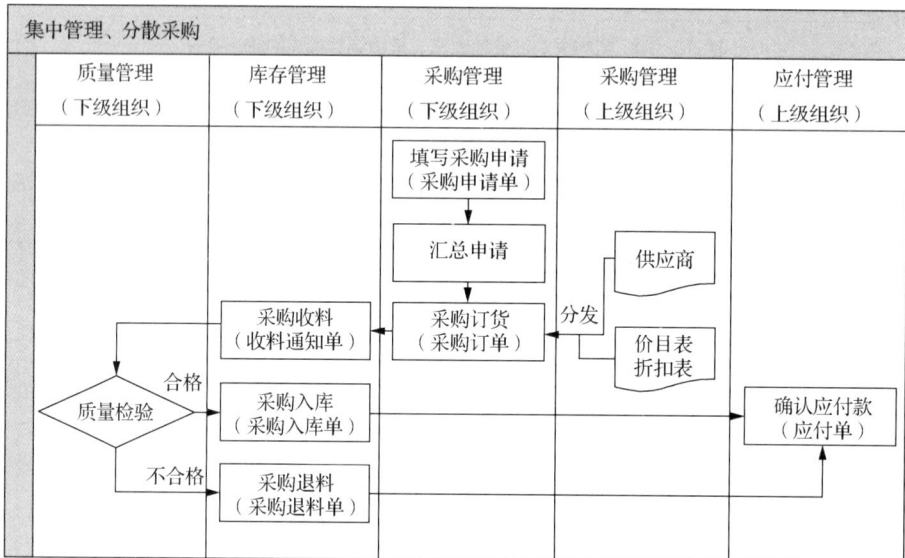

图 10-12　集中管理、分散采购模式的业务流程

业务处理说明如下。

① 集中管理：上级组织统一管理供应商、建立价目表并分发到各个采购组织。

② 采购申请：各个需求组织提出采购申请，需求组织作为采购组织分别进行采购。

③ 采购订单：各个采购组织根据采购申请选择合理的供应商，下达标准采购订单，并指定库存组织和结算组织。

④ 采购收料：各个库存组织接收物料，安排质量检验，根据检验结果办理合格物料的入库以及不合格物料的退料。

⑤ 物料领用：各个需求组织通过生产领料或委外领料或调拨业务领用采购的物料。

⑥ 采购结算：各个结算组织分别与供应商进行对外结算。

⑦ 内部结算：根据实际收料数据，需求组织和结算组织进行组织间结算，确认内部应收应付。

以上 4 种是典型的集中采购模式，能够适应大多数企业的集中采购管理需求。企业还可以根据自身管理需要，混合使用以上 2 种或 2 种以上的集中采购模式，建立适应自身多样化需求的集中采购模式。例如，企业可以对通用部件采取集中采购、分散收货、集中结算的模式，对一些分公司专用部件，则可以采取集中管理、分散采购的模式。当然，采取这种模式的前提是企业必须对内部管理模式进行清晰的业务梳理，能够清楚区分通用部件和专用部件，并且明确总部和分公司的采购权限分配和要求。金蝶云星空系统灵活的管理模式满足企业多样化集中采购需求。

## 操作知识归纳

操作知识归纳

多方交易特性

## 作业

餐饮业中有两种主要的配送管理模式：直拨配送业务和统配配送业务。

直拨配送业务是指餐饮门店只负责提出要货申请，配送中心负责进行采购，货品从供应商处直接运抵无采购权的门店仓库或门店客户，货品不由总部仓库发出，不影响总部仓库库存，但由总部形成对供应商的应付账款，分部只增加库存账款或应收账款。

统配配送业务是指集中采购的物料或加工品，统一进入本地仓库（通常是总部仓库），然后通过物流统一配送到各门店。统配配送有原材料统配和加工品统配。原材料由总部统一采购后，进入总部仓库，由总部形成对供应商的应付账款。加工品入总部仓库，配送中心对入总部仓库的货品进行统一配送。

请根据以上描述，判断直拨配送业务属于哪一种集中采购模式，统配配送业务又属于哪一种集中采购模式。

# 销售管理进阶

## 项目概述

本项目重点讲解销售环节的深度专题应用，包括寄售业务和跨组织销售，以及组织间结算专题。学习本项目前，需要了解基本销售业务，参见本书项目 8 的内容。

## 项目重点

- 寄售业务管理
- 跨组织销售
- 组织间结算

## 任务 11-1　寄售业务管理

### ✻ 活动 11-1-1：寄售业务基础资料准备

#### 活动导入

**管理情景**

销售员万明问胡工："我们有些销售业务采取委托分销机构代销，货物发送给分销渠道销售，但是双方并不直接按照发货量进行销售结算，而是要等到月末按照实际销售量进行结算，这种方式如何在 ERP 系统中处理？"胡工答道："你说的是寄售业务，也叫委托代销业务，在 ERP 系统中有专门的流程来管理。"万明高兴地说："那太好了，现在就教我们如何使用吧！"胡工说："没问题，不过使用寄售业务前需要配置一些相关资料，以确保业务流程的完整执行。"

【问题】寄售业务需要配置哪些基础资料？

**前导知识**

和常规销售业务类似，寄售业务需要物料和可销售库存、客户、销售价格、销售条款等资料，这些和基础销售业务基本一致。这里只讲解需要特别管理的一些数据。

① 客户：在金蝶云星空系统中，为了和正常客户区别，采用寄售业务的代销商需要设置为"寄售客户"。

② 仓库：寄售业务常常需要了解客户销售情况和剩余库存情况，用来决定是否进行销售补货。因此常常需要设置"客户仓库"，该仓库是一种逻辑仓库，主要用于记录寄售客户对寄售方提供的代销商品的出入库情况，并不用于客户实体仓库的常规管理。

#### 活动执行

**活动解析**

本活动对寄售业务所需的物料进行了设置，并补充了库存数据，重点演示了寄售客户设置和客户仓库设置。

**活动过程**

① 物料和库存准备。
② 寄售客户设置。
③ 创建客户仓库。

**活动步骤**

**1. 物料和库存准备**

寄售业务中物料和库存没有特殊设置要求。请按以下操作完成一个物料和库存的设置，确保后期销售出货时有足够的库存可以使用。

切换到户外用品深圳总厂组织，执行【基础管理】—【基础资料】—【主数据】—【物料列表】命令，进入物料列表页面，单击【新增】按钮进入物料-新增页面，按照表 11-1 的内容新增物料，录入完成后依次单击【保存】、【提交】、【审核】、【退出】按钮。

然后执行【业务操作】—【分配】命令，注意要勾选【分配后自动审核】，将新增物料分配至户外用品华东销售公司。

表 11-1　寄售业务新增物料

| 编码 | 名称 | 基本 | | | | 计划属性 | | |
|---|---|---|---|---|---|---|---|---|
| | | 规格型号 | 物料属性 | 存货类别 | 基本单位 | 计划策略 | 制造策略 | 订货策略 |
| S***.05.010 | 滑板 | 8寸×31寸 | 外购 | 产成品 | Pcs | MRP | MTO | LFL（批对批） |

本活动为了简化非关键环节操作，直接使用采购入库单补录可用库存，就不执行完整采购流程了。

切换到户外用品华东销售公司组织，执行【供应链】—【库存管理】—【采购出入库】—【采购入库单】命令，进入采购入库单-新增页面，需要录入的主要信息有：【入库日期】设为"2030/5/1"，【仓管员】选择"陆俊杰"，【供应商】选择"风速贸易有限公司"，【物料编码】选择"S***.05.010"，【实收数量】输入"200"，【仓库】选择"华东销售成品仓"。录入完成后依次单击【提交】、【审核】、【退出】按钮。

### 2. 寄售客户设置

在本书配套账套中，我们已经创建了寄售类客户——吉林大众自行车有限公司，在后面的活动中我们将会使用这个客户的资料。用户可以执行【基础管理】—【基础资料】—【主数据】—【客户列表】命令查看或修改客户数据。寄售类客户的主要特征是【客户类别】选择"寄售客户"，如图 11-1 所示。

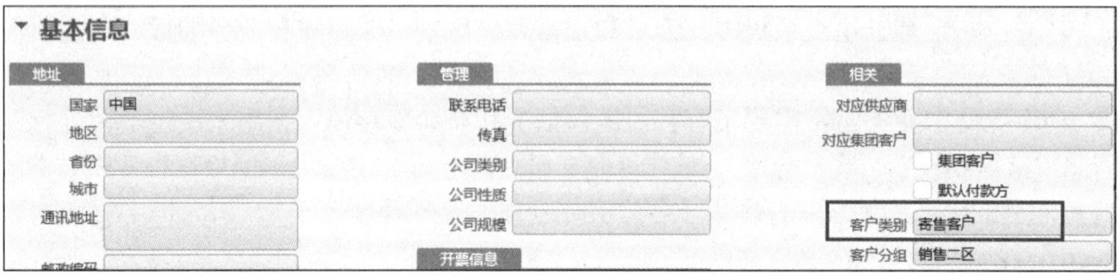

图 11-1　寄售客户资料页面

### 3. 创建客户仓库

在本书配套账套中，我们已经在华东销售公司建立了客户属性仓库——华东销售客户仓，在后面的活动中我们将会使用这个仓库的资料。用户可以执行【供应链】—【库存管理】—【基础资料】—【仓库列表】命令，查看或修改仓库数据。客户属性仓库的主要特征是【仓库属性】选择"客户仓库"，如图 11-2 所示。用户也可以分客户建立客户属性仓库，以单独管理该客户的寄售商品，以便于分别统计。如果需要区分不同客户的仓库，在【客户】属性中选择对应的客户，那么该仓库就是该客户的专用仓库。本活动简化该过程，没有进行此项设置。

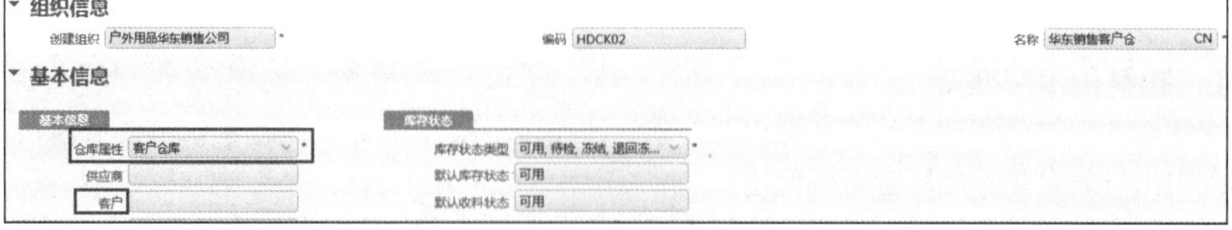

图 11-2　客户属性仓库页面

## 活动总结

### 理论知识归纳

在 ERP 系统使用中，常常会因为业务管理的需要设置一些逻辑仓库。这些仓库既有可能和实体仓库有对应关系，也有可能没有直接对应关系。以下列出了逻辑仓库设置的常见目标和用途。

① 单独管控某些特殊物料，进行业务监控，掌握其库存信息以及收发货情况。例如：将不良品、返修品单独设置仓库，能够将不良品和正常商品区分开，避免错误领用。而企业现实仓库中并不一定有这样的仓库，或者仅是仓库中的一个区域。

② 方便对商品货权归属和变动情况进行管理和统计。寄售业务的客户仓库就是这种情况。货物在本企业仓库但是货权不属于本企业，或者货物在合作企业仓库，但是货权却归属本企业，这些情况常常会设定单独的逻辑仓库。

③ 方便对材料超发和耗用情况进行监督管理。由于存在超发物料，发料数量和本次生产实际用量会存在差异，或者时间存在差异，因此常设置逻辑仓库来管理，以便查看实际使用情况和剩余库存情况。例如：设置委外加工仓库或者生产部门线边仓，对一些存在材料超发或者倒冲使用的情况进行管理。

需要设置逻辑仓库的原因众多，以上列出的只是常见原因。在 ERP 应用实践中，企业可以根据实际情况灵活使用。

## ✳ 活动 11-1-2：寄售业务执行

### 🔖 活动导入

#### 管理情景

万明继续问胡工："寄售业务的基础资料准备好了，现在可以开始寄售业务的使用了吧？"胡工回答："是的，我们可以开始了，在开始业务之前，你能否简要地告诉我寄售业务的主要特点？"万明想了一下说："应该是它的商流、物流、资金流的不一致吧。"胡工赞同地点点头说："你说得很对，就是因为寄售业务中商流、物流和资金流的不一致，业务处理会有一些麻烦，需要我们使用特殊的方法来管理。现在我们就来看看系统的使用方式。"

【问题】为什么说寄售业务的商流、物流和资金流不一致？

#### 前导知识

寄售（consignment）是一种有别于通常的代理销售的贸易方式。它是指由寄售人（委托人或货主）先将准备销售的货物运往寄售地，委托当地的代销人（受托人）按照寄售协议规定的条件在当地市场上进行销售，货物售出后，再由代销人按协议规定的方式与寄售人结算货款的一种贸易方式。

寄售业务的特点如下。

① 寄售人先将货物运至目的地市场（寄售地），然后经代销人在寄售地向当地买主销售。因此，它是典型的凭实物进行买卖的现货交易。

② 寄售人与代销人之间是委托代售关系，而非买卖关系。代销人只根据寄售人的指示处置货物。货物的所有权在其在寄售地出售之前仍属寄售人。

③ 寄售货物在售出之前，包括运输途中和到达寄售地后的一切费用和风险，均由寄售人承担。如果无法销售，代销人可以将货物退回寄售人而无须承担滞销风险。

寄售业务如图 11-3 所示，从业务基本处理过程和货物流转过程来看，寄售业务和常规销售业务并无太大差别。其主要区别在于寄售业务销售结算有滞后性，由于要按照代销人实际销售量结算，因此其当期发货量和结算量存在差异，也就是物流和商流、资金流出现了分离。双方都需要花费更多精力去分别跟踪发货量、销售量、退货量、剩余未销售数量等情况，还要进行业务对账，这些环节都容易出现差错。ERP 系统能够较好地解决相关问题。

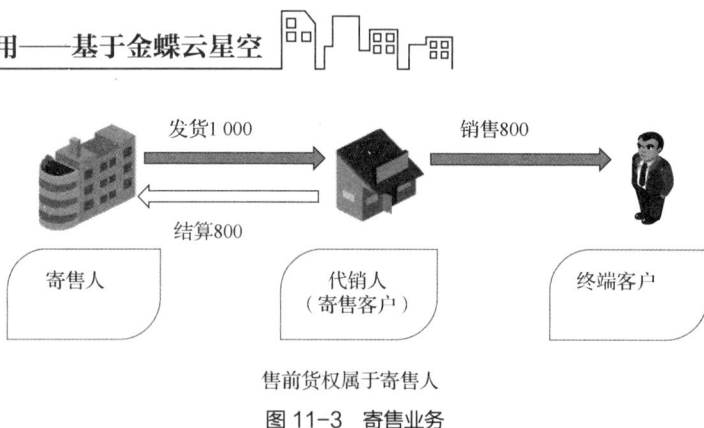

图 11-3　寄售业务

# 活动执行

## 活动解析

### ≈≈≈业务数据≈≈≈

① 2030 年 5 月 7 日，华东销售公司销售员顾庆民与吉林大众自行车有限公司签订寄售协议，委托其代销滑板（S***.05.010）200 个，含税单价 400 元，华东销售公司需在 2030 年 5 月 20 日送货到寄售点的客户仓库。

② 5 月 20 日，华东物流中心陆俊杰安排库存调拨业务，将 200 个滑板从华东销售成品仓直接调拨到寄售点的华东销售客户仓库。

③ 5 月 27 日，吉林大众自行车有限公司确认本月累计出售了 50 个滑板，随即通知华东销售公司结算货款。

④ 5 月 27 日，华东物流中心仓管员陆俊杰检查并审核了 50 个滑板的销售出库单。

⑤ 5 月 27 日，财务部门相关人员检查并审核了 50 个滑板的应收单。

## 活动过程

寄售业务流程如下：销售部门新建寄售类销售订单，然后通过寄售类直接调拨单反映商品已经发出至客户仓库；当代销人与货主结算时做寄售结算单；结算后，系统生成销售出库单扣减客户仓库库存，并下推或自动生成应收单，向代销人收款。详细业务流程如图 11-4 所示。

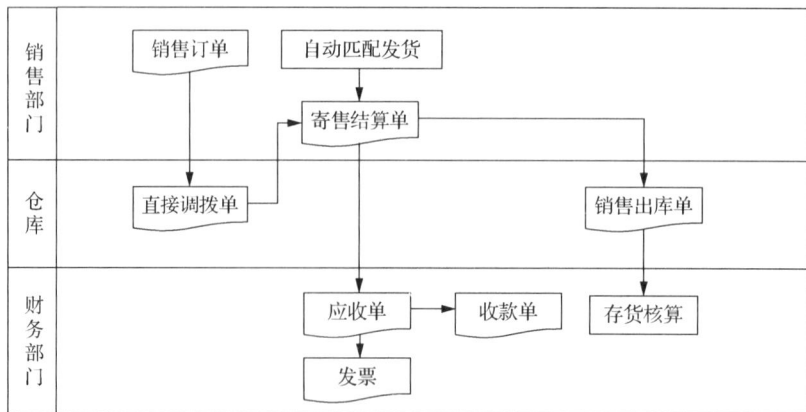

图 11-4　寄售业务流程

## 活动步骤

### 1. 新增寄售销售订单

在户外用品华东销售公司组织下，执行【供应链】—【销售管理】—【订单处理】—【销售订单】命令，进入销售订单-新增页面。首先将【单据类型】选为"寄售销售订单"，如图 11-5 所示。然后按照业务数据第①段的描述填制单据内容，录入完成后依次单击【提交】、【审核】、【退出】按钮。

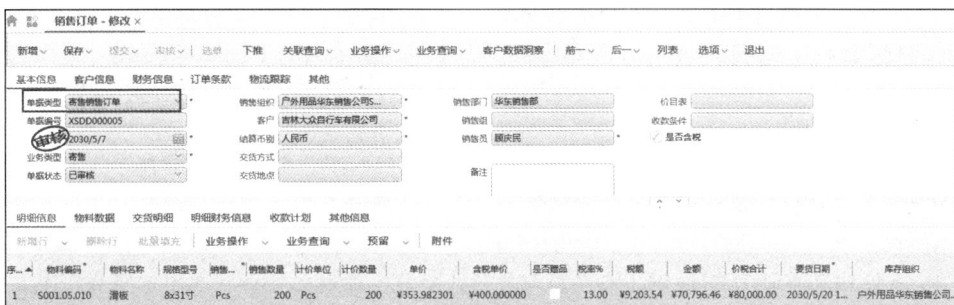

图 11-5　寄售销售订单页面

### 2．下推生成直接调拨单

在户外用品华东销售公司组织下，执行【供应链】—【销售管理】—【订单处理】—【销售订单列表】命令，勾选滑板的寄售销售订单，单击【下推】按钮，在弹出的选择单据页面中选中【直接调拨单】，单击【确定】按钮进入寄售直接调拨单-新增页面，然后按照业务数据第②段的描述录入日期、调出仓库、调入仓库等信息，完成后依次单击【提交】、【审核】、【退出】按钮。

寄售直接调拨单体现的是商品的物流转移：调拨单审核生效后，商品的保管者由企业的库存组织（户外用品华东销售公司）变为该寄售客户（吉林大众自行车有限公司），但是商品的所有权并未发生改变，货主仍然是企业业务组织（户外用品华东销售公司）。在寄售直接调拨单的【物料数据】页签下可以找到相关信息，如图 11-6 所示。

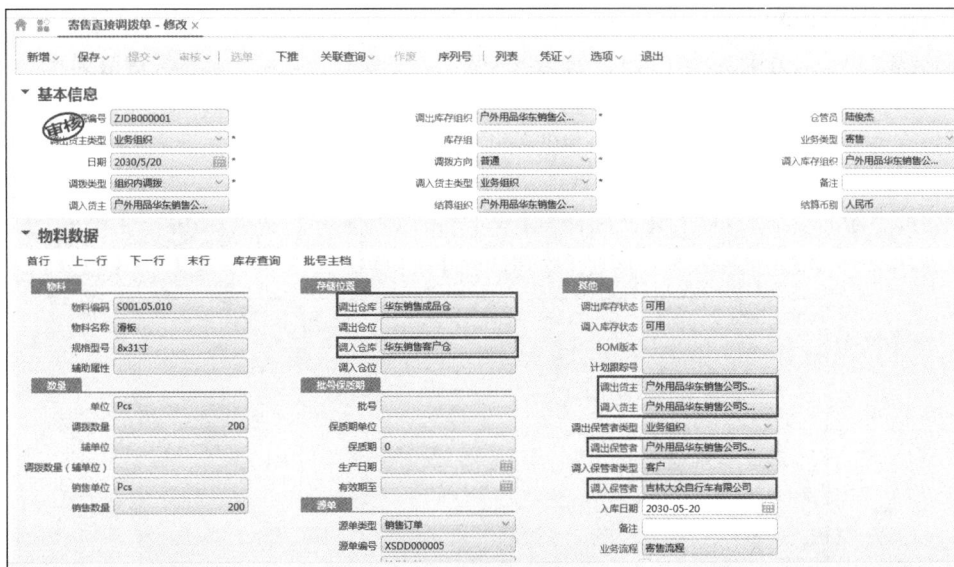

图 11-6　寄售直接调拨单页面

📖**操作一点通**

如果企业销售发货需要销售部门和对方确认可以发货后才进行，那么也可以做完发货通知单后再下推生成直接调拨单。业务流程就变为：销售订单—发货通知单—直接调拨单—寄售结算单—销售出库单和应收单。

### 3．下推生成寄售结算单

在户外用品华东销售公司组织下，执行【供应链】—【库存管理】—【库存调拨】—【直接调拨单列表】命令，勾选滑板的调拨单后单击【下推】按钮，在弹出的选择单据页面中选中【寄售结算单】，单击【确定】按钮进入寄售结算单-新增页面，然后按照业务数据第③段的描述录入日期、结算数量等信息，完成后依次单击【提交】、【审核】、【退出】按钮。

> 📖 **操作一点通**
>
> ① 寄售结算单审核完成后自动产生销售出库单和应收单，其关键数据和寄售结算保持一致。如果需要自动审核销售出库单和应收单，可以在【单据类型】中进行设置。详见本活动操作知识归纳。
>
> ② 寄售结算单还可以通过【自动匹配发货】功能，匹配已有调拨单自动生成。尤其是在业务量较大时，这种方式比下推制单效率更高。

### 4．查询、审核销售出库单

在户外用品华东销售公司组织下，执行【供应链】—【销售管理】—【出货处理】—【销售出库单列表】命令，勾选滑板的销售出库单后，依次单击【提交】、【审核】按钮。

### 5．查询、审核应收单

在户外用品华东销售公司组织下，执行【财务会计】—【应收款管理】—【销售应收】—【应收单列表】命令，勾选滑板的应收单后，依次单击【提交】、【审核】按钮。

## 📖 活动总结

### 操作知识归纳

#### 1．寄售结算单

寄售结算单是双方确认最终销售结算量的关键单据，是双方最终结算的关键依据。

① 寄售结算单也可以直接新增，这种情况下可利用单据头的【自动匹配发货】功能，系统会自动建立寄售结算单与上游直接调拨单的关联。

② 根据单据类型的参数设置，寄售结算单审核后会自动生成销售出库单和应收单。用户如需手动生成下游的单据，可执行【基础管理】—【基础资料】—【单据类型】—【单据类型列表】命令，展开左侧的销售管理模块，找到"寄售结算单"进行修改，如图 11-7 所示。

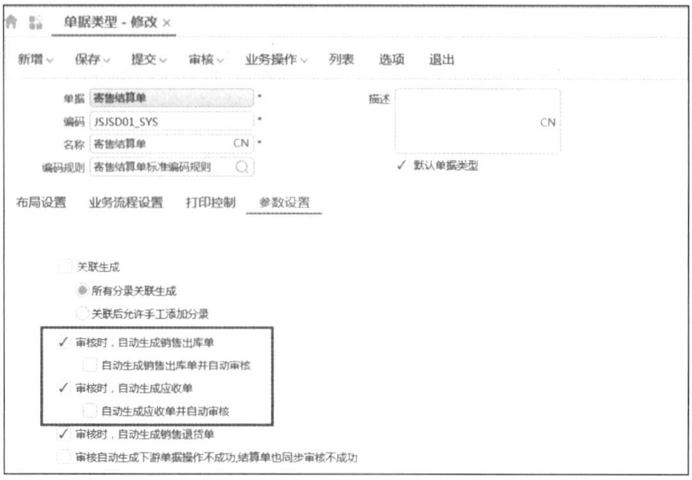

图 11-7　寄售结算单参数设置

### 2. 寄售退回

和标准销售业务类似，寄售客户因为某些原因，也可以将寄售商品退回企业。系统也支持寄售退回业务处理。寄售退回分为 2 种业务场景。

（1）场景一：未售出的寄售商品退回。

由于商品并未售出，根据寄售协议，货权并未发生转移，仍然属于寄售人，因此对于代销人（寄售客户）退回商品，直接按照调拨仓库方式处理，不涉及结算退款等业务。其流程如图 11-8 所示。

（2）场景二：已售出的寄售商品退回。

已售出的寄售商品退回，由于前期已进行业务结算，也已经确认销售出库，无论是否已收款，其退货变动都涉及双方的应收账款的变化。因此需要先做寄售结算单（退回类型），并根据退货量生成销售退货单和应收单（负数），将二者分别作为实物退回和应收款冲减的依据。其流程如图 11-9 所示。

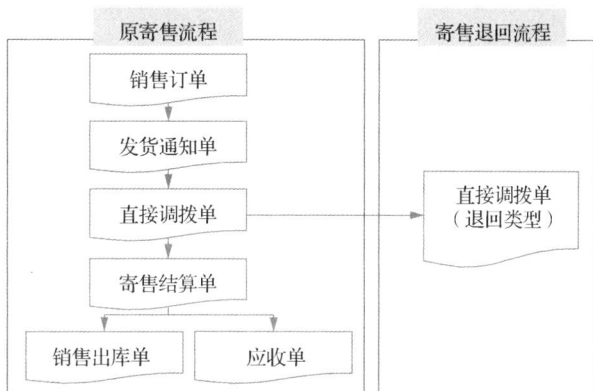

图 11-8 未售出寄售商品退回流程

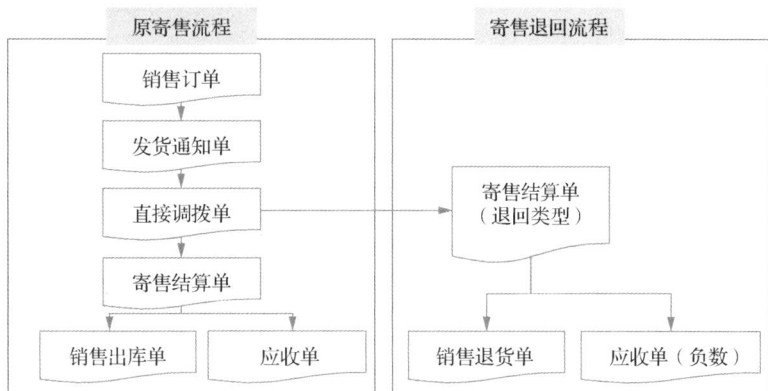

图 11-9 已售出寄售商品退回流程

### 3. 货主和保管者

（1）货主

金蝶云星空系统的库存管理支持多种货主管理。所谓货主，就是货物的实际拥有者，对货物拥有所有权。系统支持"业务组织""客户""供应商"3 种类型的货主，在各种业务单据的【货主类型】字段中选择。

选择"业务组织"，代表货物属于本企业设置的某个组织，也就是自有货物，拥有完全货权，集团企业拥有该货物在不同业务组织中使用和调配的权力。

选择"客户""供应商"，则代表货权属于某客户或者某供应商，本企业只是货物的保管者，并不拥有货物的所有权和处置权。这种情况一般发生在代管、受托代销、受托生产等业务中。例如作为加工商开展受托加工业务（也就是站在加工商角度进行委外加工业务），其货物来源于委托客户，因此加工材料入库时，其货权就应该归属该客户。

要注意，不同货主之间发生货物交易，不是简单的物流问题，一定涉及商流的交易过程，因为其货权发生转移，因此必须要按照买卖关系进行相应的结算处理。例如，将 A 客户的货物调拨给 B 客户，在金蝶云星空系统中可以直接录入调拨单完成物流处理，但是后续必须进行两个客户之间的交易结算。

（2）保管者

保管者是货物的保管人，对货物只有保管责任，没有所有权。在金蝶云星空系统中，保管者也有"业务组织""客户""供应商" 3 种类型，代表目前保管货物的责任主体。在系统中，大多数情况下，货物保管者数据会根据不同业务自动选定，有些业务中，也可以人工录入调整。例如本活动的寄售业务中，货物送到某寄售客户仓库，其货权仍然属于本企业，但是货物的保管者就变成了该寄售客户，如图 11-6 所示。

货主和保管者是货物管辖责权利划分的关键信息，也是决定业务能否执行的关键因素，尤其是在一个多组织管理系统中，需要学习者理解和掌握。基础篇主要业务都在单一组织中完成，在进阶篇会较多涉及跨组织、多货主、多保管者的业务场景，学习者可以结合具体业务深入体会其用法。

# 任务 11-2　跨组织销售与组织间结算

## ✱ 活动 11-2-1：跨组织销售基础资料准备

### 活动导入

#### 管理情景

销售员万明问胡工："我们集团内部的深圳总厂和东莞分厂主要负责商品的生产和保存，销售主要由几个销售分公司负责，销售签单后，货物由工厂直接发货给客户，但是结算时，由各分公司独立结算。由于销售组织和发货组织不一致，内部管理比较麻烦，需要很多内部协调工作，这个问题 ERP 系统是否有办法解决？"胡工回答："当然可以，这是典型的集团内的跨组织销售问题，也是集团企业常见的业务需求，可以采用跨组织销售管理的功能来管理。不过在使用之前，还需要做一些基础数据的准备工作。由于涉及内部交易，需要设置一些内部客户和供应商的信息。"万明说："那我们开始吧。"

【问题】跨组织销售需要准备哪些数据？

#### 前导知识

由于集团内部业务分工的不同，各组织之间常常存在内部协同业务，会形成内部组织之间的交易关系。为了区分内部客户和外部客户的交易，在发生内部交易时，需要设定内部客户和内部供应商专门用于内部交易业务。这样在发生各组织业务统计、内部交易结算、组织业绩考核等日常业务管理时，能够清楚区分内外部交易，实现不同维度管理要求。

### 活动执行

#### 活动解析

本活动主要设置了内部客户和内部供应商信息，用于管理跨组织销售业务，并设置了物料，补充了可用库存，确保能够正常销售发货。

本活动中，深圳总厂和东莞分厂主要负责产品的生产或者采购以及存储。而华南销售公司和华东销售公司主要负责销售，并没有仓储条件存储货物，接单后安排深圳总厂或者东莞分厂销售发货。因此从内部管理分工角色来看，站在深圳总厂的角度，两家销售公司就是客户，而站在销售公司的角度，两家生产企业就是供应商。

## 活动过程

① 设置物料和补充库存。

② 新增内部客户。

③ 新增内部供应商。

④ 设定组织间业务委托关系。

## 活动步骤

### 1. 设置物料和补充库存

切换到户外用品深圳总厂组织，执行【基础管理】—【基础资料】—【主数据】—【物料列表】命令进入物料列表页面，单击【新增】按钮进入物料-新增页面，按照表 11-2 的内容新增物料，录入完成后依次单击【保存】、【提交】、【审核】、【退出】按钮。

然后执行【业务操作】—【分配】命令，注意要勾选【分配后自动审核】，将新增物料分配至户外用品华南销售公司、户外用品华东销售公司。

表 11-2　跨组织销售新增物料

| 编码 | 名称 | 基本 | | | | 计划属性 | | |
|------|------|------|------|------|------|------|------|------|
| | | 规格型号 | 物料属性 | 存货类别 | 基本单位 | 计划策略 | 制造策略 | 订货策略 |
| S\*\*\*.05.011 | 露营折叠椅 | 蓝色 | 外购 | 产成品 | Pcs | MRP | MTO | LFL（批对批） |

新增一张采购入库单，增加物料的可用库存。

在户外用品深圳总厂组织下，执行【供应链】—【库存管理】—【采购出入库】—【采购入库单】命令进入采购入库单-新增页面。需要录入的主要信息有：【入库日期】为"2030/5/1"、【仓管员】为"何佳"、【供应商】为"风速贸易有限公司"、【物料编码】为"S\*\*\*.05.011"、【实收数量】为"200"、【仓库】为"总厂产成品仓"。录入完成后依次单击【提交】、【审核】、【退出】按钮。

### 2. 新增内部客户

在户外用品深圳总厂组织下，执行【基础管理】—【基础资料】—【主数据】—【客户】命令进入客户-新增页面，按照表 11-3 的内容新增客户。每一个客户资料录入完成后，依次单击【保存】、【提交】、【审核】、【退出】按钮。

表 11-3　内部客户资料

| 客户 | 基本信息 | | 商务信息 | |
|------|------|------|------|------|
| 客户名称 | 客户类别 | 对应组织 | 冻结状态 | 运输提前期/天 |
| 华南销售公司 S\*\*\* | 内部结算客户 | 户外用品华南销售公司 S\*\*\* | 正常 | 3 |
| 华东销售公司 S\*\*\* | 内部结算客户 | 户外用品华东销售公司 S\*\*\* | 正常 | 3 |

### 3. 新增内部供应商

在户外用品深圳总厂组织下，执行【基础管理】—【基础资料】—【主数据】—【供应商】命令进入供应商-新增页面，按照表 11-4 的内容新增供应商，完成后依次单击【保存】、【提交】、【审核】、【退出】按钮。

表 11-4　内部供应商资料

| 供应商编码 | 基本信息 | | 商务信息 |
|------|------|------|------|
| 名称 | 供应类别 | 对应组织 | 业务状态 |
| 深圳总厂内供 S\*\*\* | 采购 | 户外用品深圳总厂 S\*\*\* | 正常 |

> **📖 操作一点通**
>
> 内部客户和内部供应商是相互对应关系。本活动中，站在深圳总厂的角度，华南销售公司和华东销售公司是深圳总厂的内部客户。而站在华南销售公司的角度，深圳总厂则是内部供应商；站在华东销售公司角度，深圳总厂也是其内部供应商。因此常规情况下，我们应该在华南销售公司和华东销售公司的业务组织下，分别录入深圳总厂为对应供应商。由于本活动将客户和供应商资料设置为共享模式，因此，华南和华东销售公司共用了深圳总厂作为内部供应商的基础资料，就不用录入 2 次了。

### 4. 设定组织间业务委托关系

对于跨组织业务，需要提前设置组织间业务委托关系，方便在业务发生时，系统能确定其委托业务发生是否符合公司规定。本活动的组织间业务委托关系已经在活动 2-1-2 中建立。为了学习者学习方便，该关系已经在配套账套中统一设置，在此就无须重复设置了。

> **📖 操作一点通**
>
> 要注意，只有在【组织业务关系】中预定义好其跨组织业务场景和组织对应关系，才能够开展跨组织业务。未设定业务关系的两个组织并不能直接开展相应业务。金蝶云星空的这种功能设置能够起到很好的管控作用，有利于集团对下属企业间交易的管控，避免未授权的跨组织业务发生，也能够减少不必要的操作错误。

## 📖 活动总结

### 操作知识归纳

客户基础资料的【相关】页签属性如表 11-5 所示。

表 11-5　客户基础资料的【相关】页签属性

| 属性 | 值 | 说明 |
| --- | --- | --- |
| 客户类别 | 普通销售客户 | 普通对外销售客户 |
| | 寄售客户 | 选择该类型的客户才能处理寄售业务。详见活动 11-1-1 的讲解 |
| | 内部结算客户 | 选择该类型的客户为内部客户，可以进行组织间结算 |
| 对应组织 | | 当客户是内部客户时，用于指定和内部组织的对应关系 |
| 对应供应商 | | 当客户既是客户，也是供应商时，可以选择对应供应商。这样方便应收应付业务共享信息 |
| 集团客户 | | 勾选时，将该客户设定为集团客户。例如，本企业有 3 个交易客户 A、B、C，但是 3 个交易客户实际是关联公司，A 客户为集团母公司，B、C 客户为其下属企业。那么设置 A 客户资料时，应勾选该参数 |
| 对应集团客户 | | 当客户不是集团母公司，而是某个集团（也是本企业的客户之一）的子公司时，那么可以指定其对应的母公司，建立客户之间的关联关系。接上例，在设置 B、C 客户资料时，就不能勾选【集团客户】参数，但是要在对应集团客户中选择 A 客户，确定 B 客户和 C 客户为 A 客户的下属企业 |
| 默认付款方 | | 勾选时，该客户为对应集团客户中的默认付款方。接上例，在和 A、B、C 客户发生交易后，一般是由 C 客户付款（其常常是 A 客户的结算中心），那么设置 C 客户资料时，就应勾选本参数<br>集团客户、对应集团客户和默认付款方这 3 个属性主要用来设定关联客户之间的业务关系，支持多方交易。多方交易概念参见任务 10-2 的活动的操作知识归纳 |

## ✿ 活动 11-2-2：跨组织销售执行（分散销售、集中出货、分散结算）

### 📖 活动导入

#### 管理情景

销售员万明问胡工："设置好了跨组织销售的基础资料，现在可以做相关业务了吧？"胡工回答："可以了，在做业务之前，先要整理跨组织业务模式，主要分清楚几个关键角色，谁负责对外销售，谁负责销售出货，谁负责销售收款和结算。"万明回答说："我明白了，在我们集团，这几个业务还是比较清晰的，我们主要由销售公司负责销售和结算，生产企业负责供货，业绩也分别归属发生销售业务的公司。"胡工总结道："这是比较典型的分散销售、集中出货、分散结算的业务，我们就从这个业务开始学习。"

【问题】跨组织销售的关键环节有哪些？

#### 前导知识

跨组织销售业务是按照各组织承担的职责不同形成的企业内多组织协同销售的业务模式。跨组织销售一般是集团企业（具有多组织特性）才需要考虑使用的业务模式。由于在集团企业内部常常存在业务分工不同，有些组织负责生产，有些组织负责销售，有些组织负责财务结算处理。因此在集团对外销售时，需要有效整合内部的销售资源，达到合适的管理效果，进而需要选择适合本企业销售业务特点的跨组织销售模式。

### 👆 活动执行

#### 活动解析

本活动主要演示分散销售、集中出货、分散结算的业务模式。由两个销售公司签订销售订单，由深圳总厂统一发货，并由各分公司独立收款结算。

≈≈≈≈**业务数据**≈≈≈

① 2030 年 5 月 19 日，华南销售公司销售员何修文接到重庆飞翔户外用品公司的订单，订购露营折叠椅（S***.05.011）50 个，含税单价 80 元，要求深圳总厂在 2030 年 5 月 28 日前送货到客户指定仓库。

5 月 20 日，华东销售公司销售员顾庆民接到行者自行车俱乐部的订单，订购露营折叠椅（S***.05.011）70 个，含税单价 80 元，要求深圳总厂在 2030 年 5 月 31 日前送货到客户指定仓库。

② 2030 年 5 月 25 日，总厂仓管员何佳办理了重庆飞翔户外用品公司的订单出库手续，50 个露营折叠椅按时从总厂产成品仓发出。

5 月 28 日，何佳办理了行者自行车俱乐部的订单出库手续，70 个露营折叠椅按时从总厂产成品仓发出。

③ 2030 年 5 月 28 日货物送到后，华南销售公司财务人员根据出库单开出相关应收单，准备收款流程。

5 月 31 日另一批货物送到后，华东销售公司财务人员根据出库单开出相关应收单，准备收款流程。

#### 活动过程

图 11-10 所示是分散销售、集中出货、分散结算的业务流程。以本活动为例，由于销售公司负责销售和结算，因此深圳总厂为其进行销售发货。销售发货产生的销售公司和深圳总厂之间的

库存调拨业务只是虚拟的库存调拨，并不是实物移动过程，主要用来体现货权转移的商流过程，并作为供需双方内部结算的依据。

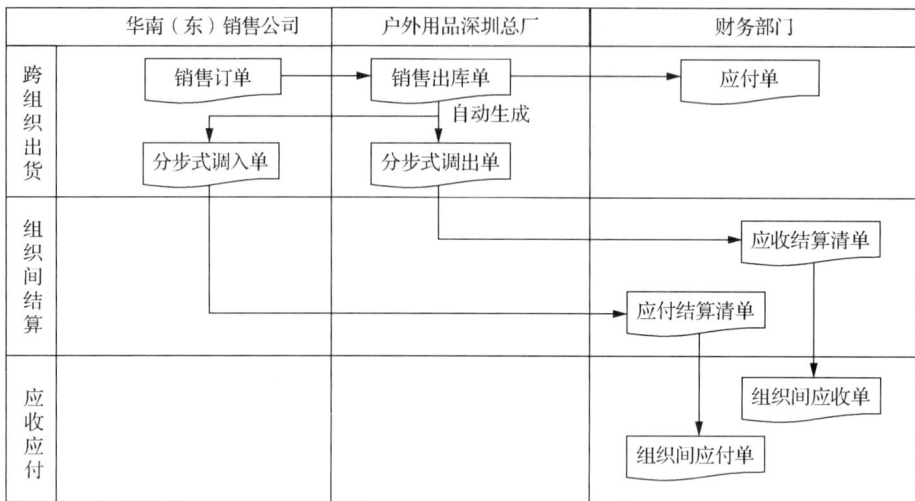

图 11-10　跨组织销售交易（分散销售、集中出货、分散结算）业务流程

## 活动步骤

### 1．新增销售订单

切换到户外用品华南销售公司组织，执行【供应链】—【销售管理】—【订单处理】—【销售订单】命令，进入销售订单-新增页面，然后按业务数据第①段华南销售公司的订单描述填制单据内容，如图 11-11 所示。录入完成后依次单击【提交】、【审核】、【退出】按钮。

图 11-11　华南销售公司销售订单

再切换到户外用品华东销售公司组织，执行【供应链】—【销售管理】—【订单处理】—【销售订单】命令，进入销售订单-新增页面，然后按业务数据第①段华东销售公司的订单描述填制单据内容，如图 11-12 所示。录入完成后依次单击【提交】、【审核】、【退出】按钮。

图 11-12　华东销售公司销售订单

**操作一点通**

① 新增两张销售订单时，要注意手动修改【库存组织】为"户外用品深圳总厂"。本活动中，【销售组织】是华南（华东）销售公司，【库存组织】是深圳总厂，【结算组织】是华南（华东）销售公司，体现了"分散销售、集中出货、分散结算"的业务模式特点。

② 因为在基础篇中已经定义了深圳总厂与华南销售公司、深圳总厂与华东销售公司的组织业务关系（委托销售-受托销售），所以在销售订单明细的库存组织中可以选到户外用品深圳总厂。如果选不到，请查看表 2-2 中组织间委托关系是否设置正确。

### 2．销售订单下推生成销售出库单

切换到户外用品深圳总厂组织，执行【供应链】—【销售管理】—【订单处理】—【销售订单列表】命令，单击【过滤】按钮，在弹出的过滤页面中，单击【可选组织】右边的下拉箭头，然后勾选【户外用品华南销售公司 S***】和【户外用品华东销售公司 S***】，单击下面紧挨着的【确定】按钮，选定组织范围，再单击页面最下方的【确定】按钮，如图 11-13 所示。回到销售订单列表，系统就会显示刚刚生成的两张销售订单。

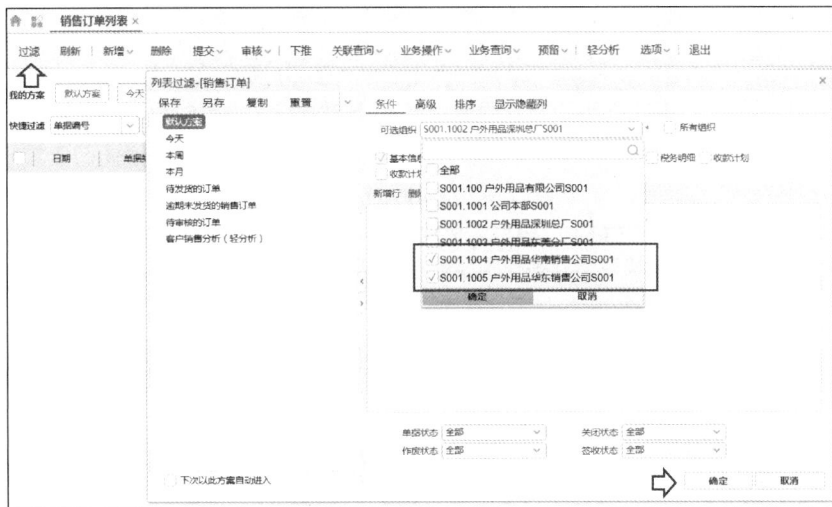

**图 11-13 过滤多组织的销售订单**

先勾选华南销售公司的销售订单，单击【下推】按钮，在弹出的选择单据页面中选中【销售出库单】，单击【确定】按钮进入销售出库单-新增页面，再按照业务数据第②段重庆飞翔户外用品公司的出库描述录入日期、仓库等信息，完成后依次单击【提交】、【审核】、【退出】按钮。

回到销售订单列表，再勾选华东销售公司的订单，单击【下推】按钮，在弹出的选择单据页面中选中【销售出库单】，单击【确定】按钮进入销售出库单-新增页面，再按照业务数据第②段行者自行车俱乐部的出库描述录入日期、仓库等信息，完成后依次单击【提交】、【审核】、【退出】按钮。

### 3．销售出库单选单生成应收单

切换到户外用品华南销售公司组织，执行【财务会计】—【应收款管理】—【销售应收】—【应收单】命令进入应收单-新增页面，单击【选单】按钮，在弹出的选择单据页面中选中【销售出库单】，单击【确定】按钮，在弹出的销售出库单列表中勾选 50 个露营折叠椅的出库单，单击【返回数据】按钮回到应收单页面。再按照业务数据第③段华南销售公司的收款描述录入业务日期等信息，完成后依次单击【提交】、【审核】、【退出】按钮。

再切换到户外用品华东销售公司组织，执行【财务会计】—【应收款管理】—【销售应收】—【应收单】命令进入应收单-新增页面，单击【选单】按钮，在弹出的选择单据页面中选中【销售出库单】，单击【确定】按钮，在弹出的销售出库单列表中勾选 70 个露营折叠椅的出库单，单击【返回数据】按钮回到应收单页面。再按照业务数据第③段华东销售公司的收款描述录入业务日期等信息，完成后依次单击【提交】、【审核】、【退出】按钮。

## 📖 活动总结

### 理论知识归纳

跨组织销售主要有以下四种类型。

① 集中销售、集中出货、集中结算：由多个工厂生产、总部统一销售；货物从总部仓库出库发送给客户；客户与总部统一结算。

② 集中销售、分散出货、分散结算：集团有多个工厂，由销售公司统一销售；销售公司销售时，一般由工厂直接发货给客户，也可能由销售公司在各地设置的分公司或者仓储中心就近发货；客户与分公司（仓储中心）进行结算，分公司（仓储中心）与总部进行内部结算。

③ 分散销售、集中出货、集中结算：由多个销售组织分别接单，由统一的工厂或仓库中心发货给客户，客户与工厂或者仓库中心直接结算。

④ 分散销售、集中出货、分散结算：由多个销售组织分别接单，由统一的工厂或仓库中心发货给客户，客户分别与各销售组织直接结算。

跨组织销售主要就是确定三个关键环节的业务负责组织，如表 11-6 所示。

表 11-6　销售相关组织业务

| 组织类型 | 主要业务 | 业务详解 |
|---|---|---|
| 销售组织 | 谁卖货 | 销售组织是销售达成的负责组织，负责售前的管理和销售订单/合同的签订 |
| 库存组织 | 谁供货 | 库存组织是销售货物发出的组织，其必须有销售商品的库存管理能力或生产能力 |
| 结算组织 | 谁收钱 | 结算组织是最终销售发票开出、销售结算、销售收款的负责组织 |

当以上三个组织有任意两个不一致时，就形成了跨组织销售业务。

### 操作知识归纳

跨组织销售常用的业务委托关系有三种。

① 委托销售关系：供应组织（即库存组织）委托销售组织向客户出售产品，或销售组织受托于供应组织（即库存组织）出售产品。其中，供应组织为委托方，销售组织为受托方。

② 委托保管关系：货主组织委托库存组织保管货物，或者库存组织受托于货主组织保管货物。

③ 应收委托关系：销售组织与结算组织的业务代理关系，委托方要求受托方代为和客户进行应收款结算。

## ✳️ 活动 11-2-3：组织间结算资料准备

### 🔍 活动导入

### 管理情景

财务主管满军咨询胡工说："在我们集团各个业务板块之间都有很多协同业务，例如集中采购、跨组织销售等业务。从财务管理的角度来看，产生了很多组织之间的关联交易，这给我们进行准确财务核算带来了很多挑战，尤其是要进行内部责任中心考核时，我们需要单独为每个责任中心进行财务核算，也就是需要准确确认其收入、成本。而内部关联交易的财务核算是个难点，ERP 系统有没有好的办法解决这个问题？"胡工回答："责任中心考核是一个比较综合的问题，需要考虑很多问题，我们可以先从组织间结算开始逐步解决。只要有跨组织业务发生，ERP 系统都有相关业务单据，其中对交易商品、交易数量等信息都有清楚的记录。我们进行财务核算，主要需要确认的是内部结算价格，这个需要集团内部协商确定。"满军说："好的，那我们先确定内部结算价格。"

【问题】为什么要进行内部结算？

## 前导知识

### 1. 什么是组织间结算

企业（集团）内部各组织（公司、工厂、部门）需独立核算或单独考核时，各组织间发生的业务往来（包括物资转移、资产调拨、费用分配等），需要产生组织间的内部应收和应付。

根据定义可以看出，组织间结算主要用于企业内部结算，主要在组织间发生内部关联交易时，确定交易双方买卖关系，以及交易结算金额。用一个通俗的说法就是"亲兄弟明算账"。

### 2. 组织间结算主要流程

组织间结算主要流程如下。

定义结算价目表：确定交易的内部结算价格，其是最终结算的价格依据。内部结算价格也涉及企业内部不同核算组织之间的利益分配，一般由集团协调相关交易方共同制定，是协商博弈的最终结果。

定义组织间结算关系：明确定义不同交易组织之间的结算关系，以及参照的内部结算价格表。不同结算组织之间发生交易，可以引用不同的价目表来满足企业灵活管理的需要。

根据原始业务单据生成组织间结算清单（应收应付清单）：对已经发生的需要进行跨组织结算的业务单据，调用内部结算价目表，自动生成组织间结算清单，确定交易双方（应收/应付）最终结算金额。在一个核算体系中，双方最终结算金额必须准确一致。由于不同核算体系之间价目表可以不一致，因此同一个业务的结算金额可能不一致。

## 活动执行

### 活动解析

本活动中，深圳总厂为华南/华东销售公司销售供货，由于分属不同核算组织，需要进行组织间结算。集团统一制定了销售公司代销商品的内部结算价格，并以此作为内部结算的价格依据。

### 活动过程

① 新增组织间结算价目表。
② 创建组织间结算关系。

### 活动步骤

#### 1. 新增组织间结算价目表

切换到户外用品深圳总厂组织，执行【供应链】—【组织间结算】—【价格资料】—【组织间结算价目表】命令进入组织间结算价目表-新增页面，按照表 11-7 的内容新增结算价目表，完成后依次单击【保存】、【提交】、【审核】按钮。

表 11-7　组织间结算价目表

| 基本信息 | | | | |
|---|---|---|---|---|
| 核算组织 | 名称 | 生效日 | 失效日 | 含税 |
| 户外用品深圳总厂 S*** | 折叠椅内部结算价 | 2021-1-1 | 2100-1-1 | 勾选 |
| 明细信息 | | | | |
| 物料编码 | 物料名称 | 规格型号 | 价格系数 | 含税单价　税率/%　生效日期　失效日期 |
| S***.05.011 | 露营折叠椅 | 蓝色 | 1 | 65　13　2021-1-1　2100-1-1 |

然后执行【业务操作】—【分发】命令，在业务资料分发向导页面中单击【下一步】按钮，勾选所有的业务组织，如图 11-14 所示。然后再单击【下一步】按钮，系统提示成功分发的信息后，单击【完成】按钮。

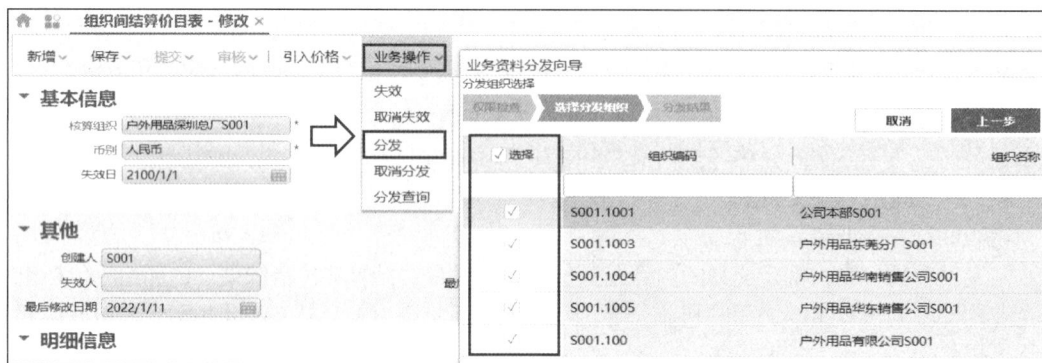

图 11-14　分发组织间结算价目表

📖操作一点通

　　① 在多组织的企业（集团）中，可由一个组织在结算价目表中统一定价，然后分发给其他组织使用。

　　② 如果不同组织之间采用不同价目表，也可以分别录入并有选择性地分发。但是注意，在两个交易组织之间，同一时刻应该使用相同的组织间价目表进行最终组织间结算，也就是说两者必须采用相同价格体系。

### 2．创建组织间结算关系

在户外用品深圳总厂组织下，执行【供应链】—【组织间结算】—【组织间结算关系】—【组织间结算关系】命令进入组织间结算关系-新增页面，按照表 11-8 的内容创建组织间结算关系。注意在【结算关系明细】列表中每新增一行，都要在【价格来源】中定义适用于该结算关系的结算价目表。完成后依次单击【保存】、【提交】、【审核】按钮。

表 11-8　组织间结算关系

| 基本信息 | | | | |
|---|---|---|---|---|
| 会计核算体系 | | 财务会计核算体系 S*** | | |
| 结算关系明细 | | | 价格来源 | |
| 供货方（核算组织） | 默认应收组织 | 接收方（核算组织） | 优先级 | 结算价目表名称 |
| 户外用品有限公司 S*** | 户外用品深圳总厂 S*** | 户外用品华南销售公司 S*** | 1 | 折叠椅内部结算价 |
| 户外用品有限公司 S*** | 户外用品深圳总厂 S*** | 户外用品华东销售公司 S*** | 1 | 折叠椅内部结算价 |

> 📖**操作一点通**
>
> 在创建组织间结算关系之前，必须先设定会计核算体系、核算组织、组织间业务委托关系、内部客户、内部供应商、结算价目表等资料。

# 📖 活动总结

## 理论知识归纳

任意两个业务组织之间的交易，并不一定构成组织间结算业务。只有在两个独立核算的核算组织之间才需要内部结算、分别考核；同一个核算组织下的业务组织之间的交易，视为核算组织内部业务。

本活动中，深圳总厂的上级核算组织——户外用品有限公司与华南销售公司、华东销售公司都是独立的核算组织，所以它们之间的交易会产生组织间结算清单，即：站在深圳总厂的角度，它要产生对华南（东）销售公司的应收单；站在华南（东）销售公司的角度，它们要产生对深圳总厂的应付单。利润中心会计核算体系下组织间结算如图 11-15 所示。

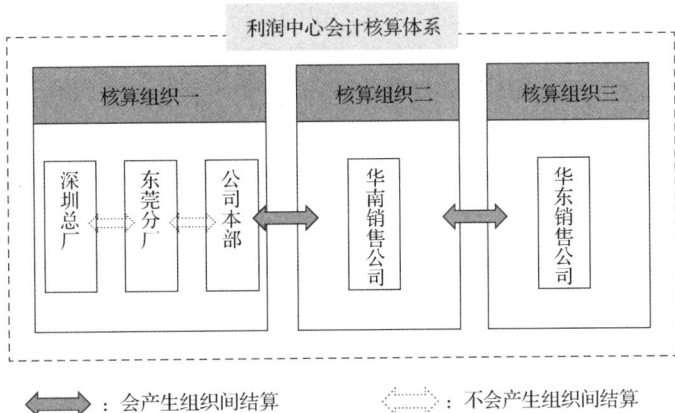

图 11-15 利润中心会计核算体系下组织间结算

总结一下，只要跨组织交易跨越了一个以上的核算组织，就会产生组织间结算过程。如果跨组织交易只是单一核算组织内部的多组织之间的交易，就不会产生组织间结算过程，如任务 10-2 中的集中采购业务。

另外，企业可以同时设置不同核算体系来解决不同管理维度和核算维度的要求。在不同核算体系下，同一笔跨组织交易完全可能采取不同的处理方式，也可以引用不同组织间结算价目表，产生不同的核算结果。

## 作业

在户外用品公司的法人会计核算体系下（见图 11-16），如果发生了华南销售公司对外销售商品，并委托深圳总厂供货的业务，请问该业务是否需要进行组织间结算？

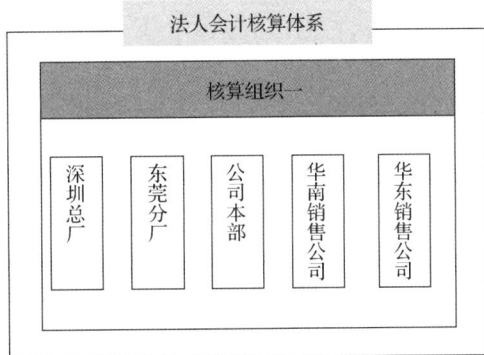

图 11-16 法人会计核算体系下组织间结算

# ✳ 活动 11-2-4：组织间结算业务处理

## 🖉 活动导入

### 管理情景

财务主管满军问胡工："我们已经拟定好了组织间价目表，现在可以进行组织间结算了吧？"胡工回答："当然可以。"满军继续发问道："那我们需要把所有组织间交易业务都查找出来，再逐笔确认其内部结算价格和核算金额吗？"胡工回答说："不用这么麻烦，这种查找确认的工作就交给 ERP 系统处理。金蝶云星空可以自动查找跨组织交易业务，并根据组织间结算关系指定的价目表，确定结算价格和核算金额。只要交易是准确的，这个工作就可以很快完成！"满军高兴地说："那太好了，这个太方便了！"

【问题】跨组织结算主要完成哪些工作？

## 前导知识

### 1．组织间结算应用场景

组织间结算有多种应用场景，以下列出了跨组织结算的主要业务场景。

① 跨组织调拨：关联企业之间的物料调拨。

② 跨组织销售：销售公司接客户订单，指定关联工厂供应货物。

③ 跨组织采购：来自关联工厂的物料需求，由采购中心向供应商下单。

④ 跨组织领料：工厂生产所用的材料，从关联企业领用。

⑤ 跨组织完工：工厂生产出的产品，送入关联企业储存。

⑥ 跨组织委托：联系企业间的委托加工，包括委外订单、委外工序。

⑦ 组织间服务：包括资金结算、质量检验等。

组织间结算应用场景也就是组织间业务关系，目前系统中组织间业务关系共有 13 种，可以使用 administrator 登录数据中心，执行【系统管理】—【组织机构】—【组织关系】—【组织业务关系】命令查看。

### 2．跨组织销售的主要交易模式

限于篇幅，本活动重点介绍跨组织销售业务和相关的跨组织结算。跨组织销售业务在不同组织间存在三种交易模式。

① 两个组织之间按照正常的客户、供应商交易流程进行交易。业务组织 A 接到客户订单后，向业务组织 B 下采购订单，然后按照正常的采购收货流程完成组织间交易。这种交易模式多发生在两个法人组织之间，由于买卖双方分别签订了采购和销售订单，一般已经约定了交易价格，也会各自产生应收/应付业务。采用这种方式一般无须再进行组织间交易结算。

② 业务组织 A 接到客户订单后，向业务组织 B 提出要货申请，业务组织 B 调拨货物业务到业务组织 A，业务组织 A 再出货给客户。这种业务场景实质上就是"跨组织库存调拨"。

③ 业务组织 A 接到客户订单后，业务组织 B 按此订单直接出货给客户。这种业务场景实质上是一种直运业务，业务组织 B 的出库单隐含了"业务组织 B 调拨货物到业务组织 A，业务组织 A 再出货给客户"的业务过程。

第 2 和第 3 种业务一般需要进行跨组织结算。活动 11-2-2 中的业务就属于第 3 种模式。

## ✍活动执行

### 活动解析

≈≈≈业务数据≈≈≈

2030 年 5 月 31 日，深圳总厂财务部满军为了结清本月与内部客户的应收款项，创建结算清单，系统自动生成应收单后开始收款流程。

在任务 11-2 中，已经发生了跨组织销售业务，如果没有完成，请完成前面任务后再执行本活动流程。

### 活动过程

① 创建结算清单。

② 查看结算清单。

③ 选单生成应收单。

④ 选单生成应付单。

## 活动步骤

### 1．创建结算清单

在户外用品深圳总厂组织下，执行【供应链】—【组织间结算】—【结算清单】—【创建结算清单】命令。在【选择范围】步骤中，设置【会计核算体系】为"财务会计核算体系 S\*\*\*"，设置【核算组织】为"户外用品有限公司 S\*\*\*"，【起始日期】设为"2030/5/1"，【截止日期】设为"2030/5/31"，其余参数使用系统默认值，如图 11-17 所示。然后单击【下一步】按钮。

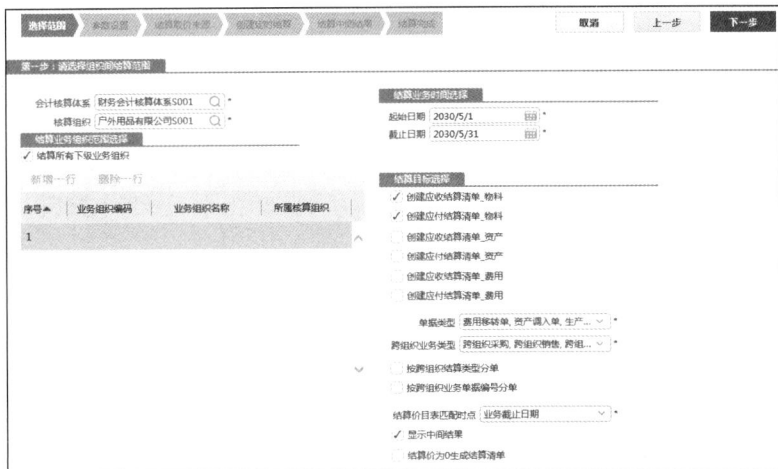

图 11-17　创建结算清单：选择范围

在【参数设置】步骤中，勾选【结算业务对方组织自动生成结算清单】、【有结算价格的应收结算清单自动审核】和【审核结算应收清单联动审核应付结算清单】这三个参数，如图 11-18 所示，再单击【下一步】按钮。

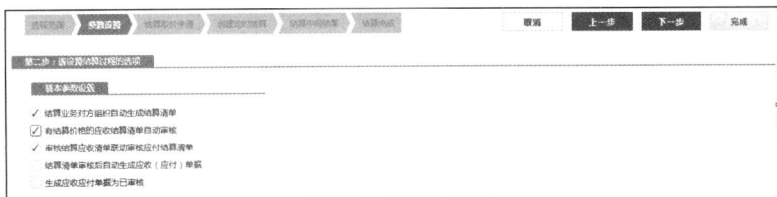

图 11-18　创建结算清单：参数设置

在【结算取价来源】步骤中，所有跨组织业务类型的取价来源都采用系统默认值，如图 11-19 所示，不做变动，然后单击【下一步】按钮。

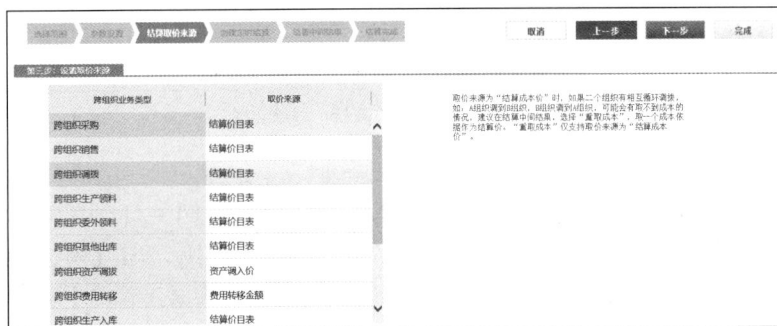

图 11-19　设置组织间结算取价来源

📖**操作一点通**

① 跨组织销售的取价来源还支持"销售价格减价"，即在物料基础资料的【销售】页签下维护【代理销售减价比例(%)】信息，则取价时，按照"销售价×（1-减价率）"计算结算价。

② 对于跨组织采购，还支持"采购价格加成"，即在物料基础资料的【采购】页签下维护【代理采购加成比例(%)】信息，则取价时，按照"采购价×（1+加成率）"计算结算价。

在【创建定时结算】步骤中，该页面必须已经配置了定时结算方案才会显示。本活动没有启用该功能，因此该页面会自动跳过。定时结算方案需要在【供应链】—【组织间结算】—【结算清单】—【定时结算】中创建，用于结算的自动化处理。

在【结算中间结果】步骤中，系统会显示计算的中间结果。如果出现没有有效获取结算价格的业务单据，还可以手动调整和补充结算价格，该页面中间提供了多种操作功能来再次获取结算价格，例如：重新设置【选择结算价目表】、引出 0 价格的中间结果】进行重点分析等。本活动的结算价格已经正确获取，无须再调整，如图 11-20 所示，单击【下一步】按钮。

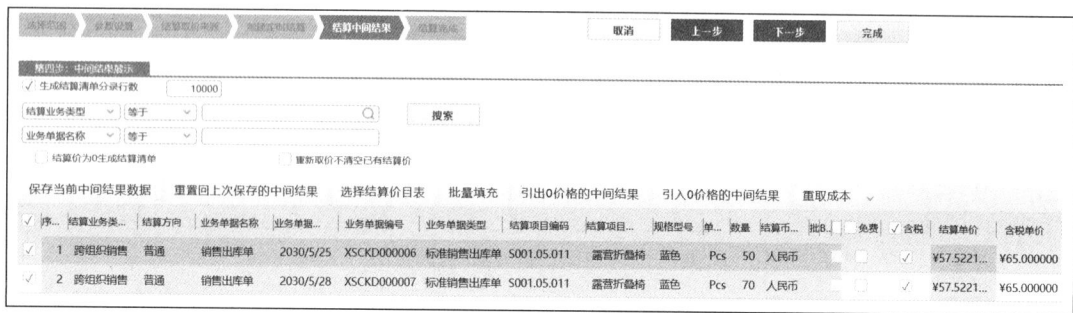

图 11-20　结算中间结果显示

在【结算完成】步骤中，系统会根据中间结果中的数据，自动生成组织间结算系列单据。如果系统显示的是"创建结算清单成功"，如图 11-21 所示，则单击【完成】结束整个过程。如果没有成功，则回退到前面步骤查找原因。

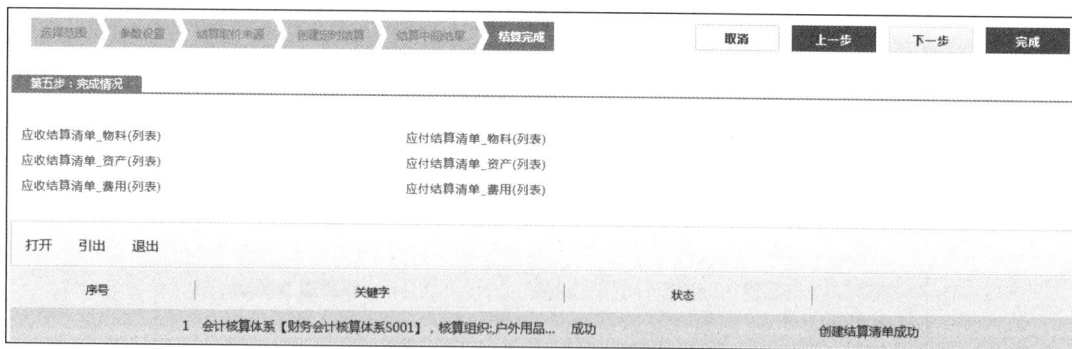

图 11-21　创建结算清单：结算完成

### 2. 查看结算清单

在户外用品深圳总厂组织下，执行【供应链】—【组织间结算】—【结算清单】—【应收结算清单_物料】命令，单击【过滤】按钮，在弹出的列表过滤页面中，单击【可选组织】右边的下拉箭头，然后勾选【S***.100 户外用品有限公司 S***】，单击下面紧挨着的【确定】按钮。可选组织范围确定后，再单击页面最下方的【确定】按钮，如图 11-22 所示。

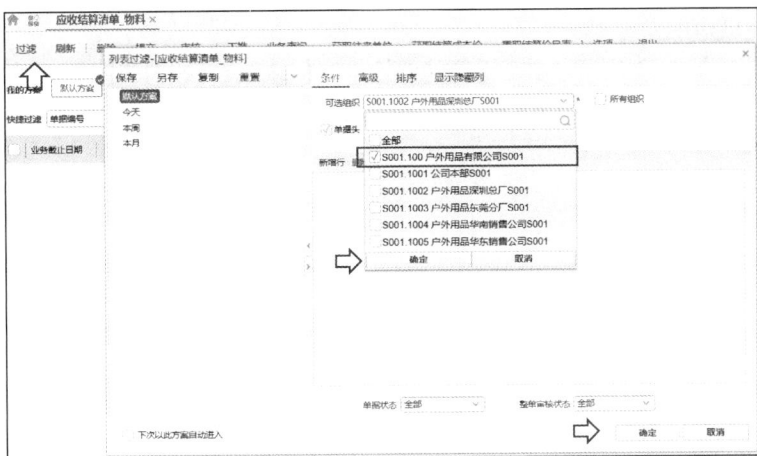

图 11-22　应收结算清单_物料列表过滤页面

回到应收结算清单_物料列表中可以看到，如果站在深圳总厂（户外用品有限公司是深圳总厂的上级核算组织）的角度，它要产生对华南（东）销售公司的应收结算清单，如图 11-23 所示。

图 11-23　应收结算清单_物料页面

如果站在华南（东）销售公司的角度，查看它们产生的对深圳总厂的应付结算清单，可以执行【供应链】—【组织间结算】—【结算清单】—【应付结算清单_物料】命令，设置好过滤条件后查看，如图 11-24 所示。

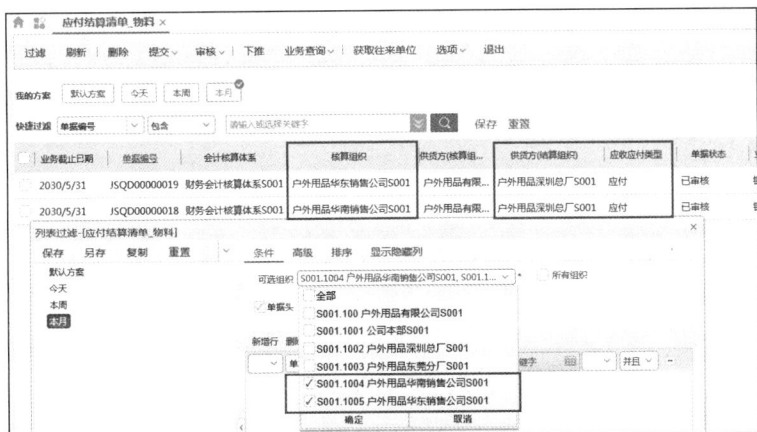

图 11-24　应付结算清单_物料页面

📖操作一点通

　　因为在创建结算清单的【参数设置】步骤勾选了【结算业务对方组织自动生成结算清单】、【有结算价格的应收结算清单自动审核】、【审核结算应收清单联动审核应付结算清单】参数，所以看到的应收/应付结算清单都是自动生成的，并且是已审核的单据状态。

### 3. 选单生成应收单

在户外用品深圳总厂组织下，执行【财务会计】—【应收款管理】—【销售应收】—【应收单】命令进入应收单-新增页面，【客户】选择"华南销售公司 S***"，修改【业务日期】为"2030/5/31"，再单击【选单】按钮。在弹出的选择单据页面中选择【应收结算清单_物料】，再单击【确定】按钮。在弹出的应收结算清单_物料列表中勾选所有行，再单击【返回数据】按钮回到应收单-新增页面。完成后依次单击【提交】、【审核】、【退出】按钮。

再次执行【财务会计】—【应收款管理】—【销售应收】—【应收单】命令进入应收单-新增页面，【客户】选择"华东销售公司 S***"，修改【业务日期】为"2030/5/31"，再单击【选单】按钮。在弹出的选择单据页面中选择【应收结算清单_物料】，再单击【确定】按钮。在弹出的应收结算清单_物料列表中勾选所有行，再单击【返回数据】按钮回到应收单-新增页面。完成后依次单击【提交】、【审核】、【退出】按钮。生成的应收单页面如图 11-25 所示。

图 11-25　深圳总厂应收单页面

### 4. 选单生成应付单

切换到户外用品华南销售公司组织，执行【财务会计】—【应付款管理】—【采购应付】—【应付单】命令进入应付单-新增页面，【供应商】选择"深圳总厂 S***内供"，修改【业务日期】为"2030/5/31"。单击【选单】按钮，在弹出的选择单据页面中选择【应付结算清单_物料】。单击【确定】按钮，在弹出的应付结算清单_物料列表中勾选所有行，再单击【返回数据】按钮回到应付单-新增页面。完成后依次单击【提交】、【审核】、【退出】按钮。生成的华南销售公司应付单页面，如图 11-26 所示。

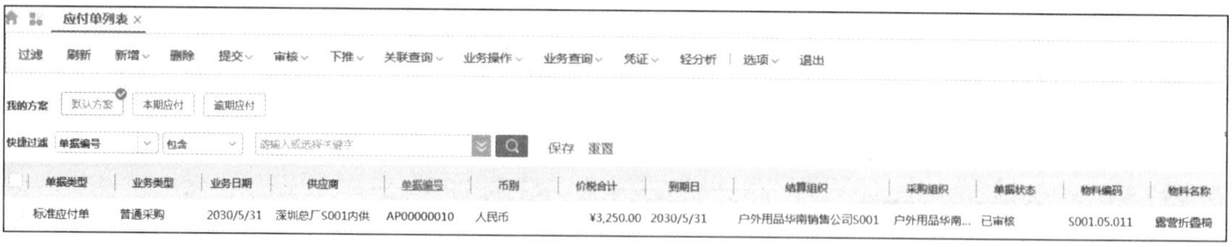

图 11-26　华南销售公司应付单页面

切换到户外用品华东销售公司组织，执行【财务会计】—【应付款管理】—【采购应付】—【应付单】命令进入应付单-新增页面，【供应商】选择"深圳总厂 S***内供"，修改【业务日期】为"2030/5/31"。单击【选单】按钮，在弹出的选择单据页面中选择【应付结算清单_物料】。单击【确定】按钮，在弹出的应付结算清单_物料列表中勾选所有行，再单击【返回数据】按钮回到应付单-新增页面。完成后依次单击【提交】、【审核】、【退出】按钮。

📖 操作一点通

因为在创建结算清单的第二步没有勾选【结算清单审核后自动生成应收（应付）单据】、【生成应收应付单据为已审核】参数，所以需要手动生成相关组织的应收（应付）单据并审核。

## 📖 活动总结

### 理论知识归纳

组织间结算整体业务流程如下。

① 业务组织之间发生了业务，并且符合跨组织结算条件。

② 准备核算体系、组织间结算关系、结算价目表等结算所需资料。

③ 不同的会计核算体系引用不同的价目表，生成组织间结算清单。

④ 组织间结算清单生成交易双方各自的应收/应付单据。

组织间结算整体业务流程如图 11-27 所示。

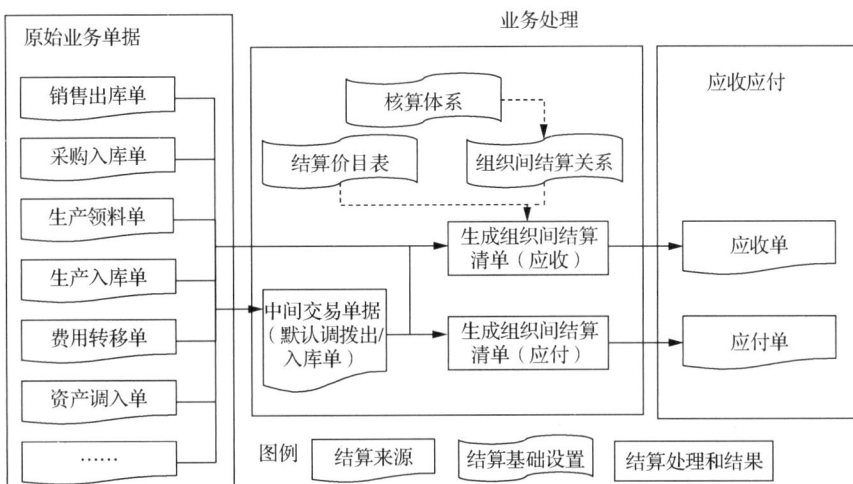

图 11-27　组织间结算整体业务流程

# 生产管理进阶

## 项目概述

　　本项目重点讲解车间作业管理与生产物料替代两个专题。车间作业管理围绕工序级管理，讲解了工作中心、工艺路线等复杂工程数据的设置，以及工序排程方法与工序执行过程管理。生产物料替代讲解了物料替换策略等资料设置，以及物料替代的方案。这两个专题都是综合应用项目，涉及基础管理、工程数据、计划管理、车间管理等多个模块内容。两个任务相对独立，学习者可以根据需要选择学习。

## 项目重点

- 工序数据深度应用
- 工序排程与工序管理
- 生产物料替换策略与执行

## 任务 12-1 车间作业管理

### 活动 12-1-1：工程数据管理进阶

#### 活动导入

**管理情景**

计划主管陈东明咨询胡工说："我们的 MRP 计算已经运行一段时间了，大家也熟悉了计划制订和生产订单的执行，现在我们希望能够进一步深化生产管理，将生产任务细化到工序级管理，这样我们可以了解现场每道生产工序的执行情况，有利于我们分析和提升生产现场管理水平。ERP 系统能否支持工序级管理？"胡工回答说："当然可以支持，车间管理模块主要就是进行工序级管理的功能模块，不过要想工序级管理的精细程度有很大提升，需要做较多的准备工作，需要对现有生产资源、加工过程进行全面的梳理，整理更细化的工程数据，比如需要设置工作中心和工艺路线等资料，只有掌握了这些细化的数据，才能将生产任务细化为具体的加工工序，分配工序任务并监控工序的执行结果。"陈东明回答道："那我明白了，我先组织人员进行工序级管理相关的工程数据整理，请您指导我们如何整理。"胡工回答说："没问题，现在就开始。"

【问题】①企业为什么要做工序级管理？②工序级管理需要准备哪些数据？

**前导知识**

**1. ERP 系统中生产能力的构成要素**

① 设备是各种实际生产加工的执行载体。设备数据不只是设备的基本信息记录，还用于后续工序派工、工序汇报等工作。

② 资源是系统对生产中所使用的设备、人员的泛称，是在设备、人员等实际生产载体之上的逻辑抽象。资源可以是一台或一组设备，也可以是一个人员或班组，还可以是生产中任何被作为一个整体管理的设备与人员的组合。通过资源的设置，能够屏蔽下层设备和人员的细节差异，更聚焦于资源在产能管理方面的特征，例如：一个数控机床和操作员组成的资源，它的单日可用时长由数控机床的可运行时间和操作人员的工作时长决定。

③ 工作中心（Working Center，WC）是各种生产能力单元的统称，是各种实际生产资源的逻辑抽象。在金蝶云星空系统中，工作中心一般由各种资源构成，是核算生产能力的载体，也是核算生产成本的载体。在有些 ERP 系统中，没有资源这一层的设置，那么工作中心直接是设备和人员的集合，也具有资源的特性。ERP 进行能力需求计划和工序计划运算时，一般核算到工作中心这一层。图 12-2 中的数控加工中心就是一个工作中心。

在简单介绍完设备、资源和工作中心后，我们可以用一张结构图来显示它们在车间管理中的层次关系，如图 12-1 所示。图 12-1 较为清楚地展示了设备（人员）、资源、工作中心的逻辑关系，这三者构成了车间生产能力管理的基本单元，主要体现"能做什么，有多大产能"。

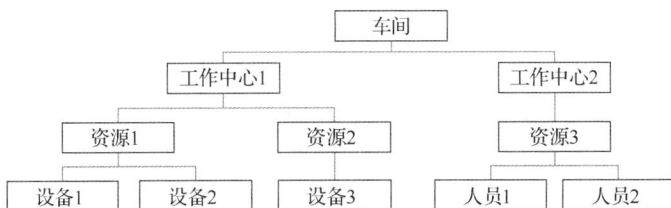

图 12-1 生产能力的基本构成要素

### 2. ERP 系统中生产需求的构成要素

① 工艺路线（Routing）是描述物料加工、零部件装配的操作步骤和顺序的技术文件，是多个工序序列的有序集合。

② 工序（金蝶云星空系统中称为作业）是产品在某一工作中心的具体加工过程，是生产作业人员或机器设备为了完成指定的任务而做的一个动作或一连串动作，是加工物料、装配产品的基本加工作业方式。

③ 基本活动是工艺路线的基础，在生产过程中，所有的增值动作都被抽象成活动。工序可以细分为若干基本活动，例如：准备活动、加工活动、拆卸活动等。

④ 工序控制码是用来控制该工序是否执行某个特定业务动作的参数。例如：是否参与工序排程、工序的加工方式和汇报方式等。

以手电筒外壳制造工艺为例，图 12-2 列出了工艺路线、工序、基本活动等相关关系。这些要素主要用来衡量生产的实际需求情况，主要体现"要做什么，需要多少资源，耗费多少时间"。

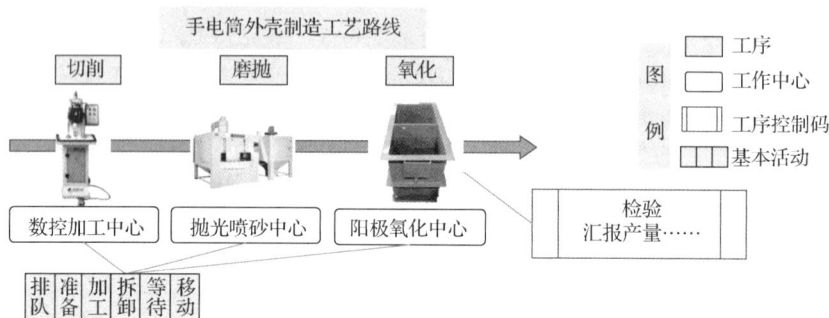

图 12-2　生产需求构成的基本要素

## 活动执行

### 活动解析

本活动重点设置了一个物料的物料资料、库存数据、BOM、工作中心、工艺路线等相关数据，这些数据都是活动 12-1-2 工序排程和工序执行的基础数据。

### 活动过程

① 新增物料和库存准备。

② 设置产品 BOM。

③ 工作中心和工艺路线相关数据设置。

### 活动步骤

#### 1. 新增物料和库存准备

在户外用品深圳总厂组织下，执行【基础管理】—【基础资料】—【主数据】—【物料列表】命令进入物料列表页面，单击【新增】按钮进入物料-新增页面，按照表 12-1 的内容新增物料。录入完成后依次单击【保存】、【提交】、【审核】、【退出】按钮。

然后执行【业务操作】—【分配】命令，注意要勾选【分配后自动审核】，将新增物料分配至户外用品东莞分厂。

表12-1 车间管理新增物料

| 编码 | 名称 | 基本 | | | | 生产 | 计划属性 | |
|------|------|------|------|------|------|------|------|------|
| | | 规格型号 | 物料属性 | 存货类别 | 基本单位 | 生产类型 | 计划策略 | 制造策略 |
| S\*\*\*.01.020 | 铝棒 | d150mm | 外购 | 原材料 | 米 | 系统默认 | MRP | MTO |
| S\*\*\*.02.003 | 手电筒外壳 | T6061 铝合金 | 自制 | 自制半成品 | Pcs | 工序汇报入库-普通生产 | MRP | MTO |

新增原材料铝棒的期初库存，为了满足后续的生产任务领料需求，我们假定在 2030 年 3 月 1 日，东莞分厂仓管员陈鱼录入了一张其他入库单，物料是铝棒（S\*\*\*.01.020），收货仓库是分厂原材料仓，实收数量是 50 米，供应商是兴发钢材厂。

切换到户外用品东莞分厂组织，执行【供应链】—【库存管理】—【杂收杂发】—【其他入库单】命令，按照要求录入单据。完成后依次单击【提交】、【审核】、【退出】按钮。

**2．设置产品BOM**

切换到户外用品深圳总厂组织，执行【生产制造】—【工程数据】—【物料清单】—【物料清单】命令，录入表 12-2 中的数据。完成后依次单击【保存】、【提交】、【审核】按钮。

然后执行【业务操作】—【分配】命令，按照分配向导的提示，将新增 BOM 分配至户外用品东莞分厂。

表12-2 手电筒外壳 BOM

| 主产品 | | | | | |
|------|------|------|------|------|------|
| 单据类型 | BOM 分类 | BOM 用途 | 父项物料编码 | 物料名称 | 规格型号 |
| 物料清单 | 标准 BOM | 通用 | S\*\*\*.02.003 | 手电筒外壳 | T6061 铝合金 |
| 子项明细 | | | | | |

| 子项物料编码 | 子项物料名称 | 子项规格型号 | 子项类型 | 用量类型 | 用量:分子 | 用量:分母 | 生效日期 | 失效日期 | 发料方式 |
|------|------|------|------|------|------|------|------|------|------|
| S\*\*\*.01.020 | 铝棒 | d150mm | 标准件 | 变动 | 0.3 | 1 | 2021-1-1 | 9999-12-31 | 直接领料 |

### 3．工作中心和工艺路线相关数据设置

（1）设置基本活动

金蝶云星空系统已经预设了 3 种基本活动，用户可以通过执行【生产制造】—【车间管理】—【工艺建模】—【基本活动列表】命令来查询，如图 12-3 所示。预制的 3 种基本活动可以满足本活动需要，就不增加新的基本活动了。如果企业有特殊生产活动，也可自定义基本活动。

图12-3 基本活动列表

（2）新增作业

切换到户外用品东莞分厂组织，执行【生产制造】—【车间管理】—【工艺建模】—【作业】命令，依次新增表 12-3 中的作业。每次完成后依次单击【保存】、【提交】、【审核】、【退出】按钮。

表12-3 作业数据

| 基本信息 | | 常规 | | |
| --- | --- | --- | --- | --- |
| 名称 | 数据采集顺序 | 特征标识 | 生效日期 | 失效日期 |
| 切削 | 订单 | 普通作业 | 2021-1-1 | 9999-12-31 |
| 磨抛 | 订单 | 普通作业 | 2021-1-1 | 9999-12-31 |
| 氧化 | 订单 | 普通作业 | 2021-1-1 | 9999-12-31 |

（3）新增工序控制码

工序控制码是共享型的基础资料，为了避免多人新增造成数据混乱，已经在配套账套中预设了表12-4所示的数据。如果需要了解该数据，可以执行【生产制造】—【车间管理】—【工艺建模】—【工序控制码】命令查看。

表12-4 工序控制码数据

| 名称 | 常规 | | | | | |
| --- | --- | --- | --- | --- | --- | --- |
| | 参与工序排程 | 检验方式 | 返修方式 | 加工方式 | 汇报方式 | 工序时间默认单位 |
| 免检+可选汇报 | 勾选 | 免检 | 不控制 | 厂内加工 | 可选汇报 | 分钟 |
| 免检+汇报 | 勾选 | 免检 | 不控制 | 厂内加工 | 必须汇报 | 分钟 |

（4）新增设备

设备资料设置主要用于设备层的信息采集和设备管理。本活动不涉及新增设备。

（5）新增资源

在户外用品东莞分厂组织下，执行【生产制造】—【车间管理】—【工艺建模】—【资源】命令，依次新增表12-5中的资源。每次完成后依次单击【保存】、【提交】、【审核】、【退出】按钮。

表12-5 资源数据

| 基本信息 | | 常规 | | | | | | | |
| --- | --- | --- | --- | --- | --- | --- | --- | --- | --- |
| 创建组织 | 名称 | 资源类别 | 资源数量 | 数量单位 | 生效日期 | 失效日期 | 计算能力 | 能力单位类别 | 能力单位 |
| 户外用品东莞分厂 S*** | CNC 数控机床 | 机器 | 1 | 台 | 2021-1-1 | 9999-12-31 | 勾选 | 按时间维度衡量 | 分 |
| 户外用品东莞分厂 S*** | 抛光喷砂小组 | 人员 | 2 | Pcs | 2021-1-1 | 9999-12-31 | 勾选 | 按时间维度衡量 | 分 |
| 户外用品东莞分厂 S*** | 阳极氧化设备 | 机器 | 1 | 台 | 2021-1-1 | 9999-12-31 | 勾选 | 按时间维度衡量 | 分 |

（6）新增生产汇报类型

在户外用品东莞分厂组织下，执行【生产制造】—【生产管理】—【基础资料】—【生产汇报类型】命令，依次新增表12-6中的生产汇报类型。每次完成后依次单击【保存】、【提交】、【审核】、【退出】按钮。

表12-6 生产汇报类型数据

| 常规 | | | |
| --- | --- | --- | --- |
| 创建组织 | 名称 | 属性 | 默认类型 |
| 户外用品东莞分厂 S*** | 正常生产 | 有效工时 | 勾选 |
| 户外用品东莞分厂 S*** | 欠料停线 | 无效工时 | |
| 户外用品东莞分厂 S*** | 设备故障 | 无效工时 | |
| 户外用品东莞分厂 S*** | 业务培训 | 中性工时 | |

（7）设置车间公式

车间公式用于设置工期、活动量和汇报量的计算规则。其配置难度较大，需要精通产品生产过程和产能核算方法，对初学者有较大挑战。为了简化难度，本书已经在配套的教学账套中将车间公式从默认的分配型资料改为共享型的资料，学员可以直接使用，无须新增和分配。金蝶云星空系统预设了 9 个常用公式，如图 12-4 所示，可以满足常规业务要求。学习者如果有深度要求，可执行【生产制造】—【车间管理】—【工艺建模】—【车间公式列表】命令来查询或修改。

| 编码 | 创建组织 | 名称 | 公式用途 | 默认公式 | 数据状态 | 禁用状态 | 计算公式 |
|---|---|---|---|---|---|---|---|
| CJGS01_SYS | 户外用品有限公司 | 准备工期内置公式 | 准备工期 | 是 | 已审核 | 否 | [准备活动] |
| CJGS02_SYS | 户外用品有限公司 | 加工工期内置公式 | 加工工期 | 是 | 已审核 | 否 | [加工活动] * CEIL（（[工序计划.工序数量] - [工序计划.合格数量] - [工序计划.不合格数量] - [工序计划.返工转出数量]）/[... |
| CJGS03_SYS | 户外用品有限公司 | 拆卸工期内置公式 | 拆卸工期 | 是 | 已审核 | 否 | [拆卸活动] |
| CJGS04_SYS | 户外用品有限公司 | 准备活动总量公式 | 活动总量 | 否 | 已审核 | 否 | [准备活动] * [工序计划.实际拆分数量] |
| CJGS05_SYS | 户外用品有限公司 | 加工活动总量公式 | 活动总量 | 否 | 已审核 | 否 | [加工活动] * CEIL（[工序计划.工序数量] / [工序计划.基本批量]） |
| CJGS06_SYS | 户外用品有限公司 | 拆卸活动总量公式 | 活动总量 | 否 | 已审核 | 否 | [拆卸活动] * [工序计划.实际拆分数量] |
| CJGS07_SYS | 户外用品有限公司 | 准备活动汇报量内置公式 | 准备活动汇报量 | 是 | 已审核 | 否 | [准备活动] |
| CJGS08_SYS | 户外用品有限公司 | 加工活动汇报量内置公式 | 加工活动汇报量 | 是 | 已审核 | 否 | [加工活动] * CEIL（[工序汇报.合格数量] / [工序计划.基本批量]） |
| CJGS09_SYS | 户外用品有限公司 | 拆卸活动汇报量内置公式 | 拆卸活动汇报量 | 是 | 已审核 | 否 | [拆卸活动] |

图 12-4　车间公式列表

（8）新增工作中心

在户外用品东莞分厂组织下，执行【生产制造】—【车间管理】—【工艺建模】—【工作中心】命令，依次新增表 12-7、表 12-8 和表 12-9 中的工作中心。每次完成后依次单击【保存】、【提交】、【审核】、【退出】按钮。

表 12-7　数控加工中心数据

| 创建组织 | | | | | 名称 | |
|---|---|---|---|---|---|---|
| 户外用品东莞分厂 S*** | | | | | 数控加工 | |
| **常规** | | | | | | |
| 所属部门 | 工序控制码 | 作业 | 生效日期 | 失效日期 | 关键工作中心 | |
| 分厂生产车间 | 免检+可选汇报 | 切削 | 2021-1-1 | 9999-12-31 | | |
| **基本活动** | | | | | | |
| 基本活动 | 活动类型 | 单位 | 活动量公式 | | 活动汇报量公式 | |
| 准备活动 | 人员 | 分 | 准备活动总量内置公式 | | 准备活动汇报量内置公式 | |
| 加工活动 | 机器 | 分 | 加工活动总量内置公式 | | 加工活动汇报量内置公式 | |
| 拆卸活动 | 人员 | 分 | 拆卸活动总量内置公式 | | 拆卸活动汇报量内置公式 | |
| **能力** | | | | | | |
| 资源 | 参与排程 | 实际准备能力活动 | | 实际加工能力活动 | 实际拆卸能力活动 | |
| CNC 数控机床 | 勾选 | 准备活动 | | 加工活动 | 拆卸活动 | |
| **排程** | | | | | | |
| 准备工期公式 | 加工工期公式 | | 拆卸工期公式 | | 标准移动时间 | |
| 准备工期内置公式 | 加工工期内置公式 | | 拆卸工期内置公式 | | 15 分钟 | |

表 12-8　抛光喷砂中心数据

| 创建组织 | | | | | 名称 | |
|---|---|---|---|---|---|---|
| 户外用品东莞分厂 S*** | | | | | 抛光喷砂 | |
| **常规** | | | | | | |
| 所属部门 | 工序控制码 | 作业 | 生效日期 | 失效日期 | 关键工作中心 | |
| 分厂生产车间 | 免检+可选汇报 | 磨抛 | 2021-1-1 | 9999-12-31 | | |

续表

| 基本活动 | | | | |
|---|---|---|---|---|
| 基本活动 | 活动类型 | 单位 | 活动量公式 | 活动汇报量公式 |
| 准备活动 | 人员 | 分 | 准备活动总量内置公式 | 准备活动汇报量内置公式 |
| 加工活动 | 人员 | 分 | 加工活动总量内置公式 | 加工活动汇报量内置公式 |
| 拆卸活动 | 人员 | 分 | 拆卸活动总量内置公式 | 拆卸活动汇报量内置公式 |

| 能力 | | | | |
|---|---|---|---|---|
| 资源 | 参与排程 | 实际准备能力活动 | 实际加工能力活动 | 实际拆卸能力活动 |
| 抛光喷砂小组 | 勾选 | 准备活动 | 加工活动 | 拆卸活动 |

| 排程 | | | |
|---|---|---|---|
| 准备工期公式 | 加工工期公式 | 拆卸工期公式 | 标准移动时间 |
| 准备工期内置公式 | 加工工期内置公式 | 拆卸工期内置公式 | 15 分钟 |

表 12-9　阳极氧化中心数据

| 创建组织 | 名称 |
|---|---|
| 户外用品东莞分厂 S*** | 阳极氧化 |

| 常规 | | | | | |
|---|---|---|---|---|---|
| 所属部门 | 工序控制码 | 作业 | 生效日期 | 失效日期 | 关键工作中心 |
| 分厂生产车间 | 免检+汇报 | 氧化 | 2021-1-1 | 9999-12-31 | 勾选 |

| 基本活动 | | | | |
|---|---|---|---|---|
| 基本活动 | 活动类型 | 单位 | 活动量公式 | 活动汇报量公式 |
| 准备活动 | 人员 | 分 | 准备活动总量内置公式 | 准备活动汇报量内置公式 |
| 加工活动 | 机器 | 分 | 加工活动总量内置公式 | 加工活动汇报量内置公式 |
| 拆卸活动 | 人员 | 分 | 拆卸活动总量内置公式 | 拆卸活动汇报量内置公式 |

| 能力 | | | | |
|---|---|---|---|---|
| 资源 | 参与排程 | 实际准备能力活动 | 实际加工能力活动 | 实际拆卸能力活动 |
| 阳极氧化设备 | 勾选 | 准备活动 | 加工活动 | 拆卸活动 |

| 排程 | | | |
|---|---|---|---|
| 准备工期公式 | 加工工期公式 | 拆卸工期公式 | 标准移动时间 |
| 准备工期内置公式 | 加工工期内置公式 | 拆卸工期内置公式 | 30 分钟 |

（9）新增工艺路线

在户外用品东莞分厂组织下，执行【生产制造】—【车间管理】—【工艺建模】—【工艺路线】命令，录入表 12-10 中的内容。完成后依次单击【保存】、【提交】、【审核】、【退出】按钮。

表 12-10　手电筒外壳工艺路线数据

| 创建组织 | 名称 |
|---|---|
| 户外用品东莞分厂 S*** | 手电筒外壳制造工艺 |

| 常规 | | | | | |
|---|---|---|---|---|---|
| 工艺类型 | 物料编码 | 生产车间 | 自动生成入库单 | 生效日期 | 失效日期 |
| 物料 | S***.02.003 | 分厂生产车间 | 按汇报单据类型 | 2021-1-1 | 9999-12-31 |

| 工序列表 | | | | |
|---|---|---|---|---|
| 工序号 | 加工组织 | 工作中心 | 作业 | 工序控制码 |
| 10 | 户外用品东莞分厂 S*** | 数控加工 | 切削 | 免检+可选汇报 |
| 20 | 户外用品东莞分厂 S*** | 抛光喷砂 | 磨抛 | 免检+可选汇报 |
| 30 | 户外用品东莞分厂 S*** | 阳极氧化 | 氧化 | 免检+汇报 |

| 工序明细 | | | | | |
|---|---|---|---|---|---|
| 工序号 | 工作中心 | 准备活动 | 加工活动 | 拆卸活动 | 基本值 |
| 10 | 数控加工 | 数量： | 数量：2 | 数量： | 基本批量：1 |
| | | 单位：分 | 单位：分 | 单位：分 | 单位：Pcs |
| 20 | 抛光喷砂 | 数量： | 数量：10 | 数量： | 基本批量：1 |
| | | 单位：分 | 单位：分 | 单位：分 | 单位：Pcs |
| 30 | 阳极氧化 | 数量：10 | 数量：60 | 数量： | 基本批量：30 |
| | | 单位：分 | 单位：分 | 单位：分 | 单位：Pcs |

### 📖操作一点通

不同的生产车间可以建立不同的工艺路线，不同的批量也可以建立不同的工艺路线。

如果新增工艺路线的【工艺类型】是物料，可以在工艺路线单据审核之后执行【业务操作】—【默认工艺路线】命令，这样就能将当前的工艺路线数据反写到对应物料基础资料【生产】页签中的【默认工艺路线】字段中。

## 📖 活动总结

### 理论知识归纳

#### 1. 资源详解

金蝶云星空系统中，资源的参数如下。

①【资源类别】：支持 5 种资源分类，包括"机器""工装""人员""物料""其他"。

②【工作中心共享】：定义该资源是否可以为多个工作中心共享使用。默认不勾选，表示在一个工作中心中选取了此资源，另一个工作中心中就不能选取此资源。

③【计算能力】：勾选后，定义该资源会参与能力计算。

④【能力单位类别】："按时间维度计量"，能力单位可选择时、分、秒，这种情况下资源能力表达为每个工作日有多少小时产能可以使用；"按非时间维度分类"，能力单位可以选择其他常规单位，这种情况下资源能力表达为每个工作日能生产多少产量的产品。

⑤【利用率】：资源的利用率，默认为 100%。利用率<100%，表示该资源一般需要花费一些额外时间用于设备准备测试等工作，正常工作时间无法全部用于产出产品；利用率>100%，表示该资源生产效率高常规生产水平，能够在相同时间内比其他同类设备产出更多产品。

⑥【设置工作日历】：单击该按钮，在弹出的页面中可以查看资源及其所有上级（工作中心、部门、组织）的工作日历，可以对上级的工作日历进行修改，形成该资源独有的工作日历。

#### 2. 设备详解

在金蝶云星空系统中，设备资料主要用于企业记录实际设备信息、运行状态。尤其是企业使用了智慧车间管理模块，可以为车间现场的每一台实际生产设备建立设备档案，记录设备运行数据。

如果企业无须进行设备细化管理，只希望进行车间生产排程和执行过程管理，那么也可以忽略设备数据的设置。金蝶云星空系统中建立了资源数据，不仅能够支持设备型资源管理，也能够支持人员类型的资源管理，还能够支持产能计算，满足车间生产排程和执行过程管理的需求。本活动就通过资源设置来满足车间基本管理需求，而没有设置设备数据。

### 3．工作中心详解

（1）工作中心的作用

① 生产能力和负荷核算的基本单元。从生产计划排产的角度来看，必须既要知道某工作中心的生产能力，又要测算该工作中心的实际生产负荷，比对后才能确定计划是否可行。因此，工作中心作为平衡负荷与能力的基本单元，是运行能力计划的计算对象。

② 生产任务分配和作业进度编排的基本单元。确定的生产计划必须将计划任务分配给各工作中心执行，才能保障整体计划的完成。派工单就是以工作中心为对象进行任务分配的单据。

③ 生产完工数据采集的基本单元。工作中心也是生产计划和车间作业计划完成情况的数据采集点；生产完成情况的汇报，也是以工作中心为基础进行计量和统计的。

④ 计算加工成本的基本单元。零件的加工成本，是以工作中心文件记录中的单位小时费率，乘以工艺路线文件记录中占用该工作中心的小时数得出的。

（2）工作中心的划分原则

工作中心可以是一台功能独特的机床或生产装置、一条生产线或装配线，也可以是一组功能和费率相同的设备，或者由若干工人组成的班组等。其划分方式较为灵活，可粗可细，常见划分方式如下。

① 一组功能相同，型号、能力相近的设备构成一个工作中心。

② 由一个关键资源和几个辅助资源的整体构成一个工作中心。

③ 在工序委外业务中，还会将委外加工商设置为外部工作中心。

工作中心的划分也遵循"划分粒度与管理粒度相适应"的原则。委外加工商一旦设为工作中心，就要有足够的管理能力确保从产能计划、任务分配到生产执行、数据统计都能够落实到位。企业应用初期，管控能力不足时，建议工作中心划分可以适当粗放，后期伴随能力提升，再将工作中心细化，逐步提升管理水平。

（3）金蝶云星空系统中工作中心的主要属性。

①【常规】页签。

【作业】：定义该工作中心加工工序对应的作业。

【工序控制码】：定义在该工作中心进行的工序控制规则。

【设置工作日历】：单击该按钮，在弹出的页面中可以查看工作中心及其所有上级（部门、组织）的工作日历，可以对上级的工作日历进行修改，形成该工作中心独有的工作日历。

②【基本活动】页签。

【基本活动】页签用来定义该工作中心下的基本活动和相关的计算公式。对于管理比较粗放的企业，在这里只维护一个加工活动就可以了。

③【能力】页签。

【能力】页签用来定义该工作中心下，可用于计算能力的资源（该资源的属性中必须已经勾选了【计算能力】）。一个工作中心下可以有多个资源，但是只能有一个资源参与排程（勾选【参与排程】），其他资源计算产能时，只作为辅助数据来使用。

④【排程】页签。

【排程】页签用来定义该工作中心是否参与排程，会用到工期公式以及工序间时间（包括排队时间、等待时间和移动时间）。注意工序间时间不产生价值，但会占用工期，所以应尽量缩短。

#### 4．工序和工艺路线详解

（1）金蝶云星空系统工序的参数

在金蝶云星空系统中将工序称为作业。作业参数如下。

①【编码】和【名称】：设置作业编号和名称。

②【数据采集顺序】：用于柔性生产时如何通过扫码工具识别该作业环节并调用作业内容。选项"订单""物料""设备"或"设备+物料"分别代表扫描订单码、物料码、设备码，或先扫设备码，再扫物料码。

【特征标识】：用于柔性生产时定义作业类型，分为"普通作业"和"包装作业类"。

（2）金蝶云星空系统工艺路线的参数

①【常规】页签。

【工艺类型】：工艺路线的类型，系统提供 3 个选项，包括"物料"（当前工艺路线仅适用于该物料）、"物料组"（当前工艺路线适用于该物料分组下的所有物料）和"通用工序集"（当前工艺路线适用于所有物料）。

【生产车间】：如果维护了生产车间，表明当前工艺路线仅适用于此生产车间加工的物料。金蝶云星空支持同一个物料在不同生产车间设置不同的工艺路线。

【批量从】～【到批量】：当前工艺路线适用的生产批量。金蝶云星空支持同一个物料在不同的生产批量设置不同的工艺路线。

②【工序序列】页签。

工艺路线可以简单理解为多个工序序列按照一定结构组成的工序集合。工序序列就是一组工序的子集，而工序结构（系统中称为【序列类型】）则体现了工序序列之间的组成关系。在【工序序列】页签中主要定义整体工序结构和序列类型。金蝶云星空系统中可以定义 3 种【序列类型】："主干序列""并行序列""替代序列"。

"主干序列"：一般将产品制造过程中最长的一条工艺路径设定为主干序列。主干序列为串行序列。新增工艺路线时，主干序列是默认的序列类型。特别要注意的是：主干序列的最后一道工序必须是汇报（工序控制码-汇报方式）或者是委外加工（工序控制码-加工方式），否则录入的单据无法保存。

"并行序列"：通过定义转出工序和转入工序，实现与主干序列工序的并行加工。

"替代序列"：在工艺路线中预先定义替代工艺，再根据实际情况进行手动替代。

金蝶云星空系统把上述 3 种工序序列加上"返修序列"（返修序列在工序计划中定义）综合使用，体现的是一种被称为网络工艺的工序计划概念，如图 12-5 所示。网络工艺也称为网状工艺，是指工艺路线较为复杂，形成了一种类似网络结构的工艺路线。

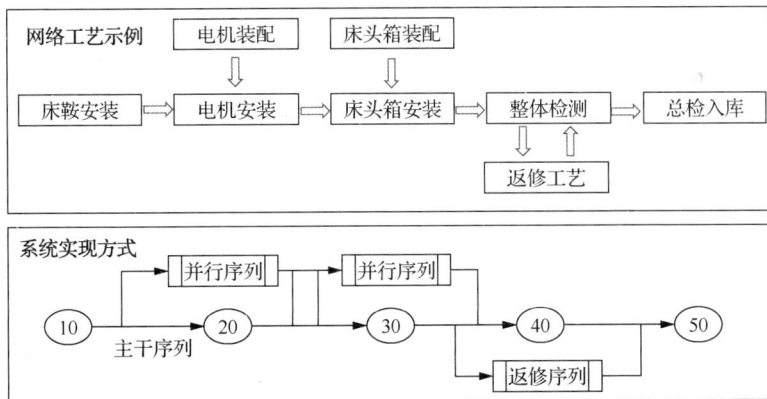

图 12-5　网络工艺

网络工艺可以通过增加工艺来减少产品的结构层级，以实现 BOM 的扁平化。

③【工序列表】页签。

【工序列表】页签中定义了某个工序序列的各工艺的加工顺序和基本的工序信息。各道工序加工的组织可以是同一个组织，也可以是不同的组织，这表明工艺路线是支持跨组织的工序协同的。

④【工序明细】页签。

【工序明细】页签中定义了各工序的详细加工信息，对应工作中心完成该道工序的活动数量也在这里定义。注意这里的活动数量都是以时间维度统计的时间长度，比如本活动中，数控加工中心完成一次手电筒外壳的切削作业，所需的准备时间是 0 分钟，加工时间是 2 分钟，拆卸时间是 0 分钟。

⑤【排程设置】页签。

【排程设置】页签中记录了每道工序详细的排程信息。工序如果需要拆分或重叠，都在这个页签下进行设置。

⑥【工序委外】页签。

工序委外定义了委外加工工序的采购组织、提前期、供应商和委外单价等信息。只有委外工序需要使用该页签中数据。

### 5．工序控制码详解

金蝶云星空系统中的工序控制码主要参数如下。

①【参与工序排程】：如果勾选，则受此工序控制码控制的工序要参与工序排程。企业一般会对加工时间较长、占用设备资源较多的工序，勾选该参数。

②【检验方式】：设置工序半成品的检验方式，目前支持"免检""车间检验""质量检验"。

③【加工方式】：定义工序的加工方式，包含"厂内加工""委外加工""厂内委外皆可"，用于定义该工序是委外加工还是自制加工。

④【汇报方式】：定义工序的汇报方式，包含"必须汇报""可选汇报""不用汇报"。该参数也就是决定是否必须把该工序生产完工数据进行上报的控制参数。

⑤【汇报顺序控制】：有"不控制""警告""严格控制"三个选项。该参数是工序汇报时，若前序工序未汇报，决定后续工序能否汇报的控制参数。

⑥【返修方式】：有"不控制""直接返修""返修工作台"。该参数决定发生质量问题时，采用何种返修方式。"直接返修"是返回原加工工位进行返修；如果是将不良品送到专门的维修工位返修，就选择"返修工作台"。

⑦【工序默认时间】："时""分""秒"。该参数设定该工序的默认时间单位。

以上参数都是工序加工时常常涉及的。企业可以根据实际需要组合使用这些控制参数，满足灵活的控制需求。

### 6．基本活动详解

基本活动是工艺路线的基础，由生产过程中各工序的增值动作抽象而成。工序生产过程一般分为三个阶段：准备阶段、加工阶段、拆卸阶段。每一个阶段可以定义一个或若干基本活动。

图 12-6 就显示了企业常见的一种基本活动划分，这种活动一般会抽象为通用动作，例如准备、加工、拆卸等，这样方便在不同工作中心共享使用。当然金蝶云星空系统中，也可以根据需要自定义一些专用活动，满足企业个性化管理需要。

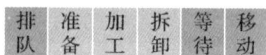

| 排队 | 准备 | 加工 | 拆卸 | 等待 | 移动 |

图 12-6　常见基本活动划分

基本活动的参数详解如下。

①【计量单位】：可选择"时""分""秒"作为活动量的基本单位，用于产能核算。

②【阶段】：可选择"准备阶段""加工阶段""拆卸阶段""其他"，用来确定该活动影响的阶段。

③【活动类别】：有"直接工时""间接工时""异常工时"等几类划分。

④【默认活动】：如果勾选，则表示此活动为对应阶段的默认活动。每个阶段只能有一个默认活动。

### 7．车间公式详解

金蝶云星空系统中的车间公式，主要用于实际生产过程的各种工作量的准确计算。车间公式按照用途划分，可以分为3种常用的类型。

①【工期类型】：用于排程计算。

②【活动总量】：用于能力需求计算。

③【汇报量】：用于工序汇报，根据汇报的数量计算。

车间公式的设置是较为复杂的问题，需要对工艺路线、加工技术和过程有深入了解的人来设置。为了降低使用难度，金蝶云星空系统预设了9个常用公式，可满足常规计算需求。用户可以结合公式的用途来理解每个公式的设计思路，也可以根据实际生产情况自定义计算公式。本活动就使用系统内置公式，如表12-11所示。

表12-11　车间预设公式

| 用途 | 公式 |
|---|---|
| 工期类型 | 准备工期=[准备活动] |
|  | 加工工期=[加工活动] * CEIL(( [工序计划.工序数量] - [工序计划.合格数量] - [工序计划.不合格数量] - [工序计划.返工转出数量] ) / [工序计划.实际拆分数] / [工序计划.基本批量] ) |
|  | 拆卸工期=[拆卸活动] |
| 活动总量 | 准备活动=[准备活动] * [工序计划.实际拆分数] |
|  | 加工活动=[加工活动] * CEIL( [工序计划.工序数量] / [工序计划.基本批量] ) |
|  | 拆卸活动=[拆卸活动] * [工序计划.实际拆分数] |
| 汇报量 | 准备活动汇报量=[准备活动] |
|  | 加工活动汇报量=[加工活动] * CEIL( [工序汇报.合格数量] / [工序计划.基本批量] ) |
|  | 拆卸活动汇报量=[拆卸活动] |

注：公式中CEIL( )函数的功能是向上取整。

## ✤ 活动 12-1-2：工序排程与工序执行

### 📖 活动导入

#### 管理情景

活动拓展

BOM 分层原则及扁平化管理

计划主管陈东明咨询胡工说："现在我们可以开始进行工序管理了吧？"胡工回答说："是的，我们可以进行工序管理业务操作了。工序管理日常业务主要分为两个部分：一是工序的安排，主要是根据生产订单的要求，确定具体的加工工序，并进行细化工序安排，确保在现有工作中心的生产能力上能够执行计划；二是按照工序进行生产执行，详细记录每道工序的实际生产情况，并将其作为后续业务管控、作业分析和成本核算的基础。"陈东明回答道："那我明白了，现在就开始教我们如何使用吧！"

【问题】工序管理主要分为几个阶段？

#### 前导知识

##### 1．车间管理主要功能

车间管理系统为企业提供从生成工序计划、工序排产、工序汇报到产品入库等车间业务处理全过程的监督与控制，协助企业精细化管理掌握车间各项制造活动信息，管理生产进度。车间管理系统与工程数据管理、库存管理、生产管理、质量管理等系统有密切的业务联系。

从图 12-7 中可以看出，车间管理主要以产品生产工序为主线，管理产品具体制造过程。它是企业计划管理第 5 层生产作业控制的主要功能（见图 4-1）。

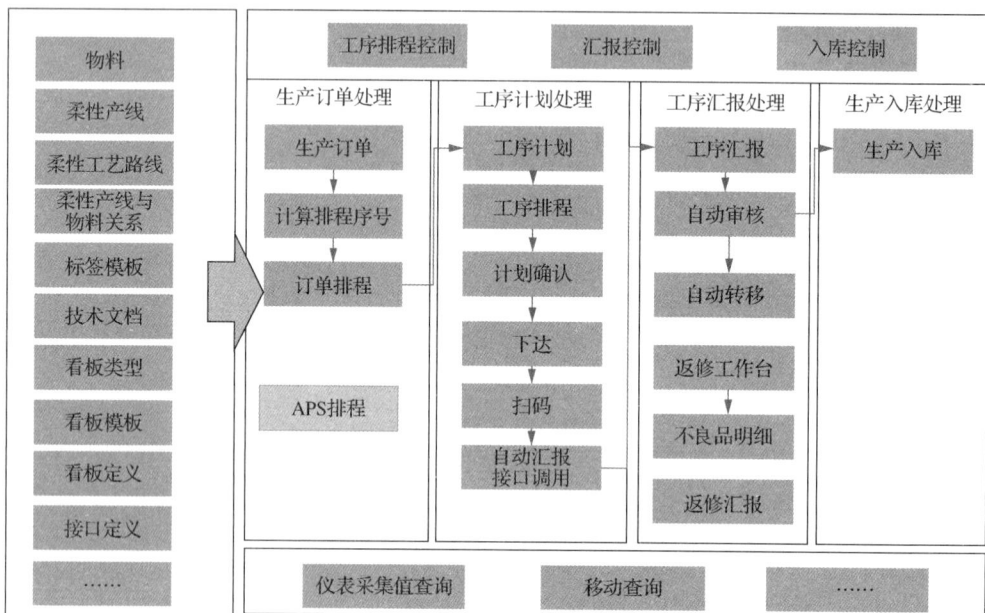

图 12-7　金蝶云星空车间管理系统功能

### 2. 工序计划与工序排程

工序计划就是加工产品所需的加工工序的安排列表。在精细化的车间管理中，需要将生产控制落实到每道工序上，针对每道工序进行计划、领料、生产、完成情况的汇报等业务工作，同时对工序上的生产情况进行统计，为车间管理人员提供信息反馈。在金蝶云星空系统中，工序计划通过工序计划单来体现。工序计划单是指面向物料的加工说明文件，包括物料的加工工序、工作中心、工作进度及使用的工作设备等。

工序排程是合理安排工序计划的方法和过程。企业会根据计划管理要求和实际产能情况，选择适合自身需要的工序排程算法，对当前生产任务进行统筹考虑，合理确定工序计划。工序排程是车间产能计划的具体体现。

### 3. 工序汇报

工序汇报是指车间执行工序计划制定的加工任务后进行的完工汇报。工序汇报会针对生产订单的各工序进行重要数据的采集，真实反映实际产出情况。工序汇报比生产订单的完工入库汇报要更加细致，会记录每道工序（需要汇报）的实际产出、耗用时间等情况，而生产订单汇报只记录该任务最终产出情况，而不记录加工中间过程数据。一般情况下，一个生产订单最后一道工序的汇报数据也就是该生产订单最终产出情况。

## 活动执行

### 活动解析

本活动演示了一个生产订单按照工序要求从开始到结束的全过程，主要包含工序排程、工序执行和汇报过程。

≈≈≈业务数据≈≈≈

① 户外用品东莞分厂已经实现了车间管理功能，对生产任务的管控细化到了工序控制的级

别，生产部门所有的生产订单都以"工序汇报入库-普通生产"的单据类型进行跟踪管理。2030年4月12日，分厂计划员王小刚接到了50个手电筒外壳（S***.02.003）的生产任务，生产车间安排在分厂生产车间，计划开工时间是4月13日，完工时间是4月14日。王小刚在系统中新增、审核完生产订单后，对相关的生产用料清单进行了审核。

② 4月12日，王小刚根据生产订单手动生成工序计划。工序计划自动排程后，王小刚检查了每道工序的详细信息，并提交审核了该工序计划。

③ 4月13日，计划员王小刚下达生产订单后，车间员工管杰到分厂原材料仓领用所需原料，仓管员陈鱼发料。

④ 4月13日，分厂生产车间按工序计划开始生产：10:50数控加工中心开始切削作业；14:45第一道工序按时完成，然后抛光喷砂中心开始磨抛作业。

⑤ 4月14日15:20，第二道工序完成后，阳极氧化中心开始最后一道工序——氧化作业。任务按时完成后，操作员管杰对氧化工序做了完工汇报：这次作业加工出49个合格品，只有1个产品因为锯切粉末附着而产生表面处理缺陷，该产品将作为"料废数量"汇报上去。

⑥ 4月14日，管杰做完工序汇报后，将49个合格品以"合格品入库"类型送入分厂半成品仓，将1个不合格品以"返工品入库"类型送入分厂返修仓。

⑦ 4月14日，待所有工序完工后，王小刚对生产订单分行做完工处理。

## 活动过程

带工序计划的生产订单执行过程比较复杂，涉及生产订单处理、工序计划处理、工序汇报处理和生产入库处理这四个方面，如图12-8所示。

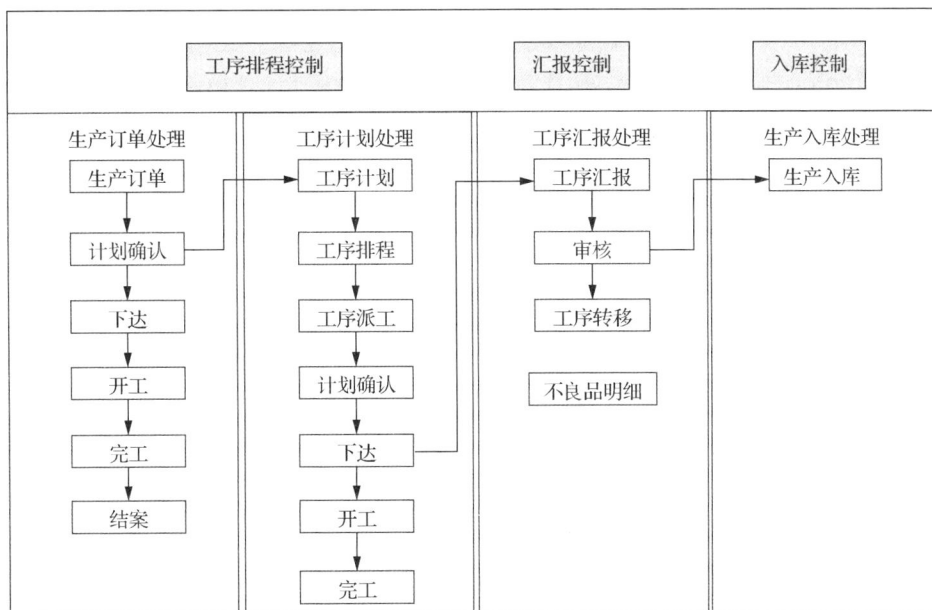

图 12-8 车间管理业务流程

## 活动步骤

### 1. 新增排程模型

在户外用品东莞分厂组织下，执行【生产制造】—【车间管理】—【车间作业计划】—【排程模型】命令，录入表12-12中的内容。完成后依次单击【保存】、【提交】、【审核】、【退出】按钮。

表 12-12　东莞分厂排程模型数据

| 创建组织 | 名称 |
|---|---|
| 户外用品东莞分厂 S*** | 分厂 S***倒排模型 |

| 常规 | | | | |
|---|---|---|---|---|
| 排程方法 | 默认排程模型 | 考虑工序重叠 | 考虑工序拆分 | 倒排时间在过去时自动按当前日期正排 |
| 倒排 | 勾选 | 勾选 | 勾选 | 勾选 |

### 2. 车间调度汇报权限授权

在编制工序计划时，如果需要对工序计划进行拆分、派工、进度汇报、转移等操作，执行工序的工作中心需要有车间调度汇报的权限，在此可以对相关的工作中心进行授权。

在户外用品东莞分厂组织下，执行【生产制造】—【车间管理】—【车间参数设置】—【车间调度汇报权限】命令，页面左边选中自己的用户 S***所在的行，右边勾选分厂生产车间下属的 3 个工作中心，单击【授权】按钮，完成后单击【退出】按钮。

> 📖 操作一点通
>
> 车间调度汇报权限还支持按角色批量授权，方法是单击【角色授权】按钮后在弹出的授权页面中选择需要批量授权的角色，勾选对应的工作中心，单击【授权】按钮后进行批量处理。

### 3. 新增生产订单，并审核相关单据

在户外用品东莞分厂组织下，执行【生产制造】—【生产管理】—【生产订单】—【生产订单】命令，按照业务数据第①段的内容新增一张【单据类型】为"工序汇报入库-普通生产"的生产订单，如图 12-9 所示。录入完成后依次单击【提交】、【审核】、【退出】按钮。

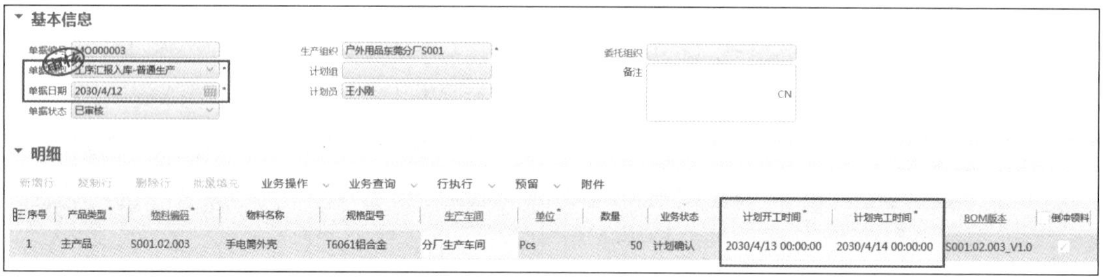

图 12-9　生产订单页面

然后执行【生产制造】—【生产管理】—【生产订单】—【生产用料清单列表】命令，在列表中勾选相关的用料清单，依次单击【提交】、【审核】按钮。

### 4. 手动生成工序计划

在户外用品东莞分厂组织下，执行【生产制造】—【生产管理】—【生产订单】—【生产订单列表】命令，找到手电筒外壳的生产订单，单击蓝色的单据编号进入生产订单-修改页面，在【明细】页签中选中第 1 行，执行【业务操作】—【生成工序计划】命令，得到成功的处理结果后单击【退出】按钮。

执行【生产制造】—【车间管理】—【车间作业计划】—【工序计划列表】命令，在【我的方案】中选中默认方案，找到手电筒外壳的工序计划，单击蓝色的单据编号进入工序计划-修改页面，检查确认后依次单击【提交】、【审核】按钮。正确的工序计划如图 12-10 所示。计算结果分析参见本活动理论知识归纳。

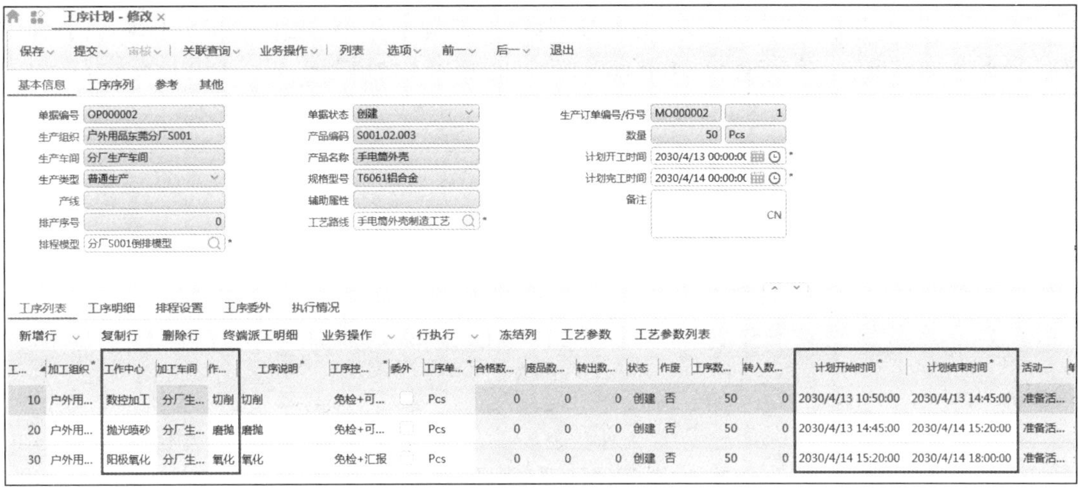

图 12-10 手电筒外壳工序计划

📖操作一点通

① 生产订单分行要执行至"计划确认"状态，才能手动或自动生成工序计划。

② 本活动在生成工序计划时已自动排程。如果要手动排程，可执行【业务操作】—【工序排程】命令完成。

③ 只有单据头为"非审核"状态的工序计划才能进行工序排程。

### 5．下达生产订单，并做生产领料

在户外用品东莞分厂组织下，执行【生产制造】—【生产管理】—【生产订单】—【生产订单列表】命令，找到手电筒外壳的生产订单，单击蓝色的单据编号进入生产订单-修改页面，在【明细】页签中选中第 1 行，再执行【行执行】—【执行至下达】命令，使生产订单分行变成"下达"状态。

然后单击【下推】按钮，在弹出的选择单据页面中选中【生产领料单】，再单击【确定】按钮进入生产领料单-新增页面，接着按照业务数据第③段的描述录入日期、实发数量、仓库等信息，录入完成后依次单击【提交】、【审核】、【退出】按钮。

### 6．执行工序计划

执行【生产制造】—【车间管理】—【车间作业计划】—【工序计划列表】命令，在【我的方案】中选中"默认方案"，找到手电筒外壳的工序计划，先勾选工序计划的第 1 行，依次执行【行执行】—【执行至下达】、【行执行】—【执行至完工】命令，等第 1 道工序状态变成"完工"后取消勾选第 1 行。然后勾选第 2 行，同样做【执行至下达】和【执行至完工】操作，等第 2 道工序状态变成"完工"后再取消勾选第 2 行。

📖操作一点通

① 生产订单分行下达之后，其对应的工序计划分行才能下达。

② 工序计划分行的业务状态同生产订单分行的情况类似，也有"确认""下达""开工""完工"等状态。用户不必对每一个状态设置监控，可根据企业的需要自行设置。本活动为了简化操作，对每道工序只做了【执行至下达】和【执行至完工】的操作。

### 7．生成工序汇报

勾选手电筒外壳工序计划的第 3 行，执行【行执行】—【执行至下达】命令，等工序状态变成"下达"后，单击【下推】按钮，在选择单据页面中选择【工序汇报】，再单击【确定】按钮进入工序汇报-新增页面。然后按照业务数据第⑤段的描述录入合格数量 49 个、料废数量 1 个，完成后依次单击【提交】、【审核】、【退出】按钮。工序汇报单页面如图 12-11 所示。

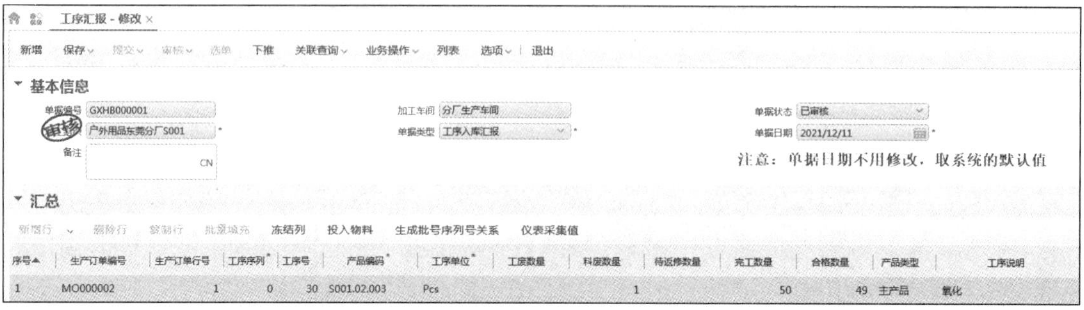

图 12-11　工序汇报单页面

用户可以执行【生产制造】—【车间管理】—【工序执行】—【工序汇报列表】命令，查询刚录入的工序汇报单。

> 📖 操作一点通
>
> ① 工序计划分行下达后，才能由工序计划下推生成工序汇报。
> ② 由于第一道工序（切削）和第二道工序（磨抛）的工序控制码是"可选汇报方式"，本活动简化了操作，没有对这两道工序进行汇报。而末道工序（氧化）的汇报方式是"必须汇报"，所以针对氧化作业的工序汇报不能缺少。
> ③ 工序汇报提交、审核后，其上游的工序计划分行自动变为"完工"状态。

### 8. 工序汇报下推生产入库单

在户外用品东莞分厂组织下，执行【生产制造】—【车间管理】—【工序执行】—【工序汇报列表】命令，勾选上一步生成的工序汇报单，单击【下推】按钮，在选择单据页面中选择【生产入库单】，再单击【确定】按钮进入生产入库单-新增页面。然后按照业务数据第⑥段的描述录入单据，完成后依次单击【提交】、【审核】、【退出】按钮。生产入库单页面如图 12-12 所示。

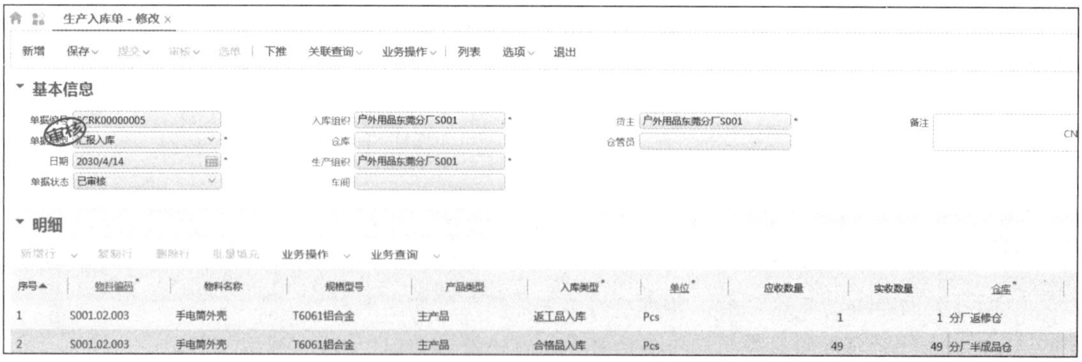

图 12-12　生产入库单页面

### 9. 生产订单确认完工

在户外用品东莞分厂组织下，执行【生产制造】—【生产管理】—【生产订单】—【生产订单列表】命令，勾选手电筒外壳的生产订单，执行【行执行】—【执行至完工】命令。

# 活动总结

## 理论知识归纳

### 1．工序排程模型

金蝶云星空系统中的【排程模型】，是涉及工序排程的关键性参数的集合。主要参数如下。

①【排程方法】。金蝶云星空中有 4 个排程算法选项："不排程""正排""倒排""偏置时间正排"。

②【考虑工序重叠】和【考虑工序拆分】。有考虑工序重叠和工序拆分两种模式。

③【重排已确认计划】和【重排已下达计划】。这两个参数决定排程时是否对"计划确认"和"已下达"状态的工序进行重排。

④【倒排时间在过去时自动按当前日期正排】。采用倒排算法时，有可能出现排程计算出的工序日期超过当前日期达到过去日期的情况，而实际生产是不可能在过去日期生产的。勾选本参数，当遇到这个情况时，系统会对超期的工序按照正排方式排序。

⑤【默认排程模型】。自动排程时，使用默认的排程模型，一个组织下只能有一个默认排程模型。

⑥【考虑排队时间】/【考虑移动时间】/【考虑等待时间】。这三个参数均有 3 个选项："不考虑""标准排队时间/标准移动时间/标准等待时间""最小排队时间/最小移动时间/最小等待时间"。其标识相关时间的取值标准。这些时间参数都在工艺路线的【排程设置】页签中设置，如图 12-13 所示。

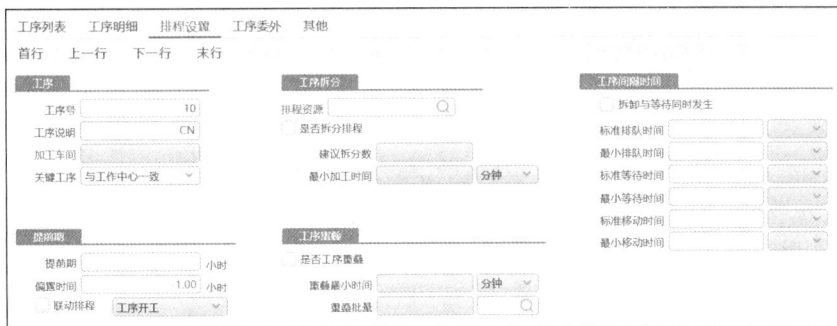

图 12-13　工艺路线中【排程设置】页签

### 2．排程模型中的工序阶段划分

排程模型中的基本元素是工序，如果对工序进一步细分，那么每一道工序可以划分为准备、加工和拆卸三个阶段，如图 12-14 所示。这三个阶段的活动属于生产过程中的增值活动，它们的活动时间可以归类为工序处理时间，即工序处理时间=准备+加工+拆卸。

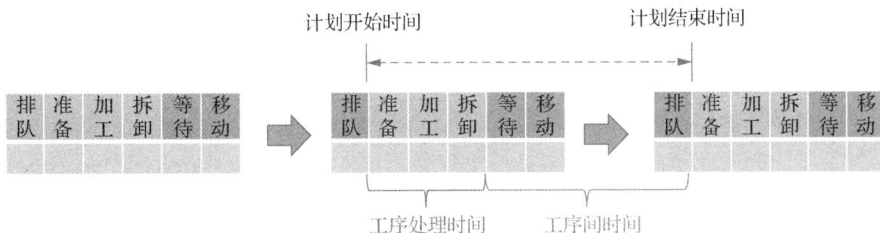

工序处理时间=准备+加工+拆卸

工序间时间=等待+移动+排队（后工序）

图 12-14　工序阶段划分

另外，产品在加工过程中从上一道工序流转到下一道工序还可能会产生等待时间、移动时间或排队时间，这些时间可以归类为工序间时间，即工序间时间=等待+移动+排队。工序间时间不产生价值，但是会占用工期，所以也应该纳入排程模型的计算范围。

### 3. 排程模型中的排程方法

金蝶云星空系统提供了 4 种排程方法，包括"不排程""正排""倒排""偏置时间正排"，如图 12-15 所示。各种方法的详细解释如下。

① "不排程"：工序计划由人工编制，系统不处理。

② "正排"：以订单开始时间为起点，正向计算工序计划时间，是系统默认的排程模型。

③ "倒排"：以订单完成时间为起点，反向计算工序计划时间。正排和倒排都需要较为准确地设置准备、加工、拆卸、移动等时间。

④ "偏置时间正排"：依据工序偏置时间和工序提前期计算工序计划时间。具体算法是先计算工序开始时间：当偏置时间≥0 时，工序开始时间=首序开始时间+偏置时间；当偏置时间<0 时，工序开始时间=上序完成时间。然后计算工序完成时间：工序完成时间=工序开始时间+偏置提前期。工序偏置期，实际是一种经验估计数据，其表示的含义是某道工序相对首道工序开始时间后大约多久之后开始作业，企业会根据经验估计这个时间。这种排程方法多用于解决粗放式管理下的工序排程。

由于生产过程复杂、设备多样，生产排程是一个复杂的问题。ERP 系统中提供的只是常用方法，企业可以根据自身需要自行开发专用算法来满足个性化需求。

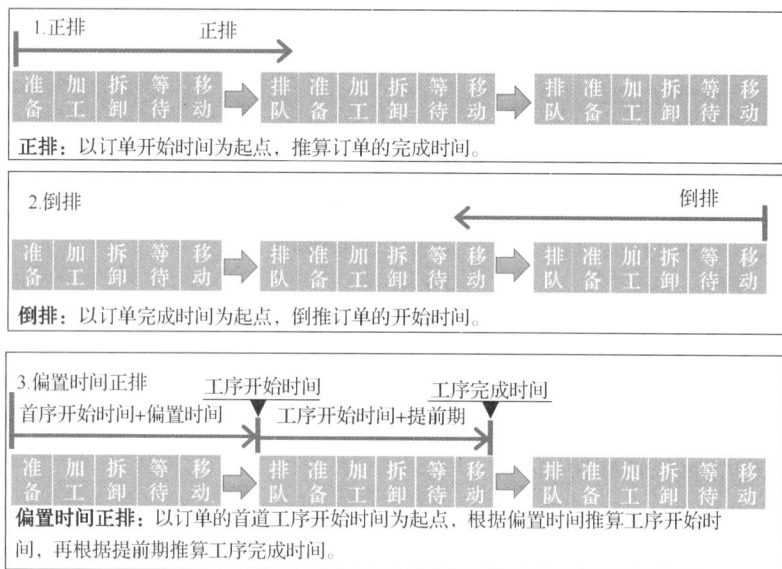

图 12-15　金蝶云星空系统工序排程方法

### 4. 工序拆分和工序重叠

工序拆分就是将一个工序任务拆分为多个子任务，分配给多个资源进行加工，图 12-16 中 100 个物料加工任务的第 2 道工序拆分为 2 个任务（各 50 个），分配给 2 个加工设备加工，就可以压缩该工序的总工作时长。工序拆分主要通过增加并行作业量，减少了总工作时长。不过要注意，工序拆分后，原来仅需要处理一次的活动，例如准备、等待、移动等可能需要处理多次，因此有可能会增加局部的工作量和人工成本以及更多设备。

工序重叠，也称为工序迭代，是指将原来顺序执行的工序改为交叉执行，上一道工序生产达到一定批量时就转移到下一道工序开始生产，后序工序得以提前开始，整体生产工期得到压缩，如图 12-17 所示。

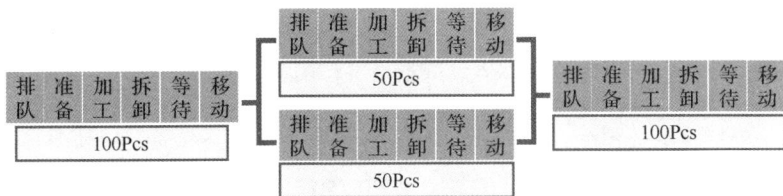

图 12-16 工序拆分

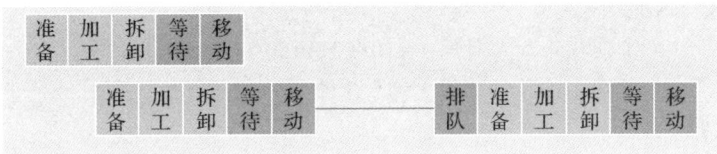

图 12-17 工序重叠

工序拆分和工序重叠的参数值，在工艺路线的【排程设置】页签中设置（见图 12-13）。

## 5．本活动排程结果详解

（1）业务基础数据

从表 12-10 中摘录出各工序工时相关信息如表 12-13 所示。

表 12-13　手电筒外壳加工各活动数据摘录

| 工序号 | 工作中心 | 准备活动 | 加工活动 | 拆卸活动 | 基本值 |
|---|---|---|---|---|---|
| 10 | 数控加工 | 数量： | 数量：2 | 数量： | 基本批量：1 |
| | | 单位：分 | 单位：分 | 单位：分 | 单位：Pcs |
| 20 | 抛光喷砂 | 数量： | 数量：10 | 数量： | 基本批量：1 |
| | | 单位：分 | 单位：分 | 单位：分 | 单位：Pcs |
| 30 | 阳极氧化 | 数量：10 | 数量：60 | 数量： | 基本批量：30 |
| | | 单位：分 | 单位：分 | 单位：分 | 单位：Pcs |

（2）系统排程结果解析

① 生产订单工序排程详解。整个生产订单的工序计划排程明细如图 12-18 所示。

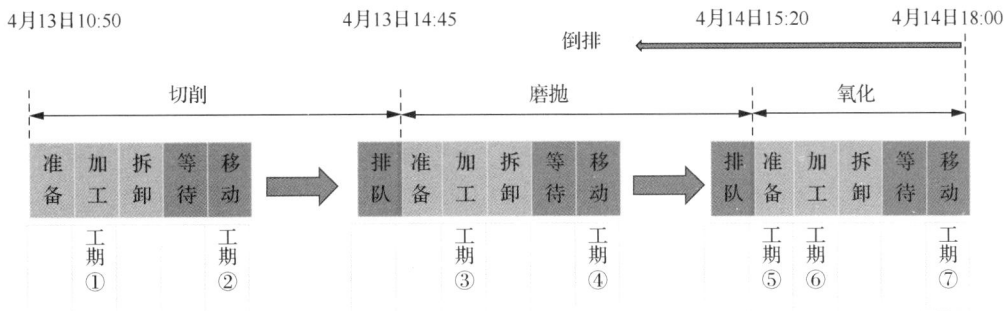

图 12-18　生产订单工序排程明细

首先，我们可以按照工期公式，结合手电筒外壳加工中心的排程信息和工艺路线中的活动数据，计算出每一道工序的工期。

本活动使用系统默认工期公式：

$$准备工期=[准备活动]$$

$$加工工期=[加工活动]×CEIL(([工序计划.工序数量]-[工序计划.合格数量]-[工序计划.不合格数量]-[工序计划.返工转出数量])/[工序计划.实际拆分分数]/[工序计划.基本批量])$$

拆卸工期=[拆卸活动]

注：所有的工序都没有拆分，实际拆分数都是 1；切削和磨抛工序的基本批量=1，氧化工序的基本批量=30；CEIL()函数的功能是向上取整。

切削作业工期计算如下。

工期①（加工时间）=2×CEIL(50/1)=100（分钟）

工期②（移动时间）=15 分钟

磨抛作业工期计算如下。

工期③（加工时间）=10×CEIL(50/1)=500（分钟）

工期④（移动时间）=15 分钟

氧化作业工期计算如下。

工期⑤（准备时间）=10 分钟

工期⑥（加工时间）=60×CEIL(50/30)=120（分钟）

工期⑦（移动时间）=30 分钟

然后，我们就能以末道工序的完成时间（这里取的是工作日历的下班时间 18:00，而不是自然日的最晚时间 24:00）为起点，减去每道工序的工期，从而倒排出各工序的开始时间和完成时间。在倒排计算的时候要注意每个工作日的班制时间，本活动工作日历中上午班是 8:00—12:00，下午班是 14:00—18:00。

氧化工序的开始时间=4 月 14 日 18 时-30 分钟-120 分钟-10 分钟=4 月 14 日 15 时 20 分

磨抛工序的开始时间=4 月 14 日 15 时 20 分-15 分钟-500 分钟=4 月 13 日 14 时 45 分

切削工序的开始时间=4 月 13 日 14 时 45 分-15 分钟-100 分钟=4 月 13 日 10 时 50 分

② 工序的弹性工时查看。在每一道工序的【工序明细】页签中，我们可以查看该工序的工序活动和计划日期的详细数据。其中最早开始时间和最早完成时间是系统以正排方式计算得出的，而最晚开始时间和最晚完成时间是以倒排方式计算得出的，这两组时间可以帮助计划人员检查计划编制的合理性。比如第一道工序（见图 12-19），假设它的计划开始时间是 $S1$，计划结束时间是 $E1$，则 $S1$ 和 $E1$ 必须满足以下条件，工序的计划才具有可行性。

$$2030\text{-}04\text{-}13\ 8:00\ <\ S1\ <\ 2030\text{-}04\text{-}13\ 11:50$$

$$2030\text{-}04\text{-}13\ 9:40\ <\ E1\ <\ 2030\text{-}04\text{-}13\ 15:30$$

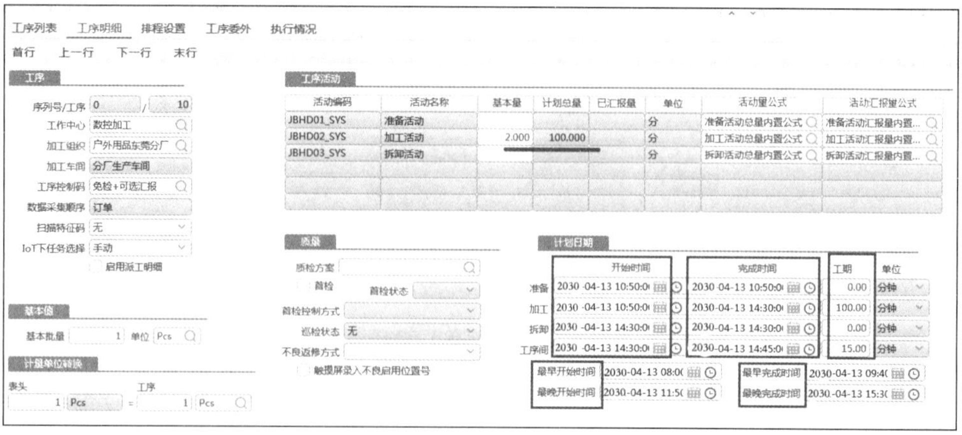

图 12-19　第一道工序明细

### 6．生产订单是否进行工序汇报的参数控制

① 用户可以在生产订单的单据类型中设置该订单是否进行工序管理。如果需要进行工序管理，则在【工序控制】页签下勾选【启用工序跟踪】；工序计划的【生成方式】可选择"手工生成"

"生产订单确认""生产订单下达"。本活动选择"手工生成",并且工序计划生成后会自动排程(勾选【生成工序计划时自动排程】),如图 12-20 所示。

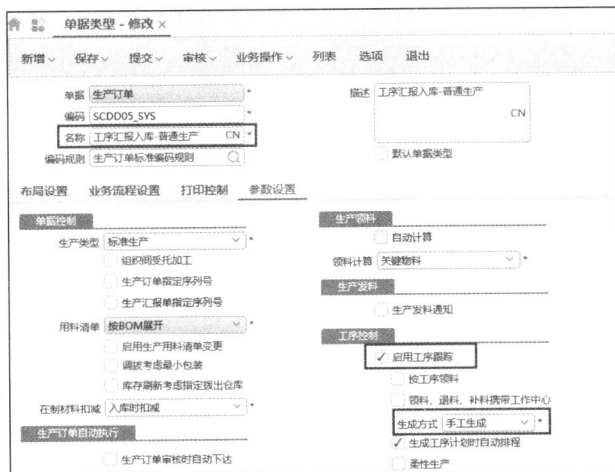

图 12-20 工序汇报入库-普通生产单据类型

② 生产订单启用工序管理后,不能使用生产汇报单进行汇报,也不能通过生产订单下推生成生产入库单,而是使用工序汇报单汇报,由工序汇报单下推生成生产入库单。

### 7. 工序汇报

工序汇报是指生产车间完成工序计划指定的加工任务后进行的完工汇报。工序汇报会针对生产订单的工序进行重要数据的采集,并记录到汇报中的不同页签中。

①【数量】页签:记录生产订单各个工序的合格数量、工废数量、料废数量、待返修数量等信息。金蝶云星空定义了这些数量的计算公式:

完工数量=合格数量+废品数量+待返修数量;

废品数量=工废数量+料废数量+损耗数量。

②【活动/日期】页签:记录所耗工时、所耗资源、实际开工时间和完工时间等信息。

工序汇报是对执行车间工序计划的反馈,能帮助管理者清晰地了解生产进度情况,也是统计人工费用、评估员工绩效的重要参考数据。同时,工序汇报单还可以作为生产入库的依据。

## 任务 12-2 生产物料替代

### ❋ 活动 12-2-1:生产物料替代相关资料准备

### ✎ 活动导入

#### 管理情景

企业在实际生产供应过程中,由于订单取消、工程变更、客户需求变化、预测或计划不准确等,原材料会出现库存积压、呆滞情况,占用资金。企业出于降低物料成本、及时响应客户需求等因素考虑,都会存在使用替代物料的情况。使用替代物料,能够增加企业库存管理的弹性,降低生产缺料风险,提升供给保障能力。

当然替代物料的使用也增加了企业物料管理的复杂度,需要更高的管理技术适应这种变化。物料替代是一个复杂的应用模式,企业需要较为准确地记录物料之间的替代关系,还要在物料清单、生产用料清单、MRP 方案、库存变动等多个和生产相关的领域准备基础资料，合理配置相关参数，这样才能确保 ERP 给出预期的物料替换结果。

【问题】生产物料替代主要需要哪些 ERP 系统功能给予支持？

## 前导知识

物料替代是指某项物料在特定的条件下被另一项物料替代使用。物料替代常发生在生产、采购和销售环节。本活动主要讲解生产物料替代的应用方法。

生产物料替代主要指在生产加工过程中，因为某种原因，原定 BOM 中需要使用的某物料，被其他物料替代使用后，仍然能够加工出目标商品，并能够保持相同或者近似的产品品质和功能要求。图 12-21 中，生产 Q 产品原定使用 P 和 A 物料，A 物料可以替换为 B 物料，A 物料是 BOM 中使用的物料，习惯上把 A 物料称为被替代物料（金蝶云星空系统称其为主物料），B 物料称为替代物料。

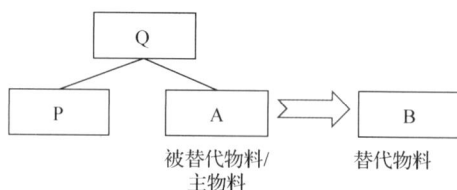

图 12-21　生产替代物料

这种替代关系既可能是单方向的，也就是只能用 B 物料替代 A 物料，A 物料不能替代 B 物料，常用高等级的物料替换低等级的物料；也可能是双方向的，也就是说 A 物料和 B 物料可以互相替代。

从替代物料的定义来看，生产物料替代需要满足两个前提条件。

① 在生产工艺上，这种替代是基本符合工艺要求的，也能够制造出目标物料，并保持相同或近似的品质和功能要求。例如：制作馒头进行发面时，既可以使用泡打粉，也可以使用酵母，泡打粉和酵母就是相互替代物料。

② 替代物料需要有足够的库存量。图 12-21 中，替代物料 B 物料在生产领料时需要有足够的库存，也就是库存量必须大于计划替代的使用量，否则无法完成替代，而被替代物料 A 物料则不需要考虑库存要求。而在计划安排阶段，如果预估到 B 物料不足，应该提前做好 B 物料的补货计划。

## 活动执行

### 活动解析

本活动演示了物料替代准备工作，除了设置替代物料并设置库存外，还要重点设置物料替代计划方案。

≈≈≈业务数据≈≈≈

2030 年 3 月 1 日，仓管员何佳在深圳总厂原材料仓录入如下原材料的期初库存：材料 M1 有 10Pcs，材料 M2 有 30Pcs，材料 S1 有 80Pcs，材料 S2 有 90Pcs。假设这些原料的供应商都是风速贸易有限公司。

### 活动过程

① 替代物料准备。
② 准备替代物料库存。

③ BOM 准备。

④ 增加支持物料替代的计划方案。

## 活动步骤

### 1．替代物料准备

在户外用品深圳总厂组织下，执行【基础管理】—【基础资料】—【主数据】—【物料列表】命令，进入物料列表页面，再单击【新增】按钮进入物料-新增页面，按照表 12-14 的内容新增物料，录入完成后依次单击【保存】、【提交】、【审核】按钮。

表 12-14　生产替代物料

| 编码 | 名称 | 基本 | | | | 计划属性 | |
|---|---|---|---|---|---|---|---|
| | | 规格型号 | 物料属性 | 存货类别 | 基本单位 | 计划策略 | 制造策略 |
| S\*\*\*.06.001 | 产品 A | 一对一替代 | 自制 | 产成品 | Pcs | MRP | MTO |
| S\*\*\*.06.002 | 产品 B | 一对多替代 | 自制 | 产成品 | Pcs | MRP | MTO |
| S\*\*\*.06.003 | 材料 M1 | 主物料 | 外购 | 原材料 | Pcs | MRP | MTO |
| S\*\*\*.06.004 | 材料 M2 | 主物料 | 外购 | 原材料 | Pcs | MRP | MTO |
| S\*\*\*.06.005 | 材料 S1 | 替代物料 | 外购 | 原材料 | Pcs | MRP | MTO |
| S\*\*\*.06.006 | 材料 S2 | 替代物料 | 外购 | 原材料 | Pcs | MRP | MTO |

注：本活动为了简化操作，采用了一阶段计划方法，对产成品 A 和 B 直接进行 MRP 运算，所以将它们的计划策略设置为 MRP，而不是 MPS。

### 2．准备替代物料库存

在户外用品深圳总厂组织下，执行【供应链】—【库存管理】—【杂收杂发】—【其他入库单】命令，进入其他入库单-新增页面，再按照业务数据描述录入日期、供应商、物料、收货仓库和实收数量等信息，录入完成后依次单击【提交】、【审核】、【退出】按钮。

### 3．BOM 准备

在户外用品深圳总厂组织下，执行【生产制造】—【工程数据】—【物料清单】—【物料清单】命令，分别录入表 12-15 和表 12-16 中的数据，完成后依次单击【保存】、【提交】、【审核】按钮。

表 12-15　产品 A 的 BOM 数据

| 主产品 | | | | | |
|---|---|---|---|---|---|
| 单据类型 | BOM 分类 | BOM 用途 | 父项物料编码 | 物料名称 | 规格型号 |
| 物料清单 | 标准 BOM | 通用 | S\*\*\*.06.001 | 产品 A | 一对一替代 |
| 子项明细 | | | | | | | | | |
| 子项物料编码 | 子项物料名称 | 子项规格型号 | 子项类型 | 用量类型 | 用量：分子 | 用量：分母 | 生效日期 | 失效日期 | 发料方式 |
| S\*\*\*.06.003 | 材料 M1 | 主物料 | 标准件 | 变动 | 1 | 1 | 2021-1-1 | 9999-12-31 | 直接领料 |

表 12-16　产品 B 的 BOM 数据

| 主产品 | | | | | |
|---|---|---|---|---|---|
| 单据类型 | BOM 分类 | BOM 用途 | 父项物料编码 | 物料名称 | 规格型号 |
| 物料清单 | 标准 BOM | 通用 | S\*\*\*.06.002 | 产品 B | 一对多替代 |
| 子项明细 | | | | | | | | | |
| 子项物料编码 | 子项物料名称 | 子项规格型号 | 子项类型 | 用量类型 | 用量：分子 | 用量：分母 | 生效日期 | 失效日期 | 发料方式 |
| S\*\*\*.06.004 | 材料 M2 | 主物料 | 标准件 | 变动 | 1 | 1 | 2021-1-1 | 9999-12-31 | 直接领料 |

### 4. 增加支持物料替代的计划方案

为了使系统在运算 MRP 时能够考虑物料替代，需要增加支持物料替代的计划方案，这样在 MRP 计算时，就能够同步考虑替代因素，安排支持物料替代的计划结果。

在户外用品深圳总厂组织下，执行【生产制造】—【计划管理】—【物料需求计划】—【计划方案】命令，在左侧的计划方案列表中选中"总厂主生产计划 S***"（该方案在活动 4-2-2 中建立）。单击右边工具条中的【新增】旁的下拉箭头，单击【复制】按钮，在复制原方案的基础上修改，需要修改的具体属性如下。

【方案编码】改为"ZCMRPTDS***"，【方案名称】改为"总厂物料需求计划（替代）S***"。在【运算参数】页签中勾选【考虑物料替代】，还要取消勾选【仅释放参与计算单据的预留关系】，如图 12-22 所示。在【仓库参数】页签中，在【本次运算 MPS/MRP 可用仓】参数列表中，仅勾选深圳总厂下的【总厂原材料、总厂半成品和总厂产成品仓库】，其他仓库不勾选。在【其他参数】页签中，取消勾选【仅计算 MPS】。除以上需要修改的参数外，其他参数保持不变。修改完成后依次单击【保存】、【提交】、【审核】按钮。

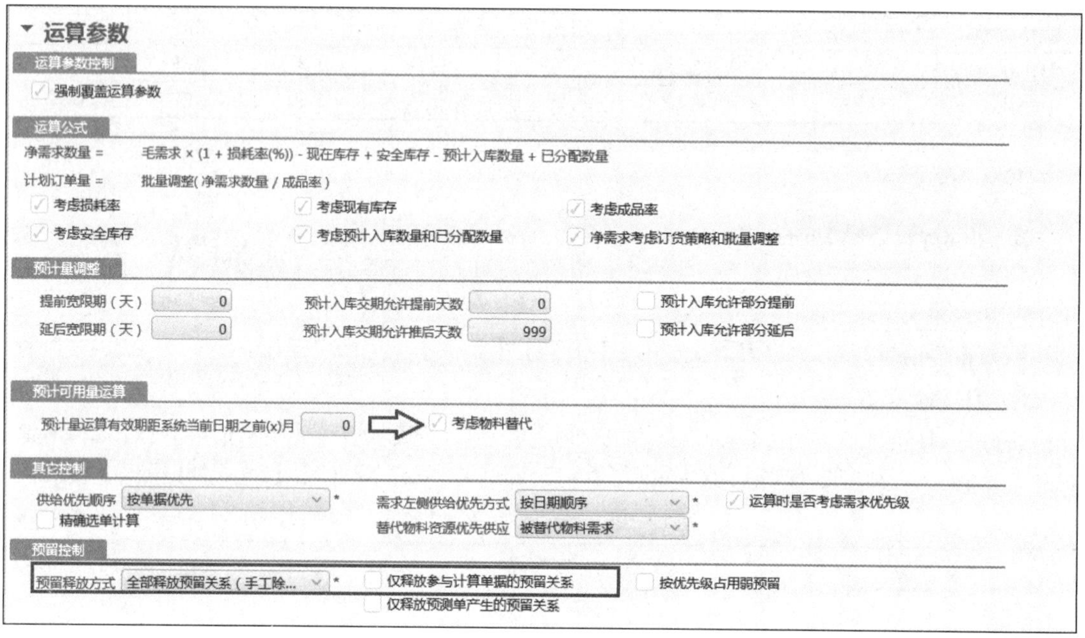

图 12-22　计划方案修改页面

📖**操作一点通**

计划方案中不勾选【仅计算 MPS】和【仅计算 MRP】，这种计划方法称为一阶段计划方法，也就是跳过 MPS 直接计算 MRP。采用一阶段计划方法时，【运算范围】参数中必须勾选多种类型的销售订单或预测单。这样直接根据独立需求单据计算 MRP，完成全部所需物料的计划安排。

## 📖 活动总结

### 操作知识归纳

计划方案中的生产物料替代相关参数如下。

【考虑物料替代】：勾选时，计划运算时考虑物料清单的替代关系。如果需要在计划阶段使用物料替代，必须勾选该参数。

【库存预留关系】：库存预留关系是金蝶云星空比较复杂的特色功能，对于库存的可用性评估有很大作用。受限于篇幅，本书没有深入讲解该功能，学习者可以参考本书配套的拓展资料。这里只简单讲解一下为什么替代物料计划需要考虑预留关系的调整。由于使用替代物料时，被替代物料将不再使用，因此需要调整库存预留关系，确保不再使用的物料能够释放库存占用，而需要使用的物料应建立库存占用关系。

本活动勾选【全部释放预留关系】，表示 MRP 运算时释放物料范围内的预留关系（除手工预留外），根据供需匹配重新产生新的预留关系，是一次彻底的更新。建议全重排方案勾选该参数。

勾选【仅释放参与计算单据的预留关系】，表示仅释放用户选择的独立需求及其相关需求的预留关系，主要用于选单计算，未被用户选择的单据不会释放资源，与参数【按优先级占用弱预留】配合使用可解决紧急插单的需求。

## ✸ 活动 12-2-2：一对一替代方案执行

### ◇◇ 活动导入

#### 管理情景

由于生产的多样性，物料替代也是一个复杂过程，替代时要考虑材料替代的复杂逻辑关系。有些材料替代是一种替代一种，有些是一种可被多种替代，还有多种替代多种。另外还要考虑主物料和替换物料是否可以混合使用，库存量该如何分配，当总体需求不足时，需要增加哪种物料的库存来满足生产需求。这些问题都需要提前考虑并分析，并根据分析结果合理制定替代策略，实现预期的替代效果。本活动先以一对一替代为例展示替代过程。

【问题】物料的替代逻辑需要考虑哪些因素？

#### 前导知识

根据物料替代发生的不同生产阶段，物料替代可以分为计划阶段替代和生产阶段替代。

① 计划阶段替代是在生产计划（MPS/MRP）时，就根据替代规则有计划地安排替代物料，这时排产出的计划订单充分考虑了替代的需求，一般会考虑替代规则、替代物料的库存等影响替代执行的关键因素，会下达使用替代物料的生产计划，提前做好替代的相关准备工作，这样安排的计划更容易得到有效执行。

金蝶云星空系统提供了完整的计划阶段替代方案，可以支持多种替代模式，本活动主要演示计划阶段的替代。

② 生产阶段替代是在计划阶段没有做替代物料安排，而是在生产执行时，由生产执行者根据实际情况临时做出物料替代决策，完成物料替代过程。这种替代相比计划阶段的替代更加灵活，在一些替代因素较多、无法提前准确制定量化的替代规则的情况下可以采用。由于替代决策没有进行前期计划，对决策人的分析能力有更高要求，决策人一般需要充分了解以下因素才能做出决策：确认替代物料是否有足够库存；了解使用替代物料后，生产设备是否需要调整来适应变化；考虑被替代物料不被使用后是否会形成呆滞料等。这些因素由于开工前才被考虑，决策时间短，决策人需要快速了解相关情况进行决策。这种替代方式也对企业信息化水平要求更高。

金蝶云星空系统中，生产阶段替代主要通过生产人员修改【生产用量清单】，或者使用【生产用料清单变更单】来实现。该操作较为简单，本活动就不再单独演示了。本活动主要演示计划阶段的物料替代过程。

# 活动执行

## 活动解析

本活动主要演示某物料可以被另外一种物料替代的过程，在计划阶段出现库存不足时，两种物料可以互相替代。

≈≈≈业务数据≈≈≈

① 深圳总厂销售员万明于 2030 年 4 月 10 日接到北京大城车行的订单，订购 100 个产品 A（S***.06.001），含税单价是 50 元，要求 2030 年 4 月 23 日送货到客户指定仓库。

② 总厂设计部门规定：生产产品 A 所需要的材料 M1（S***.06.003）可以被材料 S1（S***.06.005）替代，替代的比例是 1∶1。两者在生产线上可以混用，如果库存都不够，采购部门需要增加材料 M1 的库存以满足生产需要。

③ 总厂计划部门根据以上要求，新增材料 M1 的替代方案，然后在 2030 年 4 月 12 日对产品 A 的销售订单进行 MRP 运算。在 MRP 计算结果中如果有替代发生，还需要分析替代数据是否正确。

## 活动过程

① 新增销售订单。
② 新增替代方案。
③ 考虑物料替代的 MRP 运算。
④ 分析替代数据。

## 活动步骤

### 1．新增销售订单

在户外用品深圳总厂组织下，执行【供应链】—【销售管理】—【订单处理】—【销售订单】命令，进入销售订单-新增页面，然后按照业务数据第①段的描述填制单据内容，录入完成后依次单击【提交】、【审核】、【退出】按钮。

### 2．新增替代方案

根据业务数据第②段的描述，我们可以得出结论：材料 M1 和材料 S1 是一对一的混用替代+替代关系，需要新增的替代方案如表 12-17 所示。

表 12-17　一对一替代方案：混用替代+替代

| 替代编码 | 替代名称 | | 替代策略 | 替代方式 |
|---|---|---|---|---|
| SUB01 | 一对一替代 | | 混用替代 | 替代 |
| **主物料** | | | | |
| 优先级 | 物料编码 | 物料名称 | 替代主料 | 分子 | 分母 |
| 0 | S***.06.003 | 材料 M1 | 勾选 | 1 | 1 |
| **替代物料** | | | | | |
| 优先级 | 物料编码 | 物料名称 | 替代主料 | 分子 | 分母 | 生效日期 | 失效日期 |
| 1 | S***.06.005 | 材料 S1 | 勾选 | 1 | 1 | 2021-1-1 | 9999-12-31 |

在户外用品深圳总厂组织下，执行【生产制造】—【工程数据】—【替代方案】—【替代方案】命令，进入替代方案-新增页面，录入表 12-17 的内容，完成后依次单击【保存】、【提交】、【审

核】按钮。

接着在原页面上执行【业务操作】—【批量设置】命令，进入替代关系批量设置页面，勾选所有行，再单击【确定】按钮，完成后退出。这一步是把材料 M1 的替代方案应用到所有与其相关联（指材料 M1 作为子项物料存在）的 BOM 中。

### 3. 考虑物料替代的 MRP 运算

在户外用品深圳总厂组织下，执行【生产制造】—【计划管理】—【物料需求计划】—【计划运算向导】命令，【计划方案】选择"总厂物料需求计划（替代）S\*\*\*"，【结束日期】设为"2030/5/31"。然后在需求范围选择下执行【选单】—【销售订单】命令，在弹出的销售订单列表中找到并勾选产品 A 的销售订单，单击【返回数据】按钮，回到运算向导页面，如图 12-23 所示。

图 12-23　对指定销售订单进行 MRP 运算

接着单击【直接运算】按钮，等系统计算完以后，单击【完成】按钮退出。

> **📖 操作一点通**
>
> 在 MPS/MRP 计算时，采用选单计划，可以只对选定的销售订单/预测单进行计划排产，避免改变已安排计划。这种计划方式也称为"净改变式 MRP"，由于只进行局部计算，一般计算速度更快，对原计划改变小。缺点是运算结果可能不是最优结果。
>
> 与此对应的方法称为"全重排式 MRP"。相关内容参见本书活动 4-2-3 的理论知识归纳。

### 4. 分析替代数据

在户外用品深圳总厂组织下，执行【生产制造】—【计划管理】—【报表分析】—【物料供需汇总表】命令，在弹出的物料供需汇总表过滤页面中，首先选择正确的【运算编号】（一般选择最新的运算编号，用户可以打开计划订单列表，找到相关物料的 MRP 订单，从【运算编号】列中找到最新运算编号，复制获取），然后勾选【展开下级物料】和【显示没有需求的物料】，然后单击【确定】按钮，等系统收集完最新的运算数据后，进入物料供需汇总表页面，如图 12-24 所示。

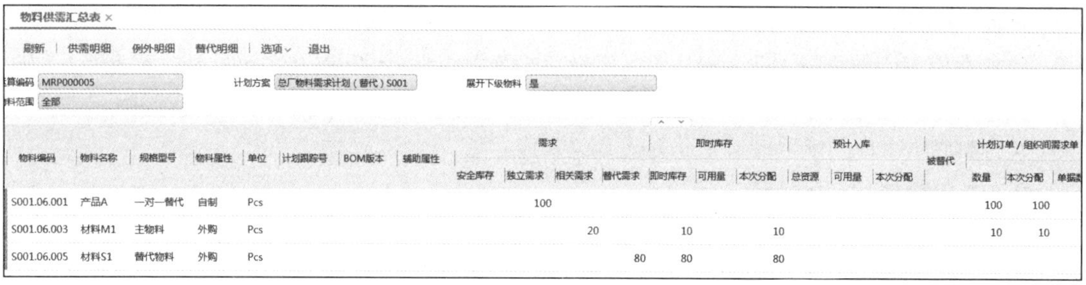

图 12-24　一对一替代：混用替代+替代的运算结果

我们也可以执行【供应链】—【销售管理】—【订单处理】—【销售订单列表】命令，进入产品 A 的销售订单-修改页面，在【明细】页签中执行【预留】—【预留综合查询】命令来查看该张销售订单对材料 M1 和材料 S1 产生的预留关系，如图 12-25 所示。

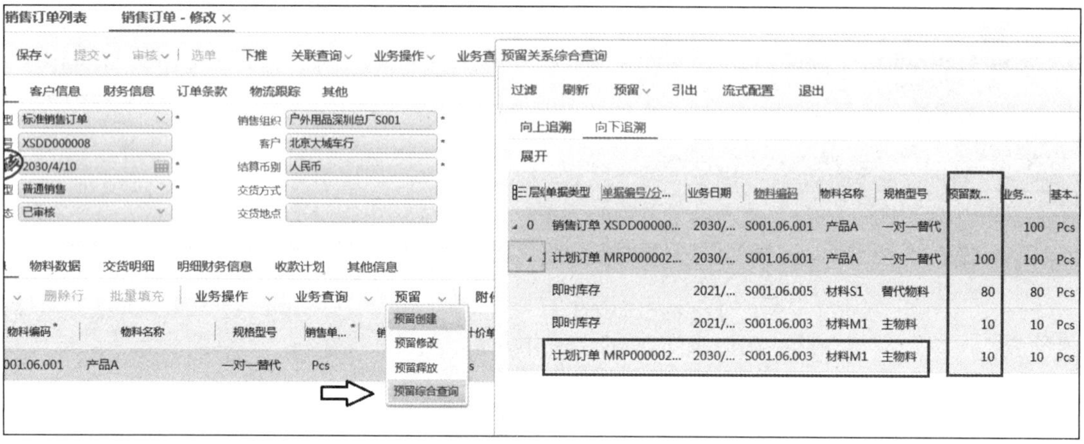

图 12-25　产品 A 的销售订单的预留关系综合查询

还可以执行【生产制造】—【计划管理】—【物料需求计划】—【计划订单列表】命令，进入产品 A 的计划订单-修改页面，在【计划 BOM】页签下查看材料 M1 和材料 S1 的使用比例、计划投料数量等信息，如图 12-26 所示。

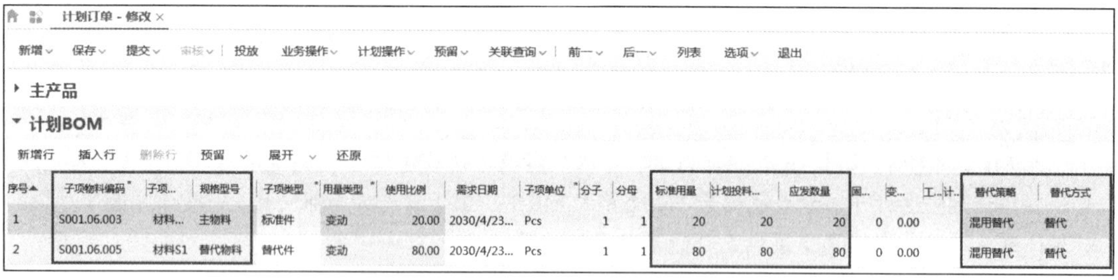

图 12-26　产品 A 的计划订单的投料数据

我们从物料供需汇总表、销售订单和计划订单中可以看出替代情况的发生，下面来具体分析替代产生的过程。

根据替代方案，材料 S1 对材料 M1 形成一对一的混用替代+替代关系。

产品 A 的销售订单需求是 100 个，根据 BOM 设置，材料 M1 的需求数量也是 100 个，而即时库存是 10 个，小于需求数量，所以要考虑替代的可能。替代方案允许"混用替代"，也就是说 100 个需求数量中既可以有材料 M1，也可以有材料 S1，系统会考虑把替代物料 S1 的 80 个即时库存也分配进来。

但是材料 M1 和材料 S1 的即时库存加起来（10+80=90<100）还是不能满足需求，系统会产生主物料 M1 的供给，也就是说材料 M1 会产生 10 个数量的计划订单。

我们可以用表 12-18 来综合上述的各项数据，方便用户推算整个过程。

表 12-18　一对一替代：混用替代+替代（总需求 100 个）

| 物料名称 | 相关需求 | 替代需求 | 即时库存 | 本次分配 | 计划订单 |
|---|---|---|---|---|---|
| 材料 M1（主物料） | 20 | | 10 | 10 | 10 |
| 材料 S1（替代物料） | | 80 | 80 | 80 | |

活动拓展

一对一替代方案设置
（整批替代+取代）

# 基础篇综合训练

本训练建议在基础篇学习完后进行，以下所有操作都在户外用品深圳总厂 S***组织下进行。

## ❋ 一、系统基础资料准备

1. 新增附表 1-1 中的物料。录入完成后，依次单击【保存】、【提交】、【审核】按钮。

附表 1-1  物料列表

| 编码 | 名称 | 基本 | | | | 计划属性 | |
| --- | --- | --- | --- | --- | --- | --- | --- |
| | | 规格型号 | 物料属性 | 存货类别 | 基本单位 | 计划策略 | 制造策略 |
| S***.09.001 | 镜架 | IP 电镀 | 外购 | 原材料 | Pcs | MRP | MTO |
| S***.09.002 | 镜腿 | 纯钛 | 外购 | 原材料 | Pcs | MRP | MTO |
| S***.09.003 | 鼻托 | 硅胶 | 外购 | 原材料 | Pcs | MRP | MTO |
| S***.09.004 | 螺钉 | 1.2×3.6 | 外购 | 原材料 | Pcs | MRP | MTO |
| S***.09.005 | 镜片 | 树脂 | 外购 | 原材料 | Pcs | MRP | MTO |
| S***.09.006 | 镜框 | 商务半框 | 自制 | 半成品 | Pcs | MRP | MTO |
| S***.09.007 | 眼镜 | 黑色 | 自制 | 产成品 | Pcs | MPS | MTO |

2. 新增附表 1-2 所示的采购价目表。录入完成后，依次单击【保存】、【提交】、【审核】按钮。

附表 1-2  采购价目表

| 基本信息 | | | | | |
| --- | --- | --- | --- | --- | --- |
| 名称 | 供应商 | 价格类型 | 含税 | 价外税 | 币别 |
| 香江五金价目表 S*** | 香江五金塑胶公司 | 采购 | 勾选 | 勾选 | 人民币 |

续表

| 行信息 | | | | | | | |
|---|---|---|---|---|---|---|---|
| 物料编码 | 物料名称 | 规格型号 | 含税单价 | 价格下限 | 价格上限 | 生效日期 | 失效日期 |
| S\*\*\*.09.001 | 镜架 | IP 电镀 | 5 | 5 | 5 | 2021-1-1 | 2100-1-1 |
| S\*\*\*.09.002 | 镜腿 | 纯钛 | 3 | 3 | 3 | 2021-1-1 | 2100-1-1 |
| S\*\*\*.09.003 | 鼻托 | 硅胶 | 10 | 10 | 10 | 2021-1-1 | 2100-1-1 |
| S\*\*\*.09.004 | 螺钉 | 1.2×3.6 | 0.5 | 0.5 | 0.5 | 2021-1-1 | 2100-1-1 |
| S\*\*\*.09.005 | 镜片 | 树脂 | 60 | 60 | 60 | 2021-1-1 | 2100-1-1 |

3. 反审核深圳总厂的原销售价目表（名称是深圳总厂销售报价 S\*\*\*），然后在价目表中新增一行报价，资料如附表 1-3 所示。录入完成后，依次单击【保存】、【提交】、【审核】按钮。

附表 1-3　销售价目表

| 价格明细 | | | | | | | |
|---|---|---|---|---|---|---|---|
| 物料编码 | 物料名称 | 规格型号 | 至 | 价格 | 最低限价 | 生效日期 | 失效日期 |
| S\*\*\*.09.007 | 眼镜 | 黑色 | | 200 | 180 | 2021-1-1 | 2100-1-1 |

4. 根据眼镜的产品结构树（见附图 1-1），录入相应的 BOM。假设所有 BOM 的生效日期都是 2021-1-1，失效日期都是 9999-12-31。录入完成后，依次单击【保存】、【提交】、【审核】按钮。

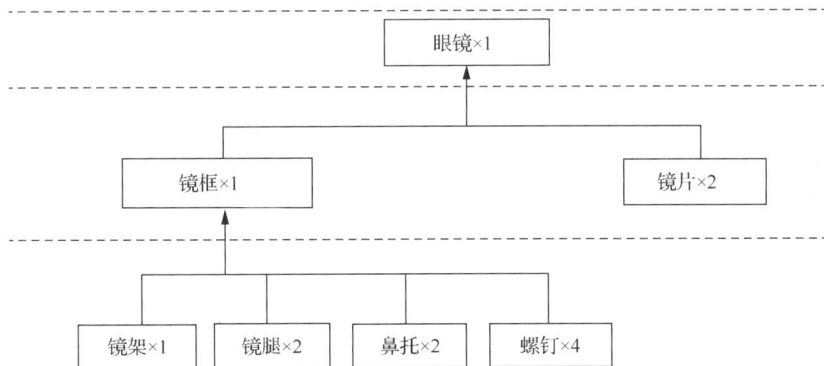

附图 1-1　眼镜 BOM

## ❈ 二、生产计划排定

1. 总厂销售员万明于 2030 年 4 月 10 日和奥普眼镜签订销售订单，销售眼镜 100 个，含税单价为 200 元，交货日期为 5 月 15 日。

录入相应销售订单，并依次单击【保存】、【提交】、【审核】按钮。

2. 深圳总厂根据销售计划排定 MPS，进行 MPS 运算。

计划方案：总厂主生产计划 S\*\*\*。

结束日期：2030-05-31。

在计划订单列表中依次单击【提交】、【审核】按钮。

3. 深圳总厂根据 MPS 得到的结果，进行 MRP 运算。

计划方案：总厂物料需求计划 S\*\*\*。

结束日期：2030-05-31。

在计划订单列表中依次单击【提交】、【审核】按钮。

4．投放所有已审核的计划订单（包括 MPS 计划订单和 MRP 计划订单）。

## ❋ 三、物流部门按计划执行

### 1．采购原材料

根据计划订单投放后的所有采购申请单完成采购业务，购买生产所用原材料，完成采购申请单—采购订单—收料通知单—采购入库单—应付单的采购过程。

2030 年 5 月 2 日，总厂采购员崔小燕根据生产计划产生的采购申请，向香江五金塑胶公司订购所需制造原料：镜片 200 个，镜架 100 个，镜腿 200 个，鼻托 200 个，螺钉 400 个。采购价格遵照价目表协议，约定 5 月 6 日交货。

5 月 3 日，崔小燕接到对方公司送货电话，通知仓库按期收货。

5 月 6 日，香江五金塑胶公司按时把货物送到，总厂仓管员何佳初步验收合格，办理了采购入库手续，所有货物进入总厂原材料仓；同时收到对方财务开出的采购增值税发票，总厂财务会计满军根据入库单开出相关应付单，准备付款流程。

### 2．生产加工

根据计划订单投放后的生产订单，完成对应的生产领料和生产入库业务。

2030 年 5 月 6 日，总厂计划员陈东明检查并审核了相应的生产订单和生产用料清单。

5 月 7 日，镜框的生产任务下达到总厂机加工车间，生产人员按计划开工生产。

同日，张明到总厂原材料仓领用加工镜框所需的原料：镜架 100 个、镜腿 200 个、鼻托 200 个和螺钉 400 个，仓管员何佳发料。

5 月 8 日，加工完成后，张明将加工好的镜框送到总厂半成品仓，何佳验收合格入库。

同日，镜框生产任务完成后，张明对相应的生产订单分行做完工处理。

5 月 9 日，眼镜的生产任务下达到总厂组装车间，生产人员按计划开工生产。

同日，操作员刘百按照要求，从总厂半成品仓领用镜框 100 个，从总厂原材料仓领用镜片 200 个，仓管员何佳发料。

5 月 10 日，加工完工后，刘百将加工好的眼镜送到总厂产成品仓，何佳验收合格入库。

同日，眼镜生产任务完成后，刘百对相应的生产订单分行做完工处理。

### 3．根据前面签订的销售订单完成销售出货，完成销售订单—发货通知单—销售出库单—应收单的业务流程

2030 年 5 月 14 日，销售员万明联系好托运公司后，通知仓库准备发货。

5 月 15 日，按照奥普眼镜的要求销售出库，将总厂产成品仓的 100 副眼镜发运给客户，何佳发货。

同日，总厂财务会计满军根据出库单开出相关应收单，准备收款流程。

### 4．根据销售出库单处理退货，完成原销售出库单—退货通知单—销售退货单—应收单（负向）的业务流程

2030 年 6 月 4 日，奥普眼镜通知深圳总厂客服部门，收到的货物中有 2 副眼镜有质量问题，将于 6 月 9 日退回深圳总厂。销售部门调查后，决定对有质量问题的眼镜做退货退款处理。

6 月 9 日，总厂仓管员何佳收到退回货物，将货物放入总厂待检仓，并设置库存状态为"退回冻结"。

同日，总厂财务会计满军对退回扣款的 2 副眼镜开出应收单，准备退款流程。